新编21世纪社会学系列教材

社会分层与社会流动

Social Stratification and Mobility

主编　李路路

中国人民大学出版社
·北京·

主编简介

李路路　社会学博士，中国人民大学社会学理论与方法研究中心教授。享受国务院特殊津贴。2012—2017年，教育部"长江学者奖励计划"特聘教授；2013—2018年，教育部高等学校社会学类专业教学指导委员会主任委员；中国综合社会调查（CGSS）共同发起人和第二期主持人。主要研究领域：社会分层与社会流动，组织研究，社会现代化。

内容简介

本书是一本供社会学专业本科生使用的关于社会分层与社会流动及社会不平等的教材。本教材从一般理论、阶级阶层、职业、权力、身份、社会流动、地位获得、教育、收入、婚姻匹配、性别、族群、生活方式、主观社会分层、全球化和互联网等十六个方面，全面介绍了社会分层与社会不平等的状况，深入分析了其形成的原因和历史演变以及在中国社会中的表现。本书内容全面，资料丰富，理论系统，叙事生动，深入浅出，是一本独具特色的社会学教材。

出版前言

中国人民大学“十三五”本科规划教材《社会分层与社会流动》就要出版了，作为本教材的主编，我想借出版的时机，对本教材的编写工作做一些说明。

这是一本从社会学中社会分层与社会流动的研究视角分析社会不平等的本科教材。众所周知，社会不平等是伴随人类社会发展所形成的长期现象，也是人类社会面临的主要问题和重大挑战之一。自近代社会学诞生以来，在社会学的发展历史中，社会不平等问题一直受到极大关注，成为社会学研究的传统主题与核心领域，通常人们将其称为“社会分层与社会流动”研究。进入21世纪以来，社会不平等问题再一次占据了社会科学和公共领域的前沿位置，引发了新一轮的研究热潮，因此，将传统的社会分层与社会流动研究扩展开来，也可将其称为“社会分层与社会不平等”研究。

但是，非常奇怪，也非常遗憾的是，长期以来，虽然社会不平等问题一直占据社会科学（包括社会学）的前沿位置，社会分层与社会流动研究在社会学研究中也长期占据核心位置，在社会学领域中出版过多种分支社会学的教材，然而，国内一直未见到一本社会分层与社会流动领域的本科教材。“社会分层与社会流动”被我国教育部高等学校社会学类专业教学指导委员会列为全国高校社会学本科专业十门统一的必修基础课之一，由于没有合适的教材，很多学校的社会学专业在本科或是不开设此课程，或是将“社会学概论”中的有关章节扩大，或是使用其他替代性的资料。

尽管如此，只有在我们着手开始本教材的编写工作时，才在某种程度上理解了为什么在这个领域中长期缺乏教材。正是因为社会分层与社会不平等研究是社会学中最为传统也是最为核心的领域之一，所以在这个领域中积累起来的研究文献，用“汗牛充栋”“浩如烟海”来形容一点也不为过。在这样的基础上编写教材，特别是如何结合本科的教学特点和需求做到深入浅出，如何归纳总结现实问题和理论要点，如何做到不求无一遗漏，但求重点突出，就成为我们面临的最大问题。所有参与编写的人员都尽了自己最大的努力去解决这些问题，实际效果如何，只能留给读者评判了。

我们首先确定了编写这本教材的主要目标：第一，回应现实社会分层与社会不平等提出的挑战和问题，弥补社会学专业本科教材建设中存在的缺门；第二，编写出一本适合社会学专业本科生学习社会分层与社会流动课程、了解和认识社会不平等现象和问题、掌握社会学分析视角和方法的教材。

基于这两个目标，确定了编写这本教材应该遵循的如下基本原则：

第一，对象明确，本科为主。本教材的讲授对象和使用者是大学社会学专业本科生，同时，也为关注社会分层和社会不平等问题的其他专业的本科生、关心此问题的其他类型的社会人士，提供一个基础性的读本。

第二，现实优先，理论求解。有鉴于本教材的使用对象的特点，我们首先期望学习者通过本教材对社会分层及社会不平等现象，特别是中国社会的相关现实状况有一个基本把握，然后在此基础上我们希望提供关于机制和实质的理论解释。因此，本教材没有追求理论解释的前沿性，而是力图通过介绍一些基本的理论视角和概念，加深对于相应社会现象和基本状况的理解；不是追求让学习者掌握很多系统且抽象的理论概念和逻辑，而是重在对现实社会分层与社会不平等的认知。一言以蔽之：现实优先而不是理论优先，理论服从于了解和认识现实。也许这是本教材和很多社会分层与社会流动理论教材的最大不同。需要说明的是，这种不同主要来自教学的需要，而不是优劣之分。

第三，相对统一，保持特色。本教材构建了一个相对统一的体系结构，主要包括两个方面。一是相对统一的内容框架，主要内容体系为：在简要勾勒社会分层及社会不平等研究的基本理论视角和方法后，根据社会分层与社会不平等问题最为关注的领域，较为全面地阐释该领域中社会分层与社会不平等的基本状况和基本理论视角。二是构建了一个相对统一的结构框架，即无论涉及哪一个现象领域，大致都遵循基本概念和基本状况（表现）、基本理论解释视角和分析、历史和发展变化以及中国社会相应状况等相对统一的叙述结构。值得指出的是，本教材安排了专门的章节对中国社会进行了讨论和分析，以强化对于当代中国社会的了解。

但是，需要说明的是，众所周知，社会分层与社会不平等是一个范围极为广大的领域，其中包含着众多的子领域或方向。因此，首先，根据目前社会现实和理论研究的前沿以及作者的学术和研究积累，我们确定了十六个子领域的主题。其次，基于统一的理念，本教材制定了一个相对统一的体系框架，以保持相对统一、完整的体例与风格；但是，子领域或方向各有特色，因为特定的对象、问题和环境的不同，社会分层与社会不平等的表现也各不相同，体现了社会分层与社会不平等的丰富性。有鉴于此，我们力争做到集中统一和各有特色的有机结合。现在看起来这方面还有很大的提升空间。

第四，深入浅出，“雅俗”共赏。考虑到这是本科生的教材，绝大多数学习者也许是第一次接触社会学，特别是社会分层与社会流动的领域。所以，我们力求从现象入手引出问题，从问题入手导出理论，运用理论观察社会，力图避免死板、干瘪、从概念到概念的解说，力争使用活泼、易懂的语言。但毕竟这不是一本通俗读物，而是一本社会学专业的本科生教材，因此，在理论和通俗之间寻求平衡，即某种“雅俗”的状态，这种写作方式对于我们来说也是一个新的尝试。

本教材是一个集体合作的产物。包括主编在内的作者，大多是在高校从事社会学教学和研究的教师以及部分优秀学子。正因为作者都从事的是这方面的教学与研究工作，所以特别希望能够编写出一本优秀的本科生教材以供教学之用。其实，编写这样一本教材的想法由来已久，在这次编写过程中，主编发现了一份2002年拟就的“社会分层与社会流动”编写提纲，是我和当时的同事刘精明教授共同草拟的。当时设计的写作宗旨和大纲与现在的版本基本相同，只是时间过去了十六年。现在和当时的设计相比，最大的变化是作者群。本教材的作者除了主编之外，大多是风华正茂、活跃在教学和科研第一线的青年教师，均接受过系统的社会学学科训练，掌握扎实的社会学理论和方法基础，了解学术前沿和社会需求，在社会分层和社会流动以及社会不平等研究领域中取得了很好的研究成果。作为主编，我十分感谢他们为本教材写作做出的贡献。值此教材出版之际，我还要对十多年来一直坚持不懈规划、鼓励、激励本教材写作的中国人民大学出版社人文分社社长潘宇女士表示衷心的感谢，没有她的坚持和督促，也许就没有这本教材。还要感谢中国人民大学出版社为这本教材的出版做出过贡献的所有人员，是他们力主推荐本教材进入中国人民大学“十三五”本科规划教材，没有他们的努力，也不会有本教材的顺利出版。

尽管所有的编写人员都为本教材做出了自己的努力，但由于主编的原因和其他具体原因，本教材仍然存在一些遗憾，其中之一就是没有更好地使用现代信息技术的成果。如果本教材以后还有修订机会，除了内容方面的修订之外，也许特别要将这一缺陷进行弥补，让本教材成为一本名副其实的“现代”社会学教材。

本教材内容共包括一个导论和十六章正文，内容结构是我们根据对各个具体领域之间关系和逻辑的理解设计的，首先是关于社会分层与社会不平等基本问题和基本理论、方法的简要论述，目的是使初学者对该领域有一个基本了解，其次是对社会分层与社会不平等各个主要子领域的分析，这些子领域分为如下几个部分：一是传统的核心结构领域，包括阶级、职业、权力和身份；二是社会流动的两个核心内容，即代际流动和地位获得；三是那些既是分层的维度又常常被作为分层机制的因素，包括教育、收入、婚姻匹配；四是相对脱离传统核心领域、更多带有“归属”和建构色彩的主题，包括性别、族群、生活方式与社会不平等，以及主观社会分层等；五是那些最新的、对当代社会产生重大影响的领域，如全球化、互联网等。

主编组织所有参写人员讨论确定了全书的结构、基本内容和写作风格。各章标题和作者如下：

导论　社会学与社会流动研究，李路路。

第一章　社会分层与社会流动的一般理论，李路路。

第二章　阶级阶层，秦广强。

第三章　职业与社会分层，陈建伟。

第四章　权力与社会分层，陈建伟。

第五章　身份与社会分层，王修晓。

第六章　社会流动，石磊。

第七章　地位获得，石磊。

第八章　教育与社会分层，朱斌。

第九章　收入与社会分层，王鹏。

第十章　婚姻匹配与社会分层，石磊。

第十一章　性别与社会分层，朱斌。

第十二章　族群与社会分层，李升。

第十三章　生活方式与社会分层，李升。

第十四章　主观社会分层，秦广强。

第十五章　全球化与社会分层，苗大雷。

第十六章　互联网与社会分层，王元超。

主编负责最后的定稿和统稿工作。朱斌、王元超协助主编承担了部分统稿工作。

欢迎所有的读者对本教材提出宝贵的意见。

李路路

2018 年 6 月

于北京北苑家中

目 录

第四章　权力与社会分层

第五章　身份与社会分层

第六章　社会流动

第七章　地位获得

第八章　教育与社会分层

第九章　收入与社会分层

第十章　婚姻匹配与社会分层

第十一章　性别与社会分层

第十二章　族群与社会分层

第十三章　生活方式与社会分层

第十四章　主观社会分层

第十五章　全球化与社会分层

第十六章　互联网与社会分层

导论

社会学与社会流动研究

在社会学中，社会分层与社会流动这一领域分析和研究的核心是社会不平等。

一、社会不平等：现代社会的重大问题

“人人相亲，人人平等，天下为公，是谓大同”，这是清末著名思想家康有为在他的《大同书》里为国人所描述的理想国的状况。但是，近一百年来，尽管世界发生了翻天覆地的变化，可相对于康有为的大同理想来说，套用一句现时流行的话，基本上是“理想很丰满，现实很骨感”。远的不说，就说现在。

2017 年 2 月 28 日，《每日经济新闻》报道，北京西城区丰汇园小区因为属于知名小学宏庙小学的学区，其房屋均价居然达到了 20 万～22 万元人民币/平方米。该小区在 2 月 24 日曾以 930 万元的价格成交了一套 39.1 平方米的房子，每平方米价格约为 23 万元人民币。[①] 在此前后，北京市天价学区房的报道屡见不鲜，层出不穷，价格至少为 20 万元/平方米，极值甚至达到近 40 万元/平方米。

据国家统计局公布的数据，2016 年，全年全国居民人均可支配收入为23 821 元；按常住地分，城镇居民人均可支配收入为 33 616 元，农村居民人均可支配收入为 12 363 元[②]；2016 年，北京市城镇单位就业人员平均工资为 111 390 元/年[③]。也就是说，北京市城镇单位的就业人员一年的平均工资只能购买半平方米高价学区房。这个报道至少给我们揭示了两个现象：第一，人们之间的财富差距是何等之大！有的人可以为孩子上学买上千万元的房子，而同期城镇居民人均可支配收入中位数不过为 31 554 元[④]；第二，如果你有钱买到了学区房，孩子就可以上名校，如果你不住在名校的学区，又没有那么多的钱买学区房，只好望名校而兴叹。经济上的不平等和教育上的不平等不仅并存，而且还紧密相连。

类似的现象在人类社会中几乎处处、时时可见。社会不平等，是人类社会普遍存在的现象，每一个人都能够在社会生活中深切地感受到它的存在，只不过有时候它是显而易见的，例如，人们在收入、财富上的巨大差距；有时候它是隐性的，你需要理解它才能感受到它的存在，例如，很多人认为高考是最公平的，因为在分数面前人人平等，没错，高考在形式上确实基本上是公平和平等的，但参加高考的学生在学习条件方面却是不平等的，甚至是显著不平等的，一个显而易见的事实是：城市考生的受教育条件远远好于来自农村的

---

① 李少婷．39 平方米学区房卖出 1 200 万？中介：没那么高，均价 22 万/平．每日经济新闻，2017-02-28.

② 国家统计局．中华人民共和国 2016 年国民经济和社会发展统计公报．(2017-02-28)［2018-01-16］. http://www.stats.gov.cn/tjsj/zxfb/201702/t20170228_1467424.html.

③ 国家统计局．中国统计年鉴（2016）．(2016-10-18)［2018-01-16］. www.stats.gov.cn/tjsj/ndsj/2016/indexch.htm.

④ 同②.

考生。

中国社会存在着不平等，其他国家也多少如此，例如美国。2001年诺贝尔经济学奖得主、美国著名经济学家约瑟夫·斯蒂格利茨（Joseph Stieglitz）就曾指出，在1980年到2013年间，美国最富有的1%的人的平均实际收入增长了142%，同时，他们的收入在美国国民收入中所占的比重从10%增加到20%；在同期33年的时间里，中位数家庭收入（median household income）却仅增长了9%，甚至从1989年到2013年，中等收入家庭的收入实际上缩水了0.9%。1979年到2007年，美国社会工资分布中最底层的20%的工人的工作时间增加了22%，同时期的生产率增长了74.5%，但工资中位数仅仅增长了5%。在2008年到2009年的所谓"大衰退"（the great recession）复苏期的前3年里，换句话说，从美国重返经济增长时起，91%的收入所得进入了最顶层的1%的群体手中①。

更值得关注的是，收入不平等的扩大不仅发生在美国这样原本社会不平等就很严重的国家，而且已经成为一种普遍的国际趋势。2013年联合国经济和社会理事会②《世界社会发展报告》关注的重点，就是国家之间和一个国家内部存在的严重的经济和社会不平等。这份报告显示，一个瑞典穷人的收入是一个刚果民主共和国穷人收入的200倍；在乍得，一个富人家的孩子上小学的机会是穷人家孩子的7倍。即使放眼发达国家，在过去的25年时间里，用来衡量收入不平等国家的基尼系数③在德国大约增加了22%，在加拿大增加了13%，在英国增加了13%，在意大利增加了8%，在日本增加了6.4%。1985年以来，在22个可获得数据的经济合作与发展组织（OECD）④ 国家中，17个国家的基尼系数都显著增加，曾经在OECD国家中相对最为平等的德国，现在已经位居不平等国家的中游之列。转型经济体中也出现了同样的趋势。⑤ 这一切都正如马克思、恩格斯在《共产党宣言》中所说："在过去的各个历史时代，我们几乎到处都可以看到社会完全划分为各个不同的等级，看到社会地位分成多种多样的层次。"⑥

曾几何时，在主流的经济学中，收入不平等或者其他的社会不平等问题被置于边缘地位，少有人问津。如今，就像研究不平等的英国经济学家安东尼·B.阿特金森（Anthony B. Atkinson）在他那本著名的著作《不平等，我们能做什么》中指出的那样，不平等这样的话题今天已经居于公共辩论的风口浪尖，流行

① 斯蒂格利茨．不平等与经济增长．经济社会体制比较，2017（1）．

② 联合国经济和社会理事会（Economic and Social Council，ECOSOC），简称"联合国经社理事会"，是《联合国宪章》规定的联合国六个主要机关之一，是在联合国框架内就经济、社会和环境问题进行协调、政策审查和政策对话并提出建议以及落实国际发展目标的主要机构。

③ 基尼系数（Gini coefficient）是指国际上通用的、用以衡量一个国家或地区居民收入差距的常用指标，它介于0～1之间，系数越大表示不平等程度越高。基尼系数乘以100为基尼指数。

④ 经济合作与发展组织（Organization for Economic Co-operation and Development，OECD），简称经合组织，是由35个市场经济国家组成的政府间国际经济组织。

⑤ 同①.

⑥ 马克思，恩格斯．共产党宣言．北京：中央编译出版社，2005.

一时的“1%和99%”问题甚至成为占领华尔街运动的口号和旗帜①。2016年，美国著名政治学家罗伯特·B. 帕特南（Robert B. Patnam）的著作名字叫作《我们的孩子》，在这部著作中，他集中分析了美国社会中不断扩大的阶级鸿沟，他说他写作此书的目的是让人们看看美国社会的另一半是如何生活的。② 如果再加上那本大名鼎鼎的《21世纪资本论》③，你会看到，包括社会学家在内，人们从来没有像现在这样关心社会不平等。

有鉴于此，在具体分析社会分层与社会流动视角下的社会不平等之前，有必要先来简要谈谈关于社会不平等的一些基本概念。

二、社会不平等的分析

虽然社会不平等问题已经处在公共辩论的风口浪尖上，虽然人们从来没有像现在这样关心社会不平等现象，说起社会不平等问题好像人人都知道，都能说上几句，但实际上人们是否真正理解社会不平等的含义？或者说，人们究竟是在什么意义上讨论和分析社会不平等？这也许还是个问题。因此，有必要在具体分析社会不平等之前进行一些适当的澄清。

社会不平等一般是指不同社会成员之间对于相对稀缺的社会价值物在占有量、获取机会和满足需求程度上存在着差异性。④ 与这个一般性概念相关联，社会不平等可以从以下几个方面理解。

首先一个问题是：如果我们谈论社会平等，我们谈论的是机会平等还是结果平等？（这是不平等问题的另外一种等价的问法）比如一个单位拟招聘10个人，明示不论性别，只看能力或与职位的匹配程度；有10位男性和10位女性报名，但最后招的10人全部是男性，而且招人单位无法有说服力地证明确实男性比女性更适合招人岗位的要求。我们从中看到这样两种情况：第一，如果没有充足理由就在招人的条件上规定只招男性或男性优先，这属于没有给男性和女性平等的机会，此现象可称为机会的不平等；第二，如果招聘的前提条件没有性别的限制，即在机会上男女是平等的，但最终的结果是男性明显占据优势，在招聘结果上表现为男女极端不平等，此现象可称为结果的不平等。

在经济学家看来，在有价值的社会资源和生活机会的分配或汲取过程中，如果外界条件对于结果不产生任何影响，完全凭个人的努力，就是实现了机会平等；如果除了个人努力外，外界条件对于结果也具有一定的影响，这就是机会的

---

① 阿特金森．不平等，我们能做什么．北京：中信出版社，2016.

② 帕特南．我们的孩子．北京：中国政法大学出版社，2017.

③ 皮克迪．21世纪资本论．北京：中信出版社，2014.

④ 郑杭生，李强，李路路，等．社会学概论新修：第四版．北京：中国人民大学出版社，2013：279.

不平等。[①] 相对于机会的平等或不平等，结果的平等或不平等比较单纯，关注的就是绝对的分布状况。

人们常常更强调机会平等，认为机会平等比结果平等更重要，或者说更合理。因为在很多人看来，只要机会是平等的，结果就主要取决于个人的努力；如果结果是不平等的，那主要是因为个人的努力不同。现在的社会发展阶段，还无法做到不管人们之间存在什么差别，结果一律平等。但是，人们现在已经越来越多地认识到，结果平等不仅是不可以忽视的，而且是应该受到充分重视的，因为虽然机会看起来是平等的，但最终的结果总是有先有后，有快有慢，有多有少，完全不一样的。

在一定意义上，机会平等和结果平等涉及的核心问题是社会价值观的问题。强调机会平等更重要的人认为，个人的努力不同但结果相同，对于努力的人来说是一种不公正；但强调结果平等的人认为，强调结果并不是忽视个人的努力，而是说在机会平等的基础上更加关注结果平等具有一种终极价值的意义，如阿特金森在他的著作中所引述的两位经济学家的话："对那些排队领救济粥的人进行评估，看他们到底是因为环境不利还是努力不足才沦落到这种地步，然后以此为先决条件发放一点点粥，这在道德上是令人反感的。"[②] 还有一点是不能忽视的，即严重的结果不平等会产生很多其他的影响，例如，通过影响代际流动从而影响下一代的机会平等，影响经济和社会发展，影响社会的稳定等诸多方面。机会平等和结果平等相互联系在一起，都不应该成为绝对的。

其次一个问题是：人们要的是形式平等还是实质平等？无论是机会平等还是结果平等，都存在这种平等究竟是形式上的还是实质性的问题，也可称之为法律上的平等还是事实上的平等问题。例如，在市场经济社会中，法律上规定每一个达到劳动年龄、具有劳动能力的人都有劳动或工作的权利，但实际上，个人的能力或素质、劳动力市场的完备程度、经济发展的状况等，都有可能影响人们是否能够找到工作，很多人可能就因此找不到工作，因而处于事实上的失业状态之中，对于这些人来说，平等的工作权利成为一句空话。

因此，在一般的意义上，所谓形式上的平等主要是指法律上的平等，并且包括那些虽不是法律但普遍得到社会认可的规范。法律上的平等主要是指在法律所赋予的权利和义务方面人人平等，没有任何人可以特殊。事实上的平等则主要是指社会资源和生活机会在实际分配上形成与法律上的平等相应的平等化。在现实生活中，形式上的平等与实质性的平等相互脱节的现象比比皆是，这主要因为很多社会资源和生活机会具有稀缺性，所以人们尽管在机会上是平等的，但却无法做到结果上的平等；同样，由于社会成员在多种社会因素方面存在差异，甚至是很严重的差异，所以尽管他们在法律上或形式上实现了平等的权利和义务，但如上所述，这种法律上的平等在现实生活中往往无法实现。例如，在一些社会中，

---

① 阿特金森．不平等，我们能做什么．北京：中信出版社，2016.

② 同①.

尽管法律上规定男女在选举和被选举上是平等的，但因为女性在受教育程度、从事社会工作、参与社会交往等方面与男性相比存在很大差别，女性在保证自身的选举权和被选举权方面与男性相比存在严重的不平等。

最后一个问题是：人们所说的社会平等或社会不平等究竟是客观的还是主观的？这个问题的意思是说：人们通常所说的社会不平等，主要是指社会结构分化、阶级阶层分化、社会流动（特别是代际流动机会）、贫富/收入差距、社会/职业声望等一系列客观社会现实。例如，以基尼系数为代表的一系列测量指标，就是对社会中收入或财富分配差异状况的客观描述。毫无疑问，社会不平等或平等是一系列客观的现实。但是，后来人们发现，对于社会不平等还可以从另外一个视角进行分析。例如，一个医生挣的钱比一个公交汽车司机多，从结果或实际上看，他们的收入有很大的差距，或者说存在着很大的结果或实际不平等；但是，从另一个角度看，很多人认为这是公正的：出于各种原因，医生就应该挣这么多，他的实际收入是他应得的，公交汽车司机的收入同理。如果这样看收入不平等的问题，你会发觉这里实际上引入了两个新的“变量”：一是医生的收入是他“应得”的，因而是“公正”的；二是正因为是“公正”的，因而是“应得”的。“应得”和“公正”是带有价值判断的结论，实际上已经将平等/不平等的问题由客观状况转变为主观的评判。客观的指标例如基尼系数指标，它本质上仅仅是一个反映收入分配的“均等”（平均、平等）状况的指标，并不涉及公众的感知与价值判断，和“应得”“公正”等概念不相干。

人们发现，大多数社会不平等的客观事实与主观的认知和价值判断联系在一起，并且就其最终的意义而言，平等与否最终取决于人们的价值判断。[①] 原因在于：一方面，民众自身对不平等状况的感知是真实、具体的，排除了区域、经济发展等宏观结构性因素的干扰；另一方面，作为“社会人”，个体所处的社会历史环境、依循的社会价值观念以及在此情境内的认知与评价，最终决定了其心理承受、社会选择与行为模式。[②] 从这个意义上讲，主观层面的社会不平等的分析与探讨，对于预测与评估社会不平等的社会与政治后果也许更具价值。严格地说，这种主观的平等观实际上是对客观平等状况的认知和价值评判。因此，最早提倡并调查社会不平等的主观认知和评价的“国际社会调查项目”（International Social Survey Program，ISSP），将其称为“主观社会不平等研究”。美国哈佛大学的社会学家怀默霆（Martin King Whyte）基于2004年在中国所做的一项调查，在2010年出版了一本著作：《社会火山迷思：当代中国人对不平等和分配不公的感知》（*Myth of the Social Volcano：Perceptions of Inequality and Distributive Injustice in Contemporary China*），在此之前的2009年，《社会学研究》也在当年第一期发表了他的论文《中国民众如何看待当前的社会不平等》[③]。在这

---

① WU X G. Income inequality and distributive justice：a comparative analysis of mainland China and Hong Kong. The China Quarterly，2009（200）.

② 同①.

③ 怀默霆．中国民众如何看待当前的社会不平等．社会学研究，2009（1）.

些论文和著作中，怀默霆教授都揭示了一个很有趣也很有启发的现象，即尽管中国社会存在着种种巨大的社会不平等，且大多数人也知道这些不平等的存在，但是，那些通常被各种客观指标置于社会不平等系统底层的阶层，反而对自己的地位有更多的积极评价。在他看来，这也许是解释中国转型之谜的因素之一。

上述关于社会不平等的概念的讨论，其实还可以用另一对概念来概括，就是绝对平等和相对平等的关系。绝对平等诉诸的是人们在权利、机会、事实、结果上都应该是完全平等的；而相对平等则首先强调的是权利上的平等，其次是事实上的平等。其实，完全绝对的平等是人类社会未来的理想，绝对的平等在现实社会中只能逐步实现，因而在一定的发展阶段，社会所能够实现的平等在某种程度上只能是相对的平等，即在一定的条件和范围内是平等的。为社会做出更多贡献或者付出更多努力的行为，应该得到相应的回报，否则，就没有人愿意多做贡献，努力工作：他们得到的是相对于他们做出的。如果干好干坏、干多干少一个样，这也是一种不公平。例如，如果没有知识产权保护人们的发明创造，那么，除了那些以发明创造为乐趣的人之外，那些希望以此获利的人就会退出发明创造的行列，从事发明创造的人就会减少很多，最终受到损害的是整个社会。因此，片面追求绝对平等的程度，会在很大程度上损害人们之间的相对平等；当然，片面强调相对平等的程度，也会造成人们忽视基本的结果平等或权利平等。

归根结底，什么叫作平等，社会是否平等，在很大程度上取决于社会的主导价值观，特别是关于社会公正、社会公平的价值观。但是，那就越来越多地属于哲学、伦理学讨论的范畴了，对于这本基于社会学的视角讨论社会不平等的教材来说，对于社会不平等概念的讨论到此应该告一段落了。社会不平等作为一种极为普遍的社会现象，是多学科、多视角研究的对象，只不过各学科关注的重点有所不同。如果一定要说社会学关注的重点的话，可以说，社会学（社会分层）关注的是那些结构化的社会不平等，而所谓结构化的社会不平等主要是指社会成员之间相对稳定的不平等分布状况和关系模式。

三、社会分层与社会流动视角下的社会不平等

读到这本教材的读者应该已经在“社会学概论”课上学习了社会分层与社会流动的基本概念。但是，考虑到也许有读者没有或还没有完全学习过“社会学概论”，因此，这里有必要简要地介绍一下社会分层与社会流动的基本概念。

社会学所说的社会分层，指的是依据一定具有社会意义的属性，将不同社会成员基于他们对相对稀缺的社会价值物在占有量、获取机会和满足需求程度上存在的差异，区分成高低有序的不同等级、层次的过程和现象。“社会分层体现着社会不平等。”[①] 和社会分层概念直接相关的社会流动概念是指“人们在社会关

① 郑杭生，李强，李路路，等．社会学概论新修：第四版．北京：中国人民大学出版社，2013：275.

系空间中从一个地位向另一个地位的移动”①。根据上述定义，可以引申出如下的讨论，来进一步说明本教材分析社会不平等问题的视角。

第一，社会意义与自然差别。在社会学家看来，人的特征无论有多么复杂，归根结底有两类特征是基本的，即社会特征和自然特征。社会特征指的是人们在社会活动中形成的特征，体现了人和人之间的关系。而自然特征指的是人天生的、基于自然而形成的特征，例如，性别、身高、长相、肤色等。本来人的自然属性是与生俱来的，不取决于人们在社会中的地位，但是在现实社会中，基于各种各样的原因，人的一些自然属性成为社会成员具有的有社会意义的属性，从而成为形成社会不平等的原因。例如，基于肤色所形成的种族不平等、基于性别而形成的性别不平等。随着经济社会的发展，现代社会中基于人们的自然属性所形成的社会不平等越来越受到关注。因此，社会分层与社会流动的研究关注社会不平等，包括了上述所有具有社会意义的不平等现象。更进一步说，“具有社会意义的社会属性就叫作社会地位”②，因此，社会分层关注的社会不平等就是指社会成员在社会地位上的不平等，社会流动关注的是社会成员在不同社会地位之间的流动过程和结果。

第二，广义社会分层与社会不平等。本教材作为标题使用的社会分层概念，是广义的概念。由于社会关系的多样性和复杂性，人们的社会地位也具有多样性。这种多样性既包括基于自然属性差别所形成的具有社会意义的差别，又包括多种多样的具有不平等意义的社会差别。例如，经济上，收入或财富的不平等；教育方面，受教育机会的不平等，教育资源分配的不平等；权力上，有人能够支配他人，有人只能服从他人的支配；职业上，有的职业工资高、待遇好，人们竞相追逐，有的职业不仅收入低、福利差，而且让人看不起。如此等等，不一而足。

这些社会地位的不同维度，有些不仅是不同，而且还是相互冲突的，例如，有人将基于社会地位的收入差距视为最重要的社会不平等，有些人则认为人们是否占有生产资料决定了人们的社会地位，还有的人认为最重要的社会地位差别不是生产资料的占有与否，而是手中拥有的社会权力，生产资料的占有不过是社会权力的若干来源之一。在性别理论看来，性别不平等是最重要的不平等；在种族理论看来，种族之间的不平等才是最重要的社会不平等。因此，本教材的标题“社会分层与社会流动”其实不过是一个笼统的说法。在很多研究者看来，狭义的“社会分层”概念更多强调的是人们在社会资源方面的“等级”或“层级”性质的不平等，完全不能概括多种多样的社会地位和多种多样的社会不平等，例如是否占有生产资料形成的社会不平等。甚至在有些学者看来，基于生产资料占有关系所形成的剥削关系完全不能用一般的社会不平等的概念来概括。③

---

① 郑杭生，李强，李路路，等．社会学概论新修：第四版．北京：中国人民大学出版社，2013：297.

② 同①276.

③ WRIGHT E O. The biography on a concept：contradictory class locations. Social Stratification，1989（3）.

那么，本教材之所以还使用“社会分层与社会流动”作为标题，是因为在传统的社会学概念体系中，一般使用社会分层与社会流动的概念作为分析社会不平等的基本工具，因为它最具社会学的色彩，也更为人们所熟悉，对于阐释本教材的特色来说，这个概念更多的是一个具有标识性的名词。无论是什么概念，最关键是看它所包含的内容，或者人们实际上的使用习惯，很多人都知道社会分层与社会流动的概念无法概括各种不同、甚至相互矛盾的社会不平等的分析视角和概念，但在没有找到一个更好的、更恰当的概念并形成共识之前，使用这个概念也没有大碍，只要知道它具有广义和狭义之分即可。① 为了能够涵盖本教材的更多内容，在下面的章节中我们一般会使用“社会分层与社会不平等”这样一个综合性概念。如果涉及特别的含义，我们将会给出特别的解释。在这里先做出说明是为了防止概念上的不必要的误解。

第三，社会不平等结构状况和性质在很大程度上决定了社会的基本状况。人们认识和分析一个社会，可以从不同的方面或层面入手，例如，政治体制、经济发展水平、经济协调机制、文化价值观、人口构成等，而这个社会的不平等结构是认识和了解这个社会最重要的方面。一个社会成员在社会不平等结构中的地位，是他可能拥有的诸多社会位置中最重要的位置，它决定了人们获得社会资源和生活机会、满足生存和发展需求的基本状况，构成了人们的利益状况和利益关系的基础，并且成为最重要的决定人们社会行为和态度的自变量。一部分人、一部分社会集团和社会群体、一部分社会占有各种各样的优势地位，而其他人、其他社会集团和社会群体、其他社会则处在下层或劣势地位，不但被剥夺了发展的可能，甚至常常被剥夺生存的基本条件，这种状况导致了一个社会最基本的社会矛盾与社会冲突，从而在很大程度上决定了一个社会的运行和变迁。

因此，以社会不平等为核心的社会分层研究在社会学的学科领域中占有极为重要的地位。它是社会学学科发展历史上最为传统，也是最为经典的研究主题，形成的研究成果浩如烟海，是人们认识、理解、分析和研究社会不平等最重要的知识宝库。

四、消除社会不平等

社会不平等是人类社会的普遍现象，也是长期的历史现象。社会不平等如同人类的影子一样，几乎一直伴随着人类社会，就像法国著名启蒙思想家卢梭所说：“人生而自由，却无往不在枷锁之中。”人类社会的这种无往不在的不平等可以说深植于人类社会的两个基本方面。第一，人类生存和发展资源的稀缺性。尽管人类社会不断发展，特别是现代以来，伴随社会生产力和科学技术的迅速发展，人类社会有了长足的发展，相比之前的社会，人类满足自身生存和发展需求的程度不断提升，但是，相对于人类的需求来说，现有的生存和发展资源仍然是

① 吉登斯在他所撰写教材《社会学》中，就使用了两个概念来作为标题：分层与阶级。

稀缺的。第二，社会历史原因或社会制度原因。固然由于自然的原因，这种稀缺性至少到目前为止仍然严重存在，但是，既有的资源和机会又由于社会历史的原因，由于特定的社会制度的原因，在社会中被极为不平等地分配和被结构化。不同社会群体对于稀缺资源和机会的争夺以及作为这种争夺的结果的资源分配制度，是社会不平等长期存在的基本原因，而且是更直接的原因。

纵观人类历史，人类反对社会不平等的历史和社会不平等存在的历史几乎一样长。中国古代最伟大的思想家孔子早在2000多年前就提出“丘也闻有国有家者，不患寡而患不均，不患贫而患不安”(《论语·季氏篇·季氏将伐颛臾》)，强调财富分配均衡、“各得其分”的重要意义，影响了后来两千多年的中国社会思想。近代中国重要的思想家康有为在面临日益严重的民族危机和资本主义社会暴露出来的众多弊病的背景下，在中国传统大同思想的基础上，吸收了西方社会近代以来先进的思想文化，经过自己的深入思考，提出了在中国近代思想史上占有重要地位的“大同社会”理想，在他发表的《大同书》中，社会平等是其中的核心观念，他特别强调了男女平等的思想，认为男女平等首先应该体现为权利上的平等；在大同社会中，没有高低贵贱之分，消除了阶级阶层，人人都享有自由平等的权利。

在西方近代思想史上，“社会平等”也一直是先进思想家所追求的核心理想之一。16世纪早期欧洲空想共产主义思想家托马斯·莫尔（St. Thomas More）写就了不朽之作《乌托邦》（*Utopia*）①，描述了一个基于财产公有制的人人平等、按需分配的理想社会，对欧洲近代思想产生了深远影响。从莫尔开始，到19世纪三大空想社会主义思想家圣西门（Saint-Simon）、傅立叶（Fourier）和欧文（Owen），他们对人类社会存在的不平等，特别是资本主义社会存在的巨大的社会不平等进行了深刻的批判，对建立“人人平等”的理想社会提出了许多天才设想，欧文甚至在北美建立了试验区。虽然他们的理想和实践最终都没有实现，但其部分思想精华成为马克思科学社会主义的重要思想渊源。直到今天，人们仍然在世界各地实践着这些思想家们所提出的理想。在现代以色列，就广泛存在着一种叫作基布兹（Kibbutz）② 的集体社区，它是一种实行所有物全体所有制，没有私人财产，在生产、消费和教育等一切领域实行自己动手、平等与合作的定居组织，在以色列的农业和工业生产中至今仍然占有重要地位。

消除社会不平等是人类社会的理想。随着人类社会的发展变化，社会不平等的基础、形式和意义也不断变化。人们消除了某种社会不平等，也许还会遇到新形式的社会不平等，或者又制造出新的不平等。例如，互联网的发展，特别是网络接入的简单化和普及化，使得那些原来受传统媒体限制而无法发表意见的人，现在可以借助网络发表自己的意见，在一定程度上摆脱了传统媒体的束缚；但是，网络接入的日趋平等化并不等于网络使用的平等化，因为各种条件的限制，

---

① 来自希腊语“ουτοπι α”，意为“乌有之乡”。

② 来自希伯来语“קיבוץ、קבוץ”，意为“聚集、团体”。

不同人群在网络使用上存在很大差异，不同人群之间出现了一条过去不曾存在的所谓“网络鸿沟”。科学技术的发展推动了经济和社会的发展，为人们消除以往的社会不平等创造了条件，但却导致了新的社会不平等。正如著名经济学家安格斯·迪顿（Angus Deaton）在《逃离不平等》一书中所说的，人类的历史就是一个逃离不平等，又造就一个新的不平等，然后又促成平等的过程。人类社会也因此不断向前。[①] 正是在这个意义上，社会变迁、社会变革包括社会转型过程中一个十分重要的方面，就是社会分层与社会不平等结构的变迁；或者说，社会分层与社会不平等状况的变化，构成了社会转型重要的内容之一。

① 迪顿．逃离不平等．北京：中信出版社，2014.

第一章

社会分层与社会流动的一般理论

【本章要点】

● “层级论”和“关系论”是有关社会分层与社会不平等性质的基本分析范式。“功能论”和“冲突论”是关于社会分层与社会不平等作用的基本分析范式。

● 社会分层与社会不平等结构是长期的历史现象。伴随着社会形态的变迁，社会分层与社会不平等结构也不断发生变化。

● “现代化”成为讨论现代社会分层与社会不平等结构变革的核心议题。一方面，现代化过程改变了传统的社会分层与社会不平等的结构和形成机制；另一方面，伴随社会的现代化又会形成新的社会分层与社会不平等结构。

● 在向后现代社会转型的过程中，社会分层与社会不平等结构将会越来越多地受到科学技术和文化因素的影响。

● “整体主义”和“个体主义”构成了社会分层与社会不平等分析的基本方法论范式，“个体-社会网络-地位结构”构成了基本的分析层次。

【关键概念】

◇ 层级论 ◇ 关系论 ◇ 功能论 ◇ 冲突论 ◇ 整体主义 ◇ 个体主义

如导论所述，社会分层与社会不平等的集中体现就是社会成员在广义的社会地位上的分层与不平等。问题在于，人的社会属性多种多样，社会地位多种多样，那么，从社会地位不平等的视角看，社会学更重视哪一类社会属性、哪一种社会地位、哪一种社会不平等？换句话说，从社会不平等的视角来看，什么社会地位的不平等更为重要、更为基础、更值得关注？社会不平等为什么能够在社会中长期保持？伴随生活的变迁，社会不平等或社会分层体系是否会发生变化？会发生什么样的变化？人们一般采取什么方式来研究社会不平等和社会分层体系？这些问题可以归纳为（广义）社会分层结构的性质、功能、变化、趋势等几个基本方面。社会学在分析这些基本方面时形成了一些基本范式，贯穿于社会不平等研究的几乎所有具体形式。在我们开始了解那些具体形式之前，有必要先来了解一下这些基本范式。有时为了突出不同的理论视角，我们会成对地讨论这些范式。

第一节
性质：层级论 vs. 关系论

层级论（等级论）和关系论（阶级论）涉及的是社会不平等的性质，即在多种多样的社会不平等中，哪一种是最重要的？或者说，社会不平等最重要的特征是什么？

一、层级论

有一些社会学家认为，最重要的社会地位上的不平等，是不同社会地位对社会资源和生活机会占有多少的不平等。例如，人们在收入或财富上有多有少；在受教育水平上有高有低；有的职业大家竞相追逐，例如公务员，有的职业又几乎无人问津，例如城市环卫。因此，在这些学者看来，社会不平等的实质，或最重要的特征，就是人们因资源和机会占有的多少、大小、高低等所形成的社会等级结构。这种观点强调的是，社会成员所拥有的资源和机会的相对多寡决定了他们社会地位的高低。

社会学一般将这种观点称为“分等级的分层模型”（gradational models of stratification）。其实，将“gradational”在这里翻译成“等级”也许不是特别准确，因为在中文里，“等级”带有因先天因素而形成的不同社会身份的含义，例如中国历史上的“九品中正制”。而社会分层意义上的“gradational”主要是指社会地位所形成的阶梯式或层级式的结构，或者说得更简单一些，社会分层结构可以定义为一个垂直的地位等级体系，等级的概念具有直接的数量特征。

在一定意义上，这种社会层级结构的形成是社会资源和生活机会在社会成员中不平等分配的结果，因此，这样的不平等也叫作“分配的不平等”。德国一位社会学家使用稍显晦涩的语言表达了这个含义：“当普遍可供使用且具有追求价值的社会财富的获得持续地受到限制，并因此不利或有利于相关的个人、团体或社会的生活机会时，此即分配的不平等。”① 这段话看起来有点晦涩，但意思其实也不难理解，就是说，那些有价值的社会财富在社会中进行分配时，会受到各种各样的限制，例如，根据家庭出身分配财富，根据财产分配受教育机会，根据受教育水平分配收入，根据户籍分配职业，等等。因此，有人多得，有人少得。这些差别或不平等的分布往往可以通过财产、收入、声望、教育或权力等表现出来，由此决定了人们在一个高低不等的社会地位等（层）级序列中的位置。

层级、等级或分配的不平等是显而易见的。说到层级或等级的不平等，最显而易见的就是收入不平等或收入差距，这也是经济学家特别关注的问题。社会学家则更多地关注教育、权力、职业等领域中的不平等。以职业为例，在很多社会学家眼里，所谓各种社会资源和生活机会在不同地位上的不平等分布，在现代社会中就是指在职业地位上的不平等分布。“职业”是现代社会中资源和机会不平等分配的基础。不同的职业，具有不同的准入资格、收入、权力和社会声望，由此形成了一个垂直的职业地位层级体系。职业层级结构构成了现代社会的社会分层结构的核心。②

二、关系论

与层级论的观点不同，另外一些社会学家认为，社会中最重要的社会不平等不是资源和机会占有的多少，而是社会成员在社会关系（social relation）结构中处在不平等的地位上，这种社会关系结构的不平等（统治关系、支配关系、剥削关系等）是最重要的不平等。例如，资本家和工人之间的不平等，不是因为资本家挣得多（资本家确实比工人挣得多，但这只是结果），也不是资本家的受教育水平高（也许高，也许不高），而是因为资本家和工人之间的关系是雇佣关系，而这种雇佣关系是基于生产资料占有关系形成的。这种基于生产资料占有关系形成的雇佣关系，其实质是资本家对工人的剥削，工人因不占有生产资料而处于被雇佣、被剥削的地位。人们常常将这种基于社会关系的不平等而形成的社会集团称为“阶级”。

还引用那位德国社会学家的话来说：“当某种社会关系的结构能够持续地有利于或不利于关系相关者的生活机会，使得他们具有不平等的行动或互动可能性

① KRECKEL R. Politische soziologie der sozialen ungleichheit. New York：Campus Verlag，2004.

② BLAU P M，DUNCAN O D. The American occupational structure. New York：Wiley，1967.

时，就是所谓的社会关系的不平等。”① 他的意思是说，社会关系的不平等是最核心的不平等，即使是分配的不平等，也是社会关系的结构限制的结果。因此，这种关于社会不平等的观点被称为“关系论”（或阶级论）。

在关系论中，核心概念是“阶级”（class），而且一般的阶级理论家都承认，阶级差别的重要的基础之一是财产所有关系，阶级形成的基础存在于生产场所和劳动力市场之中。如果“分等级的分层模型”是对分配论的概括的话，关系论一般被称为“分类别的阶级模型”（categorical models of class）。

无论是层级论（等级论）还是关系论（阶级论），都是对社会不平等的基本性质的不同看法。应该说，这两种社会不平等在社会中都是真实存在的，包括其他性质的社会不平等也都存在，但是，这两种分析的范式（如果可以将其称为“范式”的话）实际上代表了关于社会不平等性质的两种最基本观点。在关系论或阶级论的范式看来，社会资源和生活机会占有的多少虽然也是社会不平等的一种形式，但不是最根本的、最重要的形式，只有社会关系的不平等才是最重要的，例如，生产资料占有关系、权力支配关系等，这种社会关系的不平等会更深刻地影响到人们的行为、态度和意识。与此相反，在层级论的范式看来，社会不平等最主要的形式就是对社会资源和生活机会的占有，这种占有的差别可以通过多少、大小、高低等量化的指标显现出来，即使是社会关系的不平等，其最终结果也一般会表现为社会资源和生活机会分配上的差别，更何况在现实社会中“阶级”本身是一个充满争议的概念，社会中是否真实存在“阶级”这样一种社会集团也值得商榷。

归结起来，层级论强调社会不平等的量的差别，关系论强调社会不平等的社会关系方面的差别；前者的研究在社会学中一般被称为社会分层研究，后者一般被称为阶级研究。因此，严格地说，这本教材应该准确地称为社会分层与阶级的教材，但是，为了叙述方便，我们就用社会分层来代表两个范式的研究。这两种基本范式贯穿于社会学关于社会不平等研究的各个具体领域，以它们为核心，形成了一系列的后续理论和研究，在下面的章节中会做详细的讨论。

第二节
作用：功能论 vs. 冲突论

如果说层级论和关系论是人们分析社会不平等的实质或性质的两种基本视角的话，那么，功能论和冲突论主要涉及社会不平等结构在社会中的作用（功能）。

我们在导论中说过，社会不平等几乎与人类社会如影随形，很多人为了消除

① BLAU P M，DUNCAN O D. The American occupational structure. New York：Wiley，1967.

社会不平等动员了尽可能动员的力量，穷尽了一代又一代人的努力，在一定程度上削弱或在一定领域中消除了社会不平等现象，但新的社会不平等又不断产生；随着人类社会在经济、技术等领域中的巨大进步，社会不平等在近一个世纪不但没有缩小、减弱，反而在不断扩大。于是，人们就产生了问题：为什么会是这样？为什么那么多的人反对社会不平等，但社会不平等却无法被消除？

一、功能论

对于上面的问题，有人认为，这是因为社会不平等具有某种社会存在和发展所需要的作用，以至于它会长期存在。这种作用也叫作社会不平等结构的“功能”。所谓“功能论”就是对社会不平等的存在给出的解释。

学过社会学的人都知道，在社会学理论中有一个重要的学派，叫作结构功能主义。它在社会分层与社会流动研究领域也形成了很大影响，成为一种很重要的理论。在这种理论看来，社会不平等秩序的形成，特别是它能够长期维系而无法被消除，归根结底是因为它是社会系统运行所必需的，或者说是社会系统的一项必要功能，社会不平等结构和社会整体维系之间存在一种功能性关系。1945 年，美国两位社会学家（也是帕森斯的学生）戴维斯（Kingsley Davis）、穆尔（Wilbert Moore）在《美国社会学评论》上发表了一篇非常有名的文章《分层的一些基本原则》（*Some Principles of Stratification*）①，在这篇文章中，他们阐释了这种功能性的关系。在他们看来，例如，收入、报酬之所以存在不平等的分配结果，是因为有些职业比起另一些职业来说对社会更重要，要承担更多的责任，比起其他位置或角色来说需要具备特定的技能、才干和能力。因此，第一，一个社会必须要有一种体制或制度促使人们愿意承担或从事这些更重要的职业；第二，只有那些具备相应能力、经过特殊训练或培训的人，才能承担这样一些角色，而他们为此所付出的成本和努力也多于从事其他职业的人。所以，社会必须建立一套等级式的报酬体系，对不同的位置给予不同的报酬，以确保那些最重要的位置能够由最具资格的人来担任，如此，一个社会才能形成推动人们努力学习和工作的动力，维持社会的正常运转。在这个意义上，社会分层结构就是满足社会这种需求的机制，是社会分工不可避免的产物。例如，在当代中国改革开放初期，打破平均主义“大锅饭”、“按劳分配”、多劳多得、“奖勤罚懒”、拉开收入差距等政策，成为当时改革传统计划经济体制的一个突破口。

尽管如此，还有一些重要的问题需要解决，即哪些位置重要、哪些位置不重要是如何确定的？是由谁来确定的？在功能主义者看来，这不是哪一个人或群体确定的，因为这样建立起来的秩序是不可能长久维系的，一个社会的等级秩序归根结底是由整个社会共享的价值观决定的，也就是说，是由整个社会的成员共同确定的，社会位置的高低是社会成员依据共有的价值观评定出来的。例如，大部

---

① DAVIS K，MOORE W E. Some principles of stratification. American Sociological Review，1945（2）.

分社会会认为企业家、大学教授、科学家应该在社会中处于较高的位置，而体力劳动者则处于较低的社会位置。在社会学结构功能主义大师帕森斯看来，所谓社会等级，甚至社会阶级，其实就是指“在相互关系的联合体中享有共同价值评价的一群人”①。

二、冲突论

在戴维斯、穆尔两位社会学家发表功能主义视角的论文八年后，1953 年，一位叫图明（Melvin M. Tumin）的美国社会学家在《美国社会学评论》上发表了一篇论文《分层的一些原则：批评性分析》（*Some Principles of Stratification: A Critical Analysis*）②，提出了一套与功能主义解释针锋相对的观点。图明认为，社会中的每一个位置应该都是必不可少的，否则早就被淘汰了，至于什么位置比其他位置更重要则没有统一的标准。意思是说，不同的群体、不同的阶层、不同的社会、不同的制度下，标准不同，看法也不同。例如，1959 年，在当时召开的全国群英会上，时任国家主席、中共中央副主席的刘少奇握着北京市劳动模范、掏粪工人时传祥的手说：“你掏大粪是人民勤务员，我当主席也是人民勤务员，这只是革命分工不同。”在图明看来，很多社会成员都愿意付出更多的努力，承担更多的责任，获得更多的报酬，但是，最重要的问题在于：社会成员在竞争能力、晋升途径和训练等方面存在着先天性的不平等，例如，在中国，因为长期存在城乡分割的户籍制度，农村教育在设施、师资、交通、环境等方面与城市相比都存在先天的不足，这对农村孩子的继续求学和未来的工作都会产生很大的影响。社会分层结构塑造了处于不平等地位的社会群体或社会集团，因而实际上在制造社会矛盾与冲突，破坏社会秩序和社会整合。因此，社会分层结构是社会中那些占统治地位的社会集团基于自己的利益建构起来的。图明的观点被命名为“冲突论”。在冲突论看来，结构功能主义说社会分层结构满足了社会维系的需求，实际上是借所谓的共享价值观赋予社会不平等体系合法性而已。

功能论和冲突论虽然几乎是针锋相对、相互对立的两种理论视角，但应该说，它们实际上是看到了社会分层结构，乃至社会不平等结构的不同侧面。在人类社会已经经过的大部分历史时期，乃至未来的很长时期内，由于满足需求的资源的稀缺性和社会权力结构的特性，绝对的社会平等是不可能实现的，短时间和小范围存在的绝对平等并不等于普遍的社会存在。在一定范围和一定程度上存在的社会不平等，确实具有社会激励的重要作用，也确实能够得到大多数社会成员的认同，如果不承认这一特点，一味地推行平均主义，会对社会激励造成极大的损害，最终这种平均主义也将无法持续。改革开放之前，中国社会就建立了一套

---

① 沃特斯．现代社会学理论：第二版．北京：华夏出版社，2000.

② TUMIN M M. Some principles of stratification: a critical analysis. American Sociological Review, 1953 (4).

更倾向于平均主义的分配体制，即所谓“社会主义的大锅饭”，这种“大锅饭”虽然人人都能吃到，但不管你工作好坏、效率高低，吃的都一样，严重挫伤了人们工作的积极性，而且也引发了相对的不公平感。平均主义“大锅饭”固然不好，但过大的、过于普遍的不平等对于社会秩序和社会运行来说也是有害的，如冲突论所说，它同样会损害人们的积极性，引起社会矛盾与冲突，造成社会的不稳定。例如，在很多时代、很多社会里，收入或财富差距过大或两极分化，最终都成为这些社会陷入冲突、混乱的最基本因素。在这个意义上，社会不平等或平等都是特定历史阶段的产物，都是相对的而不是绝对的。脱离了特定的历史阶段，将社会不平等或平等绝对化，都无法正确地认识社会不平等现象。

第三节
变化：社会变迁与社会分层结构的变革

社会分层与社会不平等或广义的社会分层结构是一个长期的历史现象。社会分层结构的长期存在，并不等于它的形式和内容都没有发生过变化。其实，伴随社会的变迁，社会分层结构也不断发生变化，显现出一定的规律性。不同的研究者因为关注的视角和目的不同，使用的概念工具不同，描绘的模式和结果也存在很大差别。

一、社会形态与社会分层结构变革

经典马克思主义认为，自原始社会解体以来，伴随着私有制的产生，阶级和阶级剥削就形成了。因此，在经典马克思主义看来，“至今一切社会的历史都是阶级斗争的历史”（《共产党宣言》）。由于生产力发展水平的限制，不同社会发展阶段的阶级形式和阶级结构都会不同。例如，在奴隶社会中，主要阶级是奴隶主和奴隶，奴隶和其他的生产资料一样都为奴隶主所占有；在封建社会里，根据与土地的关系不同，主要的阶级是大量占有土地的地主阶级和占有少量土地的自耕农（或者说是分为贵族和农奴两个阶级）；而在资本主义社会中，因生产资料的占有关系不同，主要的阶级是占有生产资料的资产阶级和除了体力一无所有的无产阶级。特别需要指出的是，马克思曾经指出，他对阶级理论的最大贡献不是证明社会中存在阶级这一现象，在他看来，17—18 世纪资产阶级的经济学家和历史学家都曾经分析过阶级，而他的贡献在于：他证明了阶级是一个历史现象，也就是说，阶级不是从来就存在的，也不会永远存在下去。随着资本主义生产方式内部的不可解决的矛盾运动，无产阶级必将组织起来推翻资产阶级的统治，打碎禁锢在身上的锁链，上升为社会的统治阶级，然后经过长期的历史过程，逐渐消灭阶级差别、工农差别和城乡差别，最终在生产力高度发达的基础上在人类社会实现共产主义，在自己的旗帜上写上“各尽所能，按需分配”[①]。

德国著名的社会学家韦伯（Max Weber）则认为，社会中最重要的社会不平等是权力支配或统治关系。他认为，权力关系有三种基本形式或三种基本来源，即所谓经济的阶级、社会的等级、政治的政党；“经济”的含义是市场状况，“社会”的含义是社会荣誉的评价，“政治”（行政）的含义是国家行政机构和力量。在他看来，在不同的社会和社会的不同阶段，哪一种权力关系（社会不平等的主要形式）占主导地位也是不同的。例如，在欧洲的封建社会里，身份、世系占有主要地位，所以，权力的等级形式就成为社会不平等的主要形式；而在资本主义社会中，由于市场体制和市场关系具有重要意义，所以，以市场状况为主的阶级就成为社会不平等的主要形式。当一个社会处于急剧动荡或变革的时期，经济因素的价值会变得十分重要，因而经济的阶级就会在社会中占据主要位置；当这个社会处于一个相对稳定、和平和谐的时期时，经济因素的价值就会褪色，社会的荣誉、评价的意义会上升，权力的“等级”形式就会在社会中占据主要位置[②]。在这个时期，人们往往会用“世家”来称呼那些家世深远的名门望族，而用“暴发户”“土豪”来称呼那些在动荡和变革中崛起的有钱人。

二、社会现代化与社会分层结构变革

在当代社会分层与社会流动的研究中，“现代化”成为讨论社会分层结构变革的核心议题。与韦伯类似，很多社会学家认为，在人类社会从传统社会或者前现代社会向现代社会转变的过程中，社会不平等的形式和形成机制都会发生根本变革。例如，美国有两位学者布劳（Peter Blau）和邓肯（Dudley Duncan）做过一个在社会学中非常有名的研究，叫作“地位获得研究”。这一研究的目的是想弄清楚，从传统社会到现代社会，社会分层结构和机制究竟发生了什么样的变化。换句话说，一个社会是通过什么机制和方式将一个社会成员分配到某个特定的社会位置上的？他们的结论是，在传统社会（也可称之为前现代社会），家庭背景，也就是人的“先赋”因素，对于一个人获得某一个特定的社会位置具有最重要的影响。但是，在像美国这样的现代社会中，职业地位构成了社会地位的核心，虽然家庭背景对于人们职业地位的获得还具有一定的影响，但最主要的决定因素是本人的受教育水平和第一个职业，这两个因素相对独立于家庭背景而被称为“自致”因素，意为人们职业地位的获得是通过自身努力，而不是通过家庭。

在他们二位看来，尽管现代社会没有消除社会不平等，但一方面，现代社会改变了社会不平等的形成机制，即所谓从“先赋”转变为“自致”，这已经是一个根本性的变化，对社会产生了深远的影响；另一方面，伴随社会不平等形成机制的变革，社会不平等的结构也发生了很大变化，社会位置获得的“自致性”意味着在机

---

① 马克思．哥达纲领批判．北京：人民出版社，1965：14.

② 韦伯．经济与社会（下册）．北京：商务印书馆，1997.

会分配层面上现代社会越来越趋于平等和公平[①]。这种观点在社会学中被称为“现代化视角”或“现代化逻辑”，核心观点是，伴随前现代社会向现代社会的转变，以理性为核心的现代化逻辑会逐渐在社会资源和生活机会分配中占据主导地位，塑造出与之相应的社会结构，包括社会分层结构。一句流行的话形象地呈现出现代化逻辑的实质：你是谁不重要，你是否能干才是最重要的。现代化理论在社会分层与流动的研究中，乃至在整个社会学的研究中都产生了重要影响。

正如在社会学中几乎所有的观点有正方就会有反方一样，质疑和批评现代化逻辑的理论也一直存在。他们指出，如果按照现代化逻辑，一个社会的现代化水平越高，这个社会的资源和机会分配的平等化程度就会越高，不问出身、只看能力的程度就会越高，依据布劳和邓肯的模型，这就意味着在一个人的社会地位获得过程中，家庭背景的影响会越来越小，个人能力的因素会起到越来越重要的作用。但是，事实上并非如此。很多研究都证实，家庭背景等先赋因素的影响并不随着社会现代化程度的提升而下降，而是一直保持着强烈的、稳定的影响，在代际中，社会地位的再生产往往成为主要的模式。[②] 在这些学者看来，一种社会不平等模式的形成或变化，并不单纯地取决于现代化或理性化的逻辑，而是会受到多种因素的影响，特别是文化、政治和宗教因素的影响。例如，印度的“种姓制度”在很大程度上受到印度教的影响。

围绕现代化逻辑进行的争论，在社会流动研究中表现得同样明显，甚至更为明显。社会成员在社会等级、阶级阶层之间是相互隔绝的，还是存在一定程度的流动，或者说，社会分层结构是开放的还是封闭的，决定着社会机会结构特征的集中表现。人们一般认为，不同层级、阶级阶层之间相互封闭的状态，是机会不平等的主要形式，并且更有可能引发社会矛盾与冲突，而一个流动率较高的社会，尽管仍然存在不平等的结构，但流动机会的开放会在一定程度上减少社会矛盾与冲突（Blau and Duncan，1971）。

在社会流动的研究中，类似于社会分层结构的研究，存在着两种基本的视角或范式：现代化逻辑和非现代化逻辑。一些学者认为，如布劳和邓肯的地位获得模型，当社会进入现代化过程后，因为理性因素将在社会资源和生活机会分配，包括社会地位获得中占据主导地位，所以，随着现代化的发展，妨碍社会成员流动的因素会越来越少，影响也会越来越小，自致因素会取代先赋因素，普遍主义原则会取代特殊主义原则，社会流动率会因此不断提高，最终导致整个社会至少在生活机会的分配方面越来越平等（Blau and Duncan，1971）。但是，很多学者对这一理论范式表示了质疑，提出了批评。

豪特（Michael Hout）和迪普雷特（Thomas A. DiPrete）曾经评论到，社会学的大量相关研究显示：“只有很少一些结果能与现代化理论的预测相吻合……同时，学者们发现除了现代化之外，其他一些因素对社会流动和不平等的结构同

---

① BLAU P M，DUNCAN O D. The American occupational structure. New York：Wiley，1967.

② MICHAEL H. How inequality may affect intergenerational mobility. Social Inequality，2004.

样起着主要的作用，其发展方向并不是简单地随着时间的推移而必定呈现出单一方向上的变化趋势。”[①] 对一些国家的研究发现，这些国家虽然在现代化程度上比不上英、美、德等国家，或者与它们发展水平相当，但它们却更加平等、社会结构也更加开放，例如斯堪的纳维亚国家。在另一些国家，随着现代化的发展，收入不平等不但没有减轻，反而有所加重[②]，例如改革开放之后的中国。基本的结论是，社会流动率以及和社会流动相关的社会不平等的变化，不仅取决于现代化、理性化的发展，而且还受到政治、文化、社会结构等众多因素的制约。现代化和社会流动之间没有必然的、稳定的联系，在社会流动的很多问题上，现代化理论是不适用的，甚至是错误的。[③]

三、制度变迁与社会分层结构变革

在社会学家看来，制度变迁会造成社会分层结构的变革，社会制度的更替往往是社会分层结构变革最直接、最根本性的影响因素。一个社会的现代化水平可能没有显著的变化，但由于社会制度发生了根本性的变革，这个社会的分层和流动的模式都会因此发生根本性的变化。例如，当社会主义制度取代资本主义制度后，在社会主义社会中就会形成与资本主义社会大相径庭的社会分层体系，传统社会主义社会消灭了资本主义社会中的生产资料私有制和市场体制，建立了社会主义的公有制和中央计划经济体制，就消灭了资产阶级存在的最重要的基础，并且为建立一个相对更为公平的社会奠定了基础。在这样的社会中，以私人身份占有财产的资产阶级不复存在，财产在社会分层体系中的作用几乎消失，政治意识形态的意义在上升[④]，政治身份、组织权力和知识技能成为决定人们社会地位的重要因素，人们有可能因为政治原因实现在资本主义社会中很难实现的远距离社会流动，社会主义社会中已经不存在私有制社会意义上的阶级，公有制和计划经济在相当大的程度上保证了社会的平等，甚至是平均分配。但是，社会主义社会由于各种因素的制约，仍然在很多方面存在着不同程度的社会不平等，塞勒尼（Ivan Szelenyi）将这种社会不平等称为“再分配体制的不平等”，以区别于资本主义社会中以私有制和市场经济体制为基础的社会不平等[⑤]。在再分配体制下，国家控制了社会中绝大部分的社会资源和生活机会的分配，按照国家的战略目标和政治意识形态，向不同的社会成员分配不同

① MICHAEL H，DIPRETE T A. What we have learned：RC28’s contributions to knowledge about social stratification. Research in Social Stratification and Mobility，2006（1）.

② 同①.

③ 同①.

④ PARKIN F. Class stratification in socialist societies. The British Journal of Sociology，1969（4）.

⑤ SZELENYI I. Social inequalities in state socialist redistributive economies. International Journal of Comparative Sociology，1978（19）.

的资源和机会。①

20 世纪 80 年代以来，在社会主义国家由中央计划经济体制向市场经济体制转型的过程中，社会分层结构会发生什么样的变化在社会学界受到了极大关注，一个十分重要的原因是，向市场经济体制的转型是二战结束以来人类社会所发生的最重大的社会变迁过程，因此，在这样的转型过程中社会分层结构会发生什么样的变化就成为一个极为激动人心的问题。围绕向市场经济体制的转型，社会学界曾经发生过激烈的争论，争论的核心问题之一是，在这样的转型过程中社会不平等是加重还是减轻？社会分层结构是重组还是延续再生产？当年的激烈争论已经过去了近 30 年，但这场争论，或者说是讨论，远远没有结束，因为这个制度转型的过程还远远没有结束②。

其实，不仅制度会塑造不同的社会分层结构，文化、历史、原有的社会结构等因素，都有可能塑造不同的社会分层结构。例如，英国和美国同为发达的资本主义国家，但是，由于国家形成的历史过程大相径庭，历史传统的积淀差别极大，在社会分层结构方面，特别是在社会流动方面，两国之间还是存在显著的差别的，英国的阶级固化程度更高③，美国则有着更高的社会流动率。甚至一个国家在一个时期实行的重大政策，都有可能导致社会分层结构的改变。例如，中国在“文化大革命”时期实行过所谓的“知识青年上山下乡运动”，成千上万的城市青年学生，从城市来到了农村、边疆，他们的人生规划和生命历程由此改变，整整一代人的历史命运也由此改变。④

第四节
趋势：社会分层结构的未来

一、从现代社会到后现代社会

围绕现代化逻辑产生的争论还在继续进行之中，现代社会已经发生和将要发生的变迁又引起了人们的高度关注。

---

① SZELENYI I. Social inequalities in state socialist redistributive economies. International Journal of Comparative Sociology，1978（19）.

② NEE V. A theory of market transition：from redistribution to markets in state socialism. American Sociological Review，1989；NEE V. The emergence of a market society：changing mechanisms of stratification in China. American Journal of Sociology，1996（4）.

③ PENG Y S. Intergenerational mobility of class and occupation in modern England：analysis of a four-way mobility table. Research in Social Stratification and Mobility，2001：18.

④ ZHOU X G，NANCY B T，PHYLLIS M. Stratification dynamics under state socialism：the case of urban China，1949—1993. Social Forces，1996（3）.

1991年，美国社会学家特里·克拉克（Terry Nicholls Clark）和西蒙·李普塞特（Seymour Martin Lipset）发表了一篇引发激烈争论的文章《社会阶级正在死亡吗?》。在这篇文章中，两位社会学家指出，工业化-现代化带来了基本物质生活的保障，使家庭小型化，家庭的影响日益降低，选择日益多样化。在此种背景下，传统的社会分层概念，例如阶级概念，是工业时代的产物，当社会开始进入后工业时代后，阶级已经是越来越过时的概念，新的社会分层结构正在逐步形成，其中一个特点是工业时代分层结构的"碎片化"（fragmentation of stratification）。一些调查也表明，在发达社会中，人们的社会认同越来越和自身的客观社会地位（如收入、职业）相脱离，那种在工业时代存在的所谓阶级已经逐渐不再得到人们的认同。[①] 他们的文章发表之后，很多学者表示反对。反对者认为，虽然像阶级这样的社会不平等形式已经有了很大改变，例如，阶级矛盾与冲突并不一定导致社会革命，全社会范围内的大规模的阶级行动也已经很少出现了，但是，社会关系的不平等依然存在，阶级依然存在，并且还发挥着重要的作用，比如，阶级作为自变量对于社会成员生活机会的分配具有重要影响[②]。

其实，早在克拉克和李普塞特论文发表之前的1973年，美国哈佛大学著名的社会学家丹尼尔·贝尔在其出版的《后工业社会的来临——对社会预测的一项探索》一书中，就已经系统地阐释过，伴随着美国从工业社会向后工业社会的转型，即经济类型由制造业向服务业转型，社会分层结构也会相应发生变革。[③] 在后工业社会中，理论知识将取代物质财产成为最重要的资源和创新的源泉，因此，知识分子、专业技术人员将取代资本家成为在社会中占据统治地位的阶层，大学、研究机构将取代工业企业成为后工业社会的中轴结构。

对于一些更为"激进"的社会学家来说，从工业社会向后工业社会的转型还不足以揭示当代社会逐渐发生的巨大变化，即当代社会已经迅速开始从现代社会向后现代社会转型。如果说现代社会还是一个基于"生存问题"的社会的话，那么，后现代社会因为科学技术和经济的高度发展，造成了社会普遍富裕、教育高度发展、社会流动日益扩大的情形，此时，人类社会已经逐渐摆脱了生存问题的状况，也就是说，逐渐摆脱了物质生活状况的约束，进入了所谓"后物质主义"（post-materialism）的时代[④]，整个社会结构，特别是社会分层结构因此而发生了深刻的变革。这种变革的一个突出特征即人们的社会认同和自我认同越来越不取决于自身的客观地位，而取决于人们的文化价值观。人们的生活方式、消费实践、价值认同在社会生活中具有越来越重要的意义，曾经在现代社会普遍存在的阶级阶层结构被解构，文化价值观念、意识形态对社会分层形成了日益独立的影

① TERRY N C，SEYMOUR M L. Are social classes dying?. International Sociology，1991（4）.

② GOLDTHORPE J H. On sociology：illustration and retrospect. Stanford，California：Stanford University Press，2007.

③ 贝尔．后工业社会的来临——对社会预测的一项探索．北京：新华出版社，1997.

④ INGLEHART R. The silent revolution：changing values and political styles among western publics. Princeton：Princeton University Press，2015.

响力，主体的自我选择对社会分层的建构起到了越来越大的作用（Hall，1989；Bauman，1992；Pakulski and Waters，1996）。[①] 也就是说，在现代社会或者在工业社会中，人们的社会地位主要取决于他们占有社会资源和生活机会的状况，特别是物质资源的状况，而在后现代社会中，这些客观状况都已经不再重要，而人们的价值观念，甚至意识形态将决定人们的自我认同和社会认同，整个社会将经历一个不同于传统阶级阶层的“再群体化”的过程[②]。

二、新技术革命与社会分层结构的未来

如果说社会科学家（包括社会学家）仍然关注社会发展对社会分层结构的影响的话，那么伴随第四次新技术革命的到来，特别是信息技术、互联网的发展，人们越来越关注从现在开始到以后很长一个时期的未来，技术革命带给社会分层结构变革的影响，并且认为这种影响恐怕会超出任何其他因素的影响。

当代技术革命，特别是信息技术的突破性发展，正在越来越深刻、越来越广泛地影响到人类社会，影响到每一个社会成员的社会生活。如果说在前信息社会，最重要的社会资源是物质财富的话，那么，在信息社会，除了物质财富之外，如贝尔所说，知识、技能已经成为越来越重要的资源基础。因此，美国著名的高科技公司英特尔公司的一位 CEO 曾经说过，英特尔公司不是资本密集型企业，更不是人力密集型企业，而是知识密集型企业。如果说在前信息社会中，社会权力的基础或来源主要是物质财富的话，在信息社会中社会权力的基础或来源则越来越多地来自知识和技能。因此，在前信息社会中，信息的收集、占有和传递是按照自上而下的等级制的方式进行的，但在信息社会中，技术的发展已经使得信息的收集、占有和传递形式变得越来越多元化、扁平化、多中心化，社会的组织结构和权力结构会因此而改变。

在当代社会中，最受人关注的变革是以互联网和信息技术为中心的第四次新技术革命浪潮。据中国互联网络信息中心（CNNIC）2017 年 8 月发布的《中国互联网络发展状况统计报告》，截至 2017 年 6 月，中国网民规模达到了 7.51 亿，占全球网民总数的五分之一；互联网普及率为 54.3%，超过全球平均水平 4.6 个百分点；在北京、上海、广州、深圳这些超大城市，互联网普及率已经达到 70%以上。[③] 大规模网络化的发展，已经以更快的速度、更深的层次、更广的范围改变着当代社会，人们的交往形式、社会关系、组织形式、社会矛盾与冲突等都将随之发生根本性的变革，包括社会不平等和社会分层结构。

1999 年起，美国国家电信和信息管理局（NTIA）陆续发布了四篇题为《在

---

① 格伦斯基．社会分层：第 2 版．北京：华夏出版社，2005.

② BECK U. Risk society：towards a new modernity. Los Angeles：Sage，1992：88－90.

③ 中国互联网络信息中心．中国互联网络发展状况统计报告.（2017－08－03）[2018－01－05]．www.cnnic.net.cn/hlwfzyj/hlwxzbg/hlwtjbg/201708/P020170807351923262153.pdf.

网络中落伍》（Falling through the net）的系列报告，认为年轻人、高学历者及高收入者等群体通过使用信息技术而逐渐获得更高的收入及更好的雇佣机会，但那些不会使用电脑的高年龄群体和因贫困无法获得信息工具（电脑）的群体，则陷入较为困难的生活状态之中，从而出现了一种新的社会不平等形式，即“数字鸿沟”。[①] 这种“数字鸿沟”一方面体现在不同的社会群体之间，例如，富人与穷人、高教育水平与低教育水平、男性与女性、高收入与低收入等；另一方面，也体现在不同区域、不同国家、不同社会、不同民族之间。随着互联网技术和信息技术的发展，特别是智能手机的普及，“数字鸿沟”越来越多地由初期的使用机会的不平等向使用能力和行为的差别转变。[②] 正是因为计算机和互联网形成了如此巨大的影响，所以有人惊呼，随着机器人的发展，未来社会主要的阶层结构可能由白领、蓝领和钢领（机器人）组成；随着计算机应用的日益普及，未来社会也许又会出现阶层结构两极化的现象，即社会成员可以被简单地区分为会使用计算机的人和不会使用计算机的人。究竟社会分层结构会在未来发生什么样的变化，我们只能拭目以待了。

第五节 研究方法论

方法论是关于人们用什么样的方式、方法来观察、认识和分析事物的系统看法，而不是对事物的直接认识；它主要是指一套系统的理论认识，而不是具体的获取知识的方法。两个层面的方法论对社会分层和社会不平等的研究有着直接的影响。

一、整体主义 vs. 个体主义

“整体主义”和“个体主义”实际上是整个社会学，乃至很多社会科学的两个最基本的方法论范式。但是，应用在社会分层与社会流动研究上，它有确切的意义。

所谓整体主义方法论，是指对社会不平等的认识和分析是从社会整体入手，而不是从个体入手。也就是说，它认为，社会虽然是由无数个体构成的，但人的本质是人的社会性，社会一旦形成就会作为一个超出具体个体的整体发挥作用，正所谓“1+1>2”。在它看来，无论是社会分层的形式、结构、形成，还是它的

① 胡延平．跨越数字鸿沟．北京：社会科学文献出版社，2002：201－287.

② ATTEWEL P C. The first and second digital divides. Sociology of Education，2001（3）.

后果和未来变化，都是由整体性的社会因素决定的，例如社会制度，一个社会有什么样的制度，就会有什么样的相应的社会分层体系。马克思主义的阶级阶层分析就是整体主义分析范式的典范。在马克思主义看来，生产资料的私人占有制度就决定了阶级的基础、阶级形成的过程、阶级之间的关系，最终决定了阶级结构的变迁及其变迁的形式。从结构、制度这些因素可以直接推论社会分层体系。同理，人们也可以从今天中国社会的经济发展和制度结构，推论中国社会的分层体系。

而个体主义方法论则认为，“社会”并非凌驾于个体之上的一个抽象的整体，社会是由无数个体组成的，要想更深刻地认识社会的特点，就应该从组成它的要素——个体出发，通过对个体行为和动机的详细分析，去揭示无数的个体行为是如何演变为一个整体的，进而去揭示社会整体的特征。例如，如果不去分析构成阶级阶层、特定社会集团等群体的具体社会成员的行为和意识，我们就无法更好地认识整体的行为和意识。在个体主义范式看来，虽然马克思主义从制度的角度解释了阶级阶层的形成和特征，但阶级阶层归根结底是由无数个体组成的，只有透过个体的行为和意识才能更好地认识阶级阶层的行为和意识。因此，个体主义方法论明确地把个体而非制度/结构这样的整体作为社会分层体系分析的起点。如果说整体主义在一定意义上是一种自上而下的分析方法，那么，个体主义就是一种自下而上的分析方法。

当然，必须澄清的是，个体主义方法论并非个体实体论。个体实体论认为在社会分析中只有个体才是真实、实在的，社会只不过是一个观念上的抽象概念。个体主义方法论不否认社会整体的存在，而且应该说，社会学方法论的基点就在于它认为社会不是单个的个人，而是社会性的群体。个体主义方法论只是反对完全独立于个体的抽象“主体”或“超个人的行动者”，例如，抽象的国家、阶级阶层等。在某种意义上，整体主义更多是一种宏观分析范式，而个体主义更多是一种微观分析范式。

二、个体-网络结构-社会地位结构

整体主义和个体主义的方法论范式可以说是经典的方法论范式，它虽然略显简单，但这种极化的表达恰恰比较鲜明地揭示出它们之间的区别。当然，现实社会肯定更为复杂，观察和认识社会的方法论也有可能是多层次的。例如，所谓“整体”也可以区分为不同的层次，在当代社会分层的研究中，社会网络成为分析社会分层结构的基本视角之一。

社会网络是指社会成员所处的具体的社会关系。社会网络关系和社会地位关系尽管在中文的表达中都是“关系”，但实际上是指两种完全不同的整体结构。社会网络关系指的是人际关系（英文为“tie”），社会地位关系是指抽象的社会关系（英文为“relation”）。华裔美国社会学家林南教授通过社会资源的理论，将社会网络关系同社会分层结构联系起来，揭示了人们的人际关系网络，特别是人际关系网络中蕴含的社会资源以及人们对这一网络社会资源的摄取能力，实际决定了人们在社会分层结构中的地位。[①] 边燕杰曾经具体阐释了社会网络分析不同于个体分析和社会地位分析的基本特征：第一，网络关系重视的是人际关系而不是个人特征；第二，它重视的是人际关系所形成的网络以及人们身处什么网络中，而不是人的类别属性，例如，社会地位类型（高收入与低收入、有产者与无产者）。社会网络分析重视人际关系间的联系性和资源的嵌入性，不重视个人的熟悉和归属感；重视个人能够通过这种人际网络摄取多少资源，而不是人们在现实中占有多少资源。总之，它重视的是人们在网络中的位置或者网络中所能够使用的资源，而不是重视人们的阶级地位。[②]

简单来说，社会网络的观点是，决定一个人的社会地位的最重要因素，既不是个人的特征（例如教育水平），也不是社会制度或阶级属性，而是他所拥有的社会关系网络。相对于个体来说，网络也是一种结构性的存在，但它又不是那种由抽象社会关系构成的地位结构，而是由人际关系构成的网络结构。[③]

社会网络分析方法在20世纪末经林南教授引入社会分层研究领域，影响迅速扩大，现在已经成为和个体主义、传统整体主义并驾齐驱的方法论范式。而传统的整体主义方法论也显现出相对复杂的层次，例如，有别于社会整体结构层次的组织（organization）在社会分层过程中的作用，也越来越多地受到关注。[④]

第六节 研究方法和工具、资料

本节将对社会分层与社会不平等研究领域中使用的基本研究方法和工具、资料做一些简要介绍。如果想要更深入地了解相关知识的话，还需要进行专门的学习。

一、定量研究与定性研究

定量研究与定性研究也是社会学学科中主要的两种研究方法。但是，应该指出的是，在社会分层与流动研究中，定量研究无疑占据着主导地位。经过长期发

① LIN N，ENSEL W M，VAUGHN J C. Social resources and strength of ties：structural factors in occupational status attainment. American Sociological Review，1981.

② 边燕杰．市场转型与社会分层：美国社会学者分析中国．北京：三联书店，2002.

③ 同②.

④ BARON J N，BIELBY W T. The organization of work in a segmented economy. American Sociological Review，1984.

展与积累，社会分层与流动研究可以说是整个社会学研究中量化程度最高、研究规范最为成熟的领域，而且，随着相关理论趋于成熟，该领域的发展很大程度上是由统计模型的发展而推动的。例如，我们所熟悉的三代社会流动研究就是因为数据分析方法的改进而不断发展的，其中第二代社会流动研究代表作《美国职业结构》(*The American Occupational Structure*)① 和第三代社会流动研究代表作《永恒的流动》(*The Constant Flux*：*A Study of Class Mobility in Industrial Societies*)② 都是定量研究的典范。

然而，通过定量研究，我们往往只能观察自变量与因变量之间在统计意义上的相关性，相关性背后的因果关系与因果机制则依赖于定性研究的观察分析、理论建构与意义阐释。定性研究的优势就在于能够深入挖掘微观社会互动的影响与意义，从而揭示由微观社会互动不断积累形成的宏观社会分层结构。例如，在关于教育不平等的研究中，威利斯（Willis）的《学做工》与拉鲁（Lareau）的《不平等的童年》就是经典定性研究，二者分别拓展了“文化抵制理论”与“文化再生产理论”，对于我们理解教育不平等的形成具有重要意义。

考虑到定量研究在社会分层与流动研究中的重要地位，下面将简单介绍一些定量研究的基本材料与工具，主要是调查数据与统计模型。

二、常用调查数据简介

虽然调查数据包括普查数据与抽样调查数据两类，但由于普查数据的信息量较少，而且国内普查数据较难获得，因此绝大多数学者使用的是抽样调查数据。本教材的“附件一”列出了目前国内一些较有影响力的抽样调查数据，供读者参考。当研究者要考察宏观因素的影响时，通常还要使用到各个国家与地区的宏观社会经济数据，这些数据可以从国家统计局或者国际组织（如世界银行）的网站上获取。

三、统计模型的选择

如果说调查数据是社会分层与流动研究必需的基础材料的话，那么统计模型就是分析这些材料的基本工具。经过统计学家和社会学家的不断发展，用于社会分层与社会流动研究的统计模型越来越多，越来越复杂、精细。但是，任何统计模型都有其优点与缺陷，故而在具体的研究中，模型的选择并不是越高级越好，而是要根据实际研究的问题选择合适模型。“附件二”列出了一些常用统计模型，这些模型的基础都是 OLS 回归模型与 Logistic 回归模型，因此掌握好这两种基

① BLAU P M，DUNCAN O D. The American occupational structure. New York：Wiley，1967.

② ERIKSON R，GOLDTHORPE J H. The constant flux：a study of class mobility in industrial societies. Oxford：Clarendon Press，1992.

本模型是学习其他高级模型的前提。

◎复习思考题

1. 请尝试区分不同形式的社会不平等。

2. 在社会分层与社会不平等的分析中，“关系论”和“层级论”的根本区别是什么？

3. “功能论”和“冲突论”是关于社会不平等作用的两种对立的说法，你如何看待呢？

4. 你认为在当前中国社会的转型过程中，什么问题是最重要的社会问题？社会不平等是最重要的社会问题吗？

5. 你认为人类社会最终能否消除社会不平等？

◎推荐阅读文献

李春玲．断裂与碎片——当代中国社会阶层分化实证分析．北京：社会科学文献出版社，2005：第1章．

格伦斯基．社会分层．2版．北京：华夏出版社，2005：导论．

斯蒂格利茨．不平等与经济增长．经济社会体制比较，2017（1）．

马克思，恩格斯．共产党宣言．北京：中央编译出版社，2005.

贝尔．后工业社会的来临——对社会预测的一项探索．北京：新华出版社，1997：1976年版前言，导论第2节．

克博．社会分层与不平等．上海：上海人民出版社，2012：第1章．

MICHAEL H，DIPRETE T A. What we have learned：RC28's contributions to knowledge about social stratification. Research in Social Stratification and Mobility，2006（1）．

第二章

阶级阶层

【本章要点】

● 阶级从社会关系的角度研究社会分层与不平等问题，强调社会关系的不平等才是社会不平等的根本源泉。“关系论”取向构成了阶级相对于其他视角的最具特色之处。

● 马克思和韦伯分别开创了阶级分析两大代表性流派的先河，前者强调基于生产资料占有而形成的剥削关系，后者强调基于市场状况所形成的权力支配关系。二战之后，随着社会形势的发展和社会结构的深刻变迁，社会学家的阶级理论也有了新的发展和推进。

● 在社会现象的众多领域中都可以看到“阶级”的身影。在宏观层次上，阶级是解释社会转型、社会革命和大规模社会变迁的重要概念工具，而在微观层次上，阶级位置对于约束人们的生活机会、形塑人们的地位认同具有重要意义。

● 随着工业化推进、市场化转型，中国的阶级阶层结构从改革之前的“两个阶级一个阶层”逐渐朝向复杂化、多元化发展，分层标准、动力机制和具体表征均发生了重大变化。

【关键概念】

◇ 阶级 ◇ 阶级理论 ◇ 阶级阶层结构 ◇ 阶级影响

2016 年 8 月 21 日，科幻作家郝景芳创作的中篇小说《北京折叠》获得第 74 届雨果奖。在这部小说里，作者构建了一个“像变形金刚般折叠起来的城市”，不同阶层的群体居住在完全不同的物理空间，越上等的人不仅有更精致的生活，甚至有更长的活动时间：第一空间中居住着 500 万人，主要是掌握权力和财富的“金领阶层”，他们可以享受完整的 24 小时，生存时间是从清晨六点到第二天清晨六点；当空间休眠，大地翻转，第二空间中的人开始生活，这里有 2 500万人，主要是“白领阶层”，他们的生存时间是从次日清晨六点到夜晚十点；第三空间中生活着 5 000 万人，主要是体力劳动者，也就是我们常说的“底层蓝领”，生存时间是从次日夜晚十点到第三日清晨六点，然后又轮转到第一空间。

这是典型的反乌托邦场景，在可以折叠的空间里，不同阶层群体的资源和机会分配经过了精心规划，就连最基本的生存时间在不同阶层间也进行了严格的、差异化的限定。阶级的鸿沟越来越宽，最终人们在物理意义上完全隔离。尽管这只是科幻小说中描述的场景，但读者并不会感到里面有太多的虚饰夸张的成分，因为现实社会中的结构分化、阶层固化问题同样严峻和残酷。小说场景和现实社会在这一点上是相通的，即我们所处的社会空间是一个高度阶层化、结构化的空间，人们在社会结构空间中所处的位置（阶级地位）形塑甚至决定着他们的经济状况和生活机会。

如果说社会不平等问题是社会学的核心问题，那么“阶级”就是谈论这一问题的重要的方式之一。正如本书第一章所述，社会分层研究中关系论范式的最佳担纲者是阶级分析。那么，阶级分析相对于其他分层视角的独特之处具体体现在哪里？在阶级分析理论家看来，现代社会的阶级结构是什么样的？如何分析这些阶级结构？阶级作为一种重要的“解释自变量”，其后果性影响体现在哪些方面？对于当代中国社会而言，向市场经济体制的转型给社会阶级阶层结构带来什么样的影响？当代中国的基本社会阶级结构又呈现出什么状貌和特征？本章将对这些问题一一做出回答。

第一节 阶级概述

人类社会不是从来就有阶级的。按照马克思的说法，阶级现象的出现是生产力发展到一定历史阶段的产物[①]，随着剩余产品的出现与私有制的产生，人类社会才分裂出利益对立的不同群体和集团，开始进入阶级社会。在人类社会经历的

---

① 马克思，恩格斯．马克思恩格斯选集：第 3 卷．北京：人民出版社，1972：439.

多个不同的社会形态中，阶级状况也在不断演变和发展着：奴隶主和奴隶、地主和农民、资本家和工人。其分别构成了奴隶社会、封建社会和资本主义社会最为基本的阶级群体。

应该说，无论是在中国还是在西方社会，对“阶级”一词的使用古已有之。古代社会中的“阶级”主要是指社会中存在的身份等级或社会地位的分化。比如，汉初著名政论家贾谊在其《新书·阶级》里就对当时的“阶级状况”进行了描述：“故古者圣王制为列等，内有公、卿、大夫、士，外有公、侯、伯、子、男……等级分明。”而《汉书·食货志》也指出，“士、农、工、商，四民有业”，士民、农民、工民和商民构成了中国古代传统农业社会的基本阶级群体。在西方社会，早在古罗马时期，即有贵族、骑士、平民、奴隶的区分；在中世纪，有封建领主、陪臣、行会师傅、帮工、农奴等，并且在每一个阶级群体内部又有各种细分的等级。

直到进入19世纪，经由马克思重新阐释的“阶级”一词才逐渐成为社会科学中的一个重要分析性概念。阶级不再描绘与声望、荣誉相关的地位分化和身份等级，而是根植于生产资料占有关系，成为反映社会关系不平等状况并揭示其根源的概念；同时，不仅如此，阶级还作为一个革命性政治的关键术语，与阶级利益、阶级行动甚至社会历史的变迁紧密联系在一起。正如李普赛特所说：“如果要把社会阶级研究之父这一桂冠授予某一个人的话，那么马克思是当之无愧的。”①

在后来的发展中，阶级成为一个有着多重意义的概念，仅仅从知识和理论起源的角度来看，就能在马克思、韦伯等人那里找到各不相同的有关阶级的概念界定，更遑论还有各式各样以“新”（neo-）、“后”（post-）开头的研究流派对这一概念的重新解读和诠释。在此，我们首先对阶级概念的“硬核”进行界定，并对阶级与地位群体、职业、阶层等概念之间的内在关联进行辨析，以明确阶级分析相对于其他分层视角的独特之处。

一、阶级“硬核”

站在广义的立场上，可以从“多面向”的阶级概念中抽离出一个基本且稳定的理论“硬核”，即阶级是基于社会关系的分化而形成的结构性位置的集合，阶级成员分享共同的社会位置和利益。阶级的“硬核”由以下三个要点构成：关系取向、经济群组、结构性位置。

首先，阶级概念有着突出的关系取向。“各阶级只能根据它们与其他阶级的社会关系才能够被定义。”② 例如，资本家之所以是资产阶级，是因为他们占有生产资料并剥削工人；而工人之所以是无产阶级，是因为他们不占有生产资料且

---

① 李普赛特．一致与冲突．上海：上海人民出版社，1995：54.

② WRIGHT E O. Class structure and income determination. New York：Academic Press，1979：6.

受到资本家的剥削。在阶级分析内部，尽管对于定义阶级的社会关系类型还存在不同看法，例如，究竟是生产关系还是市场关系，是剥削关系还是权力支配关系①，但可以明确的是，它们都是从社会关系的角度研究社会不平等问题的，强调社会关系的不平等才是社会不平等的根本源泉。“关系论”取向构成了阶级相对于其他视角的最具特色之处。

赖特曾举过一个极具启示意义的例子，用来说明关系论与等级论的差异，从中可以看出阶级视角所具备的独特分析价值。他说：“我们很难理解法国大革命如何可以从等级的角度来进行解释。虽然情况可能是说，在巴士底狱风暴中的大多数参与者拥有低于 40 的地位分数，而大多数的法国贵族则拥有高于 70 的地位分数，但是，这类标签并未抓住在革命过程中起作用的潜在动力。很明显，这些是由他们在阶级关系中所处的位置所决定的。”②

其次，阶级植根于社会经济领域，主要或基本表现为一种经济群组。阶级分析两大流派的开创者（马克思、韦伯）都是在经济领域、经济关系中定义阶级的，具体来说，都是从生产性资产（或有价值资产）对成员的决定性意义这一初始起点研究阶级的。比如，马克思强调的是，在资本主义市场经济的生产领域，围绕生产资料占有而产生的剥削，构成了资产阶级和无产阶级对立的基础；而韦伯强调的是，社会成员拥有的市场资源不同，造成了社会成员生活机会的分化。虽然后来阶级理论的发展逐渐超出了经济领域，但经济领域仍然是阶级存在最重要、也是最根本的基础。

最后，阶级是一种系统的结构性存在。阶级位置作为一种结构性因素，独立于个体的属性特征以及个体所得（如人的受教育水平、收入水平等），且逻辑上先于个体所得而存在。也就是说，阶级不依赖张三、李四等具体的个人而存在，而是社会关系的产物。当然，即使是结构性的不平等，也存在多种分析视角（如分割劳动力市场理论），但没有其他任何分析视角像阶级分析这样，形成了一个包括阶级基础、阶级结构、阶级关系、阶级形成、阶级后果和阶级未来等内容的系统而完整的理论体系③。

二、阶级与其他分层视角

在社会学中，人们用来分析社会地位差别、探讨社会不平等的概念有很多，阶级概念和其他概念之间存在着很大的不同。

首先是阶级与地位群体概念的差别。

地位群体（status group）是社会学家常常用来分析人们社会地位差别或不

---

① 李路路，秦广强，陈建伟．权威阶层体系的构建——基于工作状况和组织权威的分析．社会学研究，2012（6）；秦广强，李路路．“经济决定”到“权威支配”：阶级研究的理论转向及内在逻辑．中国人民大学学报，2013（6）．

② WRIGHT E O. Class structure and income determination. New York：Academic Press，1979：8.

③ 李路路，陈建伟，秦广强．当代社会学中的阶级分析：理论视角和分析范式．社会，2012（5）．

平等的基本概念之一，它指的是共享一致声望、荣誉评价且有较高内在认同的共同体。社交活动（如联姻）和生活方式（如餐饮、服饰、艺术）构成了地位群体之间相对明确的界限。① 在韦伯看来，阶级和地位群体是一对既有区别又有联系的概念。区别在于二者分别植根于市场经济领域和社会领域，同时，二者间又有密切的关联，即拥有财产或对某种经济机会的垄断式占有是展示地位的重要方式。②

法国社会学家布尔迪厄曾试图弥合阶级与地位群体之间的区分，在他的“社会阶级”概念中，阶级成员不仅在各种资本的数量、结构布局及变化轨迹上具有类似性，而且在生活方式和品味上也展现出极大共性。与之相反，英国社会学家戈德索普等人则坚持认为，阶级和地位群体二者间的区分是一种“精妙的设想”，唯有区别开来，方能获得对现代社会不平等结构的完整理解。他们的实证研究表明，经济安全和前景的分层（如就业、失业、收入等）主要由阶级而非地位决定，而对于文化消费领域的结果（如阅读偏好、音乐欣赏等）来说，分层是由地位来决定的。是阶级而非地位能够更好地预测保守党和工党之间在英国大选中的投票结果以及“左翼-右翼”的政治态度，但能够较好地预测“自由主义-独裁主义”的政治态度的，则是地位而非阶级③。

其次是阶级与职业概念的差别。

一般来说，职业首先是劳动分工的产物，职业的技术功能或活动定义了职业的边界。但与此同时，职业还是一个附着了经济报酬和文化特性的综合体，因而构成了各主要分层维度的重要基础。因此，有关职业与阶级的关系在认识上往往存在两种截然不同的判断：一是主张阶级与职业之间存在泾渭分明的界限，职业是由生产的技术关系（劳动分工）定义的，而阶级是由生产的社会关系定义的；二是有很多学者主张职业作为经济文化共同体，构成了阶级分类的重要基础。英国社会学家帕金曾指出：“职业是阶级结构的骨架，实际上也是现代西方社会的整个报酬系统的骨架。”④ 甚至后来的新涂尔干主义阶级理论直接构建了以“职业阶级”为基础的阶级结构。

最后是阶级与阶层概念的差别。

国外学界很少有阶级和阶层概念的明确区分，二者的语义表达大都是由“class”一词来统领的。在国内学界，这两个概念具有不同含义，且这种区分既有学术指向上的差异性，也有不同的政治和意识形态色彩。众所周知，“文化大革命”时期极左的“以阶级斗争为纲”的意识形态和政治实践使得阶级概念被极度扭曲，因此，学界出于抵触或回避心理，纷纷转向使用“阶层”一词来淡化阶级概念。另外，改革开放后，我国出现了多种经济成分和相对应的社会群体，传

---

① 韦伯．经济与社会（下册）．北京：商务印书馆，1997：253，257.

② 韦伯．经济与社会（上册）．北京：商务印书馆，1997：259，338.

③ CHAN T W，GOLDTHORPE J H. Class and status：the conceptual distinction and its empirical relevance. American Sociological Review，2007（4）.

④ PARKIN F. Class inequality and the political order. New York：Praeger，1971：18.

统的阶级概念也很难从“生产资料所有权”的角度对它们进行分析。有一些学者提出，作为一种改进，可以在阶级中划分阶层，在阶层中划分利益群体，形成“阶级-阶层-利益群体”的分析框架。①

随着社会的发展和社会结构的复杂化，阶级和阶层在政治和意识形态上的差异性逐渐被忽略，二者更多地代表着两种不同的分层研究取向，即阶级更多是关系取向的概念工具，指向经济状况和经济利益的分化，如财产所有权关系、权力或支配关系、雇佣关系等；而阶层更多是等级取向的分析维度，指向比较多元，不仅仅限于经济地位分化，如收入阶层、教育阶层、消费阶层、声望阶层等。

第二节 阶级理论与阶级结构

如前所述，社会科学家，特别是社会学家对于社会阶级结构形成了不同的看法，他们从各自的视角揭示了阶级结构的状况、实质和特征。

一、古典阶级理论：马克思和韦伯

马克思和韦伯分别开创了阶级分析两大代表性流派的先河，他们的阶级理论对后世的阶级分析和阶级测量影响深远。

（一）马克思的阶级思想

对于马克思阶级思想的理解，需要将其放置于马克思更为广阔的有关人类社会历史发展规律，尤其是资本主义生产方式和社会运行规律的论述中加以把握。马克思明确指出，人的本质不是单个人所固有的抽象物，而是一切社会关系的总和。② 在诸种社会关系中，生产关系具有决定性意义。生产关系的基础是人与生产资料的关系性质，生产资料的占有关系决定了人们的基本社会地位。在资本主义社会中，生产资料归私人所有，社会由此区分为两大阶级：占有生产资料并雇佣劳动力的资产阶级（bourgeoisie）和不占有生产资料而靠出卖劳动力为生的无产阶级（proletariat）。

经典马克思主义的阶级定义来自列宁，即“所谓阶级，就是这样一些大的集团，这些集团在历史上一定的社会生产体系中所处的地位不同，同生产资料的关

① 张宛丽．近期我国社会阶级、阶层研究综述．中国社会科学，1990（5）．

② 马克思，恩格斯．马克思恩格斯选集：第1卷．北京：人民出版社，1995：60．

系（这种关系大部分是在法律上明文规定了的）不同，在社会劳动组织中所起的作用不同，因而取得归自己支配的那份社会财富的方式和多寡也不同。所谓阶级，就是这样一些集团，由于它们在一定社会经济结构中所处的地位不同，其中一个集团能够占有另一个集团的劳动”①。

马克思提出了一整套系统、完整的阶级分析理论体系，其中既包括阶级基础、阶级结构、阶级形成的过程和机制，也包括阶级后果和阶级未来等内容。在马克思看来，阶级的区分是利益的根本对立，阶级关系的实质是“剥削”，即在资本主义社会中，工人在生产过程中所创造出来的剩余价值，被资本家无偿占有。因此，资产阶级和无产阶级之间的关系是以剥削为核心的利益对抗关系，无产阶级反对资产阶级的阶级斗争最终会推翻资本主义制度，建立以无产阶级为统治阶级的社会主义社会。在马克思看来，阶级斗争是推动社会变迁（历史发展）的根本动力，更为重要的是，阶级作为一个历史现象，最终会随着社会生产力的高度发展而走向消亡，阶级的消亡意味着社会不平等的消灭。

（二）韦伯的阶级思想

韦伯也讨论和分析了阶级，但他的理论和马克思的理论既有联系，又有很大的区别。与马克思一样，韦伯也认为财产所有权对于成员的阶级位置有重要意义，他曾经说过“财产占有和毫无财产是一切‘阶级状况’的基本范畴”②，但他认为，社会中的权力关系（人对人的统治、支配或命令关系）具有重要的意义。权力可以区分为三种不同的类型，即经济的、社会的和行政的，其中，经济的权力来自市场交换领域。以经济的权力为基础的社会群体可以称为（经济的）阶级，主要是指因在商品和劳动力市场中获取经济利益（占有财物与获得收入）的不同而享有不同生活机会的群体。他明确指出，“在市场上的这种机会是表现个人命运的共同条件的机制，阶级状况归根结底取决于市场状况（market situation）”③，市场地位和市场状况强烈地形塑着成员的生活机会（life chance）。

韦伯认为，社会封闭（social closure）是将弥散分布的权力类型化的重要机制。通过这一机制，社会群体将报酬和机会限定为一小部分精英群体所拥有并谋求报酬最大化。在经济或市场领域中，这种封闭主要是通过经济机会的“垄断”实现的。市场中的优势阶级能够通过垄断机会排斥来自地位较低阶级的成员，维持乃至增强自身的优势。和马克思强调大规模的阶级行动不同，在韦伯看来，阶级仅仅是潜在的共同体，只是构成了共同体行动可能的、经常的基础，它离真正的社会共同体还有很远的距离。

---

① 列宁．列宁选集：第4卷．北京：人民出版社，1995：11.

② 韦伯．经济与社会（下册）．北京：商务印书馆，1997：248.

③ 同②.

归纳、总结马克思和韦伯两位先驱的思想，可以发现，二者之间既有很多共同之处，又存在着关键性的差异。

首先，他们都认为阶级位置（或其他社会位置）是依据那些使它和其他阶级位置相联系的社会关系而定的，社会关系对于界定现代社会的阶级位置至关重要。不同的是，马克思强调生产领域中基于生产资料占有关系形成的剥削关系；韦伯强调市场交换领域中基于市场状况所形成的权力支配关系或统治关系。

其次，他们都强调社会位置和财产占有之间的关系。不同的是，马克思强调财产占有的决定性作用；而韦伯则特别强调阶级位置和财产占有之间的某种联系。

最后，他们都强调阶级位置与物质利益和社会行动之间的联系。不同之处在于，马克思主义是“强”行动理论，强调阶级斗争推动了社会变革；而韦伯是“弱”行动理论，强调潜在的、历史的、具体的、偶然的阶级行动与社会变革之间的联系。

二、当代阶级理论及阶级结构测量

19 世纪末 20 世纪初，特别是二战结束以来，伴随新技术革命和经济持续高速增长，西方发达社会的社会结构及其社会不平等状况发生了很大变化，主要表现在于：第一，社会的组织化程度越来越高，组织成为社会生产、分配、交换的实际发生地和基本场所，是社会资源配置及物质利益分配的中间载体；第二，非生产领域，特别是以服务业为主体的第三产业发展迅速，市场性组织和社会公共组织大量出现，吸纳了众多管理人员、技术人员和办公室职员；第三，由于组织规模的扩大和复杂性的增加，其科层化和理性化程度不断加深，被雇佣阶级也发生了重要的分化，一个日益庞大的中产阶级形成并迅速发展起来。

社会结构的变迁及复杂化带来了阶级阶层结构的巨大变迁，向传统的阶级理论提出了强烈冲击和挑战，比如中间群体的阶级阶层定位问题、阶级影响后果的逻辑机制问题等。当代阶级理论家纷纷根据社会结构发生的变化，致力于在原有理论基础上对新的变革做出回应，其中最具成效的理论努力分别来自赖特、戈德索普和格伦斯基等人，他们所形成的新马克思主义、新韦伯主义和新涂尔干主义是当代阶级分析中具有广泛影响的理论范式。

美国威斯康星大学社会学系教授赖特发展了所谓新马克思主义阶级理论。他提出，由于现代社会生产组织方式、组织规模和技术的发展，社会日益复杂化，阶级存在的基础已经由马克思时代的物质生产资料扩展到组织管理权力、技能和资格证书等，三种资产都构成了剥削的基础。因此，在当代社会中，生产资料所有权关系、基于组织权力的控制关系和基于技能的控制关系，构成了新的“多元资产剥削”的主要维度，新的“中间群体”拥有了一种与剥削和统治过程相联系的阶级位置。这就是著名的新马克思主义“多元资产剥削”的阶级结构框架。如表 2－1 所示。

表 2－1　　赖特的“多元资产剥削”阶级结构框架

生产资料资产

员工数		所有者	雇员				组织资产
	许多	资本家	专家经理	技术经理	非技术经理	经理	
	少数	小雇主	专家监督者	技术监督者	非技术监督者	监督者	
	零	小资产阶级	专家	技术工人	非技术工人	非管理者	
			专家	技术的	非技术的		

技术资产

如果说赖特继承了马克思主义以剥削为核心的阶级理论传统的话，那么，约翰·戈德索普等人则被认为继承了韦伯主义的阶级理论传统，这一理论可称为基于雇佣关系分化的“服务阶级理论”[①]。戈德索普等人针对韦伯阶级理论所面对的社会组织化、组织内权威分化、中间群体定位等社会现实难题，致力于在劳动力市场和工作组织内寻找新的阶级定位的结构性位置。他们认为，阶级的基础在于雇佣关系，由于组织管理权力和专业技术知识的重要性日益显著，原有阶级结构的最重要变化是雇佣关系的分化，即由原来单一的雇佣关系分化为“服务关系”“合同关系”等类型，尽管都还是被雇佣者，但前者与雇主的关系具有“信任”的特征，并且雇佣条件和更好的经济收入与福利保障水平、更好的晋升机会、更大的权威、更多的工作自主性相联系，基本的报酬形式是“年薪”，由此形成了新的被雇佣阶级——服务阶级，也就是人们常说的“中产阶级”；后者与雇主的关系就是单纯的工作-收入关系，基本的报酬形式是“工资”，可以将这种雇佣关系称为“合同关系”，传统的体力工人就处在这种关系之中。[②] 除了典型的“服务关系”和“合同关系”，还有些人处于中间混合形式的雇佣关系中。总之，戈德索普等人就是根据上述理论建立了著名的新韦伯主义阶级框架——EGP 图式[③]，具体的阶级类别及其相对应的雇佣关系形态如表 2－2 所示。

① GOLDTHORPE J H. On the service class, its formation and future//GIDDENS A, MACKENZIE G. Social class and the division of labour: essays in honour of Ilya Neustadt. Cambridge: Cambridge University Press, 1982.

② 同①.

③ 该图式是根据来自瑞典的埃里克森（Erikson）、英国的戈德索普（Goldthorpe）和法国的波托卡雷罗（Portocarero）三位合作者名字的首字母命名的。

表 2-2 EGP 图式：各阶级类别及其对应的雇佣关系形态

阶级类别	雇佣关系形态
Ⅰ高级专业人员、行政人员、大公司经理和大所有者	服务关系
Ⅱ低级专业人员、行政人员、高级技术人员、小公司经理、非体力雇员监工	服务关系（修改的）
Ⅲa. 常规非体力雇员（高级）	混合形式
Ⅲb. 常规非体力雇员（低级）	劳动合同（修改的）
Ⅳa. 小雇主	不适用
Ⅳb. 自雇佣者	不适用
Ⅳc. 农场主	不适用
Ⅴ. 低级技工、体力雇员监工	混合形式
Ⅵ. 熟练技术体力工人	劳动合同（修改的）
Ⅶa. 半技术和无技术体力工人	劳动合同
Ⅶb. 农业劳动者	劳动合同

与新马克思主义和新韦伯主义不同，以美国社会学家格伦斯基等人为代表的学者认为，在后工业社会中，过去的阶级理论都属于一种“大阶级”（big class）理论，在当代社会日益多元化的时代，它已经过时了，不能真实揭示当代社会阶级结构变化的现实。他们秉承古典社会学家涂尔干有关职业共同体的思想，结合现代社会的变化，进一步阐释了职业不仅是技术分工的结果，还是有社会学意义的群体集合共同体。与以往学者建构的聚集体阶级（即“大阶级”）概念相比，细分的、建基于职业之上的“职业阶级”在现代社会中更为真实具体。因此，他们的理论也被称为“新涂尔干主义”。

第三节 阶级的后果与影响

阶级理论家之所以关注阶级，是因为他们认为“阶级”即使不是分析社会行为和社会意识的唯一自变量，至少也是非常重要、不容忽视的自变量。也就是说，在社会现象的众多层面和领域中都可以看到“阶级”的身影。

一、宏观现象与微观现象①

在宏观层次上，阶级分析是解释社会转型、社会革命和大规模社会变迁的重

① 李路路，陈建伟，秦广强．当代社会学中的阶级分析：理论视角和分析范式．社会，2012（5）．

要概念工具。传统的阶级理论，尤其是马克思主义阶级理论，认为阶级斗争是历史变革和社会变迁的最重要推动力。例如，马克思的《共产党宣言》《资本论》等经典著作，阐述了资产阶级如何通过资本主义生产方式压榨剥削无产阶级，给自己造就了掘墓人，并勾勒出无产阶级革命和共产主义社会的蓝图。

宏观层次的阶级现象还包括社会运动和集体抗争问题，比如，有组织的劳工阶级通过罢工的方式与资方抗衡，改善自身劳动条件，提升劳动报酬；他们也会向政府施加压力，迫切要求其扩大社会福利政策的覆盖面；等等。除了劳工运动，在西方的女权运动、种族压迫、绿色环保运动等重大社会现实议题中，也时常闪现阶级的身影。

在微观层次上，阶级常常被用于解释个人生活机会和生活选择（态度、行为）的差异性。它认为，人们的阶级位置决定了人们的生活状况，从而决定了人们的选择。也就是说，“那些拥有类似资源并且因此占据类似的结构性位置的人，将会共享类似的、关于生活机会的可能性和约束……因此，他们可能也会被预期以相似的方式行动”①。例如，如果一个人出身于体力工人家庭，那么，他很可能在贫困的工人社区内长大，父母、邻居可能都是工人，身边的朋友、同学基本上都没有上大学，中学毕业后就工作了，也许除了在技校学习一些职业技能之外，很少甚至从来就没有想过要去什么综合性大学学习例如社会学这样的学科。在失业风险上也呈现出稳定的阶级差异性，比如，即使当我们控制了一系列的个人属性之后，从事非熟练体力劳动的工人相对于高级薪水阶层的成员来说，其周期性或长期失业的概率，要高出好多倍。

二、经验领域中阶级的影响

下面我们从三个经验领域来具体看看阶级有什么样的影响。

（一）阶级与收入

一些阶级分析者指出，人们的经济收入从根本上是由阶级关系结构中的位置所决定的。这种“决定性”意味着两层意思②：一是阶级位置界定了个体获取收入的方式，即阶级决定着成员的收入来源及其平均水平；二是阶级位置决定了个体特征影响收入获得的程度，比如，同样的个体特征（性别、受教育水平等）在不同阶级中的收入回报可能明显不同。

表 2－3 提供了赖特分析的 20 世纪 80 年代美国和瑞典由阶级区分的个人平均年收入数据。在美国，收入在分类表中的无产阶级单元和资产阶级单元之间存在极端的两极分化：平均来看，前者每年只挣到约 11 000 美元，而后者超过了

① ROSE D, PEVALIN D J. A researcher's guide to the national statistics socio-economic classification. London: Sage, 2003.

② WRIGHT E O. Class structure and income determination. New York: Academic Press, 1979: 57.

52 000 美元。在瑞典，结果不那么显著，但阶级之间的差距仍然存在。另外，对规模庞大的雇员群体而言，如果从阶级结构矩阵中的无产阶级一角沿任一维度向专家或管理者一角移动，那么，在美国和瑞典两国，收入整体上呈现递增趋势。综合来看，表 2-3 中的数据非常符合赖特所提出的以剥削为基础的阶级结构的理论原理。

表 2-3　　美国和瑞典以阶级定位区分的个人平均年收入

员工数	生产资料资产：所有者	生产资料资产：雇员			组织资产
许多	资本家 美国$52 621 瑞典$28 333	专家经理 美国$28 665 瑞典$29 952	技术经理 美国$20 701 瑞典$20 820	非技术经理 美国$12 276 瑞典$15 475	经理
少数	小雇主 美国$24 828 瑞典$17 237	专家监督者 美国$23 057 瑞典$18 859	技术监督者 美国$18 023 瑞典$19 711	非技术监督者 美国$13 045 瑞典$15 411	监督者
零	小资产阶级 美国$14 496 瑞典$13 503	专家 美国$15 251 瑞典$14 890	技术工人 美国$16 034 瑞典$14 879	非技术工人 美国$11 161 瑞典$11 876	非管理者
技术资产		专家	技术的	非技术的	

注：美国数据为 1984 年采集，瑞典收入按照 1980 年汇率折算为美元；两国分析样本量：美国 N=1 282，瑞典 N=1 049；单元中的数据是各种来源的个人税前年总收入的平均值。

资料来源：赖特．阶级．北京：高等教育出版社，2006：236-237.

（二）阶级与生活方式

有关社会阶级与生活方式、文化消费之间的关系问题，曾经引起很多争论。"个体化论"主张，当代社会中生活方式不再与社会阶级之间存在系统性关联，而是呈现出一种"个体化"色彩，是个体自由选择的结果。然而，更多的论点和经验发现还是支持"同源论"，即结构决定论的看法，认为生活消费与社会分层之间有着直接关联，一个群体消费和生活的形式就是其所处社会结构位置的外在表现①。

刘精明和李路路利用 2003 年"中国综合社会调查"数据，考察了生活方式与客观阶层位置之间的关系问题。问卷中设计了一组对生活方式进行测量的问题，他们通过因子分析，得出了 5 个具有典型特征的生活方式因子，分别

① CHAN T W，GOLDTHORPE J H. Class and status：the conceptual distinction and its empirical relevance. American Sociological Review，2007（4）.

为：高品味消费因子（购物、出行和家庭装饰等方面的生活倾向）、生活感受因子（总体的生活感受和工作感受）、高雅休闲因子（时尚的身体锻炼方式和高雅艺术品味）、通俗娱乐因子（玩牌、打麻将和电视消遣等）、焦虑因子。①

他们进一步的经验分析发现，不同阶层群体在生活方式上呈现出明显差异性：管理人员和技术人员在高品位消费因子、生活感受因子和高雅休闲因子以及焦虑因子上的得分明显高于办事人员、体力劳动者以及自雇佣者，而在通俗娱乐因子上的得分则恰好相反。以高雅休闲因子为例，得分均值由高到低的阶层排列是管理人员、专业技术人员、办事人员、体力劳动者和自雇佣者。而且，体力劳动者与非体力劳动者在几种生活因子上的得分均值，在符号上也正好相反：在高品位消费因子、生活感受因子、高雅休闲因子和焦虑感因子上，非体力劳动者都显现为正的得分，体力劳动者和自雇佣者则显示出负的得分；在通俗娱乐因子上的得分，情况又正好反了过来。数据结果表明，生活方式的阶级区隔显著，群体的生活方式是其所处客观阶级位置的外在表现。

另外，王宁分析了消费活动的外在边界与消费分层的问题。在他看来，消费者无论是对消费品的选择还是对消费方式的选择都是有一定范围限制的，人们不能无限制地扩大自己的消费选择范围，这就形成了消费的边界。消费边界的存在使得不同消费者获得了不同的消费空间，一般来说，中上层群体具有较大的消费空间，而下层群体则只有较小的消费空间。除了消费边界以外，消费者还存在明显的消费层次分化，中上层群体处在较高的消费层次，它们有更高层次的消费需求，如更高品质的生活追求、注重自我实现和满足，而下层群体则处在较低的消费需求层次。②

(三) 阶级与主观地位认同

地位认同是处于一定客观阶级位置的成员对其所处地位形成的主观感受和评价。2015 年“中国社会状况综合调查”（CSS）揭示了客观阶级位置（“十大阶层”）与主观阶层地位认同（从“下层”到“上层”五种等级）之间的内在关联。

图 2-1 描绘了客观阶层与主观地位之间的对应分析结果，其中横向维数的解释百分比达到了 75%，纵向维数占比为 21%，这表明位点之间的关系主要通过横向距离来表示。数据显示，主客观阶层位置之间有紧密的对应关系，拥有丰富组织资源的国家和社会管理者有着最高的主观地位意识，而拥有丰富经济资源的经理、私营业主和拥有丰富文化资源的专业技术人员更多对应“中上层”的主观阶层位置，而基本不占有三种资源的农民、无业失业及半失业者处于主观阶层

① 刘精明，李路路．阶层化：居住空间、生活方式、社会交往与阶层认同——我国城镇社会阶层化问题的实证研究．社会学研究，2005 (3)．

② 王宁．消费与认同——对消费社会学的一个分析框架的探索．社会学研究，2001 (1)．

地位的最末端。综合来看，客观阶层地位对成员的主观地位形成了有效形塑，阶级成员拥有的再分配权力（组织资源）和市场资源状况（经济与文化资源）构成了这种影响的重要基础。

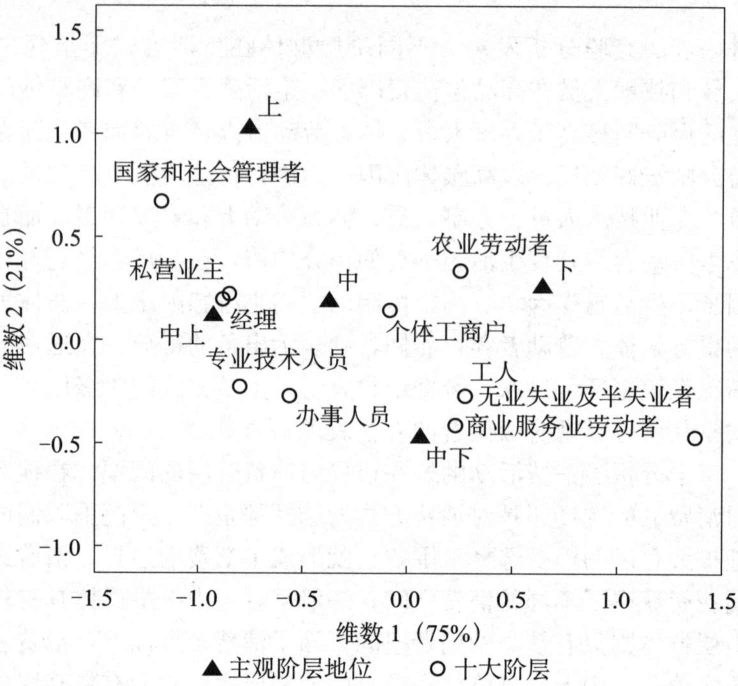

图 2－1 “十大阶层”与“主观阶层地位”的对应分析图

第四节 中国的社会转型与阶级阶层结构变迁

现在我们将目光集中转向中国社会，从三个方面讨论中国的转型与阶级结构的变迁：一是探讨改革开放前后，随着市场化转型，中国的阶级阶层结构展现出什么样的变化特征与趋势；二是结合国内有代表性的阶级阶层分类框架，描绘当代中国的阶级结构状况；三是聚焦国内学界的阶级分析，梳理和把握伴随着社会形势发展和结构变迁而来的阶级分析范式转换的问题。

一、改革开放之前的阶级结构

在中国传统的封建社会里，小农经济和以儒家思想为主的传统文化共同造就了带有明显价值评价的社会分层结构：士、农、工、商。而从阶级结构的视角看，地主阶级和农民阶级是中国传统封建社会中的两大基本阶级。自鸦片战争以来，中国的近代社会开始向现代化转型，社会结构发生了很大变化，新的阶级成分不断出现。20世纪20年代，毛泽东曾对当时中国社会的阶级阶层结构做了系统的分析，指出当时存在的六大典型社会阶级群体：地主、买办阶级、官僚资产阶级，中产阶级（主要是指民族资产阶级），小资产阶级，半无产阶级，无产阶级，游民阶级。①

1949年中华人民共和国成立之后，地主阶级、官僚资产阶级被消灭，经过社会主义改造，民族资产阶级也退出历史舞台。自1956年中国基本上完成了社会主义改造之后，至1978年改革开放之前，主流的观点认为，中国社会阶级结构一直是“两个阶级一个阶层”的形态。所谓“两个阶级”是指工人阶级和农民阶级，“一个阶层”是指知识分子阶层。这几类阶级群体在政治待遇、社会地位、经济收入等方面均存在显著差异。

也有研究者认为，改革开放之前的中国社会更多的是形成了某种身份分层或政治分层的结构。身份主要是指依靠先赋或某种特权获得的地位，当时决定人们身份地位的标准主要为刚性的社会分割制度，如户籍身份、政治身份、单位身份等②；政治分层是指各种社会地位被赋予了不同的政治和意识形态色彩，行政权力决定着社会资源的分配，单位的行政级别决定着成员在分层体系中的位置。另外，成员与主流政治意识形态（政治出身、政治表现、政治面貌）的距离决定着他们获取资源和机会的差异性③。

二、改革开放以来阶级结构的变化

20世纪80年代中国实行改革开放以来，中国社会发生了两个深刻变化：一是从高度集中的中央计划经济体制向市场经济体制转轨，二是从传统型社会向现代型社会转变。在这两个过程中，原有的社会分层结构、分层标准、动力机制和具体表征均发生了重大变化，阶级群体之间的关系变得复杂且多元化。

这种变化主要体现在以下几方面：

第一，社会阶级阶层的决定机制发生了变化。如果说改革开放之前社会成员的阶级阶层位置取决于其制度性身份和政治地位的话，那么在经历了市场化改革之后，阶级地位衡量标准逐渐多元起来，且由先赋性标准转向自致性标准，经济收入、职业、教育成为新的、重要的阶级划分维度。

第二，社会阶级阶层结构朝多元化、复杂化演进。随着劳动分工体系的变化

---

① 毛泽东．中国社会各阶级的分析//毛泽东选集：第1卷．北京：人民出版社，1991：3－11.

② 李路路，王奋宇．当代中国现代化进程中的社会结构及其变革．杭州：浙江人民出版社，1992.

③ 李强．政治分层与经济分层．社会学研究，1997（4）．

和职业结构的复杂化，我国出现了很多新的社会职业群体，如个体户、私营企业主、经理和管理人员、专业技术人员、商业服务业人员、自由职业者等。传统的“两个阶级一个阶层”的阶级阶层结构出现很大变动，两大阶级内部都出现了明显分化，催生出一个庞大的中间阶层。

第三，市场化转型带来“体制外”阶层群体的快速发育和成长。伴随着市场化进程，在非公有制经济领域和社会领域出现了一些新的社会群体（“新的社会阶层”），主要包括私营企业和外资企业中的管理技术人员、中介组织和社会组织从业人员、自由职业人员、新媒体从业人员等，他们既不从属于对立阶级（资本家-工人）中的任何一个，也不是原来的阶级，而是所谓“新的社会阶层”。

第四，以阶级再生产为主要特征的代际关联模式逐渐凸显出来。那些占有优势地位的群体，通过不同资本的交换、社会网络和人力资本的优势，将其优势地位在代与代之间进行传递，这被称为“富二代”“官二代”现象。

三、当代中国的阶级阶层结构

对于当代中国社会的阶级阶层结构的状貌和特征，很多学者结合国外阶级分析范式和中国特定的社会现实，从多个维度出发构建了阶级阶层框架。其中，基于现代化理论的“十大阶层”、基于制度主义的分层框架、中国版的新马克思主义分类框架以及权威阶层分类框架，在学术界具有一定的影响力。

21世纪初，面对社会转型和社会阶层结构的急剧变迁，有学者提出，中国社会原有的阶级阶层结构发生了重大变化，即从原来的“两个阶级一个阶层”变化为包括十个阶层的新的社会阶层结构①，这十个阶层分别是：国家和社会管理者阶层、经理人员阶层、私营企业主阶层、专业技术人员阶层、办事人员阶层、个体工商户阶层、商业服务业员工阶层、产业工人阶层、农业劳动者阶层、城乡无业/失业/半失业者阶层。

“十大阶层”的划分是以职业分类为基础，以组织资源、经济资源、文化资源的占有状况为标准的。这三种资源被认为是当前社会中最为重要的资源，决定和形塑着个体在社会结构空间中的位置。其中组织资源是指依据国家政权组织和党组织系统而拥有的支配社会资源（包括人和物）的能力；经济资源是指生产资料的所有权、使用权和经营权；文化资源是指社会（通过证书和资格认定）所认可的知识和技能的拥有。

图2-2至图2-4是使用2015年度“中国社会状况综合调查”（CSS）数据描绘的全国（包括城镇和农村地区）的“十大阶层”的分布，从中可以看出当前我国社会阶级阶层结构分化的基本状貌及其城乡之间的差异。

---

① 陆学艺．当代中国社会阶层研究报告．北京：社会科学文献出版社，2002.

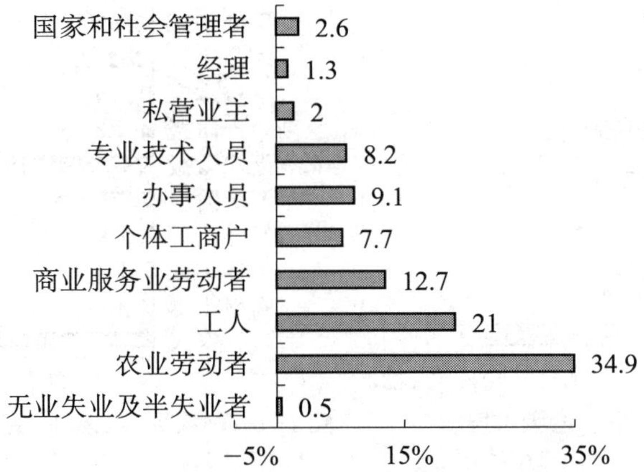

图 2－2　“十大阶层”（2015 年全国数据）

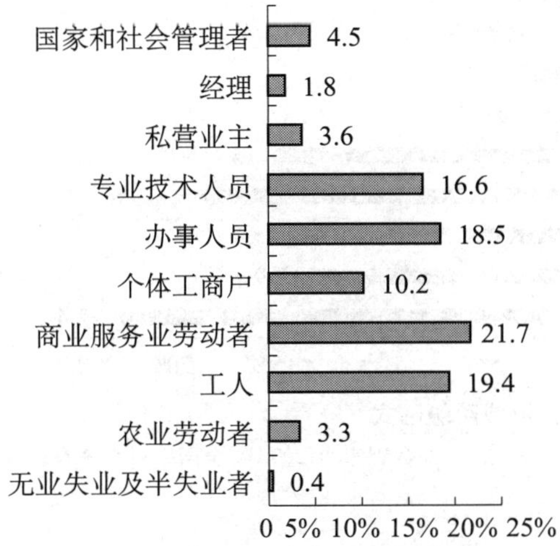

图 2－3　“十大阶层”（2015 年城镇数据）

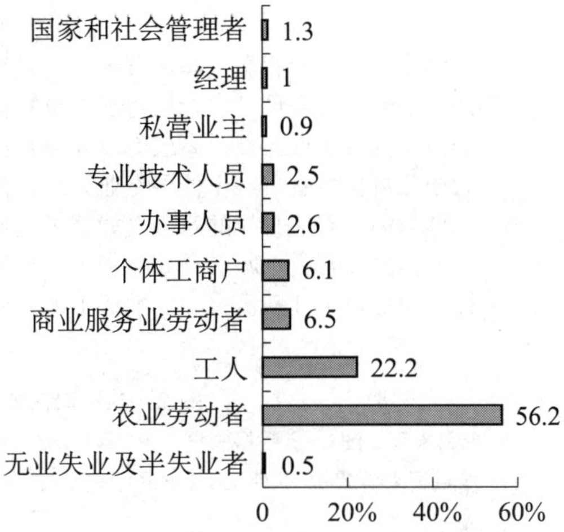

图 2－4　“十大阶层”（2015 年农村数据）

除了“十大阶层”的框架之外，还有一些学者从不同的理论视角出发，提出了不同的或形似但形成机制不同的阶层结构框架。例如，有学者从行政协调和市场协调关系所规定的支配权大小入手，构建了一个包括 7 大类 16 小类的阶层分析框架①；有学者结合制度主义理论与新马克思主义的阶级分析方法，根据户口制度、单位制度、干部身份制和私有产权等制度性因素，建立一个以对不同形式生产性资产的占有为基础的新马克思主义取向的阶级分类方式②；还有学者尝试以权力-支配关系作为阶级分析的基本维度，基于对工作状况和组织权威关系的直接测量，构建了一个权威阶级分类框架③。

各阶级框架的群体构成及比例分布呈现在图 2－5 至图 2－7 中。

① 刘欣．协调机制、支配结构与收入分配：中国转型社会的阶层结构．社会学研究，2018（1）．

② 林宗弘，吴晓刚．中国的制度变迁阶级结构转型和收入不平等：1978—2005．社会，2010（6）．

③ 李路路，秦广强，陈建伟．权威阶层体系的构建——基于工作状况和组织权威的分析．社会学研究，2012（6）．

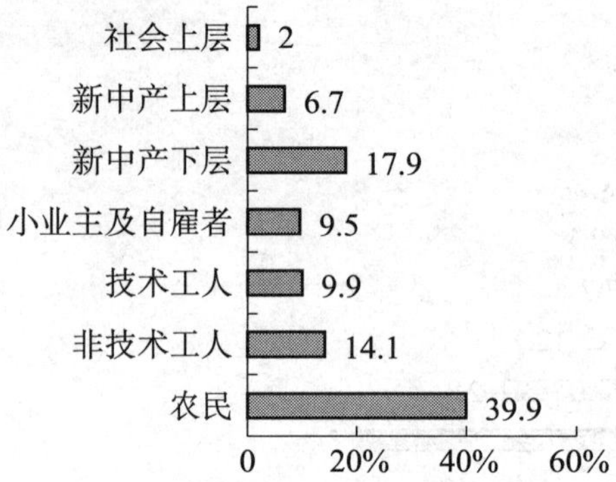

图 2-5 刘欣：七大阶层

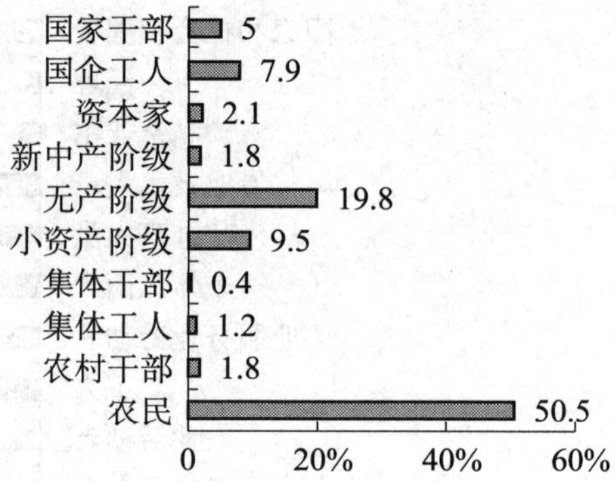

图 2-6 林宗弘、吴晓刚：新马克思主义阶级分类

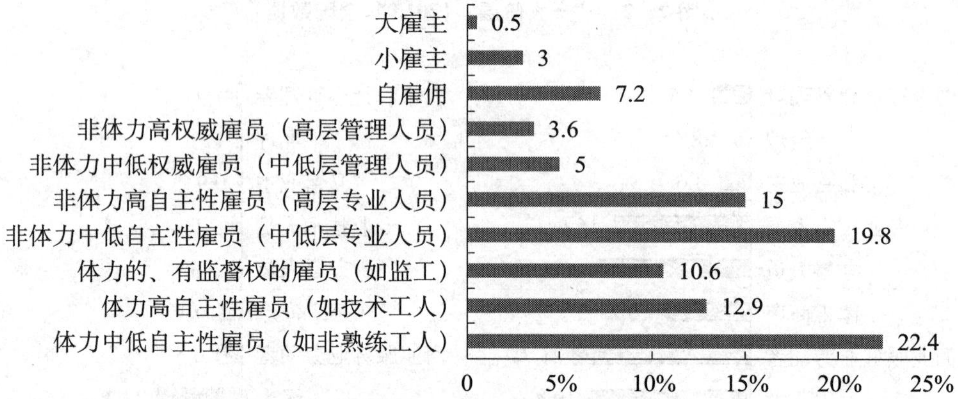

图 2-7 李路路等：权威阶级图式

资料来源：图 2-5 数据来自 2010 年 CGSS（全国）；图 2-6 数据来自 2005 年全国人口小普查；图2-7 数据来自 2006 年 CGSS（城镇）。

四、阶级分析的式微与回归

观察阶级阶层分析在中国社会学中的“命运”，有助于我们理解阶级分析的意义和价值。“阶级分析”存在于中国社会以经济建设为中心的改革开放新时期，自社会学学科恢复重建以来，经历了一个从“式微”到“回归”的过程，或者说经历了两次明显的范式转换过程①：第一次是 20 世纪八九十年代，“阶级话语逐渐消逝”，“非阶级”的等级分层研究全面取代阶级分析，成为社会不平等研究的主导范式；第二次范式转换是在最近十年，社会学界又兴起了一股“重返阶级分析”的呼声，阶级分析越来越成为一种引人瞩目的分析范式。

对两次范式转换的初衷、立场和主张进行梳理归纳，才能更好地把握和理解

① 冯仕政．重返阶级分析？论中国社会不平等研究的范式转换．社会学研究，2008（5）；刘剑．阶级分析在中国的式微与回归．开放时代，2012（9）．

范式转换背后的动因与逻辑。当时放弃或取代阶级分析的主要原因是[①]："文革"时期及"文革"之前在错误的阶级斗争理论指导下，阶级斗争扩大化给党和国家及现代化建设带来了巨大危害，在彻底清理阶级斗争扩大化的错误之后，全党和全国人民的工作重心从以"阶级斗争为纲"转向以经济建设为中心，强调利益对立和斗争的阶级概念不符合我国现代化建设的需要。

而最近十年主张重返阶级分析的缘由主要在于[②]：向市场经济转型之后，社会分化日益严重，特别是经济领域中的分化尤显突出，社会利益矛盾与冲突日益显现和尖锐化；相对于等级分层的概念，阶级概念能够更深刻地反映深层社会结构的矛盾，更贴近日益严峻的社会冲突现实。可见，阶级分析范式在某种程度上的"回归"，主要是因为社会转型过程中利益分化现象严重、群体矛盾与冲突升级，亟须重新引入并使用阶级这一结构性视角。

◎ 复习思考题

1. 什么是阶级？阶级相对于其他分层视角的独特之处体现在什么地方？
2. 马克思和韦伯两人的核心阶级思想分别是什么？二者有何异同？
3. 古典阶级分析在当代社会面临什么样的困境和难题？
4. 新马克思主义者和新韦伯主义者如何发展了他们各自的阶级分析传统？
5. 你认为在我们的日常生活中哪些现象体现了阶级的影响？
6. 改革开放前后我国的阶级结构发生了什么变化？
7. 你如何看待阶级分析在当代社会中的分析性价值？

◎ 推荐阅读文献

仇立平．回到马克思：对中国社会分层研究的反思．社会，2006（4）．

冯仕政．重返阶级分析？论中国社会不平等研究的范式转换．社会学研究，2008（5）．

赖特．阶级分析方法．上海：复旦大学出版社，2011：216－230.

李路路，陈建伟，秦广强．当代社会学中的阶级分析：理论视角和分析范式．社会，2012（5）．

李路路，秦广强，陈建伟．权威阶层体系的构建——基于工作状况和组织权威的分析．社会学研究，2012（6）．

林宗弘，吴晓刚．中国的制度变迁、阶级结构转型和收入不平等：1978—2005. 社会，2010（6）．

刘欣．协调机制、支配结构与收入分配：中国转型社会的阶层结构．社会学

① 张宛丽．近期我国社会阶级、阶层研究综述．中国社会科学，1990（5）；郑杭生．根本观点与具体论断：从前沿思潮看马克思主义．中国党政干部论坛，2002（4）．

② 仇立平．回到马克思：对中国社会分层研究的反思．社会，2006（4）；沈原．社会转型与工人阶级的再形成．社会学研究，2006（2）；冯仕政．重返阶级分析？论中国社会不平等研究的范式转换．社会学研究，2008（5）．

研究，2018（1）.

陆学艺．当代中国社会阶层研究报告．北京：社会科学文献出版社，2002.

韦伯．经济与社会（上、下册）．北京：商务印书馆，1997.

CHAN T W，GOLDTHORPE J H. Class and status：the conceptual distinction and its empirical relevance. American Sociological Review，2007，72.

GIDDENS A. The class structure of the advanced societies. New York：Harper，1973：Chapter 1－3.

第三章

职业与社会分层

【本章要点】

● 职业是现代社会中的一种重要分层形式。职业不平等包括两个主要方面，即主观的职业声望等级的不平等以及客观的职业社会经济特征的不平等。

● 主观的职业声望等级的不平等主要来源于劳动分工造成的权力差异以及职业群体的特定生活方式。客观的职业不平等则来源于技能差异和职业群体间的社会封闭等因素。

● 职业不平等对人们的生活机会和生活选择具有重要影响，人们的收入水平、健康水平都与职业不平等有着直接的关系。不同性别之间在职业选择和进入机会上也存在差异。

● 职业声望具有较大的稳定性和连贯性，在当代社会，职业地位等级仍然具有重要意义。客观的职业社会经济特征受产业结构和管理方式的影响较大，在一些欧美国家出现了职业不平等的两极化趋势。

● 我国社会的职业声望等级经历了较大的变化，经济因素在职业声望评价中发挥着越来越重要的作用。随着现代化和市场化的逐步推进，中高级职业从业人员所占比重增加，职业结构呈现“趋高级化”。

【关键概念】

◇ 职业不平等 ◇ 职业声望 ◇ 社会经济地位 ◇ 技能差异 ◇ 工作质量

俄国文豪列夫·托尔斯泰在长篇小说《安娜·卡列尼娜》中描写了一个以农场主身份出现的主人公列文，在小说刚开始的时候，列文从乡下来到莫斯科并准备向谢尔巴茨基公爵家的基蒂小姐求婚。托尔斯泰写道："列文确信事情没有可能，是根据在她的亲族的眼里看来他不是迷人的基蒂的合适的、有价值的配偶，而基蒂自己也不会爱他。在她的家族的眼里看来，他三十二岁了，在社会上还没有通常的、确定的职业和地位，而他的同辈现在有的已经做了团长，侍从武官，有的做了大学教授，有的做了银行和铁路经理，或者像奥布隆斯基一样做了政府机关的长官；他（他很明白人家会怎样看他）仅仅是一个从事畜牧、打猎、修造仓库的乡下绅士，换句话说，就是一个没有才能、没有出息、干着在社交界看来只有无用的人们才干的那种事的人。"在这段文字中我们能够看到，列文在向心爱的基蒂求婚时，很有些自惭形秽。他在与他的那些竞争者做对比时，考虑的不是竞争者的年龄、相貌、身高、体重，而首先是他们的"确定的职业和地位"。

无独有偶，在当代中国的国家公务员考试中，频频上演着"职业和地位"的现代版。从多年的报名统计结果看，有的职位竞争达到了近 1 000∶1 的程度，而有的职位却只有寥寥几人报名甚至没有人报名。为什么有的岗位让人竞相追逐，有的岗位却无人问津？这些问题都可以从职业不平等的角度来解释。

在这一章中，我们将从职业不平等的定义、来源、效应、变化趋势等方面来展开讨论。首先让我们来回答下列几个问题：职业是什么？职业不平等是什么？这种不平等主要体现在哪些方面？又如何进行操作化的测量？

第一节 职业分层的结构

一、职业分类和职业不平等

职业是劳动分工的产物。在传统农业经济时代，劳动分工相对简单，社会中存在的职业并不多，通常只有二十或三十种主要的手工行业，而在现代经济中，则存在成千上万种职业。[①] 我们在日常用语中，经常会将职业（occupation）和工作（job 或者 work）不加区分地来使用。在社会分层研究中，职业和工作之间有着明确的区分。当我们讲到"工作"的时候，需要涉及具体的工作岗位、由若干任务所构成的工作内容、完成这些任务所需的技能要求等等。而"职业"指的是将很多工作（jobs）集合在一起的各种范畴类别，这些被归在一起的工作被认

① 吉登斯．社会学：第五版．北京：北京大学出版社，2009：611.

为在工作性质和技能水平等方面是相似的。传统上，马克思主义把职业定义为劳动技术分工（technical division of labor)，以区别于作为劳动社会分工（social division of labor）的阶级概念。

我们在社会学概论的教材中已经接触过“社会地位”这一概念，即人在社会中所占据的某一确定的社会位置[①]。在现代社会中，职业是最重要的社会地位（位置）之一。作为一种社会位置，职业具有两个基本属性，即横向的分化和纵向的分层。职业的横向分化意味着职业是由各种各样的工作所聚集成的名义类别，也就是说，职业之间在工作性质上是不同的；而纵向分层则意味着可以对职业进行等级排列，也就是说，有的职业等级地位高，有的职业等级地位低，职业之间在次序等级上是不平等的。

在现代社会中，“职业”地位被认为是社会分层和社会不平等较重要的表现之一。布劳和邓肯在《美国职业结构》一书中，曾从结构功能主义的角度来论证职业在现代社会中的重要意义。他们说道：“职业结构在现代工业社会中不仅构成了社会分层各主要维度的重要基础，而且构成了不同社会生活制度和领域之间的联系纽带，并因此展现其巨大的重要性。声望分层等级和经济阶级等级都根植于职业结构；政治权力和权威等级也是如此，因为当代社会中政治权威的行使很大程度上是作为一份全职职业来进行的。”[②] 实际上，一个人在生命历程中要扮演很多角色，但对于大多数人来说，职业或许将是决定个人生命轨迹的最重要因素。职业以及与之相连的工作场所、生产领域、阶级位置等，构成了个人身份和社会地位的最重要基础。弗兰克·帕金（Frank Parkin）为此做了一个著名的比喻，他说职业秩序构成了阶级结构以及整个报酬系统的“骨架”。这一比喻意味着，虽然职业结构不能揭示阶级、地位群体和权力的全部内涵，但却构成了这三者共同的潜在基础。正如布劳和邓肯所言，研究职业结构只是分析社会分层的第一步，但却是非常重要的一步。

从社会分层和不平等的角度来看，职业的不平等体现在很多方面，比如不同职业之间的技能水平存在复杂和简单之分，不同职业之间的声望有着高低次序，不同职业之间的平均教育水平和收入水平千差万别，不同职业之间在工作保障性、晋升前景和其他很多方面也差异极大。但概括来说，职业不平等主要包含两个方面：一个是主观的声望等级上的不平等，一个是客观的社会经济特征上的不平等。职业的主观声望指的是社会成员对职业一般地位的评价。根据某种标准，人们可以把职业评价为“高贵”的或者“低贱”的，并且据此形成一个连贯的等级秩序。所谓等级秩序（status order)，指的是一套等级关系，它根据人们占据的社会位置或者“出身”、民族等首属属性，规定了社会中的优越、平等或者低贱的等级分布。从这个意义上来说，职业声望群体接近于韦伯所定义的有关社会荣誉分布的“身份群体”概念（具体见第五章)。职业的社会经济特征指的是附

---

① 波普诺．社会学：第十一版．北京：中国人民大学出版社，2007：109.

② BLAU P M，DUNCAN O D. The American occupational structure. New York：Free Press，1978：7.

属于职业的一系列客观的工作条件，比如技能水平、报酬水平、工作保障性、晋升前景和工作自主性等，这些条件围绕职业而聚集在一起，即相同的职业有着相似的工作条件，而不同职业之间的工作条件差异较大。

二、职业不平等的测量

为了对职业等级和职业不平等进行测量，社会学家提出了很多量表和分类图式。一些社会学家构建出多种连续性的职业等级量表，根据这些量表可以赋予具体的职业一个确定的等级分数。其中比较著名的量表包括唐纳德·特雷曼（Donald Treiman）的职业声望量表（occupational prestige scale）、布劳和邓肯提出的职业地位的社会经济指数（socioeconomic index of occupational status），以及霍普和戈德索普的职业等级量表（H-G Scale）等。

职业声望是指人们对各种职业所做的主观评价。世界上最早的职业声望量表是由芝加哥大学全国民意研究中心（NORC）的塞西尔·诺斯（Cecil C. North）和保罗·哈特（Paul K. Hatt）在1947年提出的①。该量表利用全国性的成年人样本，对90个职业的声望进行了评定。他们在问卷中要求被访者“对下面提及的每一个职业，请选择一个选项，能够最好地描述你关于该职业的一般地位所抱有的个人意见”。题目给出了五个选项，分别是卓越、良好、平均、低于平均以及卑贱。根据被访者对各职业评价的平均得分，可以排列出90个职业的声望等级。结果显示，美国大法官、州长和医生排在职业声望等级的前三名，而垃圾收集工、清道夫和擦皮鞋者排在职业声望等级的倒数后三位。

在此之后，职业声望研究在学术界大量开展。声望研究采用的基本方法是，在抽样调查中，让被访者根据职业的“声望”、“社会地位”或者“尊敬度”等，对一系列职业进行等级排列，并据此计算声望分数。唐纳德·特雷曼在总结了60个国家的85套职业声望数据后，发现这些国家的职业声望等级是相似的，而且不同的社会群体的职业评价也是相似的，也就是说，不管是穷人、富人、管理者还是劳动者，对各个职业的评价都是相似的。在这个基础上，他制作了“国际标准职业声望量表”（international standard classification of occupations, ISCO）②，该量表适用于世界上各个国家，因此可以用于跨国比较研究。

构建职业声望量表的方法是让被调查者对一组职业的一般地位或声望进行排序，但这种方法的一个重要缺点就是，问卷中只能涉及少量的职业。想象一下将一千多个职业列出来，让被调查者对它们进行声望排序，那是多么不现实的事情。为了解决这个问题，美国社会学家布劳和邓肯提出了一种思路，其方法是以诺斯和哈特研究中得到的45个职业的声望分数为因变量，以这些职业的平均教

---

① NORTH C C, HATT P K. Occupational status and prestige. Opinion News, 1947, 9: 3-13.

② TREIMAN D J. Occupational prestige in comparative perspective. New York: Academic Press, 1977.

育和收入为自变量，建立一个回归模型，在得出教育和收入的回归系数之后，把它们作为权重代入一个由所有职业的平均教育和收入所构成的方程，从而为在人口普查分类中的所有职业产生一个分数，这一分数，被称作“社会经济地位指数”（socioeconomic index of occupational status，SEI）[①]。与职业声望不同，“社会经济地位指数”是综合人们的多种社会经济因素而排列的顺序和分值，是一种客观地位而不是主观地位。与职业声望类似，1992 年，特雷曼等人利用 16 个国家的 31 套数据，构建了可用于跨国比较的“国际标准职业社会经济地位指数”（international socio-economic index of occupational status，ISEI）[②]，在这个指数中，得分最高的职业是法官，为 90 分；得分最低的职业是一般农民、清洁工，为 16 分。

人们可以从两个维度对现有的各种职业等级量表和指数进行区分。第一个维度是看职业等级量表所基于的等级概念，据此可以把量表区分为综合性量表（将职业的若干个特征以一种有意义的方式集合在一起进行排序）和分析性量表（单单参照职业的某一个特征而对各职业进行排序）；第二个维度是看职业等级量表所基于的数据类型，据此可以把量表区分为主观数据量表和客观数据量表。这两个维度交叉的结果就是，职业等级量表和指数被划分为了四种形态。[③] 如表 3-1 所示。

表 3-1　　职业等级量表和指数的四种形态

	主观数据	客观数据
综合性量表	霍普-戈德索普量表[④]（霍普和戈德索普）	社会经济指数[⑤]（布劳和邓肯） 国际标准社会经济指数[⑥]（甘泽布姆）
分析性量表	职业声望量表[⑦]（霍奇、西格尔和罗西） 国际标准职业声望量表[⑧]（特雷曼）	陈-戈德索普量表[⑨]（陈和戈德索普）

---

① BLAU P M，DUNCAN O D. The American occupational structure. New York：Wiley，1967.

② GANZEBOOM H B G，GRAAF P M D，TREIMAN D J. A standard international socio-economic index of occupational status. Social Science Research，1992，21（1）：1-56.

③ BUKODI E，DEX S，GOLDTHORPE J H. The conceptualisation and measurement of occupational hierarchies：a review，a proposal and some illustrative analyses. Quality & Quantity：International Journal of Methodology，2011，43（3）：623-639.

④ GOLDTHORPE J H，HOPE K. The social grading of occupations：a new approach and scale. Oxford：Clarendon Press，1974.

⑤ 同①.

⑥ 同②.

⑦ HODGE R，SIEGEL P，ROSSI P. Occupational prestige in the United States，1925-63. The American Journal of Sociology，1964，70（3）.

⑧ TREIMAN D J. Occupational prestige in comparative perspective. New York：Academic Press，1977.

⑨ CHAN T W，GOLDTHORPE J H. Class and status：the conceptual distinction and its empirical relevance. American Sociological Review，2007（4）.

根据上面的类型划分，从所测量的概念和所使用的数据类型来说，职业声望量表是基于主观数据的分析性量表，它想要抓住的是职业众多属性中的某一个属性（即遵从意义上的声望或地位）；相反，社会经济指数是基于客观数据的综合性量表，它试图抓住的是由多种属性（如教育、收入和社会地位等）所构成的一个复合物。

有关职业不平等的声望量表和社会经济地位指数被提出以后，得到了大量的讨论和应用。不过对它们的批评也一直如影随形，比如，针对职业声望量表，戈德索普和霍普认为，大多数职业声望量表以被调查者的主观评价为基础，它们测量的是人们对工作要求和工作报酬等“一般可欲性”（general desirability）的感知，而不是韦伯所定义的社会遵从意义上的声望。针对职业的社会经济指数，豪泽（Hauser）指出，作为由教育和收入构成的复合型指数（composite index），职业的社会经济指数存在一些显著的缺陷，因此它在科学上已经“过时了”[①]。近年来，一些新的综合性量表和分析性量表被发展出来，前者如普兰迪和拉莫特的剑桥量表[②]，后者如陈德荣和戈德索普的友谊量表[③]等，这些量表虽然在普及性上不如传统的声望量表和社会经济指数，但它们在实证研究中的应用引起了一些有价值的讨论。

第二节 职业分层的来源

职业不平等主要包含主观的声望等级上的不平等和客观的社会经济特征上的不平等。解释职业不平等的来源，就意味着解释是什么原因造成了不同职业之间在这两个方面上的差异。下面我们就围绕这两个方面，依次来看看社会学家是如何进行解释的。

一、对职业声望等级起源的解释

我们在本章第一节中讲过，职业是对具有相似任务和技术特征的工作的聚

① HAUSER R M，WARREN J R. socioeconomic indexes for occupations：a review，update，and critique. Sociological Methodology，1997，27；WARREN J R，SHERIDAN J，HAUSER R M. Choosing a measure of occupational standing：how useful are composite measures in analyses of gender inequality in occupational attainment? . Sociological Methods & Research，1998，27：1.

② PRANDY K，LAMBERT P. Marriage，social distance and the social space：an alternative derivation and validation of the Cambridge scale. Sociology，2003，37.

③ CHAN T W，GOLDTHORPE J H. Class and status：the conceptual distinction and its empirical relevance. American Sociological Review，2007（4）.

类，每一种职业都在社会系统中满足一定的功能需求，也就是说每一种职业都是社会运行所“必需的”，但为什么人们对不同职业的尊重程度或评价会相差极大呢？美国社会学家爱德华·希尔斯（Edward Shils）从功能主义的角度对此进行了解释，希尔斯认为，职业的声望取决于职业与社会制度核心（institutional center）的距离，制度核心是行使世俗权力的位置，越接近核心的职业所享有的声望越高，越处于边缘的职业所享有的声望越低。例如总统、法官和科学家等因为接近制度核心，成为最受尊敬的职业，而售货员、垃圾清理工等职业则只拥有较低的声望。

如果像希尔斯所说的那样，人们对某一职业抱以尊敬，只是因为它占据的社会位置，这可能需要满足一些特定条件。比如，需要存在某种社会共识，让社会成员都承认处在制度核心位置的职业就是最重要的、最高贵的。但这样的要求似乎有些太理想化了。受希尔斯观点的影响，特雷曼提出了声望决定的结构理论，该理论强调社会功能需求和劳动分工结构的重要性。特雷曼认为，劳动分工所带来的一个必然结果就是，不同职业在对稀缺资源的控制权上存在差异，知识和技术、对经济资源的控制、对他人活动的控制（权威）是三种主要的稀缺资源，也是构成权力的三个基本方面。对资源的掌握所产生的权力影响着各个职业在劳动力市场中的位置尤其是报酬水平，并且其中一些职业群体会借权力来使自己的利益最大化，这就形成了特权。在所有社会中，权力和特权都是被普遍尊重的，因此各种职业在权力和特权上的差异就导致了其声望的差异。[①] 简单概括特雷曼的这一理论就是，劳动分工产生权力，权力及特权则产生声望。

有权有势就意味着有较高的职业声望，这与我们对现实生活的观察不符。在古代社会，商人尽管有钱有势，但却排在“士农工商”等级的最后，他们的子女甚至没有做官的资格。即使在今天，社会上那些暴发户也往往并不受到人们的尊敬，而是会被背后议论。这就恰如韦伯所说的，拥有“纯粹的”经济权力，特别是“赤裸裸的”金钱权力，绝不会让一个人获得社会所承认的社会荣誉。[②] 不仅经济权力是如此，即使是一般的权力也不构成社会荣誉的唯一基础。比如说，当上级凭借权力对下级颐指气使时，他得到的很可能只是表面上的服从，而并非下级发自内心的尊敬。在韦伯看来，社会荣誉的形成有着自己的一套因果逻辑，社会荣誉的基础不是经济或政治权力，而是由遵循特定的生活方式和社会交往所形成的身份群体（status group），这些身份群体内部的成员可以得到一种特有的社会评价并形成身份垄断，或者说“僭取身份荣誉”。韦伯把职业等级群体作为一种身份群体来看待，他指出教育和教养造就了一种共同的生活方式，“（职业等级群体）一般只能依仗——可能是受职业制约的——特殊的生活方式，才能卓有成效地要求社会的荣誉”[③]。现在回过头去看本章一开始时介绍的列文求婚的故事，

---

① TREIMAN D J. Occupational prestige in comparative perspective. New York: Academic Press, 1978.

② 韦伯．经济与社会（下册）．北京：商务印书馆，1997：247.

③ 同②260.

大概就能懂得他在比较了交际圈中的竞争对手之后，为何信心全无了。从身份群体的角度来看，职业不仅仅是一个经济集团（即来自劳动技术分工），更是一个文化集团（即有着特定生活方式）。

近年来，周雪光从新制度主义的角度对职业声望的形成做出了解释，他的观点直接针对特雷曼的权力和声望理论提出了挑战。周雪光认为，职业声望是一种社会声誉（reputation）现象，声望的产生必须符合社会承认逻辑。[①] 社会声誉是在人际互动过程中逐渐建立起来的，是社会承认逻辑的产物，个人、组织或者群体等要想获得社会承认，就必须证明自己具有合法性（legitimacy）和恰当性（appropriateness）。在西方社会中，判断是否具有合法性和恰当性的标准就是看它们是否符合“理性”和“自然”这两条价值原则。对于不同职业来说，越是接近理性和自然，就越是具有合法性，就越容易得到社会承认，就越可能取得较高的声望。周雪光认为，在现代社会中，科学和知识是促使职业“自然化”的基础，因此，一个职业的声望与它的科学、知识基础成正比，职业的科学、知识特征越强，其声望越高。权力对声望的影响不太重要，而且如果一个职业仅仅在权力关系上占优势，可能对其声望产生负面影响。

二、对职业社会经济特征起源的解释

相比于对职业声望等级的解释，对职业社会经济特征的解释要更加复杂，因为后者涉及技能、教育、收入等一系列附着于职业之上的客观条件。在马克思主义理论传统中，对职业的分析主要聚焦于其技术和技能特征。尽管在现代社会中，劳动分工日益复杂和精细，职业种类也越来越多，但是，马克思认为，随着资本主义的发展，不同职业的工人的技术差异会被逐渐抹平，“在自动工厂里，代替工场手工业所特有的专业工人的等级制度的，是机器的助手所要完成的各种劳动的平等或均等的趋势”[②]，而且从方向上看，工人的技能水平将日益下降，从而形成一个由数量庞大的非熟练工人组成的产业后备军。

对于技能差异的变化趋势，马克思之后的社会学家提出了两种针锋相对的观点。达伦多夫提出了“劳动分解”（decomposition of labor）的概念，用以表示由工作技能分化所导致的工人阶级内部的分化。他认为，从 20 世纪开始，工业生产对熟练和半熟练工人的需求增加了，而非熟练工人连同非熟练工作则逐渐被机器替代。与达伦多夫相反，布雷弗曼提出了“去技能化”（deskilling）的命题，针对当时有些学者主张的“劳动中的平均技能水平趋于上升”这一说法，布雷弗曼指出，在垄断资本主义中，技能水平倾向于两极分化，“经理和技师们对劳动

---

① ZHOU X G. The institutional logic of occupational prestige ranking: reconceptualization and reanalyses. American Journal of Sociology, 2005, 111 (1).

② 马克思，恩格斯．马克思恩格斯全集：第 23 卷．北京：人民出版社，1998：460.

过程的控制能力日益增加，不足以补偿广大工人对劳动过程的控制能力的下降；广大工人并没有从这一事实中得到好处。恰恰相反，他们的技能不仅在绝对意义上降低了，而且在相对意义上更加降低了”①。上面的分析虽带有某些技术决定论（technological determinism）的色彩，但它清晰地揭示了造成职业不平等的原因，即技能水平的分化使得工人被划分为不同的职业群体，并决定了各职业之间在工资收入、权威关系和社会地位上的差异。

在当代职业结构中，单纯从技能水平的角度已经不足以完全透视职业的分化和职业不平等的变化趋势了。这首先是因为大量白领职业的出现，导致熟练劳动和非熟练劳动的二分法不足以概括整个职业结构的分化。其次，在很多国家中，服务业的规模超过了第二产业，那些生产性的职业相对减少，在科学研究、市场销售、社会服务以及公共管理等领域的职业中，技能（或者严格地说，生产操作技能）已经不再是核心的社会经济特征了。一些社会学家重新发掘了涂尔干关于职业共同体的观点，认为职业共同体是现代国家和个人之间的重要媒介物，因此，不能简单地从劳动技术分工的角度来理解职业，而是应该把它视为一个经济文化集团，人们正是在职业群体中发展出了共同意识并开展集体行动。社会封闭和横向竞争是在职业层次上存在的两种主要集体行动类型。社会封闭指的是专业协会、手工艺工会等职业协会机构，通过制定封闭规则，来限制外面的人进入这些职业位置，从而维护当前职业占据者的利益。可以设想一下存在一个收入特别高的职业，但现有从业人员垄断了进入机会，只允许特定的一部分人从事这一职业，这时候我们就可以说该职业存在着社会封闭。由于劳动力流动不受市场竞争调节，该职业的收入就会比其他职业高。与社会封闭不同，横向竞争指的是各职业协会之间围绕劳动分工中的功能性位置而进行的斗争。劳动分工是职业间冲突和竞争的结果，各个职业集团彼此间相互竞争，以获得对劳动分工中的功能性位置的管辖权（jurisdiction）。举个简单的例子，在欧洲中世纪，理发师是可以进行外科手术的，而现在的外科手术则只能由受过专业训练的医生来完成。又比如现在配眼镜，我们经常收到的建议是请到正规医院由专业医生进行验光配镜，但实际上很多人都是在眼镜店进行这一过程的。当一种工作任务被一个职业垄断时，与它被很多职业分享相比，其结果自然是不一样的。各种职业所争夺的管辖权包括“对执业和公共支出的绝对垄断，自律和自主就业权，对职业培训、成员招募和执照许可的控制等”②。职业一旦取得合法的管辖权，就会形成稳固的职业边界，从而禁止其他职业从事与本职业相类似的工作。总之，职业是一种基于任务的、具有共享文化和利益的社会集合体，当职业通过社会封闭、横向竞争等手段建立起各种稳固的或不稳固的边界时，就会形成职业间的不平等。

① 布雷弗曼．劳动与垄断资本：二十世纪中劳动的退化．北京：商务印书馆，1978：380.

② 阿伯特．职业系统：论专业技能的劳动分工．北京：商务印书馆，2016：95.

第三节 职业分层的效应

和很多结构性因素一样，职业不平等也是一种独立于个人的、带有根本性的层级秩序或者说“社会断裂”（social cleavage）。那么，作为一种基础性社会结构，职业不平等对人们的生活机会和生活选择具有什么影响呢？下面我们从收入、健康和性别三个方面做进一步的分析。

一、职业与收入

在一些社会学家看来，在社会分层研究中有两个关键的问题，一是为什么有些工作者比别的工作者赚得更多[①]，二是为什么有些职业比别的职业赚得更多[②]。第一个问题涉及广泛的收入不平等议题，这是我们在第九章要讨论的内容；第二个问题则直接涉及本章中讨论的职业不平等议题。当然，第二个问题是从属于第一个问题的。当回答为什么有些工作者比别的工作者赚得更多这一问题时，会发现职业是其中一个重要的自变量（其他自变量可能包括年龄、性别、单位性质等）；而当回答为什么有些职业比别的职业赚得更多这一问题时，实际上就是在深化对第一个问题的讨论，即讨论职业这一自变量在收入决定中发挥作用的详细机制。

为了便于理解，我们可以把收入不平等的产生过程用图 3-1 来表示。这张图说明，收入不平等是三种过程综合作用的结果：（1）社会劳动分工产生了不同的职业；（2）不同职业提供不同的报酬；（3）劳动力被配置到提供不同报酬的职业之中。[③] 职业不平等对收入的影响，实际上就是指这里的第二个过程。

按照经济学的理论，劳动力的供给和需求受工资的调节，当某个职业的工资高于其他职业时，劳动力就会从其他职业流入高工资的职业，从而造成该职业的供给增加，随之则带来工资的下降，最终实现市场均衡。经济学的这一逻辑推理看上去非常合理，但现实中我们却总是能观察到不同职业之间存在“持久性的”收入差异。社会学家提出了很多机制用来解释这一问题，比如有的社会学家认为，劳动力的供给和需求都是沿着职业进行分割的，不同职业在组织劳动力市场时也存在明显差异，由此造成了职业间的收入不平等。所谓“沿着职业进行分

---

① STOLZENBERG R. Occupations，labor markets and the process of wage attainment. American Sociological Review，1975，40：5.

② WEEDEN K A. Why do some occupations pay more than others? Social closure and earnings inequality in the United States. American Journal of Sociology，2002，108：1.

③ 同②.

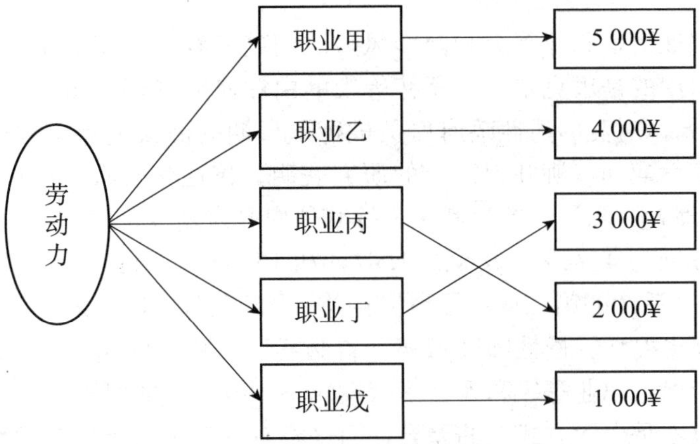

图 3-1　劳动力配置与职业收入水平

割”，意思就是不同职业有着不同的工作任务和社会功能，例如，水暖工就不能干电工的活儿，生物学家也不能干物理学家的活儿。由于不同职业需要掌握不同的技能和人力资本，所以它们的劳动力供需结构也是不同的。最近几年，一些社会学家从社会封闭的角度提出了新的解释，例如薇登（Kim Weeden）认为，职业间的收入不平等主要是由职业封闭造成的，某一职业的封闭程度越深，该职业的报酬就越高。在美国，主要的职业封闭措施包括许可证、资格证书、项目认证、职业协会以及工会等，通过这些措施可以起到限制从业人员的供给、增加对服务的冗余需求等作用，从而使特定职业获得更高的报酬。[①] 就拿美国的各种职业协会来说，它们经常游说政府制定各种规制或者反对某项规制，比如美国医学会就曾经对联邦政府提起诉讼，反对后者对医疗保健计划采取的成本限制措施。同时，各种不必要的医学检查和手术也大大增加了社会对医生所提供服务的需求，医生的收入曾经一度达到全美平均水平的 7 倍[②]。

二、职业与健康

最近几年，在日常生活和大众传媒中出现了越来越多有关健身、养生、健康生活方式等诸如此类的信息。很多社会学家都认为，影响健康和疾病的除了生物学因素之外，还包括社会和环境因素。一些社会学家认为，人的健康状况受社会不平等的影响，不同社会经济地位的人在生活条件上判若云泥，在健康生活方式的选择上也截然不同。正如考克汉姆所说的，“一个人在一个社会的社会结构中所处的位置越低，这个人在社会阶梯上的健康状况就越差。在美国和世界上其他任何地方，社会经济地位或社会阶级都是一个人健康和预期寿命最有力和最一致

① WEEDEN K A. Why do some occupations pay more than others? Social closure and earnings inequality in the United States. American Journal of Sociology，2002，108：1.

② 考克汉姆．医学社会学：第 11 版．北京：中国人民大学出版社，2011：173.

的预测器”[①]。

一些研究证明，职业等级和健康风险之间确实存在显著的关联。在这方面，经常被人们引用的是迈克尔·马蒙特等人的白厅研究（whitehall studies），他们从1967年开始，对英国男性政府雇员进行了长期的健康追踪调查。马蒙特等人发表在著名医学期刊《柳叶刀》上的研究表明，将这些政府雇员按照资深官员、专业人员/管理者、职员、差役和工人等其他雇员来划分，他们从1969年到1979年的死亡率分别为4.73%、8%、11.67%和15.64%，很明显，职业等级越低，死亡率越高。[②] 后续的第二次白厅研究则进一步证明，处在较低职业等级上的公务员更容易罹患癌症、慢性肺部疾病、胃肠病、背痛等疾病。[③] 马蒙特等人在后来的分析中指出，职业等级和死亡率（发病率）成反比的原因，既不是健康选择上的差异，也不是生活方式上的差异，而是相对剥夺感以及生命过程中社会性风险因素（socially-patterned exposures）的累积。[④]

三、职业与性别

职业作为一个中介变量，在个人与生活机会之间建立起了连接，也就是说，人们首先要进入职业，然后才能获得一系列的生活机会和生活选择。但正如前面的封闭理论所讲的，人们进入各种职业的机会是不一样的。在社会中，雇主和用人单位往往通过一些显性特征来设置职业进入障碍，性别就是其中一个重要的筛选标准。本教材第十一章专门讨论了性别与社会不平等的关系，这里仅从职业的角度分析职业分层的性别效应。

我们在日常生活中，可能会发现一些职业的从业人员中女性居多（如护士或幼儿园老师），还有一些职业的从业人员则以男性为主（如飞行员或煤矿工人）。一个职业中男性和女性的比例，称作职业的“性别构成”（gender composition）。在一些研究中，人们会根据性别构成，把职业区分为男性工作、女性工作和混合工作。职业的性别构成是就一个（或一组）职业内部来说的，当我们把范围从单个的职业扩展到全部职业，来考察男女两性在全部职业中的分布状况时，就涉及职业的性别隔离（occupational sex segregation）问题了。所谓“性别隔离”，指的是就整个劳动力市场而言，男性和女性倾向于被雇佣到不同的职业之中的一种社会现象。职业的性别隔离包括两个维度，即水平隔离（horizontal segregation）和垂直隔离（vertical segregation）。水平隔离指的是特定的职业被某个特定的性别独占，或者某个性别在其中占据支配地位。垂直隔离指的是男性占据支配地位

---

① 考克汉姆．医学社会学：第11版．北京：中国人民大学出版社，2011：32.

② MARMOT M G，SHIPLEY M T，ROSE G. Inequalities in death——specific explanations of a general pattern. Lancet，1984（5）.

③ 威尔金森，皮克特．不平等的痛苦：收入差距如何导致社会问题．北京：新华出版社，2010：75.

④ MARMOT M G，SMITH G. Socio-economic differentials in health：the contribution of the whitehall studies. Journal of Health Psychology，1997，2.

的职业与女性占据支配地位的职业，倾向于具有不同的职业地位等级，并且通常具有不同的收入水平。

职业的性别隔离与职业不平等是密切相关的，虽然理论上来说性别隔离具有多种方向上的可能性，但现实情况是，男性所占据的工作通常具有较高的收入、稳定的工作保障和好的晋升前景，当大多数“好的”职业被男性占据时，女性只能接受那些较差的、“坏的”职业。对于这种状况出现的原因，存在很多不同的解释。有的学者认为女性自身的生理状况和心理状况（比如社会角色认定和工作价值观等）使她们更容易从事那些处在次级劳动力市场中的职业。有的学者强调女性的职业地位是理性选择的结果，因为女性倾向于更多地把精力投入家庭中，而不是投资于人力资本。还有一些学者则强调制度性的因素——如雇主歧视、统计歧视、工会和男权制等——在限制女性进入较高层次职业的机会上的作用。

第四节
职业分层的变化

在劳动力市场中，每时每刻都有人流动到新的职业中去，也有人从先前的职业中流出。资源的这种重新配置必然对职业不平等产生影响。那么，职业不平等经历了怎样的变化？在今后又会出现什么趋势？这一节就来回答职业不平等的变化趋势问题。

一、职业声望的变化

由于产业、技术和管理方式的变化，新的职业不断出现，各职业之间的相对规模也此消彼长。我们很容易认为，随着职业结构的变化，职业声望也会相应地发生变化。比如说，随着高技能工作和白领职业的增加，拥有较高社会经济指数的职业和工作就会增加，这意味着职业社会经济指数的均值可能会提高。但是，在社会科学中，那些想当然的、类似于“常识”的认知或推论往往是靠不住的，这也正是社会学重视实证分析的原因之一。下面我们就来看一些关于职业声望变化的实证研究。

在这方面，比较有名的是霍奇、西格尔和罗西对 1925 年到 1963 年美国职业声望变化的研究。该研究的最主要结论是，职业声望的结构在时间和空间中是相当稳定的。① 他们首先以 1947 年的诺斯-哈特职业声望研究中的声望分数为参照，用与之相同的方法取得了 1963 年的职业声望分数，然后计算了两者之间的相关

① HODGE R，SIEGEL P，ROSSI P. Occupational prestige in the United States，1925-63. American Journal of Sociology，1964，70（3）.

系数，发现它们的关联度为0.99，这表明在从1947到1963年的这16年间，美国的职业声望没有多少变化。其次，他们对比了使用不同研究方法所获得的不同时期的职业声望分数，发现自1925年到1963年的近40年间，美国的职业声望没有大的实质性变化。尽管如此，霍奇等人也注意到，虽然职业声望随时间推移而呈现整体上的稳定性，但是在1947年到1963年之间的确发生了系统性的、尽管是很小的变化。比如说，医生和工程师等以科学为取向的专业人员的声望提高了，而音乐家和电台播音员等以文化为取向的专业人员的声望则下降了；政治和政府领域的相关职业的声望有所下降，但警察的声望却明显提高；手工艺人和工匠的声望也急剧上升。总的来说，他们认为，尽管可以观测到职业声望的系统性变化，但这些变化相对于整体的稳定性而言是很微小的。霍奇等人的上述研究距今已经50余年了，他们关于职业声望稳定性的结论在今天是否继续有效呢？这方面的研究很多，我们只简单举一个例子就足够了。例如，费舍尔和豪特在2006年发表的一项研究中发现，随着专业化职业的不断增加以及服务业部门中的职业扩张，美国就业人口的职业社会经济指数稳步提高，从1900年到1950年，各职业之间的社会经济指数的差距没有太大变化，但从1950年到1970年，职业声望的两极化趋势增加了。[①] 随着趋势数据和纵贯数据的不断积累，相信我们关于职业声望变化的认识会越来越深入。

除了职业声望的变化之外，还有研究者从地位等级秩序（见本章第一节）的角度来探查职业不平等的变化趋势。近年来，戈德索普等人在这方面做了大量的理论和实证工作。他们提出了这样一个问题，即在当代英国社会是否还存在地位秩序？在此之前，历史学家和社会学家中间长期流行一个观点，即在现代社会中，地位等级系统已经毫无疑问地衰落了。正如陈和戈德索普援引朗西曼（W. G. Runciman）的话所指出的，随着时代的发展，“被他人看作社会低贱者的个体变得较少愿意去接受这种贬低，或者较少愿意通过话语或行动——诸如使用尊称、屈膝礼、以手触帽行礼等等——来承认这种贬低。社会优越者的外在表现也同样变得较少被接受”。为了检验这种流行的假说是否成立，戈德索普等人利用英国的调查数据，构建了一个基于友谊的职业地位量表（参见本章第一节的介绍）。他们发现，尽管等级结构的边界不再清晰，但可以确定的是，在当代英国社会存在一种以体力劳动和非体力劳动的划分为基础的地位等级，并且它与19世纪晚期和20世纪早期的地位等级具有清晰的连续性。[②] 戈德索普等人的这一结论在相当程度上说明，尽管随着工业化的发展，社会的各个方面在总体上趋于平等，但职业在荣誉和等级上的不平等仍然是存在的，并且具有重要的社会意义。

---

① FISCHER C，HOUT M. Century of difference：how America changed in the last hundred years. New York：Russell Sage Foundation，2006.

② CHAN T W，GOLDTHORPE J H. Is there a status order in contemporary British society? Evidence from the occupational structure of friendship. European Sociological Review，2004，20：5.

二、职业的社会经济特征的变化

对于在职业社会经济特征上的不平等，社会学家从工作条件、工作状况和工作质量等不同的角度进行了大量研究。其中，工作质量研究在进入21世纪前后，在欧美社会科学家中流行开来，他们从“好工作、坏工作”的角度对工作和职业的各种客观特征进行了讨论。这一部分我们就从工作质量的角度来论述职业在工资收入、工作保障、培训机会等方面的不平等变化趋势。

弗兰克·谢伯恩-托马斯在2005年指出，根据对1995年到2000年“欧洲社区家庭面板数据”的分析，在欧盟国家中，多达四分之一的雇员从事的是低质量的工作，这些工作具有较低的报酬、工作不稳定、缺乏培训，并且失业风险较大。[①] 谢伯恩-托马斯还特别指出，服务业部门中的工作质量呈现两极分化，虽然该部门创造的很多新工作具有较高工作质量，但零售业、酒店业、旅馆业以及健康和社会服务业等行业的大量雇员所从事的都是一些具有较低报酬的工作或者没有前途的工作。阿恩·凯勒伯格对从1970年到2010年的美国工作质量的整体情况进行了研究。凯勒伯格指出，美国的工作质量呈现两种主要趋势，一是两极分化，即好工作和坏工作的比例增大，中间类型工作比例下降，且工作报酬上的不平等越来越大；二是工作的不稳定性越来越大，灵活雇佣形式增加，工作保障性不断降低。凯勒伯格强调，两极分化和不稳定的就业系统不是经济周期的暂时特征，而是结构转型的结果，即坏工作不再是发育不全的那个部分，相反，它已经成为美国就业的一个核心组成部分（见图3-2）。[②] 由于两极分化的加剧，原先能够提供体面工作的中间类型职业供给严重不足，很多人成为被忽视和被“落下的”群体。

弗朗西斯·格林利用多种调查数据对欧美国家的工作质量做了较为细致全面的分析，他得出结论：很难描绘出一个一般的工作质量变化趋势，而且各个国家之间存在明显的差异。[③] 第一，就工资来说，虽然大多数国家的平均工资提高了，但工资不平等的程度却上升了。在1973年到1989年之间，美国收入底端人群的工资不断下降，而收入顶端人群的工资持续上升。其他国家也出现类似的情况，“技能偏向性技术变迁”（skill-biased technical change）的加速出现以及市场对熟练工人的需求增长等原因，造成了非熟练工人和低技能工作的相对工资趋于恶化。第二，就技能来说，工作正变得越来越复杂，工作所需的平均技能水平在最近几十年中也逐渐增加。在德国，要求工作者具有高等教育学历作为入职条件的工作比例从1985年的11%上升到了2001年的16%。但与之相随的是，工人

---

① SIEBERN-THOMAS F. Job quality in European labour markets//BAZEN S，LUCIFORA C，SALVERDA W. Job quality and employer behaviour. New York：Palgrave Macmillan，2005.

② KALLEBERG A. Good jobs，bad jobs：the rise of polarized and precarious employment systems in the United States，1970s－2000s. New York：Russell Sage Foundation，2011：64.

③ GREEN F. Demanding work：the paradox of job quality in the affluent economy. Oxford：Princeton University Press，2006.

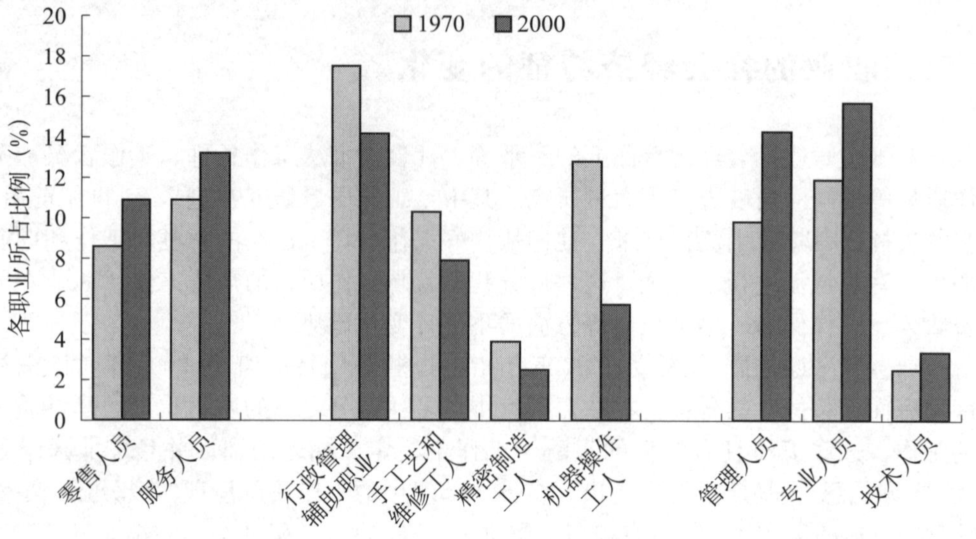

图 3-2 美国的职业分布（1970 年到 2000 年）

资料来源：SIEBERN-THOMAS F. Job quality in European labour markets//BAZEN S，LUCIFORA C，SALVERDA W. Job quality and employer behaviour. New York：Palgrave Macmillan，2005.

和工作之间的匹配出现了问题。那些没有掌握足够技能的工人所面对的压力越来越大，但同时，很多取得高等教育学历的人却在从事与其学历不相称的工作。第三，就工作自主性和雇员参与来说，北欧国家的工作自主性相较其他国家是比较高的，但并没有确凿的数据能够证实存在一般的增长趋势；而从 20 世纪 80 年代到 20 世纪 90 年代，英国工人的自主性水平却持续下降，尽管工人参与决策的机会稍有增长，但他们对日常工作任务的控制和影响却下降了。第四，就工作保障性来说，很难认定全球经济的结构性变迁降低了工作稳定性，因为一方面男性工人的平均工作聘期稍有下降，但另一方面女性工人的平均工作聘期却增加了。

第五节 中国的职业分层

职业结构作为现代社会分层秩序的“骨架”，构成了我们社会生活的底层基础。本章前面主要利用西方国家的实证研究资料，对职业不平等的诸多方面进行了介绍。现在，让我们把视线转向中国，职业不平等在我国目前呈现什么形态，近些年来又经历了怎样的变化，这是本节所要关注的问题。

一、职业声望的变迁

第一章提到的国家主席刘少奇和掏粪工人时传祥的故事，相信很多人都知道，并且理解它所传递出来的有关劳动分工和社会地位等级方面的价值观。改革开放以来，我国的经济体制和经济结构发生了巨大变化，一方面社会主义市场经济体制的建立逐步打破了原先的单位制和身份制，另一方面产业结构的转型升级以及服务业部门的快速发展催生了一大批新的职业和阶层。这些都对社会地位等级体系尤其是职业声望体系产生了重要影响，社会的价值评判逐渐从政治性考量转向经济性考量，并且“个人的职业身份逐渐成为决定其社会经济地位的关键性因素”[①]。

从 20 世纪 80 年代起，一些社会学家开始根据抽样调查数据对我国的职业声望等级进行测量。如 1983 年林南和谢文在北京市的调查、1987 年中国经济体制改革研究所“中国社会分层研究”课题组在北京和沈阳的调查、1993 年“中国居民家庭生活调查”课题组在全国 10 个市县的调查、1999 年许欣欣在全国 63 个城市的抽样调查，以及 2001 年中国社会科学院社会学研究所“当代中国社会结构变迁研究”课题组在全国 12 个省及直辖市 73 个区县的调查等。[②] 这些调查的样本范围不甚相同，有的只限于城市居民，有的则把城市和农村都包括进来；其构建的职业声望量表中的职业数也各不相同，少的只有 50 个，最多的有 100 个。但它们得出的关于我国职业声望的结论则大体一致，即脑力劳动者的声望高于体力劳动者，专业技术人员的声望高于普通白领，技术工人的声望高于非技术工人。此外，在即将进入 21 世纪前后，部分职业的声望地位发生了相对位置的变化，例如，政府高官的声望地位超过了高级知识分子，功能性知识分子的声望超过了传统知识分子，农业劳动者、企业管理人员、体制外从业者的声望地位则较之前有所提高。[③]

近年来有关我国职业声望变化的研究表明，职业声望等级不仅受职业的收入和教育水平的影响，而且受权力因素、单位因素以及制度变迁的影响（比如权力和特权部门从业者的职业声望提高，国有企业工人的声望大幅降低）。随着市场经济的进一步发展，可以预期经济因素在职业声望评价中将发挥越来越重要的作用。但正如前面引用韦伯的观点所指出的，一个人的财富和他所能获得的社会地位不一定相符，对于职业而言，也是同样的道理。《汉书·食货志》中说：“今法律贱商人，商人已富贵矣。尊农夫，农夫已贫贱矣。”[④] 越是矛盾的现象，越可能从中发掘出有价值的规律。职业不平等诸维度的组合和分布模式以及经济与社会（荣誉）地位之间的相互作用，在未来的中国，或许会出现越来越引人注目的变化。

---

① 李春玲．断裂与碎片：当代中国社会阶层分化实证分析．北京：社会科学文献出版社，2005：168.

② LIN N，XIE W. Occupational prestige in urban China. American Journal of Sociology，1988，93：4；折晓叶，陈婴婴．中国农村“职业-身份声望研究”．中国社会科学，1995（6）；许欣欣．从职业评价与择业取向看中国社会结构变迁．社会学研究，2000（3）；李春玲．当代中国社会的声望分层——职业声望与社会经济地位指数测量．社会学研究，2005（2）.

③ 许欣欣．从职业评价与择业取向看中国社会结构变迁．社会学研究，2000（3）；李春玲．断裂与碎片：当代中国社会阶层分化实证分析．北京：社会科学文献出版社，2005：170－183.

④ 吕思勉．中国社会史．上海：上海古籍出版社，2007：277.

二、职业社会经济特征的变化

进入21世纪以来，我国的就业人口一直保持在7亿以上，并以每年大约7%的速度逐年增加。据国家统计局最新统计数字，2015年我国城乡就业人员达到7.7亿人，比整个欧洲的人口还多（2014年欧洲人口约有7.4亿）。规模如此庞大的劳动力分布在数千个职业之中，每个职业都有几百万甚至上千万的从业者。十多年来，随着我国经济的快速发展和产业结构的调整，各种职业的从业者规模和结构也在发生着不同程度的变化。

一些学者根据"现代化理论"逻辑认为，随着第三产业的扩张，农村人口大量流入城市，从传统部门进入现代部门，人们的工资会提高，工作条件会得到改善，相应地，中间质量工作和高质量工作也会增长。但黄宗智指出，现代化理论的这种演进论并不符合中国现实，在中国"由农村流入城市的人口其实大部分没有进入现代部门而是进入了传统与现代部门之间"。他用"非正规经济"来概括介于传统和现代部门之间的这种就业形态，非正规经济的就业人员大多缺乏就业保障、福利和法律保护[①]。黄宗智所说的非正规经济下的就业是一个群体概念（主要包括私营企业就业人员、个体户以及未登记就业人员），而不是一个职业概念。但根据类似的逻辑，我们可以推测，高速的工业化和城市化进程，会扩大那些在工作条件上比较差的职业的规模或者催生出新的职业（比如建筑工人、快递员），而由于现代化进程同时带来了很多高端职业（比如银行从业者、证券经纪人），所以就整个社会而言，职业间的不平等很可能是扩大的。

但是，与黄宗智的"非正规经济"模式不同，陆学艺等人对1982年到2000年的三次人口普查数据进行分析后，提出了职业结构的"趋高级化"命题。该命题认为，伴随着我国现代化和市场化取向的"双重转型"，产业结构出现重大调整，职业结构也发生显著变化，并且在整体上呈现出低层次职业增速减缓，中高层次职业增速加快的发展形态。他们发现，在三次人口普查期间，企事业管理者、专业技术人员、办事人员、商业人员和服务人员这5种职业的比重呈现上升态势；工人的比重在1982—1990年下降，1990—2000年有所回升，但未达到1982年的水平；而农业劳动者的比重则是持续下降的。总体来看，底层职业从业人数下降了8.1个百分点，而中上层职业增加了7.2个百分点，整个社会的职业等级结构在向上提升。陆学艺等人指出，我国职业结构趋高级化的背后，是现代化和市场化的共同推动。一方面，高速的经济增长、消费增长提升了对中高级职业的需求和供给，同时，技术进步和产业结构升级推动了中高级职业对于低级职业的替代。另一方面，所有制和经营方式的变革导致非公有制企业中出现大量的中高级岗位，同时那些不适应市场经济的"非效率"岗位被大量裁撤。[②]

---

① 黄宗智．中国的隐性农业革命．北京：法律出版社，2010：164-192.

② 陆学艺．当代中国社会流动．北京：社会科学文献出版社，2004：98-137.

随着我国现代化进程的加速，尤其是从制造业大国向制造业强国、由人口红利大国向人才红利大国迈进，相信在未来的中国，中高级职业所占比重将越来越高。但与此同时，如何避免欧美国家出现的职业结构两极化，防止出现大批被“落下”的职业群体，也是不得不密切加以关注的问题。

◎ 复习思考题

1. 职业在当代社会的分层秩序中具有什么样的作用？职业不平等是最具根本性的社会分层形式吗？

2. 职业声望更多地源于在劳动分工中的位置，还是源于特定的生活方式？这两种解释之间有什么区别？

3. 女性是否真的存在“职业天花板”现象？不同性别之间在职业地位上的不平等是一种客观事实还是社会建构的产物？

4. 你认为我国社会是否存在戈德索普所说的职业地位秩序？职业声望等级与职业地位秩序有何不同？

5. 考虑未来的产业结构转型、社会价值观变迁等因素，中国职业声望等级体系会朝着什么样的方向变化？

◎ 推荐阅读文献

涂尔干．社会分工论：第 2 卷．北京：三联书店，2000：第 2，3 章．

边燕杰．市场转型与社会分层：美国社会学者分析中国．北京：三联书店，2002：代序言，第 2 部分，第 4 部分．

布雷弗曼．劳动与垄断资本：二十世纪中劳动的退化．北京：商务印书馆，1978：第 20 章．

李春玲．断裂与碎片：当代中国社会阶层分化实证分析．北京：社会科学文献出版社，2005：第 4 章．

科尔钦斯基，霍德森，爱德华兹．工作社会学．北京：中国人民大学出版社，2012：第 2，3，4 章．

布尔迪厄．区分：判断力的社会批判．北京：商务印书馆，2015：第 3 章．

考克汉姆．医学社会学．北京：中国人民大学出版社，2011：第 3，11 章．

KALLEBERG A. Good jobs，bad jobs：the rise of polarized and precarious employment systems in the United States，1970s—2000s. New York：Russell Sage Foundation，2001：Chapter 4.

TREIMAN D J. Occupational prestige in comparative perspective. New York：Academic Press，1997：Chapter 1，3.

BLAU P M，DUNCAN O D. The American occupational structure. New York：Free Press，1978：Chapter 1，4.

第四章

权力与社会分层

【本章要点】

● 权力是社会分层的一种基本形式，掌握权力的一方可以控制和支配没有权力的一方。

● 根据权力运行其中的领域可以将其划分为经济权力、政治权力和意识形态权力等。根据行使权力时是否借助暴力，可以将其划分为强制性权力和合法性权力。

● 权力的来源多种多样，获得合法性的权力可称之为权威，传统、法理和超凡魅力都可以造就合法性。权力还源于相互依赖，在单方面依赖的结构中，一方可以通过威胁停止提供服务而获得权力。权力导致支配，多种权力的组合决定着一个社会的形态和发展进程。

● 国家的权力结构一般分为多元模式和精英模式两种类型。国家的掌权者往往借助政治仪式、文化霸权和符号暴力等工具来获得民众对权力的认同。在组织中，权力既导致了控制与冲突，同时也促成了合作与交换。

● 在中国古代社会，国家的权力没有深入民众的日常生活。近代以来，国家的权力加紧了对社会的控制。中国当代社会的权力不平等模式极具特色，随着改革开放的深化，计划经济体制下以再分配权力为主导的分层模式逐渐转化为了以经济权力为主导的社会分层模式。

【关键概念】

◇ 权力 ◇ 权威与合法性 ◇ 多元模式 ◇ 符号暴力 ◇ 再分配权力

美国作家乔治·R.R. 马丁写过一个著名的系列小说《冰与火之歌》，后来根据小说改编的电视剧《权力的游戏》也非常有名。在剧中，御前情报大臣瓦里斯对提利昂·兰尼斯特（“小恶魔”）说了如下这段话：“权力存在于当人们相信它存在的地方。它是一个把戏，就像墙上的阴影。一个十分矮小之人，也能投射出一个十分巨大的影子。”高明的文学家总是能够以令社会学家羡慕的方式揭示出社会的大部分真理。实际上，权力的分层和不平等在社会生活的方方面面普遍存在，从社会学的角度对权力分层与不平等的现象进行的分析，构成了社会分层与社会不平等研究的重要领域。在社会学的各种概论教材中，已经或多或少介绍和讨论过权力的概念，这些大多是从政治、政府和国家的角度进行的讨论。这一章，我们将从社会分层与社会不平等的角度，来讨论权力的不平等分配问题及其所带来的社会结果。

第一节 权力的基本概念和基本类型

一、权力的经典定义

在社会学中，提到权力，人们脑海中最先冒出来的，也是最熟知的很可能是韦伯提供的经典定义。韦伯在《经济与社会》一书中明确提及“权力意味着在一种社会关系里哪怕是遇到反对也能贯彻自己意志的任何机会，不管这种机会是建立在什么基础之上”[①]。韦伯在这里用到了“机会”一词，我们经常说一个人获得收入的“机会”是不同的，同样的道理，一个人获得权力的“机会”也取决于各种不同因素。韦伯的定义是很多社会学家讨论权力问题的出发点。这个定义看起来好像有些复杂，其实它包含了两个基本要素：第一，权力涉及暴力或强制力量的行使；第二，权力涉及人与人之间的社会互动。

很多社会学家通常把权力与强制力关联在一起，认为权力是对他人施加影响的一种特殊形态，这种特殊性表现在权力通过威胁使用惩罚手段来达成目的，或者将韦伯的话通俗化：不管你是否同意、是否高兴，你都要按照我的意志去做。美国社会学家布劳扩展了韦伯的定义，把韦伯强调的“强制性”具体化为消极制裁，即或者直接惩罚不服从者，或者威胁停止为不服从者提供经常性报酬。比如说，甲要求乙为自己提供服务，否则就威胁扣掉给乙的报酬，这就是权力关系；但如果甲以支付报酬为诱饵，要求乙提供服务，那就是交易关系了。[②] 但是，权

① 韦伯．经济与社会（上册）．北京：商务印书馆，1997：81.

② 布劳．社会生活中的交换与权力．北京：商务印书馆，2008：176－179.

力在实际运行过程中，很少真正借助强制或者惩罚。正如韦伯在另一个相似的定义中所指出的，权力的来源和基础是多种多样的，人格魅力、道德感召等同样可以赋予一个人以不顾他人反对贯彻自己意志的权力。对于权力来源和基础的讨论，引出了权力的合法性或正当性问题以及权力与交换之间的关系问题等，这将在后面做更详细的讨论。

权力的第二个要素是社会互动。当一个人对另一个人行使权力时，常见的方式是直接命令后者去做一件事。比如当母亲命令孩子关掉电视机上床睡觉时，或者当军官命令士兵冲锋陷阵时，我们就可以说前者拥有支配后者的权力。权力的行使也可以不借助命令的形式，社会学家经常举的一个例子就是情人之间的权力关系。比如说一个人对热烈地爱着她的人拥有权力，因为她凭借爱的吸引力可以操控他们之间的关系以使自己获益。除了这种直接的人际互动之外，权力也可以间接得到行使。比如说，虽然校长日常很少接触学生并行使权力，但我们无法否认校长拥有管理和支配学生的权力，且这种权力比与学生直接接触的老师所掌握的权力要大得多。权力中的社会互动因素至关重要，它关系到我们到底应该把权力看作一种个人属性或人际关系属性，还是应该把它看作一种社会位置属性，两者的区别在于，你可以借此确定服从的是一个具体的人，还是服从这个人所占据的位置。①

二、权力的基本类型

可以根据权力的基础或所依据的资源，将权力区分为不同的类型。马克思主义理论传统的划分方式，是把权力划分为经济权力和政治权力两种基本类型。经济权力指的是对生产资料或物质资源的所有权和控制权，在现代经济中，经济权力一般由企业及其所有者所控制，尤其是当企业形成垄断市场地位或者不完全竞争时，它们不仅能决定市场价格或产量、阻止其他厂商进入，而且还可能深入影响国家的政治运行。政治权力指的是对国家政权的控制权，在现代国家中，政治权力一般是以国家或政府的名义来行使的权力②。政治权力一般来说是强制性的，它通过有组织的暴力机器（例如警察、军队、法院等）来控制社会成员，同时它也借助意识形态机器来进行软性的统治③。马克思主义着重于经济权力和政治权力之间的关系问题，其基本观点是，政治权力产生于经济权力，政治权力是实现经济利益的手段。

韦伯在他关于“政治共同体内部的权力分配”的讨论中，也提供了一个关于权力的基本类型框架，在他看来，经济的阶级、社会的地位群体和政治的政党构成了共同体中的三种基本权力现象，由此也构成了社会分层秩序的三个基本维

---

① 布劳．不平等与异质性．北京：中国社会科学出版社，1991：311.

② 王沪宁．政治的逻辑：马克思主义政治学原理．上海：上海人民出版社，1994：222.

③ 有些马克思主义的社会学家也把意识形态权力单独作为一种权力类型。

度。阶级是对经济权力的分配，对生产资料、财产和技能的不平等的控制权导致了不同的经济权力，在有产者和无产者之间缔结的劳动契约尽管在形式上是自由的，也就是说，被雇佣的无产者在形式上拥有不缔约的权利自由，但是，掌握生产资料的阶级总是能够获得对劳动力和收益的支配权力，而且劳动者甚至不能反抗。地位群体是对社会声望权力的分配，借助于出身、性别、种姓、职业等先赋条件，一个群体控制了社会的荣誉分配，地位尊贵者享受特权，而地位卑贱者只能向他们卑躬屈膝。政党是对政治权力的分配，这里的政党不仅限于争夺国家权力的党派，而是包括所有以影响社会行动为取向的群体，它们依靠自己的权力，改变一个社会或组织中的机会结构。本书在相关章节对阶级、地位群体（身份）都有详细的讨论，当然那里的讨论并不一定以韦伯的思想为依据。

权力天然地意味着不平等，因为权力的行使总是以一方的统治和另一方的服从（或抵抗）为结局。同时权力也是一种稀缺资源，它也和财富一样面临着分配的问题，人们总是围绕着争夺和维护权力而进行斗争。受到韦伯观点启发的很多社会学家认为权力（政党）与阶级和地位群体一道，构成了社会分层的三种基本形式。更有甚者，则把权力看作唯一的基本地位维度，认为所有其他社会关系和位置都是根据权力来界定的。[①] 虽然如此，但在社会分层研究中，“权力从未成为经常使用的变量”[②]，并且实际上也从来没有按照韦伯和马克思所设想的方式来使用。

在分层研究领域中，对于权力概念的讨论和使用通常有三种方式。第一种方式也是最常见的方式，是在较为狭隘的意义上，即从政治权力的角度来研究权力不平等，统治阶级理论和精英理论就是这样一种研究思路。第二种方式是把权力作为阶级或其他分层形式中的一个维度，比如埃里克·赖特（Erik Wright）的阶级分类框架，就把拥有组织权威作为管理者阶级的一个特征（参见第二章）。第三种方式则是把权力作为社会分层的一个单独维度，使它与阶级、地位群体等并列，且一般把权力的不平等看作最重要的社会不平等，拉尔夫·达伦多夫（Ralf G. Dahrendorf）的阶级和冲突理论就是这样一个例子。

第二节
权力的来源和形成

通过第一节，我们了解了权力的定义和基本类型。作为一种“天然的”不平等现象，自然无法回避权力在社会、组织和人际间的分配问题。当我们说权力作为一种稀缺资源被不平等地分配给各个社会成员时，紧接着就要追问，什么人

① NADEL S F. A theory of social structure. New York：Free Press，1957.

② 索伦森．分层研究中的基本概念：阶级、地位和权力//格伦斯基．社会分层：第 2 版．北京：华夏出版社，2005.

（或者集团）可以获得权力？这些人获得权力所凭借的基础是什么？这就是本节所要阐述的权力的来源问题。需要指出的是，这一节同样会涉及权力的类型划分，但这种划分主要是从权力基础或权力来源的角度推演出来的。

一、权力与合法性

第一节在介绍权力的定义和基本类型时，已经多次提及权力的合法性（正当性）问题。根据在行使权力的过程中是否借助暴力，人们区分出强制性权力（coercive power）和合法性权力（legitimate power）。这也是韦伯权力理论的一个基本观点，前面已经介绍了韦伯对权力（power）的定义，作为权力的一种特殊形式，权威（authority）① 被定义为“在一个可能标明的人的群体里，让具体的命令得到服从的机会”②。权威区别于一般权力的特征在于，权威的实质是合法性，它包含着一种最低限度的自愿顺从，也就是说，在权威关系中，上级强迫别人服从的权力是以下级的认可为基础的③。认可的动机和基础是非常复杂的，人们可以出于习俗、情感、纯粹的物质利益或者价值理性等而认可某种强制命令。但光有这些基础是不够的，权威关系要想稳定和持续，就需要培养人们对权威体系的正当性的信仰，即获得合法性。只有获得了合法性权力，才能够在行使过程中减少暴力的成分，因为合法性可以保证被支配者承认自己的劣势并接受他人的命令。

那么，合法性来源于什么呢？根据韦伯的观点，合法性有三种主要的来源，并由此形成了权威的三种纯粹类型：传统型权威、克里斯玛型④权威以及法理型权威。在传统型权威中，合法性建立在传统的基础上，这种传统以所谓“自古有之”“历来如此”等形式存在。在克里斯玛型权威中，合法性建立在领袖人物的超凡魅力上，超凡魅力可以是罕见的神迹、英雄品质或者其他典范特性。在法理型权威中，合法性建立在理性的基础上，所谓理性指的是规则、法典等规定的制度。在鲁迅的小说《阿 Q 正传》中，未庄有一位有权有势的赵老太爷，他的权势除因为有钱之外，还因为他的儿子是童生，做了童生就有了考秀才中举人的资格和前景。但是当清朝被推翻后，科举制度被取消，“皇帝已经停了考，不要秀才和举人了”，赵家也就减了威风。这里，赵老太爷的权威之一就是一种传统型权威。在城里，革命后，举人老爷做了不知什么官，带兵的还是先前的老把总，

---

① 需要特别说明的是，韦伯此处用的德文词是“Herrschaft”，亨德森和帕森斯将其翻译为“imperative control”（强制控制），而达伦多夫直接将它翻译为“authority”（权威），中文译本则分别有“统治”“支配”“权威”等不同译法。这里我们只能简单提及这一事实，避免那种学究式的讨论，虽然这很有意义。

② 韦伯．经济与社会（上册）．北京：商务印书馆，1997：241.

③ 马丁．权力社会学．北京：三联书店，1992：93.

④ “克里斯玛”是一个音译词，英文为“charisma”，根据《柯林斯高阶英语学习词典》的释义，当一个人可以凭借自己的出众品质而吸引、影响和激励他人时，我们就可以说他具有“克里斯玛”。在中文里，也有人把“克里斯玛”意译为“个人魅力”或“超凡魅力”。

但“把总近来很不将举人老爷放在眼里了”。究其原因，无非是把总掌握了新的法理型权威，而举人老爷的权威基础却大大削弱了。①

除了上述关于权威的三类型划分外，还可以从社会心理学的角度对权力的类型做出区分。小约翰·弗伦奇（Jr. John French）和伯特伦·雷文（Bertram Raven）据此提出了五种主要的权力类型。（1）奖赏性权力，其基础在于支配者有能力给予被支配者以不同的奖赏，比如根据计件工资付给报酬的权力；（2）强制性权力，其基础在于支配者有能力惩罚被支配者，比如开除下属的权力；（3）法定性权力，其基础在于支配者拥有合法的权力（来自文化价值观或者社会职位）规定被支配者的行为，比如交通警察有处罚违规行为的权力；（4）参照性权力，其基础在于被支配者对支配者的身份或情感认同，比如“学习雷锋好榜样”就是该种类型的权力在起作用；（5）专家性权力，其基础在于支配者拥有特殊的知识或者专业经验，比如在打官司时当事人需要遵照律师的建议来行事。② 奖赏性权力和强制性权力是宽泛的权力，它们可以是合法的，也可以是不合法的。比如抢劫犯逼迫人们交钱保命就是在行使强制性权力，但它明显是不合法的。相反，法定性权力和参照性权力都具有合法性，不难看出，法定性权力类似于韦伯定义的传统型权威和法理型权威，参照性权力则类似于克里斯玛型权威。

二、权力与依赖

我们前面说校长拥有支配学生的权力，但试想一下，如果学生毕业了或者辍学了，他还会受校长的控制、听从校长的命令吗？在一些社会学家看来，单说“某个人拥有权力”是没有意义的，我们还必须具体言明权力的支配对象，所以，权力不是一种个人的属性，而是一种社会关系属性。布劳认为，“通过向别人提供所需要的服务，一个人建立了对于他们的权力”③。然而，光是服务的提供和接受还不足以在双方之间建立起权力关系，权力本质上是不对称的，权力存在于他人的依赖之中④，即权力关系双方之间存在单方面的依赖（one-sided dependence）。所谓单方面的依赖，可以简单地理解为一方向另一方提供服务，而接受服务的一方却不能对等地进行回馈。如果这种服务是长期或定期提供的，那么接受服务的一方就会对提供服务的一方产生单方面的依赖，并且变得必须服从后者的要求，因为违抗后者提出的要求就可能无法再获得所需要的服务。在一个家庭中，女人如果不工作而靠男人供养，那么男人就有权要求她干这干那，所以鲁迅

---

① 在清朝，凡考中举人者，即具备了做官的资格。“举人，近省会试三科，远省一科，选授知县教职及直隶州州同，亦得挑取国子监学正、学录及誊录教习。”（吕思勉．中国制度史．上海：上海世纪出版集团，2005：453.）

② FRENCH J，RAVEN B. The base of social power//CARTWRIGHT D. Studies in social power. Ann Arbor：The University of Michigan，1959.

③ 布劳．社会生活中的交换与权力．北京：商务印书馆，2008：179.

④ EMERSOM R. Power-dependence relations. American Sociological Review，1962，27：1.

在《娜拉走后怎样》中说，女人为了不做男人的傀儡，第一要紧的就是先获得男女平均的分配。从理论上说，凡是被人们珍视的东西，都可以成为权力的基础。[①] 在布劳看来，政府向公民提供保护，雇主向雇员提供工作，这些都导致了单方面的依赖，并使前者拥有了支配后者的权力。

传统观点认为，权力意味着强制和冲突，交换意味着自愿和合作。但是，在大多数情况下，社会互动是冲突和合作的混合体。在主张社会交换论权力理论的社会学家看来，大多数的权力关系可以用交换理论的术语来加以描述，反过来，所有的交换关系也都可以从权力概念的角度进行描述。[②] 这意味着，权力不仅可通过消极制裁的方式来行使，也可通过积极鼓励的方式来行使；只要遵从命令所带来的机会成本足够诱人，权力不仅可能导致冲突，也可能导致合作，这里不妨直接引用戴维·鲍德温（David Baldwin）所举的例子，他说，假设我们问大学教授们是否喜欢每天工作 8 小时，如果工资是每小时 3 美元，那么没有几个教授会说"是"，但如果工资是每小时 100 万美元，那么没有几个教授会说"否"。这里的报酬就是遵从或违抗权力的机会成本。

三、权力与资源

很多社会学家都把权力看作一种压迫性力量，即违背他人意志和利益而行事的一种能力。韦伯的经典定义无疑就属于这一思路，上面介绍的布劳等人的理论也不免带有这种色彩。但在一些社会学家看来，权力和支配的核心是人类行动的转换能力（transformative capacity），也就是"可以换一种方式行事"的能力。当这种人类普遍具有的能力被用于影响他人以满足自身欲望时，就产生了支配。这实际上意味着，权力并非源于单方面的依赖，而是源于双向依赖，只是双方的依赖和自主程度不同。而从普遍具有的能力到形成一个人（群体）对另一个人（群体）的支配（或者说不均等的依赖和自主），原因主要在于"资源的不对称分配"。在吉登斯看来，资源是行动者在互动过程中利用的社会系统的结构性要素，权力/支配关系就是在互动过程中行动者借助资源而生产和再生产出来的彼此之间的自主和依赖关系。[③]

吉登斯区分了两种权力资源：权威性资源和配置性资源。权威性资源即人们对人类所创造的社会世界本身所具有的控制能力；配置性资源则指人们对客观物质世界所拥有的控制能力。简单点说，权威性资源就是对人的支配能力，由此造成了政治-意识形态支配；配置性资源则是对物的支配能力，由此造成了经济支配。吉登斯认为，在前资本主义社会中，无论是在东方社会还是在欧洲，权威性

① 斯科特，戴维斯．组织理论：理性、自然与开放系统的视角．北京：中国人民大学出版社，2011：233.

② BALDWIN D. Power and social exchange. American Political Science Review，1978，72.

③ 吉登斯．历史唯物主义的当代批判：权力、财产与国家．上海：上海译文出版社，2010：50.

资源的分配和使用是最为重要的构造和组织社会的结构要素，财产所有权以及“更一般意义上的配置性资源的分配”没有成为权力的最重要基础。这种社会只是一种“阶级分化社会”（class-divided society），在这些社会中虽然存在着经济阶级，但阶级分化和阶级关系并不足以构造整个社会分层秩序，也不足以影响整个社会的基本运行。[①] 相反，在资本主义社会中，配置性资源取代权威性资源成为最重要的权力基础和最重要的社会结构因素，相应地，资本主义也就成了一种真正意义上的“阶级社会”（class society）。吉登斯强调，资本主义作为一种阶级社会，也就意味着一方面经济和经济权力被赋予了首要的意义，另一方面剥削关系和阶级支配进入了劳动过程的核心。

在社会学中，有一部关于权力史的皇皇巨著，那就是迈克尔·曼（Michael Mann）的四卷本著作《社会权力的来源》。曼的思想与吉登斯的思想有颇多共同之处，同吉登斯一样，曼也认为权力本身不是资源，资源乃是行使权力的媒介。[②] 曼认为，权力来源于四种主要的资源或者媒介，即意识形态的、经济的、军事的和政治的关系。社会就是围绕着四种权力来源而形成的多样的、重叠的和交叉的社会互动网络，多种权力来源的组合而非某种单一的权力决定了历史的进程。曼还提出了“有组织的权力”（organizational power）这一概念，揭示了权力形成和实施的一种重要机制。[③] 曼认为，群众，即被统治者或者从属阶级，缺乏改变现有行动路径的集体组织，他们被嵌入由他人控制着的集体权力组织和个人权力组织之中，因此他们的反抗总是被“有组织地挫败”（organizational out-flanking）。关于权力关系中的支配和反抗，在本章后面部分还会有所涉及。

第三节 权力的不平等效应和权力的变迁

权力的不平等分配对社会的运行有着重要影响。从大的方面讲，权力关系位于所有政治体系的中心，是引起社会冲突、导致社会变迁的重要力量；从小的方面讲，权力关系遍布于社会日常互动的角落，时时刻刻地塑造着组织和人际中的控制、支配、服从和反抗。虽然社会学家经常从一般意义上来讨论权力问题，但应该看到，不同层次和领域的权力具有不同的性质，其不平等分配也具有不同的效果。比如国家层面的权力就不同于组织中的权力。本节我们分政治、经济和组织这三种不同场域，来讨论权力的不平等分配所造成的各种可能结果。

---

① 吉登斯．历史唯物主义的当代批判：权力、财产与国家．上海：上海译文出版社，2010：110.

② 曼．社会权力的来源：第一卷．上海：上海世纪出版集团，2015：8.

③ 同②9－10.

一、政治与权力精英

权力的不平等分配在政治领域造成的一个主要结果，就是国家的统治。国家通过垄断对于暴力工具——警察、军队、法院——的（合法）使用，造成了国家与民众之间的极端不对等。在古代社会，由于暴力工具还没有发达到一定程度，民众尚且有可能通过有组织的反抗来获取国家的权力。比如说，中国的王朝更替一般都是通过农民起义或军阀叛乱来完成的（也有少数是宫廷政变或阴谋的产物）。但在近现代社会，没有民众能够真正组织起来反抗国家的权力和统治。2011 年发生在美国的占领华尔街运动，虽然声势浩大且生逢西方国家讲求“政治正确”的时代，但最终还是以警察的强制清场和流血冲突而结束。

一些社会学家认为，在当代社会中，国家的权力及其统治分配呈现出一种多元模式的状况。罗伯特·达尔（Robert Dahl）曾经研究了美国康涅狄格州纽黑文市从 1784 年到 1960 年的政治权力结构变迁，发现政治权力曾经集中在少数人手里，但现在已经散布在各个社会阶层，当然每个阶层所掌握的权力的量仍是不同的。① 从寡头制到多元主义的这种转变，主要是由于政治资源——社会地位、金钱、教育、名望、工作等——的碎片化，即政治资源的分配从累积式不平等（cumulative inequality）转向了分散式不平等（dispersed inequality）。不同的公民掌握不同性质的政治资源，且没有一种政治资源能够主导其他政治资源，其结果必然是形成一个多元的、由各利益集团所推动的权力竞争结构。当把这种结构从一个城市推广到整个国家，那么对于国家的统治来说，这种多元权力结构必将削弱国家的权力和统治力。

与上述政治权力结构的多元模式相反的是一种所谓的精英模式。在社会学中，精英分析作为阶级分析的一种替代方案，构成了社会分层研究中的一处独特风景（回想一下本章第一节对“权力”在分层研究中的使用方式的介绍）。不同于多元模式的乐观精神，精英论者认为，尽管存在很多的利益群体，但每个利益群体内部都是由精英来掌权的，这些精英会联合起来构成一个精英阶级，共同对社会进行控制。赖特·米尔斯（C. Wright Mills）1956 年出版的《权力精英》是二战后精英理论的经典之作，米尔斯指出，美国的权力结构已经从地方社会精英主导的体系转向全国性的权力和地位体系，权力越来越集中到经济、政治和军事领域，这三个领域你中有我、我中有你，它们相互依赖，构成权力三角关系。在这三个领域的顶层，是大企业领导、政府行政部门要员和军界领袖等“权力精英”，他们相互之间频繁交换职位，组成权力联盟，共同做出决定国家命运的重大决策。

---

① DAHL R. Who governs? Democracy and power in an American city. London: Yale University Press, 1961.

二、经济与市场权力

权力是违背他人意志而行事的机会，在经济领域，这种机会的大小主要取决于市场能力（market capacity）。所谓的市场能力，指的是在劳动力市场中进行讨价还价的行动能力，它包括生产资料意义上的财产，也包括人们带入劳动力市场中的劳动力、技能和资格证书等。因此，从劳动力市场的角度来讲，经济权力主要是一种市场权力。在资本主义经济中，生产资料的私有制是造成经济权力不平等的首要原因，财产之外的其他市场能力的分化则在次级原因的意义上影响着经济权力的分配结构。在市场能力分配的谱系中，一端是掌握生产资料的资产阶级，另一端是除了自身的劳动力之外一无所有的无产阶级，中间则是掌握技能和资格证书的中产阶级。工人没有工作（靠出卖其劳动力来获得工作）就不能生存，即他们只能依赖资本家，所以在资本主义社会中，基本的权力分配模式就是资本家（雇主）享有对工人（雇员）的权力支配，并且借权力来剥削工人的劳动成果；而中产阶级则一方面受制于资本家，另一方面又支配和剥削更弱势的工人阶级。由于权力的这种核心性，达伦多夫甚至认为在现代社会中，权威分化是比财产和市场权力更具一般性的分层原则。

在大部分社会学家（尤其是阶级理论家）看来，劳动力市场中的权力不平等意味着支配、剥削和冲突。但一些社会学家认为，权力的目的在于激发行动者一方的资源投入，因此权力关系更多是一种交换关系，也是一种协商谈判关系，在权力实施过程中双方总是相互交换和相互适应的。[①] 或者用吉登斯的话来说，权力关系中的被支配者——中产阶级和无产阶级——总是具有一定的讨价还价的能力和自主性。在一些实证研究中，学者们已经检验了类似概念对某些社会不平等现象的解释力。例如，阿恩·凯勒伯格（Arne Kalleberg）等人在研究收入不平等问题时提出了工人权力（worker power）的概念。工人权力指的是雇员在组织中因占据特定工作位置而获取优势地位的能力，它是通过利用附属于特定工作位置的权力资源——职业技能、职业资格证书（许可）、工会成员身份、资历等——而产生的。[②] 拿我们在第三章中所讨论的职业技能来说，比起非熟练工人，熟练工人具有更高的生产力。职业资格证书则赋予工人从事特定的专门化工作的权利，并且使得他们有权控制进入相关职业群体的劳动力供给，因此，资格证书增加了一些专业职业雇员与组织管理者进行讨价还价的能力。这在很大程度上使得管理者不能寄望于提供短期合同来获得人事上的灵活性，而是要力求确保双方之间能够长期“合作”。此外，在更宏观的层面上，赖特也指出，工人阶级

---

① 克罗齐耶，费埃德伯格．行动者与系统：集体行动的政治学．上海：上海人民出版社，2017：38-53.

② KALLEBERG A，WALLACE M，ALTHAUSER R P. Economic segmentation，worker power，and income inequality. American Journal of Sociology，1981，87：3.

的联合权力（associational power）有助于解决资产阶级所面临的诸多问题，从而促成双方之间的妥协和合作。[①]

三、组织与权威关系

人们一般把组织理解为社会成员为了实现某一共同目的而成立的集合体。为了实现这一共同目的，组织中的成员需要做出一定的牺牲，其中一个重要方面，特别是在经济组织中，就是用不平等的权威关系取代平等的市场交换关系[②]。在组织中，权力的不平等分配制造了自上而下的等级体系，这种等级体系是一个多重控制结构，即一个上级控制和支配他的下级，这个下级又控制和支配比他等级低的下级。在现代组织中，权力日益从个人权力转向非个人权力，一个人拥有的权力来自他所占据的职位。凭借附着于职位的权力进行的控制是一种"结构控制"（structural control）。结构控制有两个优点：第一，组织成员　掌权者和无权者、上级和下级——看上去遵循同一个规范框架，从而部分地掩盖了权力的不平等性；第二，掌权者"无须其他动员的手段就能推行其利益"，因为下级默认掌权者"有资格"按其意愿来命令自己做事。[③]

尽管如此，组织中权力的分配和使用仍然会引发冲突。首先，权力倾向于集中到位于组织顶端的人手中，一些企业组织研究也的确证实，结构控制等形式使得工人的自主权及其控制和组织工作的能力逐渐被侵蚀。[④] 其次，在组织中，权力来源于不同基础者，如专业技术权威和管理权威之间也会围绕争夺利益而发生冲突。[⑤] 最后，权力容易被非法使用，比如说管理者利用手中的权力进行性骚扰或者采取不当的政治行为等，这些都容易引起心理和道德问题。[⑥]

四、权力变迁的轨迹

从前面三个部分对权力不平等的诸般结果的讨论，我们可以想象出社会的主导权力类型存在某种历史性的变化轨迹。比如，在权力的行使上，越来越多地从强制性权力向合法性权力转移；在权力的来源上，越来越多地从个人性权力向位置性权力转移。不过，无论这种想象的轨迹看上去多么合理，历史都不是线性发展的，各种类型的权力总是并存于社会之中，共同塑造着社会的分层秩序。

---

① WRIGHT E. Working-class power，capitalist-class interests，and class compromise. American Journal of Sociology，2000，105：4.

② 威廉姆斯．资本主义经济制度：论企业签约与市场签约．北京：商务印书馆，2002.

③ 斯科特，戴维斯．组织理论：理性、自然与开放系统的视角．北京：中国人民大学出版社，2011：240.

④ 布若威．制造同意——垄断资本主义劳动过程的变迁．北京：商务印书馆，2008.

⑤ 马丁．权力社会学．三联书店，1992：223.

⑥ 罗宾斯，贾奇．组织行为学：第16版．北京：中国人民大学出版社，2016：331-344.

随着现代政治文明的发展，国家越来越少地借助强制性权力来进行统治。我们在古代文学作品中经常能够体验国家横暴权力的专制，比如《石壕吏》《卖炭翁》等诗歌所描写的那种国家权力对人民的生命和财产的强夺。但在现代国家中，无论是征税、征兵，抑或是其他公共事务，已经很少见到暴力的影子，虽然在这些事务背后都有强制性权力作为支撑。国家的横暴权力总是摇摆不定的，而最好的策略是更多地着力于发展基础性权力或者说软性的霸权。不过，在资本主义国家中，每当处在“紧急关头”时，国家强制性权力又会露出它的狰狞面目①，正如前面提到的占领华尔街运动一样。

而在合法性权力的内部，即在传统型权威、克里斯玛型权威和法理型权威这三种类型之中，也存在着一定的变迁模式。一般来说，这种变迁意味着传统型权威和克里斯玛型权威日益减少，而法理型权威日益占据主导地位。无论是在传统型权威中，还是在克里斯玛型权威中，人们都出于习惯性义务或者领袖的超凡魅力而对掌权者个人效忠。而在法理型权威中，人们服从的是法定的非人格秩序，这意味着人们效忠和服从的是权威位置，而非针对占据位置的具体个人。在现代社会中，传统的约束越来越少，整个世界经历了“除魅”（disenchantment）的理性化。在一个组织中，越来越少的人能够倚仗年龄、资历等来“倚老卖老”了，命令只能在科层制下的具体的职位中发生。但是在个人生活中，大概总有那么一两个有着特殊魅力的人——比如你的导师、偶像，或者神明——能够对你形成“统治”。

权力的上述变迁，是多种因素和过程相互作用的结果。其中一个重要因素，就是在现代社会中，权力双方的不对称依赖关系，越来越多地从完全的不对称依赖转向了相对的不对称依赖。有人曾经举过这样一个例子，即在奴隶社会中，一个矿场奴隶的反抗，尽管可能是真实存在的，但它肯定比福特汽车厂工人的抵抗要弱得多。前面我们对工人权力的分析也能说明这一问题。但同时应该看到的是，当国家权力越来越多地采取文化霸权或符号暴力的形式来进行“伪装”，权力也在不知不觉中渗透进了人们的日常生活。

第四节
中国的权力分配和转型

通过前面部分对权力概念、类型和不平等分配等内容的介绍，我们可以知道权力在社会运行中所采取的形态（如强制的或合法的）、所起到的作用（如支配或交换），以及所造成的结果（如多元主义或精英政治）。在中国，权力是一个重要且敏感的话题，因为权力在这里有着“巨大的影子”，且往往深入人们的日常

① 王沪宁．政治的逻辑：马克思主义政治学原理．上海：上海人民出版社，1994：116－117.

生活。这一节我们把前面的基本概念和理论应用于分析中国的权力状况，并重点关注国家权力的变迁、市场转型中的权力，以及组织中的权力。

一、国家的权力结构

无论是东方人，还是西方人，一般都会同意，传统中国社会是一个中央集权的专制社会[①]，皇帝在这样的社会中具有至高无上的权威。自秦始皇开创大一统时代以来，这种中央集权的政治体制越来越巩固，皇帝也似乎越来越肆无忌惮。但是，这种至高无上的皇权还有另外一面，即皇帝的权力虽然十分强大，总有鞭长莫及的地方，我们也经常会听到诸如“皇权不下县”“天高皇帝远”之类的说法。在皇帝与普通百姓之间，大都隔着一个中间人，这就是所谓的“士绅阶层”。这一阶层一般由退休的官员或富裕的地主组成，他们在地方事务中一般有两个作用。一方面，他们是官府和百姓之间的中间人，代表民众与官府打交道；另一方面，他们是自治团体的首领，有权处理社区中的公共事务。因此，一般来说，传统中国的权力体系存在两个层次，一个层次是政府自上而下传递的政治-行政权力，一个层次是士绅阶层所掌握的由地方民众授予的自治权力。这样的权力分配模式使得“天高皇帝远”成为现实，正如费孝通先生所讲的，士绅阶层作为中央政权和自治社区之间的结合点，“把集权的中央悬空起来，不使它进入与人民日常生活相关的地方公益范围之中”[②]（在20世纪上半叶，由于西方入侵给统治阶级造成的军事压力和财政压力，国家政权开始加强对乡村社会的控制。[③]）

随着传统社会的解体以及工业化和现代化的大规模推进，国家的权力触角也逐渐深入了人们的日常生活。在中国现代社会中，由于在全社会范围内实现了社会主义改造，国家权力几乎深入了社会生活的每一个层面和每一个领域。1978年起，我国经历了从高度集中的中央计划经济体制向市场经济体制的转型，这一转型虽然仍然处在进行过程之中，但已经造成了当代中国极具特色的社会权力不平等的分配和变迁模式。

二、市场转型中的权力

1949年中华人民共和国成立后，我国在很短时期内完成了对生产资料所有制的社会主义改造，并在此基础上建立起了高度集中的中央计划经济体制，在这一体制下，生产资料的调拨和分配、商品的生产数量和价格，以及劳动力的配置

---

① 传统中国社会可以按照费孝通的界定，指西周分封制解体之后，中央集权一统天下的帝国时期。（费孝通．中国士绅——城乡关系论集．北京：外语教学与研究出版社，2011：25.）

② 费孝通．中国士绅——城乡关系论集．北京：外语教学与研究出版社，2011：93.

③ 杜赞奇．文化、权力与国家：1900—1942年的华北农村．南京：江苏人民出版社，2003；同②99-105.

和工资等都由政府（主要是中央政府）的行政命令决定。政府凭借掌握的再分配权力（redistributive power）直接提取并分配经济剩余，从而形成了一个以（政治）权力为主导的社会分层机制。随着中国1978年改革开放的施行，商品经济以及更大范围的市场经济体制开始建立，这种以政治权力为主导的社会分层结构逐渐发生了变化。

“市场转型理论”从一个方面解释了这一变化。美国社会学家倪志伟（Victor Nee）最早对我国经济体制转型所导致的社会分层机制的变迁进行了实证研究。他指出，中国向市场经济的转型，将会改变权力和特权的根源，也就是说，控制资源的权力将从再分配部门（政府和干部）转移到市场部门（企业和管理者）。权力基础的转移意味着：第一，直接生产者逐渐取得控制经济资源的权力，有权处置自己的产品和劳动力，并且支配剩余产品；第二，政治权力相对于市场权力发生了贬值，政治权力的经济回报相对下降，人力资本的经济回报则得到提升（原因就在于人力资本是与生产力直接相关的）。①

倪志伟的研究引发了很大的争论。后来的研究者发现，随着市场改革的深化，再分配权力的收入回报仍然是上升的，这与市场转型理论的预测不符。多位学者利用20世纪80年代末到20世纪90年代初的调查数据进行的分析都表明，在从再分配经济向市场经济转型的过程中，政治权力没有贬值，其经济回报相对于其他群体也仍然保持着优势。塞勒尼和克斯泰罗认为，之所以会出现争议，是因为在转型过程中，存在不同的市场渗透阶段和类型：再分配经济边缘的地方市场体制、再分配和市场都起作用的混合体制、市场起主导作用的体制。在不同类型中，市场权力的支配地位是不一样的，而且政治权力向经济权力的转化也是不一样的。② 后来的研究者利用更新的数据和统计方法，继续围绕市场转型开展争论，关于权力在中国社会分层机制中的作用，目前为止仍没有定论。③

三、工作组织中的权力

倪志伟以及后来者的研究采用的大都是“政治-市场两分法”，即一边是国家所掌控的再分配经济以及政府官员手中的政治权力，另一边是转型所带来的市场经济以及生产者（企业主）手中的市场权力④。这种两分法有它的简明之处，但它忽视了很多具体的制度设置，比如单位制度。事实上，无论是政治权力主导的

① 倪志伟．市场转型理论：国家社会主义从再分配向市场的过渡//边燕杰．市场转型与社会分层——美国社会学者分析中国．北京：三联书店，2002.

② SZELENYI I，KOSTELLO E. The market transition debate：toward a synthesis?. American Journal of Sociology，1996，101：4.

③ 边燕杰，吴晓刚，李路路．导言：述评与展望//边燕杰，吴晓刚，李路路．社会分层与流动：国外学者对中国研究的新进展．北京：中国人民大学出版社，2008.

④ 实际上，社会学家很少使用“市场权力”这一概念，他们大多采用狭义的权力定义，即用权力来指代“政治权力”以及更特殊的“再分配权力”，而把市场权力归结为产权和人力资本等“市场能力”。

再分配经济还是市场权力主导的市场经济，其对个人收入分配和生活机会的影响，很大程度上是以工作单位为中介进行的。

魏昂德（Andrew G. Walder）从权威结构的角度研究了中国的单位现象，并提出了单位依附理论。魏昂德拿来作为研究样本的是20世纪50年代到20世纪80年代初期的国有企业。他认为，在中国城市的国有企业中，围绕着单位体制，存在三种依附关系，即工人依附单位为其提供生活消费品，国家依附单位实现再分配，政党依附单位实行政治控制。这些依附关系意味着，国家权力终究需要通过单位组织的管理者来控制资源和劳动力，这就赋予了单位组织管理者在晋升、报酬和分发社会福利等方面以广泛的权力。这些权力进而导致个人对单位组织的依附转化为对单位管理者的依附，并且形成一种较为特殊的、非科层制的权威制度文化。①

由于单位组织承担着分配社会资源、实行政治控制的职能，因此单位组织不仅仅是某种实现特定功能的组织，而且还是一种国家统治的形式和工具。随着改革开放的不断推进和市场转型的深入，我国的单位体制和单位组织也在不断发生变化。在这个过程中，再分配经济的权力逐渐削弱，市场的权力逐渐增强。单位对国家和上级单位的依赖性不断减弱，同时个人或单位成员对所属单位的依赖性也在减弱。对于个人来说，资源获得、利益实现或者地位上升都有了新的渠道，市场成为人们获得资源、实现利益的决定性机制。② 一些学者由此认为，单位组织已经丧失了它原来的力量和意义，国家无法再像以前一样，借助这种全面依赖性结构实现对社会的控制和统治了。但是，也有学者表达了更为谨慎的看法，他们指出，中国特有的单位组织，其实质是将命令权力和财产权力结合起来的国家统治的一种组织化工具或手段。尽管随着市场经济转型的深入，出现了独立的财产权和资源占有权，单位组织的“自主权”也不断扩大，但变革仍然是有限的。他们发现，单位成员的政治身份（政治面貌、行政级别等）决定了他们在组织中的权力地位，而权力地位则直接地决定着他们对单位内资源的获取，并进而影响着他们对组织的依赖程度。总体来看，中国城市社会仍保留着单位社会的特征，单位社会和单位组织对中国社会向市场经济的转型保持着巨大的影响。③

上述判断的重要依据在于，在当时（20世纪90年代末），国有和集体单位仍然在数量上占据主导地位。在这种情况下，做出单位制继续“有效”的判断自然在情理之中。但进入21世纪后，尤其是近十年来，面对国有企业改革、非公有制经济壮大以及劳动力市场的变化，上述结论是否仍然成立，就需要更新的实证研究了。概而言之，无论是从市场转型中的权力变迁来看，还是从单位组织中的权力变化来看，我们都能够发现并预期，政治权力与经济权力的相互作用模式以及国家权力对社会和个体的控制模式正在发生变化。

---

① WALDER A G. Communist neo-traditionalism: work and authority in Chinese industry. Oakland: University of California Press, 1986.

② 李路路，李汉林．中国的单位组织：资源、权力与交换．杭州：浙江人民出版社，2000：5-6.

③ 同②.

◎复习思考题

1. 权力的分层与职业、地位群体等相比，有何特殊性？

2. 政治权力是由经济权力决定的，还是有着它的自主性？

3. 考察当代世界各国，国家的权力是越来越集中，还是被各种利益集团分割？

4. 假如你有兴趣探索我国古代社会的权力分配模式，你认为是否会有不同于前辈的发现？

5. 随着劳动力市场越来越开放，雇主对雇员的支配权力是否会逐渐削弱？随着单位制的式微，国家对民众的控制是否会力不从心？

◎推荐阅读文献

布劳．社会生活中的交换与权力．北京：商务印书馆，2008：第5，8章．

科泽．仪式、政治与权力．南京：江苏人民出版社，2014：第1章．

斯沃茨．文化与权力：布尔迪厄的社会学．上海：上海世纪出版集团，2012：第4，6章．

杜赞奇．文化、权力与国家：1900—1942年的华北农村．南京：江苏人民出版社，2003：第6章．

李路路，李汉林．中国的单位组织：资源、权力与交换．杭州：浙江人民出版社，2000：第1，2章．

马丁．权力社会学．北京：三联书店，1992：第3，4章．

曼．社会权力的来源：第一卷．上海：上海世纪出版集团，2015：第1章．

卢克斯．权力：一种激进的观点．南京：江苏人民出版社，2012：第1章．

多姆霍夫．谁统治美国：权力、政治和社会变迁．南京：译林出版社，2009：第2，7章．

第五章

身份与社会分层

【本章要点】

● 身份与等级，是社会分层与社会不平等的主要形式之一。作为一种区隔机制，其本质是针对特定稀缺资源、权利和机会所做的排他性制度安排，通过垄断和封闭，决定享受某种稀缺资源、权利和机会的成员资格。

● 古今中外，各个社会都存在身份制度和等级体系，例如，欧洲封建社会的贵族和平民、印度的种姓制度等。传统中国社会强调尊卑有别的身份差序格局，以官本位为轴心，建立了士农工商四种身份等级体系。

● 基于现代化建设和社会控制的需要，当代中国形成了一套以户籍、所有制、单位和工作岗位为核心的“身份体制”。改革开放后，市场经济的发展极大动摇了这种身份体制，但由于制度惯性和路径依赖，身份等级的逻辑和机制依然残留在当下生活的方方面面。

【关键概念】

◇ 社会封闭 ◇ 排斥和篡夺 ◇ 区隔机制 ◇ 类型纯化 ◇ 从身份到契约

脍炙人口的童话故事《灰姑娘》讲述了一个从小经历苦难但善良美丽的平民女子，在仙女的帮助下，邂逅高贵的王子，历经波折，终成眷属，从此过上了幸福快乐的生活的故事。现实中，人们对类似的桥段也充满了浓厚的兴趣。比如英国王妃戴安娜和凯特，都被媒体和大众当作现实版的灰姑娘，她们的一举一动都吸引了大量的聚光灯。古今中外，皇室家族的婚姻总是充满了各种讲究和限制。加入皇族的新成员，需要满足一系列苛刻的标准，门当户对是最起码的要求。两位王妃之所以如此引人关注，是因为她们出身相对普通，且作风更贴近平民。哪怕同样是贵族出身的戴安娜，在更高一级的皇室面前，也一直格格不入、郁郁寡欢。童话故事及其现实演绎，寄托了人们对跨越身份边界的向往，也从一个侧面说明，身份的改变和转换，是多么困难重重。

英语里有一对反义词，new money（新富）和 old money（旧贵），后者往往认为前者是暴发户，肤浅轻佻、趣味恶俗。汉语也有一句俗语，叫“三代出贵族”，说的也是贵族的身份气质不是短时间内就可以养成的。在日常生活中，对身边一夜暴富起来的煤老板、炒房者、拆迁户和巨额彩票中奖者，人们的评价通常褒贬不一，甚至大部分情况下偏向贬损。这说明，在我们的社会评价中，有一种不单纯以金钱多寡论英雄的判断标准：相比于财富身家，我们有时候可能更看重一个人的出身、修养、人品和口碑。上述现象都或明或暗地告诉我们，人类社会存在一种有钱也不一定能买到的东西，这就是本章要讨论的身份，或曰地位群体。

那么，到底什么是“身份”？在社会分层与社会不平等现象中，它有什么独特的作用和影响？从社会学视角来看，身份差别的背后隐藏着社会分层和不平等的深层密码。了解和把握其起源、结果、变迁、机制和效应，有助于我们更好地理解社会分层与社会不平等现象。

第一节 身份的概念与类型

一、身份的界定

身份等级，或者地位群体，实际上是一种区隔机制（distinction），是针对特定稀缺资源、权利和机会所做的排他性制度安排。其本质，是对成员资格的一种结构化限制和封闭策略，是人类出于某些特定目的而设计发明的类型纯化手段，旨在区分哪些人有资格享受某种特定的资源、权利和机会。这里说的制度，既可以是正式的成文规则，比如皇室公卿、世袭爵位、贵族门阀、种姓制度、荣誉头衔、户籍制度等；也包括非正式的社会评价、共识、惯例和习俗、社会地位和声望、人品口碑等。

“身份”对应的英文是 status，德文是 stände，带有“身份”“地位”“等级”或“声望”等多重含义。与基于经济维度的阶级以及行政权力规定的层级不同，这里讨论的身份或等级，更多的是一种类别化（categorical）的分类体系，而不是像社会经济地位等的连续性层级（hierarchical）划分。因此，需要注意的是，当我们在身份的意义上说“等级”时，一般是指基于资格限制的类别化等级，不是连续性意义上的层化等级。

身份和地位有交叉重合的地方，但两者本质上不是同一个事物：身份群体是更加制度化、固化和排他性的，具有更浓厚的分封和血统色彩，更多地和社会资本联系在一起；而地位群体是按照荣誉声望排列的，标准是社会的评价，更多强调文化资本、生活方式等。例如，贵族身份既是一种先赋的、制度化的、固定的社会等级地位，也在相当程度上通过文化资本或生活方式表现出来。

在很大程度上，身份具有先天性、排他性和固定性等特点。说身份是先天的，是因为很多时候它表现为人的一种先赋特征，是一个人出生时就已经具备的一些社会属性，例如，传统的种姓身份。讲身份是排他的，是因为通常情况下身份资格是封闭的，如无例外，不对其他人员开放，例如，人们不能通过考试获得某种贵族头衔。身份是相对固定的，即一旦被赋予某种身份类型，一个人很难通过短时间的后天努力改变自己的类型标签。

二、身份与社会不平等

人们普遍认为，和收入、阶级、职业等维度一样，身份是社会分层与社会不平等的基本形式，有自己相对独特的作用机制。比如，美国社会学协会（American Sociological Association）前主席瑟希莉亚・瑞泽维（Cecilia L. Ridgeway）在 2013 年年会上的主席演讲，就以《为什么社会不平等研究要关注身份?》为题，旗帜鲜明地指出，与基于资源和权力的分化一样，我们应该同样重视声望和荣誉的差异性分配带来的各种不平等效应。[①]

不同的是，“赤裸裸的”金钱权力，决不会被承认为社会荣誉的基础。权力也不是社会荣誉的唯一基础……财产本身并不会始终被认为是一种身份资格……身份荣誉未必就要与某种阶级状况联系在一起，恰恰相反，一般它都会与纯粹的财产要求格格不入……身份秩序与纯经济秩序之间的冲突，在绝大多数情况下，会导致身份群体表现出一种特有的荣誉感，即绝对憎恨市场的根本要素：赤裸裸

① RIDGEWAY C L. 2013 presidential address：why status matters for inequality. American Sociological Review，2014，79（1）：1-16.

的讨价还价……认为几乎任何公开参与经济获利的行为，都是绝对的耻辱。这种身份的分层，总是会伴之以我们所熟知的某种典型方式的垄断：对观念、实物或机会的垄断。[①]

可见，身份或等级的背后，是一个社会对稀缺资源、权利和机会如何分配的一种制度安排，体现了人们对社会地位是否平等、资源分配是否公平、发展机会是否均衡的关注。身份或等级是相对于固定的社会结构、排他性占有稀缺资源的一种垄断或封闭机制。在一定程度上，社会流动可以改善身份或等级的这种固化特征。

三、身份的主要类型

身份时刻伴随着我们的日常生活，按照划分的标准和逻辑不同，身份和等级可以分为不同的类型，其具体表现也复杂多样，形式不一。基本上任何一个群体特征，都有可能成为身份区隔的标准，只要该特征能够被某些集体用来达成他们对“特定的、通常是经济性的机遇的垄断”[②]。概言之，身份等级主要有以下几种表现形式。

（一）贵族身份

首先是基于社会地位和荣誉评价的身份体系，这在欧洲封建社会表现得尤其明显。在欧洲封建社会时期，贵族身份和世袭爵位主要来自封号恩宠、血统门第、军功荣誉、财产世袭和声望特权等非经济标准，强调高贵品德和神圣荣誉。英国著名政治哲学家霍布斯，就认为他们不仅出身高贵，还具有许多普通平民所没有的“德行”，比如荣誉感、优雅的仪表、丰功伟绩、享有权威以及气度宽宏。[③] 法国思想家托克维尔同样对贵族赞誉有加，认为其“精于立法科学，具有自我控制的能力，不会被一时的冲动所驱使”，有长远的计划，善于在有力的时机使其实现，并且办事考究，等等。[④]

贵族制度是一种典型的封闭机制。上述褒扬就被用于论证贵族垄断政治参与机会的合法性。比如以苏格兰哲学家戴维·休谟为代表的英国辉格党，就极力拥护寡头大贵族垄断国家政权，主张只有家道殷实且拥有不动产土地的贵族才有闲暇、受过良好教育、具有独立性和责任感。贵族垄断的资源、权利和机会，不仅限于封闭政治参与渠道，还有使用暴力（垄断军功荣誉）、限制婚姻以保持血统纯正、通过特许经营以排斥新贵进入等等（如表 5－1 所示）。

---

① 韦伯．马克斯·韦伯社会学论文集．北京：人民出版社，2010：174－185.

② WEBER. Economy and society. New York：Bedminster Press，1968：342.

③ 施特劳斯．霍布斯的政治哲学．南京：译林出版社，2001：55－65.

④ 托克维尔．旧制度与大革命．北京：商务印书馆，1992：264.

表 5-1 英国现行七级爵位一览表

序号	身份	爵位	男性	女性	可否世袭
1	贵族（peerage）	公爵	Duke	Duchess	✓
2		侯爵	Marquess，英国以外称 Marquis	Marchioness 或 Marquise	✓
3		伯爵	Earl，英国以外称 Count	Countess	✓
4		子爵	Viscount	Viscountess	✓
5		男爵	Baron	Baroness	✓
6	平民（civilian）	从/准男爵	Baronet/Bart	Baroness	✓
7		骑士（爵士）	Knight		×

与英伦群岛相比，德国“并不存在一个有足够分量的与具有政治传统的贵族阶层”，有的只是“仿效 16 世纪拉丁国家‘骑士风度’的兄弟会和决斗团”。这并不意味着德国就没有身份等级。恰恰相反，在德国大学兄弟会盛行的“强制饮酒和决斗仪式”，因其“特有的‘接受决斗挑战的资格’概念……而构成了一种等级的惯例”。在韦伯看来，上流社会阶层社交习惯和仪态的关键特征，很容易被普遍仿效，因而能够被民主化。但是，“决斗兄弟会反复灌输的那些习惯……迄今为止显然仍不适合参加过大学考试的阶层以外的任何圈子仿效，肯定更不适合广大公众效仿，因此它们不可能‘被民主化’”①，从而构成一种独特的身份藩篱。

在介于英德之间的法国，处于僧侣和平民中间的贵族，又分为佩剑贵族和穿袍贵族。前者的身份通常来自军功荣誉和世袭；后者主要来自皇室赐封的第三等级平民阶层（律师、金融家等）。历史上，前者曾经极度鄙视和排斥后者。这种身份，也主要来自一种基于垄断暴力的群体荣誉感。

（二）种姓身份

其次，是基于血统和出身的身份等级，比如南亚次大陆的印度、孟加拉国和斯里兰卡等东南亚地区普遍存在的种姓制度。印度教根据严格的血统主义，凭借父母是否是印度教徒来决定子女是否为教徒。这种成员资格具有强烈的“排他性”：除开血缘，没有任何其他方法可以获得这种成员资格（membership）。这种封闭性，也体现在“不同种姓间的共同生活……有仪式上牢不可破的屏障”，夸张的情况下，“婆罗门的食物光是被一个较低种姓的人瞄上一眼就会受到仪式性的污染”②，不同种姓之间的通婚，就更难以置信了。

具体而言，第一等级为婆罗门（brahmin），主要是僧侣贵族；第二等级刹帝利（kshatriya），是军事贵族和行政贵族；第三等级吠舍（viashaya），是普通雅利安人，主要是商人；第四等级首陀罗（shudra），绝大多数是被征服的土著居

① 韦伯．马克斯·韦伯社会学论文集．北京：人民出版社，2010：365－369.

② 韦伯．印度的宗教．桂林：广西师范大学出版社，2005：9－49.

民，属于非雅利安人。除四大种姓外，还有大量的第五种姓，称为贱民。各种姓又派生出许多副种姓（或称亚种姓、次种姓），衍生出更多分支。尽管在法律上现在已经被废除，但几千年来种姓制度造成的各种歧视或区隔在印度不少地区，尤其是农村仍相当严重。

东南亚，甚至中亚和西亚的不少地区都受到种姓制度的影响。比如占婆王国时期（公元2世纪到15世纪）的越南，政治制度和社会结构与婆罗门教的种姓制度就十分类似。扶南国时期（公元1世纪至7世纪）的柬埔寨，也曾大力推行“天竺婆罗门法”。印度尼西亚的种姓痕迹相对单薄一些，只有在通婚时才有所显现。

（三）职业身份

最后是建立在社会（职业）分工基础上的身份等级制度，以东亚儒家文化圈最为典型。其中，传统中国社会的身份体系，主要是以“士农工商”分殊的“四民说”。受中国影响，在王公贵族和公卿之下，日本整个社会也分四个世袭等级，其顺序是士（武士）、农、工、商。此外还有贱民，包括从事各种污垢工作的“秽多”和丧葬从业者“非人”。每种职业都有专属的道德伦理，士有“武士道”、农有“农人道”、町有“町人道”，各司其职、各得其所。“每一户的家长必须在门口张贴有关其阶层地位和世袭身份的标志……衣着、食物以及可以合法居住的房舍，都要依照世袭身份的规定。”[①] 这种严格的身份等级制度不可逾越，“就好像日本全国几千万人民，被分别关闭在几千万个笼子里，或者被几千万道墙壁隔绝开一样，简直寸步难行”[②]。

类似的，古代朝鲜和高丽也有“四民”等级，只不过其身份之首，是（文武）两班。两班不仅限于在位的官吏，还惠及他们的子孙和家门，并通过“荫叙制”“私学”和相互封闭的婚姻关系，日益成长为门阀贵族。两班的下面，则是良人（又分中人和吏校）和贱人。为防止两班数目过于庞大，保持血统纯正，规定正妻以外的女性所生的子女，不属于两班而为中人，其身份也是世袭的。

现代社会也有类似的身份垄断机制，行业协会就是一个典型。阿伯特对“职业系统”的研究就表明，很多行业都会试图用“定界”（boundary-work）来划分它与其他社会行为主体之间的生态位置，从而争夺对自己职业的管辖权。[③] 这在专业程度相对较高的行业，表现得更为明显。比如，弗雷德森就指出，医学职业能够排除来自外界的干扰，医生在执业过程中可以自主决策，除了凭借专业知识做出诊疗（professional-clinical autonomy，专业/临床自主性）之外，还能决定谁有资格进入这个职业以及决定谁拥有向客户提供医学服务的权力（corporate

① 本尼迪克特．菊与刀．北京：商务印书馆，2005：43.

② 福泽谕吉．文明论概略．北京：商务印书馆，1997：156.

③ ABBOT A. The system of professions：an essay on the division of expert labor. Chicago：University of Chicago Press，1888.

autonomy，法团自主性）。[①] 欧美国家的医生和律师，通常会利用职业协会设置极为苛刻的行业准入门槛，导致医生和律师执业资格证书考试通过率都非常低。

第二节 身份制度的形成、影响与变迁

一、身份制度的形成

通常认为，身份和等级，是前工业社会的一种社会分层和不平等机制。人们曾经从各个方面探讨了身份的来源和形成过程。例如，韦伯认为，等级的真正故土在社会的制度里，即在荣誉分配的领域里。[②] 布尔迪厄则认为，在晚期资本主义社会中，"国家精英"主要通过教育这个手段，从文化，尤其是审美、品味和生活方式等方面，来建立自己有别于大多数人的身份区隔机制。[③] 他特别强调文化资本、符号资本在身份形成中的重要性，认为那种一般构成社会精英身份标志的审美偏好和鉴赏品味（aesthetic dispositions），更多来自一个人的家庭出身，经过几代人沉淀下来，并在日常生活的过程中潜移默化地形成，这些身份标志不是光靠后天努力或者经验积累就能获得的。[④]

概括而言，两个方面的独特机制对身份的形成有着重要影响。

（一）社会封闭

根据某个组织、机构或者团体是否对外部人士开放成员资格，韦伯把社会关系区分为"封闭的"和"开放的"两种[⑤]。在开放关系中，一个共同体不排斥任何需要加入的潜在成员，比如市场。相反，封闭关系则倾向于积极制定各种规则、限制条件，以便把某些特定人群排除在共同体之外，比如垄断。

社会封闭（social closure）就是这样一种垄断机制，具体是指各个社会集团，尤其是优势地位群体，都试图将获得资源、权利和机会的可能性，最大限度

---

① FREIDSON E. Profession of medicine：a study of the sociology of applied knowledge. New York：Dodd，Mead，1970.

② WEBER M. Class，status and party//BENDIX R，LIPSET S M. Class，status and power：social stratification in comparative perspective. New York：The Free Press，1996：21.

③ BOURDIEU P. The state nobility：elite schools in the field of power. Stanford：Stanford University Press，1998.

④ BOURDIEU P. Distinction：a social critique of the judgement of taste. New York：Routledge，2010.

⑤ MIHALYI P，SZELENYI I. The role of rents in the transition from socialist redistributive economies to market capitalism. Comparative Sociology，2017，16（16）：13－38.

地限制在具有某种资格门槛的小圈子里。门槛和资格条件的设置，通常都是有利于圈子内的既有成员的。为了实现这一目的，必须选择某些社会的或者自然的属性，作为排斥外部人群的正当理由。是故，形形色色的标准，比如成员资格、组织归属、种族、出身威望、血统、生活方式等，就都有可能被作为垄断或封闭的基础和依据。

（二）排斥与篡夺

帕金（Frank Parkin）发展了韦伯的单向度社会封闭思想，认为社会封闭既包括对外群体的排斥（exclusion），也包括被排斥群体对优势群体的策略性回应，他称之为篡夺（usurpation），因此，社会封闭是一个双向的博弈过程。[①]

就社会排斥而言，现代社会主要有两种制度安排：一种是基于收益、报酬、经济权利等的财产或私有产权制度，即所谓“神圣不可侵犯的产权”，目的是阻止其他人获得产权产生的收益；另一种是专业资格证书制度，又被称为“文凭主义”（credentialism），是“为了维护某一特定职业的收益和荣誉，而对候选者的供给数量实施限制”[②]，即使用教育资格证书，来对社会分工中核心职位的获得实施控制和监视。韦伯曾有一段精彩论述：学历证书证实了它们持有者的社会地位，有了它，一个人就有了与贵族联姻的资格；就能够被接纳进入一个坚持“以荣誉为其行为准则”的社交圈子；也才能要求在工资报酬之外，获得“他人的尊重”作为额外的回报；最重要的，是能够要求对社会的和经济的优势地位，实施垄断。[③]

篡夺，则是指针对优势群体的排斥策略，“毫无特权的”被排斥阶层所采取的一种“向上”的权力运用，是为获得更大份额资源的集体努力，比如罢工、游行示威、抗议等，往往会威胁到那些在法律上具有更高特权地位群体的利益。除此之外，篡夺也可以表现为一种对排斥的模仿，比如工人成立工会，把新进工人的招募范围限制在已受雇在岗者的亲戚和族人上。手工业者也有类似的做法，比如文艺复兴时期佛罗伦萨的行业协会，很大程度上就是这样的一种职业封闭策略。

二、身份分层的影响

在特定历史时期，身份等级体系对人类社会发展做出了许多积极贡献。比如埃利亚斯就认为，人们的心理机构和行为模式，总是最先在一个狭小的宫廷圈子里确立起来，然后逐渐为越来越多的阶层所仿效，进而缓慢地在全社会普及。他认为，这就是文明发展的心理轨迹。[④] 桑巴特更是把早期资本主义的发展，与宫

① PARKIN F. Marxism and class theory：a bourgeois critique. New York：Columbia University Press，1979.

② WEBER. Economy and society. New York：Bedminster Press，1968：344.

③ 同②54.

④ 埃利亚斯．文明的进程：文明的社会发生和心理发生的研究．上海：上海译文出版社，2013.

廷、新贵族以及中产阶级的财富积累和奢侈消费直接关联，认为王室宫廷的享乐之风给整个社会带来了挥霍无度和追求奢靡的习气，从而刺激了消费，带动手工业和其他产业的发展。[①] 但身份分层制度更为直接和严重的后果，就是造成社会不平等以及结构僵化等问题，我们下面主要以英国的贵族制度为例（兼顾其他国家和地区），对身份制度的不平等效应和后果做一些分析。

（一）垄断政治机会

在很长一段时间里，英国的政治参与机会只对少数世袭贵族开放。比如1815—1880年间，共有66名苏格兰贵族当选为伦敦议会上院议员，平均任期20.7年，其中第八任特威代尔侯爵任期长达58年。有相当部分贵族死于任期，几乎等同于终身制。[②] 仅在1768—1903年间，白金汉公爵维利尔斯家族，就有12人成为英国首相，占其间首相总数的一半。相比其他身份，英国贵族的人数极为稀少。19世纪前，英国总共仅有140多名联合王国世袭贵族。19世纪新加封了250多名，到了20世纪60年代，又增加了400多名。直到1993年，英国上议院贵族共有1 213名，其中391人为终身贵族。[③] 欧洲其他国家，比如法国和匈牙利，贵族人数相对较多，但在总人口中的占比同样很小。与此同时，绝大多数的平民，尤其是弱势群体，则长期没有投票权和参政议政渠道。

当然，贵族不仅因其身份拥有特殊的权力，还因其独特的荣誉评价机制而拥有普通人所不具备的身份荣誉感和尚武精神。例如英国，在第一次世界大战中，英国有20名上院贵族、49名上院贵族继承人和数量更多的贵族子弟战死沙场。以贵族子弟为核心的伊顿公学，有5 687名学生参展，伤亡率高达45％，远超其他任何社会群体。[④]

（二）扩大收入差距

对政治参与机会的把控，直接导致贵族对社会财富的垄断和“合法掠夺”。浪漫主义文学运动先驱人物威廉·葛得文依据经济统计资料指出：英格兰土地税收入比一个世纪以前减少了50万英镑，每年由社会所有民众负担的消费税却比17世纪末增加了1 300万英镑。“不论事实如何，这乃是一种把富人的负担转嫁给穷人的企图……贵族政体是同所有制的不均紧密联系着的。”此外，在贵族集团内部，长子继承制违背仁爱的准则，它剥夺了一个家族的其他成员的继承权，把有害的大量的财富堆到一个人的身上。[⑤]

另据调查，17世纪末，英格兰和威尔士贵族占有全国15％～20％的地产。到了1790年，400家大地主（其中多是上院权贵、从男爵和爵士）的地产份额高达

① 桑巴特．奢侈与资本主义．上海：上海人民出版社，2005.

② 阎照祥．英国世俗贵族等级的演化．历史教学（高校版），2007（1）.

③ 阎照祥．“光荣革命”后英国贵族集团的若干特征．河南大学学报（社会科学版），1996（6）.

④ 同③.

⑤ 葛得文．政治正义论．北京：商务印书馆，1980：385.

20%～25%，而同期10万个中小农户的年收入只占全国农业总收入的15%～20%。1688年，160家世俗贵族的总收入是44 800英镑，约占全国总收入的1%，是一般工匠和小农收入的数十倍甚至更高。1895年，西敏士公爵的地产高达1 400万英镑，是当时最富有的资本家资产的2.5倍。[①] 法国大革命爆发之前，共有各类贵族35万，占全国总人口的1.3%，但其拥有的地产则占到全国的1/5；第一等级僧侣的成员有12万多，占总人口的0.4%，但其不动产却占全国的1/10。[②]

(三) 阻碍社会流动

身份群体通常十分讲究门第观念，强调血统纯正，因此很少对外开放成员资格。在英国，一般行政官员和平民基本没有可能进入贵族"蓝血阶级"，受封对象仅限于王室成员、宫廷宠幸、政府要员、高级军官和大党骨干。18世纪英国上院220名新贵里，贵族子、孙、曾孙、玄孙共有77人，贵族女婿29人，贵族兄弟、堂表兄弟和嫡亲兄弟20人，侄、甥、侄孙18人，其他亲属21人，由苏格兰和爱尔兰转来的贵族41人，共计206人，约占新封贵族的90%，不具有贵族背景的只占10%，其中工业家和金融家仅有3人。[③] 相比之下，欧洲其他国家还较为宽松，出现过一些平民成为贵族的现象。上文提到的法国"穿袍贵族"，就是出钱购买爵位的商贾大亨。据记载，1564—1711年间，法国国王通过出售御书的方式卖出官职2 164个，但获取官职者并不能随即成为贵族，必须任职20年才可能取得爵位。[④] 我们熟悉的启蒙思想家伏尔泰，即借此跻身贵族行列。在普鲁士王国，出身卑微者也可以凭借军功成为新贵，但这种机会依然十分稀少。

在贵族群体内部，门当户对、相互通婚，成为维持集团内部稳定性的重要手段。18世纪前期，英国约有20家名门望族（含丘吉尔氏、斯宾塞氏等）联姻通婚，结成盘根错节的关系网，控制了政府、议会和军队的许多重要职位。据统计，在18世纪81位公爵的102次婚姻中，53次是同贵族之女结成伉俪，占52%；28%的伯爵和19%的子爵成为贵族女婿。到了19世纪，这三个贵族等级的内部通婚率分别为32%、29%和19%。[⑤] 本章开头提到的灰姑娘的故事，就从反面说明，要想进入一个封闭的身份群体是如何困难重重。时至今日，还有很多身份群体，比如某些教派和族群，对成员的通婚对象有诸多具体的约束和规定。

三、身份分层制度的历史变迁

身份分层的等级本质，导致这种秩序结构从根本上是"反市场"的。原因在于，市场并不"看人下菜"，支配市场行为的是功能匹配和等价交换。在某种程

① 阎照祥．"光荣革命"后英国贵族集团的若干特征．河南大学学报（社会科学版），1996（6）．
② 刘文立．法国革命前的三个等级．中山大学学报（社会科学版），1999（6）．
③ 同①.
④ 刘文立．法国新旧贵族的融合与同化．中山大学学报（社会科学版），2003（3）．
⑤ 同①.

度上，市场不知荣誉为何物。[①] 因此，随着工业革命和资本主义市场经济的蓬勃发展，身份制度也出现了剧烈的变革。

首先受到冲击的是贵族对政治机会的垄断。进入 17 世纪，逐渐登上历史舞台的资产阶级新贵族以及其他公众，就把打破政治垄断、争取普选权作为首要的政治诉求。比如托马斯·潘恩在其著名的《常识》手册中，就极力赞扬法国大革命“废除一切头衔”的做法，认为英国议会中的贵族院是建立在不良基础之上的。[②] 葛得文则更加猛烈地抨击，贵族“门第优越的特权意识，是对于理性和正义的最大侮辱”，认为这是一种限制，“使少数人，而且只能是这些少数人，由于他们出生的偶然性，而能够取得某种地位。它用一种无法逾越的障碍，来扼杀其他人的一切雄心壮志”。[③]

其次，是社会关系从身份资格到个体契约的转变。英国思想家梅因在其代表作《古代法》中就指出，“一切形式的‘身份’都起源于古代属于‘家族’所有的权力与特权，并且在某种程度上，到现在仍旧带有这种色彩……如果我们……把‘身份’这个名词用来仅仅表示这一些人格状态，并避免把这个词适用于作为合意的直接或间接结果的那种状态，则我们可以说，所有进步社会的运动，到此处为止，是一个‘从身份到契约’的运动”[④]。这意味着，历史的发展，把个人从家庭、血缘、等级、出身、惯例、传统和等级等强制性关系中解放出来，使其成为一个能够基于合意和共识自由缔约，且自主、自立的理性个体。

最后，是从品味到区隔。传统贵族的“高贵”，主要体现在血统纯正、品德优秀、卓越的社会贡献，以及一整套他人不可企及的生活方式等上。进入现代社会，身份群体还会极力保留和维护自己的特权和边界，并通过各种活动，让下一代从小耳濡目染自己的生活方式和消费习惯，明白以后该做什么，不该做什么，从而使得这种阶层惯习（habitus）成为家族的身份基因，代代相传。

即使在当代美国，人们也能够体会到这种区隔机制。“绝大多数美国人感到……它是如此复杂和微妙，以至于国外的访客常常会忽略那些细微的差异，有时甚至意识不到……因为这里并没有一个世袭的头衔、地位和荣誉的体制。”在美国密歇根州大瀑布城住了一段时间后，英国小说家和文化批评家瓦尔特·爱伦才清醒过来，见识到了“新英格兰的势利以及当地人长期以来对古老家族支配的道德与文化权威所表现的顺从”[⑤]。

综上，从历史上看，基于特定群体成员身份和荣誉等级的地位序列，主要见诸前资本主义的封建社会时期。工业革命之后，更加理性化的、基于个体的阶级分化则会占据主导地位。此外，当社会因战争冲突、技术创新和经济动荡（繁荣或萧条）而处于剧烈变革时代，阶级状况就会成为社会分层与不平等的主导模

---

① 韦伯．马克斯·韦伯社会学文集．北京：人民出版社，2010：180－186.

② 潘恩．潘恩选集．北京：商务印书馆，1989：201，288，290，291.

③ 葛得文．政治正义论．北京：商务印书馆，1980：369.

④ 梅因．古代法．北京：商务印书馆，1995：97.

⑤ 福塞尔．格调——社会等级与生活品味．北京：世界图书出版公司，2011：2－6.

式；相反，一旦社会进入相对稳定的发展阶段，荣誉和身份等级就会逐渐取代阶级，成为人们努力的目标和方向。

第三节 中国社会的身份分层制度

我国自古就十分强调身份、等级和位次，上到庙堂的九品中正制，中到市井乡间的三教九流，下至山林江湖的草寇隐士，无不隆重地排一排尊卑先后。[①] 相较于其他社会而言，中国有着自己独特的身份分层结构和逻辑。

一、传统中国的身份结构

（一）士农工商

明末清初学者顾炎武在《日知录》中说："士农工商谓之四民，其说始于管子。"《管子·小匡》云："士农工商四民者，国之石（柱石）民也。"可见，在管仲眼里，四民均为国之支柱，并无贬低其中任何一民的意思。《淮南子·齐俗训》："是以人不兼官，官不兼事，士农工商，乡别州异。是故农与农言力，士与士言行，工与工言巧，商与商言数。"这说明"四民说"只是职业类别的划分和安排，起初并没有高低贵贱之别。

这套职业分工模式，在后来的发展过程中，逐渐加入了等级次序的含义。首先，"万般皆下品，唯有读书高"，读书人"为往圣继绝学，为万世开太平""为天地立心，为生民立命"，所以，士人（含官僚和知识分子）排第一。其次，"民以食为天""仓廪实而知礼节"，所谓"家有余粮，心中不慌"，在农业国家，尤其如此，所以种地的农民列第二。再次，"工欲善其事，必先利其器"，工具以及制造工具的技艺也不可或缺，故匠人排第三。最后，光有分工不行，还要互通有无，所以需要市集和商人，而商人则被（误）认为容易"见利忘义"，所以在形式结构上排在最底层。当然，这并不等于商人生活在社会的最底层。

（二）九品中正制与官民有别

魏晋时期的九品中正制，通过"品"（等级）和"状"（德才）来评价候选人的道德、资历、功绩和能力，垄断布衣入仕和官员晋升的资格审查和选拔渠

---

① 李强．社会分层//李培林，李强，马戎．社会学与中国社会．北京：社会科学文献出版社，2008.

道。[1] 在第一身份集团的士大夫群体中，传统中国社会又倡导“百业官为首”，与之相匹配的文官制度，高度集权，等级森严，王侯将相，官分九品，上尊下卑，界限分明。士大夫之下，则是“平民百姓”，包括农民、匠人、商贾，以及“三教九流”“贱民”“社会闲散人员”“江湖游民”等等。这使得“官”和“民”成为两个具有明显地位差异的身份群体。其中，官僚和士大夫是传统社会的主导群体，控制着全社会最主要的资源。[2] 只要有个一官半职，就意味着出人头地，实现身份的改变。

官民之间，有着严格的身份界限，仅有少数渠道可以实现身份的变换。从民到官，主要途径是“学而优则仕”，参加科举考试，考取功名。所谓“十年寒窗无人问，一朝成名天下知”。范进五十多岁中举，说明改变身份、实现向上流动的艰难和不易。除此之外，还有恩荫、举荐、军功以及捐官等非主流的渠道。当然，如果犯了错误，也有可能顷刻遭遇身份逆变，被贬为庶民。由于科举考试的发明，与同时期世界其他国家和地区相比，传统中国的社会流动水平相对较高。

（三）尊卑有序

儒家思想十分强调伦理道德，发展出一整套社会秩序准则，以指导每个人的日常生活。一是君君臣臣，父父子子，即三纲：君为臣纲，父为子纲，夫为妻纲；二是“仁、义、礼、智、信”，为五常。上下长幼以此为准则，各就其位，各司其职，就构成了传统中国的基本社会结构。此外，基于“弟子入则孝，出则悌，谨而信，泛爱众，而亲仁”的伦理道德，形成了传统中国乡土社会人际关系结构的差序格局，如水波涟漪般，一圈圈向外扩散，直至五服边界。[3]

这一整套社会分工、官僚体制、社会流动模式和人际关系格局，均以身份、地位和等级为尺度，互相交织巩固，绵延存续几千年，构成了中国超稳定的深层社会结构。

二、改革开放前的身份结构

基于现代化的追求和社会控制的需要，在新中国成立后，上述传统身份等级结构逐渐被一系列新的身份类型所替代。尽管吸收了传统中国身份等级制度的某些成分，比如先天性和类型纯化，但这是一套几乎全新的身份分层模式。[4] 之所以仍被指称为身份制度，是因为它虽然在很大程度上不是先赋的，但它是国家通过制度化方式分配的，因而也还是不能由个人的努力所改变。

---

① 王晓毅．曹魏九品中正制的历史真相．文史哲，2007（6）．

② 同①．

③ 费孝通．乡土中国．北京：北京大学出版社，2012．

④ 王沪宁．中国需要深度变革：重构社会人格系统．社会科学战线，1993（4）．

（一）户籍身份

新中国成立初期，在优先发展重工业的战略选择下，国家为了控制城市人口数量，限制农村人口盲目流入城市，开始逐渐建立了一整套户籍身份管理制度。在这种制度安排下，户籍成为一种先赋性世袭身份，大多数人一辈子也改变不了，除了考大学、当兵参军等极少数渠道，农民很难改变自己的户籍身份。同时，户籍与一系列权利和待遇紧密相连。城市居民的收入、消费、教育、就业、社会保障、福利待遇等，都明显优于农村居民。这就在城乡之间造成了巨大的不平等和差距。

（二）工作岗位身份

为了控制没有硬约束的体制所容易造成的冗员弊病，我国还建立了两种基于工作岗位的不同身份，即从事管理工作的“干部”和从事直接生产性工作的“工人”，两者都是后天制度赋予的终身制身份。其中，干部档案由人事部门和组织部门管理，工人档案则归劳动部门管理。国家通过编制控制两种身份，尤其是干部的总体数量。干部身份的获取渠道和途径十分有限，主要有三种：一是大学毕业分配，二是军队转业，三是提干。原则上这两种身份之间是不能随意流动或转换的，特别是从“工人”到“干部”的转换，只有得到批准才能实现。相应的，二者之间在权利、机会和待遇方面也存在很大差别，比如在退休金方面，干部可以领到100%，而工人则只能领到60%～80%。

（三）单位身份

基于国家现代化建设和社会控制的需要，在完成了全社会的社会主义改造之后，我国逐渐建立并形成了一套“单位体制”，它是基于中国社会主义政治制度和计划经济体制所形成的一种特殊组织体系，是国家进行社会控制、资源分配和社会整合的组织化形式，承担着包括政治控制、专业分工、生活保障等在内的多种功能。其典型形态是城市社会中的党和政府机构（行政单位）、国有管理和服务机构（事业单位）和国有企业单位。在此基础上，形成了一个独具特色的身份制度——“单位地位”或“单位身份”，即在单位体制下，一个人的社会地位之高低，就在很大程度上取决于其在什么级别、什么所有制、多大规模、哪个行业的单位工作。[①] 工作单位不仅给职工提供工资、福利、社会保障、医疗服务，还提供住房、家属就业、子女教育、食堂、商业、丧葬等，可谓“从摇篮到坟墓”，一应俱全。[②] 个人在单位之间的流动也受到严格限制，没有得到批准不能自行流动。

---

① 李路路．论“单位”研究．社会学研究，2002（5）．

② 李强．当代中国社会分层与流动．北京：中国经济出版社，1993：390.

三、改革开放以来身份制度的变迁

中国四十年的改革开放取得了丰硕的成果，在总体上打破了上述身份体系的种种藩篱，逐渐建立起一个更加开放的社会结构。

（一）户口还在起作用吗？

体制转型的最大障碍是户籍制度这堵阻碍城乡人口流动的高墙。农村联产承包责任制的实行，释放了农村大量剩余劳动力，在城乡二元结构的夹缝里，催生了“农民工”这一庞大的流动群体，为我国经济社会建设做出了不可估量的巨大贡献。据国家统计局《2016 年农民工监测调查报告》的最新数据，2016 年我国农民工总量达到 2.8 亿多人，继续保持较快速度的增长态势。①

有研究表明，伴随改革开放的深入，户口身份导致的等级差异明显减弱，但是，出于多种原因的限制，户籍制度仍然在一定程度上存在，并且保持了相当的影响。例如，农民虽然还可以不受限制地自由进城务工，但依然无法获得本地常住户籍，享受不到各种附着于户籍制度的福利和待遇。城乡之间的各种不平等，比如收入差距，依然明显，如图 5－1 所示。

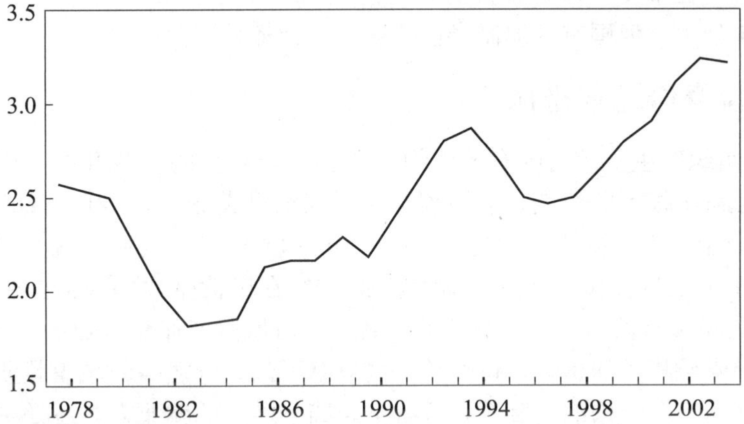

图 5－1 城乡居民收入比率：1978—2004 年

资料来源：李实，罗楚亮．中国城乡居民收入差距的重新估计．北京大学学报（哲学社会科学版），2007（3）．

（二）工作岗位身份明显松动

相比之下，工作岗位身份的松动相对明显且更为彻底。1993 年，在深圳市前期试点改革的基础上，当时的劳动部办公厅发布《关于企业取消干部、工人身

① 国家统计局．2016 年农民工监测调查报告．（2017－04－28）［2018－01－11］．https：//urlc.cn/RXmRt5E.

份界限，实行全员劳动合同制若干问题的意见》，在全国推广取消干部、工人身份界限的做法。改革开放以来，广大用人单位，尤其是蓬勃发展的私营企业，主要都是基于市场雇佣机制来聘用劳动者的，雇主和雇员之间主要是劳动契约关系，不再区分工人或者干部身份。相应的，“档案身份”基本已被突破，对就业者的束缚已基本消除，没有档案的就业变得十分普遍。大量“人才交流中心”成为负责保管档案的主体，衔接不同体制之间的差异。

体制内单位，尤其是事业单位，也在下大力气破除干部身份终身制，引入市场竞争机制，全面推行聘用制度，实现人事管理由身份向岗位的转变。年轻化、知识化和专业化的要求以及公开聘任考试制度的实行，也极大改变了干部序列的封闭状态，为不具有干部身份的人进入干部序列提供了更多的机会和渠道。此外，国家大力推进和健全技术工人评价选拔制度，突破年龄、学历、资历、身份等限制，促进优秀技术工人脱颖而出。① 这些举措在很大程度上瓦解了工作岗位身份的现实基础。

除了工作岗位身份之外，在改革开放过程中新旧体制的交替还形成了一种新的“身份”，即“编制身份”。编制身份主要是指劳动者在获得一个工作时的身份，是按照国家下达的编制计划获得的工作，还是依照单位的自主权自行招聘的工作，二者因为编制身份的不同，在市场化的改革中所享有的权利和福利待遇有很大的区别。在市场化程度日益提升的情况下，相对于市场化的“合同制”，编制身份越来越少，但国有的编制身份依然是一种稀缺资源。

（三）单位身份还在徘徊

“单位组织”主要是指国有的组织。伴随中国社会的改革开放，单位体制这一情况已经有了极大的改变，有数据显示，当前私营企业对我国 GDP 的贡献率高达 60%以上，上缴税收占比超过 50%，并提供了 80%的城镇就业岗位，吸纳了 70%以上的农村转移劳动力，新增就业 90%在民营企业。② 相比之下，例如，2012 年，在机关行政事业单位就业的人数，只占城镇就业总人数的 4.5%。把国有、集体、党政机关和事业单位加总，也只有不到四分之一的城镇就业人口。也就是说，从所有制结构的角度看，只有不到四分之一的就业人口还处在较为典型的单位体制中。③ 这似乎告诉我们，单位体制以及单位身份的作用，已经逐渐趋于消解，单位社会已经终结，我们正在告别单位时代，或者进入所谓的“后单位社会”“新单位制”。④

很多研究者对此表示质疑。他们强调，渐进式改革具有很强的路径依赖特征，尽管历经形形色色的各种改革，但单位制依然是我国城市社会的基础性治理

---

① https：//urlc.cn/R3z2tCv/.

② 中国民生银行研究院．中国民营企业发展报告．中国商界，2017：80-81.

③ 张静．社会治理为何失效？．复旦政治学评论，2016（16）.

④ 田毅鹏，吕方．单位社会的终结及其社会风险．吉林大学社会科学学报，2009（6）.

制度。例如，改革后的国有企业内部，仍然普遍存在互惠关系，[①] 时至今日，以庇护依附关系为特征的“新传统主义”依然在延续[②]。根据《中国青年报》2010年针对 2 307 位在校大学生的调查，学生的就业意向排序是：国有企业（43.1%）、事业单位（36.3%）、外资企业（34.7%）、党政机关（32%）、民营企业（28.1%）、自主创业（21.2%）、公益组织（6.6%）。[③] 这提醒我们，“单位回潮”现象似乎又在悄然发生。

在迄今为止有文字记载的人类历史中，稀缺资源的分配从来都是不均等的，一部分社会集团总能通过一些策略、程序、制度和意识形态，选取某些自然的（种族、地域）或社会的（国籍、文凭、家庭出身、血缘）特性，把获取某些特定资源的机会垄断在一个小群体内部，把其他人排斥在外。[④] 本章讨论的身份、地位、等级和声望，就是其中一种重要的区隔变量。

改革开放以来，我国的身份制度和等级体系出现了松动的迹象，经济标准和产权逻辑逐渐取代身份，成为社会分层与流动的主导机制。然而，绵延几千年的身份体系，在新中国成立后通过政治运动和单位体制对传统等级“差序格局”的强化，依然以这样或那样的方式继续左右并影响着我们的生活。附着于户籍、城乡二元结构、单位体制等的身份区隔，仍然是造成当前许多社会不平等现象（比如贫富差距、同工不同酬）的重要因素。因此，打破各种封闭和垄断的资源分配藩篱，使得自致努力超越先赋属性、市场契约取代庇护依附、非身份特性代替身份标准，使得机会面前人人平等，仍然是今后中国社会转型的重要任务。

◎复习思考题

1. 与收入、职业、教育等其他社会分层指标相比，身份等级和地位群体有什么特点？

2. 身份分层的本质特征是什么？你身边有哪些身份制度和等级现象？

3. 如何测量身份和操作化？我们已经掌握了哪些工具？你还有什么补充和完善？

4. 从历史上看，传统中国社会和新中国成立后的社会的身份制度和等级体系有何异同？

5. 从横向对比看，我国的身份制度和等级体系与世界上其他国家，比如欧洲和日本，有何异同？

6. 你认为身份制度和等级体系的未来发展趋势如何？为什么？怎样推动并实现这种变化？

---

① 丘海雄．改革开放后中国国营企业内部的互惠关系．中山大学学报论丛，1993.

② 李铒金．车间政治与下岗名单的确定——以东北的两家国有工厂为例．社会学研究，2003（6）．

③ 张静．社会身份的结构性失位问题．社会学研究，2010（6）：48.

④ 李强．中国社会分层结构的新变化．鞍山社会科学，2005（5）：37－38.

◎推荐阅读文献

王沪宁．中国需要深度变革：重构社会人格系统．社会科学战线，1993（4）．

李路路，于显洋，王奋宇．当代中国社会结构的变动与现代化进程．天津社会科学，1990（6）．

李路路，李汉林．中国的单位组织：资源、权力与交换．杭州：浙江人民出版社，2000.

李汉林．中国单位社会：议论、思考与研究．上海：上海人民出版社，2004.

李路路，苗大雷，王修晓．市场转型与“单位”变迁：再论“单位”研究．社会，2009（4）．

李猛，周飞舟，李康．单位：制度化组织的内部机制．中国社会学，2003（2）．

李春玲．当代中国社会的声望分层——职业声望与社会经济地位指数测量．社会学研究，2005（2）．

韦伯．韦伯社会学文集．北京：人民出版社，2010.

BOURDIEU P. The state nobility：elite schools in the field of power. Stanford：Stanford University Press，1998.

BOURDIEU P. Distinction：a social critique of the judgement of taste. New York：Routledge，2010.

RIDGEWAY C L. 2013 presidential address：why status matters for inequality. American Sociological Review，2014，79（1）：1－16.

第六章

社会流动

【本章要点】

● 代际流动研究揭示了个人的社会出身对其当前社会地位的影响，它所探讨的是起点公平或机会公平的问题，在社会分层与社会不平等的研究中具有十分重要的意义和地位。

● 迄今为止，代际流动研究已历经了三代，这三代研究运用不同的分析策略和研究方法探讨了工业化、社会政治制度等因素对代际流动的影响以及代际流动模式变迁的规律和机制。

● 在代际流动模式与机制的变迁方面，主要有现代化-理性逻辑、不平等-再生产逻辑及统治逻辑等几种分析思路，不同的逻辑对代际流动变迁的规律有不同的判断和解释。

● 改革开放后，中国社会经历了深刻的转型，职业结构的升级带来了代际流动率的提升，然而在代际流动模式上仍以代际继承为主导。

【关键概念】

◇ 代际社会流动 ◇ 比较社会流动 ◇ 布劳-邓肯模型 ◇ FJH 假设 ◇ 再生产

2010年底，年度“十大网络流行语”评选结果发布，“我爸是李刚”赫然在列。如今，这句话已经成了一种戏谑，然而其背后的事件却引人深省。当年10月，一辆黑色轿车在河北大学新区将两名女生撞出数米远，其中一名女生经抢救无效死亡，另一名女生重伤。令人震惊的是，肇事者李某非但没有表现出丝毫的歉意，反而飞扬跋扈地叫嚣：“我爸是李刚，有本事你们告去。”后经证实了解，该肇事者的父亲为某市一个公安分局副局长。这一事件在激起全社会极大愤慨的同时，也引发了人们对于所谓“官二代”的关注。

几十年前，社会中流行着一句励志格言：学好数理化，走遍天下都不怕。而现在这句话被人们戏改为：学好数理化，不如有个好爸爸。近期，《中国青年报》与搜狐网做了一项网络调查，在3 800余名参与者中，有80.4%的受访者认为现在的年轻人靠“拼爹”成功的居多，而认为“靠自己奋斗成功的居多”的受访者只占10.1%。

上述“我爸是李刚”事件及网络调查结果反映了当今社会中一个重要的社会不平等现象——“二代”现象。比较典型的二代群体包括“富二代”“官二代”和“穷二代”等几类。富二代简单来说就是依靠父代的丰厚财富而获得较高社会地位的群体。官二代与富二代稍有不同，它并不泛指官员的后代，而是指那些依靠官员父亲所具有的权力、人脉等资源而同样获得政治权力或其他社会优质资源的群体。穷二代与前两者相反，指的是那些出身贫寒，即使付出很大努力也无法改变贫困境遇，最终只能承袭父辈弱势社会地位的群体。

二代现象实际上反映出了社会地位、社会资源在父代与子代之间的传递，这一过程便是本章要重点探讨的主题——代际社会流动。代际流动研究揭示了个人的社会出身（social origin）对其当前社会地位（social destination）的影响，它所探讨的是起点公平或机会公平的问题。“富二代”“官二代”等群体，由于拥有优越的家庭资源，更有可能获得优质的教育、良好的职业，可以说是赢在了起跑线。相比之下，那些“穷二代”不但在个人发展中很难得到父母的有力资助，反而背负着家庭的负担。正因如此，代际社会流动在社会分层与社会不平等的研究中具有十分重要的意义和地位。

第一节
基本概念与类型

如果说前面几章是从结构的视角分析了社会分层与社会不平等，那么，本章和下一章则主要是从社会流动的角度分析社会分层与社会不平等结构的形成和特征。

社会流动从广义上讲，指的是人们在社会地位结构中从一个地位向另一个地位的流动。简单来说，就是个人社会地位的变化。社会分层与社会流动可以看成是一个事物的两个方面，社会分层探讨的是处于不同层级位置上的个人或群体，是对社会地位结构的一种静态的描述；社会流动研究的是人们在多大程度上可以跨越地位层级，实现社会地位的改变，是对社会地位结构内部变化的一种动态分析。

社会流动按照不同的标准可以划分为许多类型，其中最主要的维度有三种：方向维度、距离维度和时间维度（见图 6－1）。在方向维度上，社会流动可以分为水平流动、向上流动和向下流动三种类型，后两者又可以统称为垂直流动。水平流动多指一个人的社会地位在同一地位层级中的横向变化，例如行政干部的同级调动；向上流动指的是个人社会地位的上升，例如职位的升迁；向下流动指的是社会地位的下降，例如破产的老板、被免职的官员等，都可以被视为社会地位的向下流动。

在距离维度上，社会流动可以分为短距离与长距离两种类型。短距离流动指的是个人社会地位在垂直方向上流动到邻近的地位层级。与之相反，长距离流动多指个人跨越多个地位层级的流动。举例来说，按照 EGP 阶级分类模式的框架，可以将从农民到工人的地位变动称为短距离流动，而从农民到高级管理者的地位变动则为长距离流动。

在时间维度上，社会流动可以划分为代内流动和代际流动两种类型。代内流动指的是个人在一生中社会地位的变化，例如一个人从第一个职业到当前职业的变动，因此代内社会流动又被称为职业流动；代际流动指的是父代与子代之间，或是几代人之间的社会地位的变化，例如“寒门出贵子”的现象，就是一种代际流动。

上述三个维度的社会流动并不是分立的，而是常常相互交织在一起的。比如，当考察某一个人或某一群体的代际流动或代内流动时，通常既要知道这一流动的方向，也要清楚这一流动的距离。举例来说，京东董事局主席刘强东，出身于农民家庭，但是靠着自己的努力成了身家过百亿的企业家，这一过程便可以称为代际间长距离的向上流动。

与社会流动相对的是社会不流动（social immobility）。社会不流动简单来说就是社会中的个人或群体的社会地位始终保持不变。有两个重要的概念与社会不流动紧密相连：社会固化（social solidification）和代际继承（intergenerational inheritance）。社会固化指的是社会地位结构的一种封闭状态，各地位层级之间如同存在着一道道无形的壁垒，阻碍社会成员的跨层级流动。代际继承指的是父代与子代之间的社会地位传承，例如上文中提到的“二代”现象。社会固化与代际继承之间密切相关。一方面，当社会固化达到一定程度时，个人的社会地位将越来越取决于他的社会出身，并且在其以后的生涯中都无法改变，此时代际继承便成为社会成员获得社会地位的主要形式。另一方面，社会地位的代际继承又会使得父代的社会不平等结构在子代中被复制出来，从而不但加剧了社会固化，而且使其得以延续。

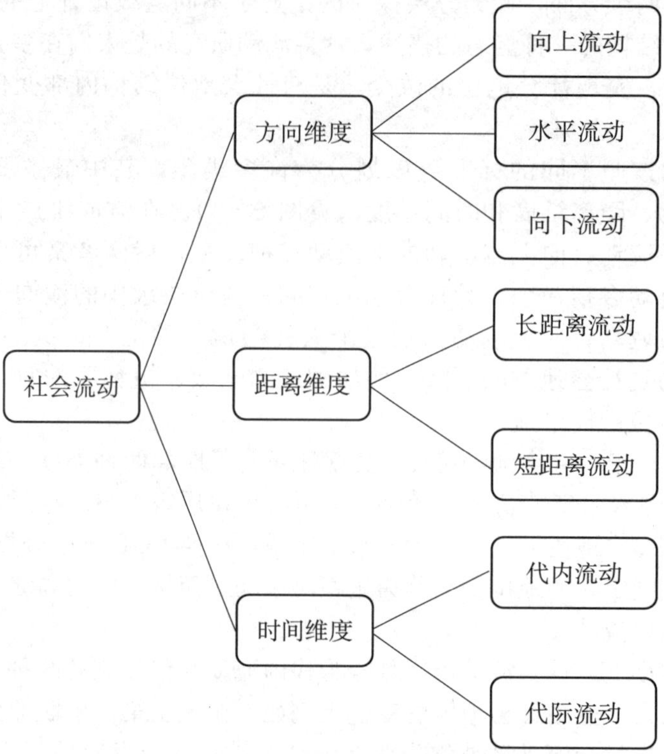

图 6-1　社会流动的分类

社会地位的代际继承现象在不同的国家和地区中普遍存在，成为社会分层与社会不平等的基本表现。以收入为例，有研究发现，在美国父亲与儿子的代际收入弹性为 0.52，也就说父亲的收入相对于平均水平每增加 1 倍，儿子的收入便会相对于平均水平增加 52%。在收入差距比较大的巴西，父代与子代的收入弹性系数为 0.85。在厄瓜多尔，这一系数甚至高达 1.13。从收入分层上来看，就美国而言，在那些父代收入水平位于最低五分之一层级的群体中，有 42%的人依然十分贫穷；而在那些父代收入水平位于最高五分之一层级的群体中，有 36%的人依然非常富裕。在英国，这两个比例都为 30%。即使在社会平等程度相对较高的挪威，这两个比例也分别为 28%和 35%。在不平等程度较高的拉丁美洲，巴西的比例为 35%和 43%，智利为 37%和 47%，墨西哥更是高达 38%和 58%。[①] 在阶层地位方面，许多国家也都表现出了很强的代际继承性特征。例如，在中国，农民阶层的子女成为农民的相对可能性是成为其他阶层可能性的 9.15 倍。[②] 即使在最早

① FERREIRA S，VELOSO F. Intergenerational mobility of wages in Brazil. Brazilian Review of Economics，2006（2）；NUNEZ J I，MIRANDA L. Intergenerational income mobility in a less-developed，high-inequality context：the case of Chile. The B. E. Journal of Economic Analysis & Policy，2010（1）；TORCHE F. Intergenerational mobility and inequality：the Latin American case. Annual Review of Sociology，2014：40.

② 李路路，朱斌．当代中国的代际流动模式及其变迁．中国社会科学，2015（5）．

开启工业化的英国也有着很强的社会地位继承，例如，有研究表明，大雇主的儿子成为大雇主的比率是小资产阶级的儿子的 60 倍，是工人阶级的儿子的 95 倍。①。

正是由于代际流动与代际继承和社会不平等紧密相关，因而它成了社会流动研究中最受关注的领域，以至于近些年来的国际社会学文献仅将社会流动狭义地定义为代际社会流动，其中，社会地位代际继承的模式、机制及变化规律是最受关注的问题。

第二节
三代比较代际流动研究

正如前文中所表明的那样，代际流动是反映社会结构开放（或封闭）程度以及社会机会结构状况的重要指标。但是，仅研究某一个国家在某一时间点的社会流动并不具有太大的意义。首先，如果没有比较，很难判断某一代际流动水平的高低。举个例子，如果某一国家中的代际流动率为 0.6，也就说有 60%的人在社会地位上不同于他们的父代，但这一水平究竟是高还是低呢？如果其他国家的代际流动水平为 0.2，那么这个国家的代际流动水平便是高的；相反，如果其他国家的代际流动水平为 0.9，那么这个国家的代际流动水平就较低了。其次，仅根据某一个社会在特定时间点的流动率，也很难得知某种代际流动模式形成的原因及变化规律。正因如此，社会流动的比较研究逐渐兴起，并在很长一段时间内成为社会流动研究的主流。

1954 年，英国社会学家格拉斯（Glass）基于英格兰和威尔士的调查数据，写成了《英国的社会流动》一书，掀起了比较社会流动研究的热潮。在格拉斯等人的带动下，国际社会学会社会分层和流动专业委员会成立，很多国家都进行了大型的社会调查，为社会流动的跨国比较奠定了基础，比较社会流动研究由此如火如荼地展开。比较社会流动研究主要关注的问题包括：在不同的经济水平和社会制度下，代际流动的水平、模式是否存在差别？如果代际流动状况在不同的国家或不同的历史阶段存在较大的差异，那么这种变化是否有规律可循？如果代际流动状况是有规律可循的，那么影响代际流动变迁的原因和机制是什么？② 迄今为止，比较社会流动研究已经开展了 60 余年，取得了十分丰硕的成果。

人们通常将 20 世纪 60 年代以来的比较社会流动研究划分为三个时期，也称为“三代”。之所以有此划分，是因为这三代比较社会流动研究在数据收集、变

---

① PENG Y S. Intergenerational mobility of class and occupation in modern England：analysis of a four-way mobility table. Research in Social Stratification and Mobility，2001：18.

② 李煜．代际流动的模式：理论理想型与中国现实．社会，2009（6）．

量测量、数据分析方法、研究问题以及主要假设等方面都存在很大差异。[①] 在某种意义上，到现在为止的比较社会流动研究仍未超出这三代的范围。

一、第一代社会流动研究

上文提到，比较社会流动研究关注的核心问题之一是代际流动的水平、模式是否会随着经济水平、社会制度等因素的不同而发生变化。要回答这一问题，首要的步骤是计算出每一个国家的代际流动模式和水平。在这方面，三代社会流动研究采用了不同的方法。其中，第一代社会流动研究的计算方法被称为流动表分析（mobility table analysis)。在这一方法中有两个概念最关键：流入（inflow）和流出（outflow)。流入与流出是流动表分析的两种基本模式。

流入指的是在给定某个职业后，列出本职业中所有人的家庭出身（父亲的职业)，并计算百分比。举个例子，如果把职业分为“体力”和“非体力”两种，现在要计算非体力职业的流入，只需要在所有从事非体力工作的被访者中，分别计算父亲的职业为体力和非体力的人所占的百分比即可。如表 6－1 所示，在从事非体力工作的人中，有 40％的人出身于体力家庭，有 60％的人出身于非体力家庭；同样，在从事体力劳动职业的人中，有 30％的人出身于非体力家庭，有 70％的人出身于体力家庭。

表 6－1　　流入表

出身（父亲职业） 现职（子代职业）	非体力	体力
非体力	60％	40％
体力	30％	70％

流出与流入的分析策略相同，但是计算方法相反。流出指的是在给定某一职业后，列出所有人的子代所从事的工作，并计算百分比。以表 6－2 为例，在从事非体力职业的人中，有 20％的人子代从事体力职业；在从事体力职业的人中，有 40％的人子代从事非体力职业。

表 6－2　　流出表

现职（子代职业） 出身（父亲职业）	非体力	体力
非体力	80％	20％
体力	40％	60％

正是利用上面的流动表分析法，第一代社会流动学者们进行了大量的跨国比较研究。尽管各研究的结果不尽相同，但是其中有三个结论十分引人注目，并对

① GANZEBOOM H B G，TREIMAN D J，ULTEE W C. Comparative intergenerational stratification research：three generations and beyond. Annual Review of Sociology，1991：17.

后续的比较社会流动研究产生了较为深远的影响。第一个结论来自工业化国家之间的比较，如李普塞特等人通过研究发现，在他们所分析的西方工业化国家中，社会流动的模式基本相同。[①] 第二个结论来自工业化国家与非工业化国家的比较，如福克斯（Thomas G. Fox）和米勒（S. M. Miller）等人通过研究发现，与非工业化国家相比，工业化国家的代际流动率更高，经济发展水平与社会流动率之间存在着显著的正相关关系。[②] 第三个结论来自社会主义国家与资本主义国家的比较，如康纳（W. Conner）等人发现，与资本主义国家相比，在实行社会主义制度的东欧国家中，代际社会流动率更高。

第一代流动研究简单、明了，但存在明显不足。首先是社会地位测量的问题。用职业来测量社会地位是比较社会流动研究者的基本共识，因为职业是一个可以代表收入、声望等社会经济地位要素的综合指标。但是，在不同的国家，职业分类结构可能存在着很大的差异，这就给跨国比较带来了困难。为此，研究者只能把各国最初的职业分类压缩成三种比较普遍的职业大类：农民、体力劳动者和非体力劳动者。部分研究甚至仅将职业区分为体力与非体力两种。这种粗糙的职业分类，无疑会掩盖掉许多代际流动的信息，可能导致对代际流动水平与模式的估计偏误。

其次，在流动表分析所观察到的流动率中很难剥离出由职业结构的变动所导致的流动率变化。举一个比较极端的例子，在一个社会中，绝大多数人从事农业工作，只有极少数的人从事非农工作。而到了他们的子代，由于发生剧烈的工业化，农业近乎消失，非农职业大幅度增加，由此子代中的绝大部分人从事非农工作，仅有极少数人从事农业工作。如果用流动表分析法计算，所得出的代际流动率会接近100%，但是这一极高的代际流动率却并不意味着在该社会中不存在社会地位与资源的代际传递，而是因为此时所观察到的流动率是由职业结构的变动导致的。一言以蔽之，由于无法控制父代和子代的职业分布结构，所以第一代流动表分析很难区分出由职业结构变动导致的流动和真实的代际流动，这也是第一代比较社会流动研究最受诟病的地方。

二、第二代社会流动研究

第一代比较社会流动研究存在的不足，推动了社会流动研究在方法和研究策略上的创新。与社会学的其他研究领域不同，社会流动研究由于在核心问题和理

---

① LIPSET S M，ZETTERBERG H. A theory of social mobility. Transactions of the Third World Congress of Sociology，1956：2；LIPSET S M，BENDIX R. Social mobility in industrial society. Berkeley：University of California Press，1959.

② FOX T G，MILLER S M. Economic，political and social determinants of mobility：an international cross-sectional analysis. Acta Sociologica，1965（9）；LENSKI G E. Power and privilege：a theory of social stratification. New York：McGraw-Hill，1966：410－17.

论方面已经相对成熟，其发展和推进主要依赖于研究方法上的创新。[①] 第二代社会流动研究在方法上的创新体现在两个方面。其一，采用了新的指标——社会经济地位指数（SEI）来测量职业地位的高低。美国社会学家邓肯将每一个职业的社会经济地位指数表示为该职业从业者的平均收入与平均教育程度的线性函数[②]，并由此认为，所有人的社会地位都可以用社会经济地位指数这一连续的数值型变量而不是粗略的职业大类来表示。其二，邓肯等人将路径模型（path model）引入流动研究，从而使得评估家庭背景、教育程度等因素对于个人地位获得的相对重要性成为可能。[③]

在上述方法创新的推动下，第二代比较社会流动研究蓬勃发展。其中，最为经典的当属布劳与邓肯提出的著名的"布劳-邓肯地位获得模型"。布劳-邓肯模型运用路径分析方法，考察了父亲的职业、教育程度等先赋变量以及教育程度、第一份职业等自致变量对于个体当前职业地位的影响，其模型如图 6-2 所示。

布劳和邓肯计算出了图 6-2 中每一条路径的系数，并进行了比较。他们发现尽管父亲的职业对子代的职业具有一定程度的显著影响，但是其影响效力却低于子代的教育程度，由此他们得出结论：在 20 世纪中期的美国，自致因素对个人地位获得的影响要比先赋因素更强。这一结论有什么意义呢？上文提到，在一个地位层级结构十分封闭的社会中，代际继承是个人地位获得的主要方式，子代的社会地位主要取决于其家庭出身，即先赋因素。相反，在地位层级结构较为开放的社会中，个人的社会地位主要取决于自身后天的努力，即自致因素。正是基于这一逻辑，布劳和邓肯认为美国是一个相当开放的社会，并进一步给出了推论：一个社会的工业化程度越高，先赋因素对于个人地位获得的影响越弱，而自致因素对于个人地位获得的影响越强。[④] 这一推论得到了一些经验研究的支持，如特雷曼等人通过跨国比较研究发现，在越发达的国家，父代的社会地位对子女的职业和教育的影响力越弱。[⑤]

地位获得模型研究无论是在社会地位的测量，还是在代际流动模式的分析上都做出了革命性的贡献，对社会流动研究甚至整个社会学学科都产生了十分深远的影响。[⑥] 尽管如此，第二代流动研究也并不是完美的，它的缺陷主要表现在两

---

① GOLDTHORPE J H. Progress in sociology：the case of social mobility research// SVALLFORS S. Analyzing inequality：life chances and social mobility in comparative perspective. Stanford ：Stanford University Press，2005.

② 计算公式为：$SEI=\alpha \cdot Income+\beta \cdot Education+\varepsilon$。其中 α 和 β 分别为收入和教育的系数。[DUNCAN O D，HODGE R H. Education and occupational mobility a regression analysis. American Journal of Sociology，1963（6）.]

③ DUNCAN O D. Path analysis：sociological examples. American Journal of Sociology，1966（1）.

④ BLAU P M，DUNCAN O D. The American occupational structure. New York：Wiley，1967.

⑤ TREIMAN D J，GANZEBOOM H B G. Comparative status attainment research. Research in Social Stratification and Mobility，1990：9.

⑥ KURZ K，MULLER W. Class mobility in the industrial world. Annual Review of Sociology，1987（1）.

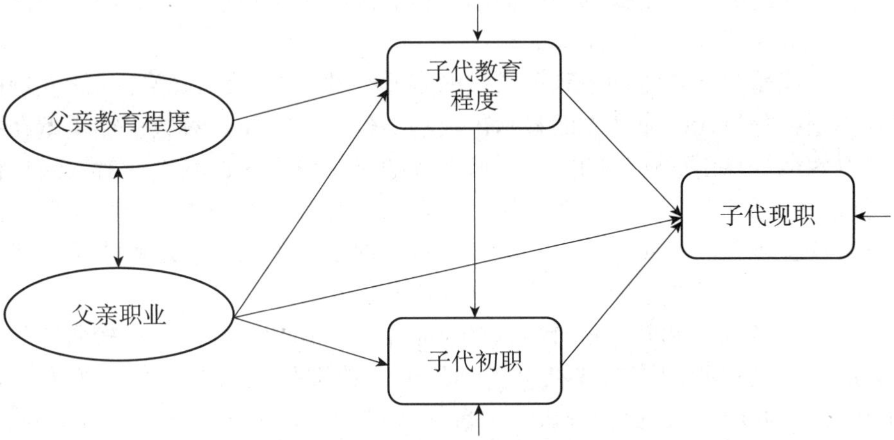

图 6-2　布劳-邓肯地位获得模型

个方面。其一，地位获得模型本质上以职业地位为核心建构了一种社会分层与社会不平等结构，它完全排斥了以社会关系的不平等为基础的阶级结构，其用来测量社会地位的社会经济地位指数是一个连续变量，不适用于测量以离散、类别为特征的阶级。其二，在布劳-邓肯地位获得模型的带动下，尽管许多国家的研究者都建立起本土的地位获得模型，但是这些模型大多根据不同国家的具体情况对原模型进行了修正，或引入新的变量，或改变了对变量的测量，这就给跨国比较造成了很大的障碍。绝大多数研究中所对比的国家都没有超过四个，因而很难有效地区分出各国之间的代际流动差异。①

三、第三代社会流动研究

与第二代社会流动研究类似，第三代流动研究的兴起也主要得益于研究方法的创新。20 世纪 70 年代，美国社会学家豪泽（Robert M. Hauser）等人率先将对数线性模型引入社会流动研究。1975 年，三位社会学家，即美国社会学家费舍曼（David L. Featherman）、豪泽和澳大利亚社会学家琼斯（F. Lancaster Jones）发表了一篇重要的论文《美国社会流动研究的假定》。在这篇文章中，他们运用对数线性模型方法，利用美国和澳大利亚的数据，区分了“表型的”（phenotypical）和“遗传型的”（genotypical）两种不同的流动，结果发现，由于两国在职业结构等方面的不同，家庭出身和最终位置之间的关联程度存在差异，但是在关联模式上则表现出相似性。② 由此，他们提出了著名的“FJH 假设”：在具有市场经济和核心家庭制度的国家中，不同国家虽然在流动率上有差

① GANZEBOOM H B G，TREIMAN D J，ULTEE W C. Comparative intergenerational stratification research：three generations and beyond. Annual Review of Sociology，1991：17.

② FEATHERMAN D L，JONES F L，HAUSER R M. Assumptions of social mobility research in the U. S.：the case of occupational status. Social Science Research，1975（4）.

异，但是代际间的关联模式都是相似的。他们的结果也被称为“共同社会流动模型”（common social fluidity，CSF）。

与第一代简单计算流动率和第二代的多元线性模型相比，第三代所使用的对数线性模型在分析代际流动方面显示出独特的价值。首先，对数线性模型在技术上可以有效地排除由职业结构的变动所导致的流动率变化；其次，对数线性模型可以对成对的分类变量进行非对称性分析，而不必假设各分类之间的排序，因此更加符合社会阶层的本质。由此可见，对数线性模型可以有效地解决第一代与第二代流动研究在分析技术上的缺陷。

在“FJH 假设”和新的统计方法的推动下，跨国比较与历史比较研究的浪潮再度兴起，形成了所谓第三代社会流动研究。特别是在由戈德索普等人负责的“工业化国家的社会流动比较分析”项目（comparative analysis of social mobility in industrial nations，CASMIN）的带动下，这一时期的比较代际流动研究成果可谓汗牛充栋，其中，大部分研究聚焦于对 FJH 假设进行检验。

率先开启检验研究的是埃里克森与戈德索普，他们基于对英、法等国家的研究提出了代际流动的核心模型（core model），用以描绘所有发达国家中共同的阶级流动模式。具体来说，核心模型考察了四类可能增加或减少特定阶级之间的代际流动的效应，分别为：层级效应（hierarchy effect）、继承效应（inheritance effect）、部门效应（sector effect）和亲和效应（affinity effect）。层级效应测量的是地位距离（status distance）对于代际流动程度的影响，地位距离越大，流动可能性越小；继承效应测量的是各阶级中不流动（immobility）的倾向以及不同阶级之间的不流动程度差异；部门效应所反映的是农业部门与非农部门之间的流动难度；亲和效应则被用来测量一些特定阶级之间不成比例且不能用上述三种效应来解释的流动。在建立了核心模型之后，埃里克森与戈德索普又对德国、荷兰、瑞典、波兰等国家的代际流动进行了比较，他们的结果印证了 FJH 假设，即各国虽然在代际关联程度上有所不同，但是在关联模式上是相似的，即代际继承要比代际流动更多，而在代际流动中，短距离流动要比长距离流动更容易。随着更多的国家加入，第三代流动研究如同第一代流动研究一样，对不同工业化水平（如对美国、日本、巴西、智利）、不同政治制度的国家（如 20 世纪 80 年代的匈牙利人民共和国和中国）进行了比较，结论均支持了共同社会流动模式。

如果说上述埃里克森和戈德索普等人的代际流动研究是从阶级范式出发的，他们强调的是不同职业之间的类别差异，这种差异根植于雇佣关系，那么与此同时，豪泽等学者则从社会分层研究的另一种范式，即层级范式出发，对不同国家之间的代际流动进行了比较。不同于 EGP 阶级模式，豪泽等人所建立的“垂直模型”（vertical model）强调的是各职业在声望、收入等方面的等级差别。虽然两种分析范式不同，但是他们的研究仍得出了相同的结论：有些国家的阶级关系结构相对开放或跨等级的向上流动比较多，有些国家的阶级结构相对封闭或跨等级的流动比较少，但是各国的差异仅仅是程度（degree）上的区别，而不是模式

(kind) 上的区别。[①]

第三代社会流动研究尽管在方法和分析策略上仍存在一些缺陷，但是在关于代际流动问题的研究上已经相当深入，甚至有学者提出在这一领域已经没有多少可研究的余地了。[②] 然而，近些年来又有学者对流动表技术做出了改进，弥补了对于流动过程分析的不足，从而激发了新一轮的研究热潮。[③]

第三节 代际流动模式与机制的变迁

上文关于三代社会流动研究的介绍已经初步涉及了代际流动的模式与机制的变迁问题。第一代与第二代社会流动研究都认为，随着工业化-现代化的深入发展，社会流动机会将大幅度增加，代际继承性不断减弱。然而，第三代社会流动研究却揭示了，工业化所带来的代际流动增长其实大多是由社会结构的变化所导致的，而代际间的继承性关系模式是普遍存在的，即使在工业程度非常高的社会中也是如此。这两种观点实际上体现了在社会变迁研究中十分流行的两种解释逻辑：现代化-理性逻辑与不平等-再生产逻辑。这一节将分别对这两种逻辑下的代际流动模式与机制变迁问题进行具体的讨论。

一、现代化-理性逻辑

现代化理论认为，在工业化的影响下，现代社会与传统社会相比，不但代际流动的数量会显著增加，而且代际流动的机会也会越来越平等化，通俗来说就是“英雄不问出处”，不管家庭出身如何，所有人都有平等的机会获得较高的社会地位。另外，现代化理论还预言，在内在的工业化逻辑影响下，所有的国家都将殊途同归，拥有相似的社会流动数量与模式。

那么工业化进程是通过什么方式来影响代际流动的呢？埃里克森与戈德索普（1992）总结了三种机制：结构变迁效应、社会选择效应和构成效应。[④]

---

① MICHAEL H，DIPRETE T A. What we have learned：RC28's contributions to knowledge about social stratification. Research in Social Stratification and Mobility，2006：24.

② GRUSKY D. Social stratification：class，race，and gender in sociological perspective. London：Routledge，2000.

③ GOODMAN L A. Statistic magic and/or statistical serendipity：an age of progress in the analysis of categorical data. Annual Review of Sociology，2007：33.

④ ERIKSON R，GOLDTHORPE J H. The constant flux：a study of class mobility in industrial societies. Oxford：Clarendon Press，1992；李煜．代际流动的模式：理论理想型与中国现实．社会，2009（6）．

（一）结构变迁效应

结构变迁体现在两个方面，一个是产业结构的变迁，另一个是阶层结构的变迁。就前者而言，工业化发展的一个重要特征就是产业结构的升级会促使劳动力从第一产业向第二产业和第三产业转移，由此便对传统社会中子承父业的社会传承模式造成了极大的冲击，导致了代际流动的增加。以中国为例，随着工业化和城镇化的快速推进，大量农村出身的农民进入大城市成为工人、商业服务人员等等，这就是典型的由产业结构变动所导致的代际流动增长。就后者而言，工业化的发展会带来社会组织的科层化，降低体力劳动力的比例，促进专业技术人员、行政人员、管理人员等专业职位的扩张。这一变化使得社会中的中产阶级兴起和壮大，从而给那些出身于农民和工人家庭的人提供了更多向上流动的机会。

（二）社会选择效应

与结构变迁效应相比，社会选择效应给出了一个更加微观的解释。社会选择效应认为，工业化发展所带来的流动率增长，不仅仅是由于结构的改变，更重要的是社会筛选机制的转型。这一转变用埃里克森和戈德索普的话说就是“从看你是谁到看你能干什么”①。所以，社会选择机制的解释从本质上看就是布劳-邓肯地位获得模型的结论。在工业化社会中，绩效原则成为劳动力配置的首要原则，这就使得教育等自致因素逐渐取代家庭出身等先赋因素，成为影响个人地位获得的首要因素。而工业化大生产对高素质人才的需求，又会推动教育事业的发展，从而使各阶层的社会成员都有机会接受较高水平的教育，结果就是代际流动的机会越来越平等化，代际流动率越来越高。

（三）构成效应

构成效应的解释在某种程度上可以看作对上面两种解释的综合。构成效应认为，不同的经济部门对绩效原则的遵循程度是不同的。比如传统的农业部门就不太看重绩效，这一部门中的代际继承性也最强。相反，在技术水平越先进的产业和部门中，绩效原则就越受重视。工业化的发展使得传统农业部门在劳动力市场中的比例越来越小，最终使得绩效原则成为劳动力配置的主导原则。如此一来，社会流动的水平就会随着工业化程度的提高而增长。

二、不平等-再生产逻辑

FJH 假设的提出对上述现代化-理性逻辑的解释提出了巨大挑战：为什么工业化社会中的代际继承没有像现代化理论所预测的那样大幅度消减，而仍旧是代

① ERIKSON R，GOLDTHORPE J H. The constant flux：a study of class mobility in industrial societies. Oxford：Clarendon Press，1992：6.

际关系的主导模式呢？这是不平等-再生产逻辑要回答的核心问题。

不平等-再生产逻辑认为，现代化理论的预言之所以没有实现，是由于它没有考虑社会不平等结构对代际流动的抑制作用。前文提到，如果一个社会的不平等程度很高，社会结构比较固化，那么各阶层之间就会形成很厚的阶层壁垒，阻碍跨阶层的流动，从而极大地减少代际流动的数量。那么这一过程是如何实现的呢？已有研究主要讨论了两种机制，即再生产机制和统治机制。

(一) 再生产机制

社会中一旦形成了不平等的占有和分配结构，就必然会出现占据优势资源和地位的群体。为了维护、扩大和延续自身的地位和资源优势，这些利益既得者会通过各种方式使自己的社会地位继续保持并在代际间传递下去，这就是所谓的“再生产机制”。具体而言，再生产机制借用了韦伯和帕金关于社会封闭的观点，认为优势阶层为了维护自身的利益，会建立起各种社会封闭和排斥的机制。正是这些机制的存在，使得那些占据优势地位的社会集团能够对外封闭或垄断各种资源，并将它们传递下去①，这就使得父代的不平等结构在下一代中被复制出来，“二代”现象就是如此。

家庭地位的继承主要通过两种方式实现，一种是直接继承，另一种是间接继承。家庭地位的直接继承主要表现为财产的继承和职业的继承，并且这两种继承在大多数社会中是受到制度保护的。财产的继承很好理解，比如父代过世后，子代有权利继承父代的金钱、房产等实物资源。家庭财富也可以随时转换成生产经营的资本赠予子女。职业的继承在现代社会中虽然没有财产继承那么制度化，但也广泛存在，例如前文提到的英国的例子。②

家庭地位继承的间接机制是指在社会日益遵循绩效原则的背景下，家庭地位会通过教育的方式来间接传承。父代具有的资源越丰富，就越可能为子女创造高质量的受教育机会（详见本书第八章）。而这些受过良好教育的子代在强调绩效原则的劳动力市场中更容易获得较好的职业，由此便实现了家庭地位的继承。仍然以富二代群体为例，调查显示，在富二代群体中，具有大学本科及以上学历的人占到了86.2%，所学的专业多集中于经济学、管理学等学科，有国外学习经历的人占到了43.5%。另外，有近80%的富一代计划让孩子出国留学，其中64%计划在读大学之前就送孩子出国。③ 由此可见，家庭地位的间接代际继承在当今社会中已经越来越明显。

再生产机制承认工业化的发展固然会影响代际社会流动的数量，但是这些流动大多表现为结构性的流动。由于大多数社会中存在着占据垄断或优势地位的社

---

① 李路路，朱斌．当代中国的代际流动模式及其变迁．中国社会科学，2015（5）．

② PENG Y S. Intergenerational mobility of class and occupation in modern England: analysis of a four-way mobility table. Research in Social Stratification and Mobility, 2001: 18.

③ 陈恒林．社会公正视角下当代中国社会转型期“二代”现象研究．西安：陕西师范大学，2015：18.

会集团，并且它们普遍有维持、扩大和进一步传承优势地位的需要，因此再生产机制可以超越工业化和制度的影响，在不同的社会中普遍发挥作用。如此一来，再生产逻辑便为FJH假设提供了一个具体的机制解释。

（二）统治机制

再生产机制解释了为什么代际继承会在不同的社会中普遍存在并成为主导的代际关系模式，但是又引出了一个新的问题：再生产机制是如何维持的呢？如前文所说，再生产是利益既得阶层维护并传递自身优势资源和地位的过程，这个过程显然是极其不合理、不公平的，那么长期处于劣势地位的社会成员为什么不反抗来打破社会再生产的机制呢？

再生产机制之所以能够维持，是因为社会优势集团把它们所具有的权力转化成了一种特殊的形式——统治。① 统治的机制有两种表现形式，制度化权力和合法化权力。制度化权力使得再生产机制在某种程度上脱离了具体的社会集团，成为一种普遍的规则，并将这些优势集团的“权力”转变为“权利”，从而使它们的社会地位再生产变得更加稳定。合法化权力是指当统治权力符合社会中大多数人关于公正、公平和道德的观念时，人们就会自觉地接受和认可由优势集团所主导的社会分层秩序。举例来说，在中国古代的封建社会中，皇帝和贵族的社会地位都是世袭的，但是这种代际继承却极少遭到质疑，这是因为“君权神授”“皇权天授”，皇权统治的世袭是上天赋予的，因此，是不能受到怀疑的。

第四节 中国的社会流动

长期以来，现当代中国社会的社会流动状况一直受到国内外的高度关注，这是因为中国是一个非常特殊的国家。从政治制度上看，它在1949年后建立起了社会主义制度，一直延续到今天；从经济制度上来看，它在很长一段时间内实行高度集中的中央计划经济体制，又在1978年改革开放后逐步建立起了市场经济体制；从经济发展水平上看，工业化、现代化在短短几十年间迅速推进，如今它已成为世界第二大经济体；从社会的组织制度上来看，为了更有效地进行社会管理，中国曾实行单位制、户籍制等一系列非常具有特色的社会组织制度。正是诸如此类的特殊性，使得中国成为社会流动研究者们不可多得的理想实验场。这一节将主要讨论两个问题：第一，当代中国的代际流动状况或模式是怎样的？第二，中国的代际流动模式是否存在变迁，又是如何变迁的？两个问题之间有着紧

① 李路路．再生产与统治——社会流动机制的再思考．社会学研究，2006（2）．

密联系。

一、中国的代际流动模式

中国在诸多方面的特殊性也许注定了它在代际流动模式上的不同寻常。国内外的社会流动学者们刚着手于中国的社会流动研究，就发现了一个奇怪的现象，即中国的代际继承关系很弱，甚至不存在。父代的职业和教育程度对子代的教育程度、第一份工作以及现在的工作都没有显著的影响。①

上述现象对当时主流的社会流动理论提出了很大的挑战。首先，显然无法用第一代和第二代社会流动研究的结论来解释，因为当时中国的工业化水平要远远低于美国和其他发达国家，但是在代际继承关系上却比它们还要弱。其次，这个结果也不能用第三代流动研究中的 FJH 假设来解释。一方面，当时实行计划经济的中国不符合 FJH 假设的前提限定，即市场经济与核心家庭制度；另一方面，中国十分微弱的代际继承关系也不符合 FJH 假设关于代际继承是代际关系主导模式的判断。结果这一时期的社会流动研究者给出了一个论断：中国在改革开放之前，尤其是"文革"时期所实行的平均主义政策，一方面对原有的社会分层结构进行了比较彻底的清洗，使得当时位于社会中上层的父母对其子女的受教育水平和职业地位的提高无所裨益；另一方面，国家政策对于社会下层尤其是工农的庇护，使得受教育机会明显倾斜于工人和农民的子女。正因如此，中国的代际继承非常微弱。②

然而，与此同时，一些研究者又发现了中国社会中存在的另一个比较特殊的现象，即尽管父代和子代在职业上的继承十分微弱，但是他们所工作的单位却非常相似。于是，这部分研究者指出，在当时的中国，决定个人社会经济地位的主要因素不是职业，而是工作单位。在中国社会中，地位获得的首要目标是进入一个好的单位，而不是得到一份好的职业。尽管父亲的职业对子女职业地位的获得不具有明显的作用，但是父亲所在的单位部门却对子代所在的单位部门具有十分显著的影响。从这一方面来看，中国社会中也存在着较强的代际继承，只不过这种继承主要表现在父代与子代的工作单位传承上而不是职业的继承上。③ 这被认为是当代中国社会结构的一个突出特征。

无论是职业的弱代际继承还是单位的强代际继承，都是针对城市人口而言

---

① PARISH W L. Destratification in China//WATSON J L. Class and social stratification in post-revolution China. Cambridge：Cambridge University Press，1984；XIE W，LIN N. The process of status attainment in urban China. （2000－01－01） ［2018－02－09］. https：//www. researchgate. net/publication/34623284 _ Social _ status _ attainment _ in _ urban _ China.

② 同①.

③ LIN N，BIAN Y J. Getting ahead in urban China. American Journal of Sociology，1991 （3）；BIAN Y J. Work and inequality in urban China. New York：SUNY Press，1994；许欣欣. 当代中国社会结构变迁与流动. 北京：社会科学文献出版社，2000.

的。有研究者注意到，中国的城市人口异质性很强，有一些是出生于城市的本地人，有一些则来自农村，并且这部分来自农村的城市居民通常拥有很好的职业，这一现象无疑有助于理解为什么中国的职业代际继承很弱。于是这部分学者开始把关注的焦点转向了中国一项特殊的社会组织制度——户籍制度。

户籍制度将全体社会成员分为了农村户口与城市户口两种身份，阻碍了农村人口向城市的流动，使得城乡之间出现了很强的制度与空间上的分割。但是城市人口与农村人口之间又不是完全封闭的，例如那些出身于农村但是被中专或大专以上学校录取的学生可以转成城市户口，而没能考上中专或大专以上学校的人就只能回到农村当农民。这样一来，城市中的人口就可以分为两部分：一部分是那些出生在城市中的人，另一部分是那些出生于农村但是通过教育（或其他方面的成就）而获得城市户口的人。这些实现由农村户口向城市户口转变的人，由于具有较高的教育程度，因此一般都会获得较好的工作，从社会流动的角度来看，他们经历了一个长距离的代际流动。而正是因为城市人口中存在着这部分实现了长距离代际向上流动的人，城市样本才产生了十分严重的选择性偏差，最终导致父代与子代的职位之间不具有显著的相关关系。

相比于那些出身于农村但是通过教育等成就实现了长距离向上流动的人，农村中另有一部分人的命运却截然相反。这些人的父亲从事工业、商业、服务业等非农职业，但是因为没有改变农村户口的身份，所以他们只能留在农村当农民，由此便出现了代际向下流动。

所以，中国社会中的代际继承关系之所以微弱，并不是因为社会结构的开放，也不是由国家实施的平均主义政策带来的，相反，这一现象的出现正是因为国家实施了造成农村与城市制度性分割的户籍制度。一方面，户籍制度的选择性过程使得农村中最优秀的人可以通过自己的成就进入城市；另一方面，它也使得许多人并不能利用他们父亲的职业成就所带来的优势。①

总之，尽管单位继承观点与户籍选择观点的视角和结论不同，但是二者的解释逻辑是相似的，即中国的代际关系也是以继承为主的，但是，这种继承性的存在基于单位制、户籍制等特殊制度的安排，也正是因为当代中国社会存在这样一些特殊的制度安排，所以在中国社会中父代职业与子代职业的代际继承关系并不显著。

二、中国代际流动模式的变迁

上面主要讨论的是改革开放之前的中国社会。改革开放后，中国社会各方面都经历了重大的转型，资源配置机制逐渐由中央计划体制转向市场，城市中的单位制度逐渐消解，户籍制度也逐步放开，大量的农村人口涌入城市……除此之外，自 1978 年以来，中国的工业化水平与社会不平等程度都大幅提升，在这样

① 吴晓刚．中国的户籍制度与代际职业流动．社会学研究．2007（6）．

的背景下，中国的代际流动模式会发生怎样的变化呢？

改革开放后工业化水平的迅猛发展促使中国社会的职业结构发生了巨大的变化。有研究者发现，从 1978 年至 1993 年，第一产业的从业人数占比从 70%下降到 57.4%，第二产业从业人数占比从 17.4%上升到 22.4%，第三产业从业人数占比从 12.1%上升到 20.2%。在他们所调查的城镇青年中，父代非体力劳动者的比例为 56.6%，而子代非体力劳动者所占比例高达 67.1%。职业结构的变化，无疑促进了代际流动的上升，尽管如此，大部分学者所计算出的代际继承率仍在 60%以上。①

其实，从近些年来在社会中不断引发热议的"二代""拼爹""寒门难出贵子"等现象中，基本上可以得出这样的推断：中国的代际继承在改革开放后并没有降低，甚至还有愈演愈烈之势。这一判断已经得到了许多研究的证实。

有研究发现，无论是在改革开放前还是改革开放后，代际社会地位的继承关系一直是占主导地位的关系。一方面，脑力劳动者与体力劳动者之间存在着明显的鸿沟，表现为中高层管理者、专业技术人员和一般管理者三个非体力阶层之间存在着显著的正向流动关系，而自雇佣者和工农两个体力阶层之间不存在显著的流动关系。例如，与父代为工人和农民的人相比，那些父代为中高层管理者的人，在成为中高层管理者、专业技术人员、一般管理人员的可能性上，要比成为工人和农民的可能性分别高出 3.67 倍、3.12 倍和 1.93 倍，体力与非体力阶层之间的流动鸿沟由此可见一斑。另一方面，尽管三个非体力阶层之间存在着一定的流动性，但相对于这种流动性来说，各阶层的继承性或复制能力要远强于它们的流动性。1979 年前后，虽然中国的体制和社会状况发生了巨大的变迁，但是对上述父代与子代的关系却没有显著的影响。这表示改革开放前以代际继承为主导的阶层关系模式在改革开放后依然得以保持，也就使阶层再生产模式本身在市场转型的过程中被持续地再生产出来。②

在当代中国社会中，尽管代际继承一直都是代际流动的主导模式，但是使得这一模式得以实现的社会排斥机制却随着市场转型发生了变化。改革开放后，一方面，农民阶层与其他阶层之间的流动阻碍大大减少，而代际流动大大增加。另一方面，长距离跨阶层的代际流动越来越难，表现为代际流动主要集中于体力阶层与高级非体力阶层内部，以及低级非体力阶层与他们之间的交流。③ 社会排斥的机制可以区分为"体制排斥"与"市场排斥"两种形式，体制排斥指的是基于体制身份如户籍身份所形成的社会排斥，市场排斥是指基于市场能力如生产资料

① 李春玲．社会机构变迁中的城镇社会流动．社会学研究，1997（5）；李路路．再生产的延续：制度转型与城市社会分层结构．北京：中国人民大学出版社，2003：104；郑杭生．当代中国城市社会结构．北京：中国人民大学出版社，2004：80；陆学艺．当代中国社会流动．北京：社会科学文献出版社，2004：176.

② 李路路．制度转型与分层结构的变迁——阶层相对关系模式的"双重再生产"．中国社会科学，2002（6）．

③ 李路路，朱斌．当代中国的代际流动模式及其变迁．中国社会科学，2015（5）．

占有或受教育程度而形成的社会排斥。在市场转型的过程中，虽然代际继承模式在代际流动中的主导地位没有发生改变，但是社会排斥的主要机制却从“体制排斥”转向“市场排斥”。

其他一些学者同样也发现了与上述类似的现象，即中国的代际继承在增强，但同时农民与其他职业之间的流动率也在提高。[①] 他们利用前面提到的核心模型，将这一现象概括为：中国社会中的层级效应在不断加强，但是部门效应却在减弱，并提出这一转变正是由中国的市场转型和快速的工业化所导致的。然而，这两大变迁过程对代际流动的影响是不同的。一方面，在市场转型之前，由于废除了财产继承，中国的社会不平等大大减弱，各阶级之间的流动壁垒趋于消失。然而，随着改革开放后市场经济的逐步推进，财产继承制被恢复，私营部门迅速扩张，社会不平等程度日益提高。在这样的背景下，那些优势阶级不但占据了更多的经济资源，而且会尽可能将这些优势资源传递给他们的子女，由此使得代际继承在市场转型后不断增强。另一方面，工业化的迅猛发展，极大地削弱了户籍制度的阻碍，大批年轻的农村劳动力得以离开农村，进入城市，就业于工业或服务业，这便使得农民和非农职业之间的代际流动显著提升。

总之，尽管中国社会在市场转型过程中经历了巨大的变化，但是代际继承却依然十分强势。虽然改革前的单位制、户籍制等阻碍代际流动的制度已经逐渐消失，创造了许多新的社会流动的机会，但是社会优势阶层仍可以通过资产、教育等市场渠道顺利地将资源优势传递给下一代，从而使得社会阶层进一步趋于固化、社会不平等继续加剧。在这样的背景下，国家以及社会各界应积极探索并实施有效的社会政策，在市场经济的环境下逐步削弱流动壁垒，进一步畅通社会流动的渠道，促进流动机会的公平，以保证社会的良性运转与社会秩序的稳定。

◎复习思考题

1. 为什么说代际流动在社会不平等研究中占有重要的地位？如何理解二者之间的关系？

2. 试简述三代比较社会流动研究的主要结论，并探讨每一代研究的主要优势与缺陷。

3. 试分析教育在代际流动中所扮演的角色。

4. 在分析代际流动模式变迁方面，现代化-理性逻辑和不平等-再生产逻辑有什么不同？

5. 试论述中国在市场转型过程中代际流动变迁的特征。

◎推荐阅读文献

李路路．再生产的延续：制度转型与城市社会分层结构．北京：中国人民大

① ZHOU X，XIE Y. Market transition，industrialization，and social mobility trends in post-revolution China. Social Science Electronic Publishing，2017.

学出版社，2003：第 2－7 章．

陆学艺．当代中国社会流动．北京：社会科学文献出版社，2004：第 3，5－11 章．

许欣欣．当代中国社会结构变迁与流动．北京：社会科学文献出版社，2000：第 2－4，6，7 章．

BLAU P M，DUNCAN O D. The American occupational structure. New York：Wiley，1967.

ERIKSON R，GOLDTHORPE J H. The constant flux：a study of class mobility in industrial societies. Oxford：Clarendon Press，1992：Chapter 1，3，4，5，11.

BREEN R. Social mobility in Europe. New York：Oxford University Press，2004：Chapter 1，2，3，15.

第七章

地位获得

【本章要点】

● 教育对个人的地位获得具有显著的正向影响，但是关于教育在个人地位获得上所发挥的功能目前仍存在争议。人力资本理论、筛选理论和文凭理论就此给出了不同的解释。

● 个人所具有的社会关系网络可以显著地影响其地位获得。弱关系理论、社会资源理论和强关系理论从不同的角度分析了网络关系的强弱对于个人地位获得的作用，而结构洞理论则强调关系网络的结构对于地位获得的作用。

● 除了个人层面的因素外，结构性的因素也会影响个人的地位获得，其中较为典型的是劳动力市场分割和工作组织。

● 宏观的历史文化与制度等因素对个人的地位获得具有重要的影响。在不同的历史文化传统、政治经济制度下，个人地位获得的模式和标准可能存在较大的差异。

【关键概念】

◇ 地位获得 ◇ 教育 ◇ 社会网络 ◇ 劳动力市场分割 ◇ 工作组织 ◇ 文化 ◇ 制度

2017年12月23日，全国硕士研究生统一考试如期举行，200多万考生走入考场，向“硕士帽”发起最后冲刺。较上一年，2017年的硕士生报考人数新增近30万，考研热持续升温。为什么会出现“考研热”的现象呢？中国教育在线发布的《2017年全国研究生招生数据调查报告》显示，有31%的被调查者考研是为了继续深造，提升学术研究能力，而35%的人选择考研是为了提升就业竞争力，找到更好的工作。[①] 在中国青年网发布的另一项调查中，为了获得好工作而考研的比例更是达到了42.48%。[②] 可见，考研大军中的很大一部分人将考研当作将来获取更好的职业和更高社会地位的手段。

教育对社会地位获得和提升的重要作用似乎已成为广泛的共识。在社会分层领域，最早比较系统地探讨教育与社会地位之间关系的研究便是我们在第六章中所介绍的布劳-邓肯模型。布劳-邓肯模型之所以被视为第二代流动研究的经典，是因为在他们的研究中，不仅检验了父亲的职业与教育等先赋性因素对于子代职业地位获得的影响，还考察了子代初职与受教育程度等自致性因素对于个人职业地位的影响。因此，该研究被称为“社会地位获得”研究，构成了社会分层与流动研究中与代际流动领域并列的另一重大研究领域。然而，布劳-邓肯模型当年对地位获得的讨论过于简约，尤其是忽略了许多重要的结构性变量，并且没有详细阐述各影响因素是如何作用于个人的地位获得的。由此，后续的研究者们以布劳-邓肯模型为基础，在更大的范围内考察了影响个人社会地位获得的因素。

本章将主要讨论影响个人地位获得的各种因素，既有个人层面的，也有结构层面的，具体包括教育、社会网络、劳动力市场结构、组织、历史文化与制度等对于个人社会地位获得的影响。

第一节 个人教育与地位获得

社会地位的获得常受到微观个体层面因素的影响，其中重要的因素之一就是受教育程度。一般而言，一个人的受教育程度越高，其社会地位有可能越高。以中国为例，有研究通过分析2008年中国社会状况综合调查的数据发现，国家干部、企业经营管理者、专业技术人员和办事人员的平均受教育程度都在12年以上，其中国家干部的平均受教育程度最高，为14.8年。相比之下，个体工商户、农民工和农民的平均受教育程度都低于9年，其中农民的平均受教育程度最低，为6年。[③]

---

① http://edu.qq.com/a/20170217/006817.htm.

② http://news.youth.cn/jy/201703/t20170307_9237717.htm.

③ 李培林，田丰．中国劳动力市场人力资本对社会经济地位的影响．社会，2010（1）．

为什么会出现这一现象呢？主流的解释当属人力资本理论。该理论认为，个人所具备的能力（包括教育、工作经验、技能等等）对其收入和社会地位具有决定性的作用。[①] 这一理论在经济学和社会学的研究传统下有着不同的逻辑，经济学视角下的人力资本理论认为，教育可以提高个体的生产能力，也就是说，一个人的受教育程度越高，他所具备的生产能力就越强。因此，在劳动力市场中，一方面，个人会倾向于寻找最能与他的受教育水平相匹配的职位，以实现利益的最大化；另一方面，企业也倾向于给予受教育程度较高的人更好的职位，以期他能给企业带来更高的生产效率。而社会学传统下的人力资本理论则主要遵循功能主义社会分层的原则，认为社会中的一些位置相比其他位置更为重要，因为这些位置要承担更多的责任，因此需要承担者具备更多的才能，例如，很多领导岗位或专业岗位。但是，社会中能够胜任这些位置的人却非常稀缺，人们只有通过特定、系统的培训，才能达到这些位置的要求。因此，受教育程度高的人社会地位也高。[②]

然而人力资本理论对某些现象的解释力是有限的，比如前文中提到的“考研热”。事实上，除了大学教师、研究人员、医生等部分特殊的职业，大部分企业在招聘中是不要求研究生学历的，个人经过本科训练后所具备的技能完全可以胜任这些工作，那么为什么仍有数百万的人选择考研，并且企业也更愿意雇用那些学历超出工作要求的人呢？再比如世界各国普遍存在的“名校效应”，在学历与所学专业相同的情况下，为什么那些出身知名高校（如美国的常春藤学校，中国的985高校等）的学生更容易获得较好的工作和较高的社会地位呢？教育筛选理论对此给出了解释。与人力资本理论不同，教育筛选理论认为，个人所具备的能力是天生的、内在的，教育的功能不在于提高人们的生产能力，而是把那些本身就具备高能力的人筛选出来，受教育程度也由此成为个人能力的信号。[③]

教育筛选理论指出，在雇佣的过程中，雇主很难完全获知求职者真实的生产能力，存在着所谓信息不对称的问题，如此一来，雇主很可能会因为错误地估计求职者的能力而蒙受损失。在这样的情况下，教育的信号功能就显现出来了，雇主倾向于选择那些学历高、出身名校的求职者，不是因为他们具备更多的工作所需要的技能，而是由于这些人都是由教育系统筛选出来的精英，雇用这些人可以极大地降低选错人的风险。[④] 同时，求职者也知道教育的信号作用，因而不惜过度提高自身的教育程度，追求更高的学历，以释放自身能力较高的信号，增加自己被雇用的概率。

---

① BECKER G, L. Human capital a theoretical and empirical analysis with special reference to education. New York: Columbia University, 1964.

② DAVIS K, MOORE W E. Some principles of stratification. American Sociological Review, 1945 (2).

③ SPENCE M. Job market signaling. Quarterly of Journal Economics, 1973; ARROW K J. Higher education as a filter. Journal of Public Economics, 1973 (2) .

④ MERTON R K. Social theory and social structure. Glencoe: Free Press, 1957: 149 - 187; THUROW L C. Generating inequality. New York: Basic, 1975: 170 - 177.

但是，还有些现象是教育筛选理论无法解释的。例如，按照教育筛选理论的逻辑，那些由教育系统筛选出来的高学历者本身就具有很强的能力，那么他们在社会地位的向上流动中也会一直占有优势，也就是说，教育对于个人地位获得的影响应该是持续的。然而，许多研究发现，高学历、名校光环只能帮助求职者进入某些较好的职业，但在后续的地位获得如职位晋升中便不起作用了。

由此，有学者提出了文凭主义理论，认为高学历仅仅是帮助个人进入某些好职业的通行证，一旦进入该职业，它对地位获得的影响就大大减弱，甚至消失了。在文凭主义理论看来，在招聘阶段，由于存在着信息不对称的问题，雇主确实将受教育程度作为求职者能力的信号，然而这只是权宜之计，当进入职业后，由于可以通过工作业绩等其他的手段来评价个人真实的生产能力，因而教育的信号作用便消失了。所以，对于那些学历较高但能力较低的员工来说，通过晋升等途径而得到更高职业地位的可能性较小（见表 7-1）。①

表 7-1　　三种理论的观点比较

理论视角	教育的功能			与生产能力的关系	与地位获得的关系
	提高生产能力	筛选	信号		
人力资本理论	＋	－	－	＋	＋＋
教育筛选理论	－	＋	＋	＋	＋＋
文凭主义理论	－	－	＋	－	＋－

注：＋表示有关系，－表示关系较弱或无关。

总之，人力资本理论、教育筛选理论和文凭主义理论从个体层面的角度出发，揭示了个人特质，特别是个人的受教育水平，对其社会地位获得（包括职业获得、职业晋升等）的影响。虽然三种理论看法有所不同，但它们都认可：一个人的受教育程度对其社会地位的获得（或者向上流动）具有十分显著的正影响（虽然文凭主义理论认为这种影响是不可持续的）。

第二节
社会网络与地位获得

就个体层面的影响因素而言，除了上一节介绍的受教育程度，一个人的社会关系网络对于他的社会地位获得同样具有重要作用。中国社会被很多人称为“关系社会”，几乎每一个中国人对社会关系网络的作用都十分熟悉，讲人情、讲关系在中国社会中是十分普遍的现象。其实，不仅中国社会如此，在市场经济非常发达的美国社会中，尽管社会关系网络与中国存在很多差别，但在社会地位获得

① SPILERMAN S，LUNDR T. Features of educational attainment and job promotion prospects. American Journal of Sociology，1991（3）.

方面，例如，在人们找工作，特别是在找到一个好工作上，也具有同样重要的作用。由于社会关系网络在某种意义上类似于能够带来许多收益的经济资本，因而也被称为“社会资本”。

一、弱关系

美国社会学家格兰诺维特（Mark Granovetter）最早在一项关于找工作的研究中系统揭示了社会关系网络的作用。他通过对美国波士顿 300 名白领求职者的访问发现，有 57%的人是通过社会关系网络（熟人、亲戚、朋友等）了解工作信息而获得工作的。[①] 除此之外，格兰诺维特还发现，社会关系网络不仅能够通过提供新的工作信息帮助求职者找到工作，同时还会影响求职者所获得的工作质量。那些通过熟人等非亲密关系找工作的人，往往能得到地位较高、收入较好的职位，而那些通过亲属、朋友等亲密关系找工作的人获得好职位的可能性较低。

为什么使用不同的社会关系网络会有不同的结果呢？格兰诺维特认为，这是因为个人的亲戚朋友通常与他有着相同的交往圈子，所以从他们那里获得的信息重复性较高，也就是说，他们知道的你也知道。相比之下，熟人则更倾向于在不同于自己的圈子里活动，从而更有可能提供非重复的、有价值的信息，也就是说，他们知道的你未必知道。这样一来，这种不太亲密的熟人关系便成为连接两个不同社会群体之间的信息桥梁，使得处在一个社会群体中的人也可以获知另一个群体内部的信息。格兰诺维特将这种熟人关系称为“弱关系”，而将亲戚朋友等比较亲密的关系称为“强关系”，并提出了著名的弱关系假设：在求职过程中，弱关系可以通过提供非重复信息而发挥信息桥梁的作用，而那些通过弱关系找工作的人正是由于获得了有价值的、非重复的信息，才获得了更高、更好的职位。[②]

二、社会资源

与格兰诺维特所描述的现象不同，有许多研究者发现，同样是使用熟人关系（弱关系）谋求职位，那些通过社会地位比较高的熟人来求职的个体往往能够获得更好的职业地位，相比之下，那些通过社会地位比较低的熟人来求职的个体则很难获得较好的职位。[③] 再比如，一些研究指出，弱关系只能帮助那些原本地位较低的人获得较高的职业地位，而对于那些原来地位就很高的人来说，弱关系对

---

① GRANOVETTER M. Getting a job. Cambridge，MA：Havard University Press，1974.

② 边燕杰，张文宏．经济体制、社会网络与职业流动．中国社会科学，2001（2）．

③ LIN N，ENSEL W M，VAUGHN J C. Social resources and strength of ties：structural factors in occupational status attainment. American Sociological Review，1981（4）；BIAN Y J，ANG S. Guanxi networks and job mobility in China and Singapore. Social Force，1997.

进一步的地位获得并不起作用。[①]

基于上面的现象，美国社会学家林南对弱关系理论做了重要的修正和发展，提出了社会资源理论。林南认为，关系网络中所蕴含的不仅是信息，还有权力、声望、财富等资源，这些资源虽然并不属于某个个体，但是却可以为其所用。比如，某个人可能就是一个“白丁”，没有任何权力，但他的亲戚朋友有权力，因此，他可以利用这些亲戚朋友的权力帮助他找到工作。这些“借来的资源”可以帮助一个人实现他自己的目标，但是却不为他所有，林南将这种资源称为社会资源。[②]

社会资源理论认为，社会中存在一系列的社会位置，这些位置根据所拥有的财富、权力等资源的多寡，排列成一个金字塔式的结构，越靠近顶端的位置数量越少。在这样的金字塔结构中，处在平行方向同一位置层级的人往往具有相似的资源，他们之间因地位相似而交往频繁，因而通常是强关系；处在垂直方向不同层级的人所具有的资源不同，他们之间因地位不同而交往不多，因而通常是弱关系。当人们寻求更高的社会地位，例如想找一份更好的工作时，弱关系便为人们提供了连接那些地位较高者的通道，从而获得更好的社会资源。[③]

由此一来，对于那些初始社会地位比较低的个体而言，他们通过强关系所能联系到的是社会地位同样较低的人，而通过弱关系所能联系到的则是那些社会地位较高的人。因此，他们可以通过弱关系接触高地位层级的资源，从而提升其社会地位。相比之下，那些初始地位较高的个体，其强关系所联系的本身就是社会地位较高的人，其弱关系所联系的却是那些社会地位较低的人，因此对于这些人而言，弱关系对他们的地位获得并不具有显著的影响。

三、强关系

前面说的是，亲密程度较弱的社会关系网络对个人的地位获得具有显著影响，而强关系的作用则不明显。然而，这更多的是西方社会的情况，在中国则恰恰相反。边燕杰通过对 1988 年在中国天津的问卷调查发现，有超过 45%的人使用关系网络获得了第一份工作，但是其中有 43.2%的被访者是通过亲属关系，17.8%是通过朋友关系，39%使用的是熟人关系。如果把亲属关系和朋友关系看作强关系，那么便有 61%的人是通过强关系而获得工作的。[④] 在另一项研究中，

① LIN N，ENSEL W M，VAUGHN J C. Social resources and strength of ties：structural factors in occupational status attainment. American Sociological Review，1981（4）；ERICKSON B H. Culture，class and connections. American Journal of Sociology，1996（1）.

② LIN N. Social networks and status attainment. Annual Review of Sociology，1999.

③ 边燕杰，张文宏．经济体制、社会网络与职业流动．中国社会科学，2001（2）；LIN N. Social networks and status attainment. Annual Review of Sociology，1999.

④ BIAN Y J. Bringing strong ties back in：indirect connection，bridges，and job searches in China. American Sociological Review，1997.

边燕杰等人发现，在通过社会网络渠道而实现地位流动的被访者中，有 37.2%靠的是亲属关系，49.7%使用的是朋友关系，只有 13.1%使用的是相识关系，将前两者合并，有 86.9%的人使用了强关系。[①] 上述结果表明，社会关系的强弱对于人们的社会地位获得的影响在中国和西方社会存在极大差别：在西方，如格兰诺维特所说，弱关系在工作获得上具有显著影响，但在中国，强关系对于个人的地位获得具有显著作用，而弱关系的影响则较弱。

在中国，之所以强关系会具有显著作用，是由于中国特殊的工作分配体制。[②] 在实行计划经济体制的年代，青年人从学校毕业后一般统一由国家安排工作，求职者自谋职业几乎不可能，寻求职位信息也没有意义。由此作为信息桥梁的弱关系对职位获得的影响就被大大削弱了。然而基于义务和信任的强关系则可以使求职者获得工作分配主管部门和分配决策人的照顾，由此获得较高的职业地位。

随着中国市场化改革的深入发展、工作分配制度的取消以及劳动力配置市场化原则的确立，有研究发现，在市场转型时代，对于那些资格考核比较严格的职业，求职者通过社会网络获取的是信息，而不是人情，这一情形随着市场化的推进而不断凸显。然而对于其他职业来说，强关系的作用非但没有下降，反而得到了加强。[③] 之所以如此，是因为在向市场转型的过程中，市场规律与权力规则可能是同时发挥作用的，人情往来仍然具有很大的空间，因此，弱关系与强关系的重要性都会得到增强，强弱关系的使用比率会同步增长。[④]

四、结构洞

前文中提到，弱关系之所以能够影响一个人的地位获得，是因为它能够提供那个人所没有的信息。然而，社会现实却不一定如此。比如，两个同在一家公司工作的同事，彼此认识但只是泛泛之交，并没有太多接触与交流，这两人之间的关系是弱关系，但是他们交往的圈子却在同一家公司内，因此不太可能给对方提供非重复的信息。也就是说，即使拥有了弱关系也不一定对地位获得有帮助。

那么究竟什么样的关系网络才更利于个人的地位获得呢？中国人通常认为，在关系网络方面，有两点对于一个人的成功是很有帮助的：一是“路子广”，就是说认识的人多；二是“路子野”，就是说认识各色各样的人。这两个概念看似相同，但却有很大的区别。“路子广”意味着有很多人可以给你提供信息和帮助，而“路子野”则意味着这些人给你提供的信息和帮助是不同的。这说明一个对地

---

① 边燕杰，张文宏．经济体制、社会网络与职业流动．中国社会科学，2001（2）．

② BIAN Y J. Bringing strong ties back in：indirect connection，bridges，and job searches in China. American Sociological Review，1997.

③ 同①.

④ 同①.

位获得有帮助的网络，应该具备两方面的特征：规模大和多样性。举例来说，求职者甲在找工作的时候，有 50 个人给他提供信息与帮助，他的网络规模很大，但是这 50 个人给他提供的信息和帮助可能是相同的，这样一来，和只有一个人给他提供信息与帮助就没有什么区别了；求职者乙在找工作时，只有两个人给他提供信息和帮助，但是这两个人提供的信息和帮助不同，虽然求职者乙的网络规模要小于甲，但是他所获得的信息和资源要比甲多。

可见，网络的规模大并不一定意味着得到的信息和帮助多，关键在于网络要具有多样性。那么什么样的网络才具有多样性的特征呢？在求职者乙的例子中，他的两个帮助人之所以能给他提供不重复的信息，首先是因为这两个人拥有不同的信息，其次是两个帮助人之间没有交流他们各自所拥有的信息。由此，求职者甲和求职者乙的网络结构便有了很大的不同。

美国社会学家博特（Ronald Burt）区分了两种最基本的社会网络结构，如图 7－1 所示。

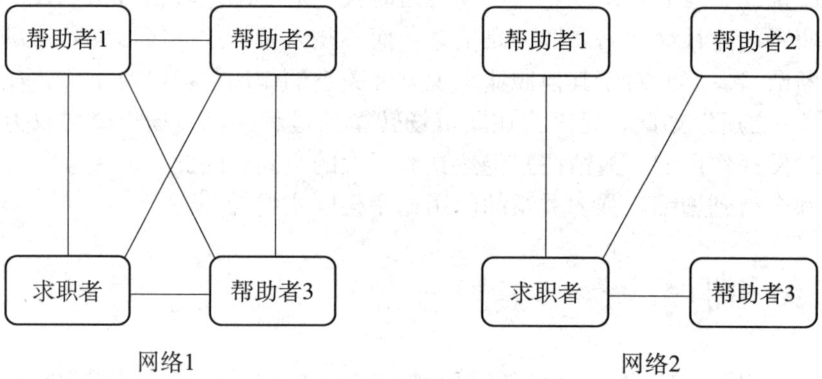

图 7－1　两种社会网络结构

求职者甲的网络类似于网络 1，不仅求职者与每个帮助者之间有联系，各个帮助者之间也都有联系。在这样的情况下，所有的帮助者之间都有信息交流，因而他们所知道的信息是相同的，所能提供给求职者的信息是重复的。求职者乙的网络类似于网络 2，求职者与每个帮助者之间有联系，但是各个帮助者之间没有联系，他们所知道的信息是不同的，提供给求职者的信息是不重复的。

博特正是基于这一思路指出，社会网络所能提供的异质性信息与资源的多少取决于关系网络的结构而不是关系的强弱。他将网络 1 中的结构称为“无洞结构”，群体中的所有人彼此都熟悉，因此这一网络中的信息与资源的重复性很高。相比之下，在网络 2 中，帮助者之间不存在联系，从整个网络来看就像出现了一个洞，因而博特将其命名为“结构洞”。[①]

① BURT R. Structural holes：the social structure of competition. Cambridge，MA：Harvard University Press，1992.

结构洞是否有助于个人的地位获得呢？博特通过对美国一家高科技公司的高级经理进行研究发现，那些网络中有丰富结构洞的经理人相比其他的同事会更早得到晋升，并且晋升得更快。这正是因为结构洞较多的经理有更宽的渠道获取信息，因而他们比同辈人更经常、更早地了解新的机会，也更可能优先成为新职位的候选人。①

然而在现实生活中，网络关系传递的不仅仅是信息或其他资源，同时也有信任、期望、认同等情感内容。举个例子，假设一个在某公司工作的职员有两个上司，这两个上司彼此之间没有联系，也就是存在着结构洞，诚然两个上司可能会给他提供不同的信息，但同时也可能对他的工作抱有不同的期望，一个希望他这样做，另一个希望他那样做。在这样的情况下，职员便陷入了左右为难的境地，从而影响其工作表现，不利于职位的提升。也就是说，结构洞对于个人地位获得的促进作用不是必然的。②

第三节
劳动力市场结构、组织与地位获得

以上两节主要介绍了诸如人力资本、社会资本等个人所具有的某些资本和资源对其地位获得的影响，但是，在很多现实情况下我们看到，那些具有相同人力资本，甚至类似社会资本的人，因为从事不同的职业、在不同的单位或行业中工作，其在工资收入、晋升机会等方面会存在很大的不同。例如，同样是大学毕业生，一个人毕业后到乡镇做了公务员，另一个人则进入了国家部委做了公务员。乡镇政府的级别是科级，如果单算行政级别的话，镇长不过是个科级干部，但是在国家部委工作的公务员，不用挪地方，晋升的链条就很长，至少可以到局级。这两个同等学力的毕业生，即使做着相同性质的工作且在工作上都同样出色，但因为在不同等级的单位中，几年以后的职位晋升也会出现很大差别。

无论是在中国还是在外国，这都是十分普遍的现象：一个人能不能获得某种地位，在很大程度上并不取决于个人的人力资本，甚至社会资本，而是取决于他在哪里工作。由此可以看出，影响个人地位获得的因素很复杂，除了个人层面的因素之外，还会受到工作、组织、行业等众多社会因素的影响，因为这些因素都是脱离个人、不以个人为改变的社会因素，因此，我们称之为结构性因素。其中，“劳动力市场分割”状况和“工作组织”状况是众多结构性因素中的典型。

---

① BURT R. Structural holes：the social structure of competition. Cambridge，MA：Harvard University Press，1992.

② PODOLNY J M，BARON J N. Resources and relationships：social networks and mobility in the workplace. American Sociological Review，1997（5）.

一、劳动力市场分割

（一）二元劳动力市场

在谈及求职时，许多人都有这样一个印象，即所有的求职者都在同一个竞技场中竞争，而那些能力较强、资源较多的人更可能胜出，获得较好的职位，但现实却并不一定如此。举个例子，相比男性和白人来说，女性和黑人更不容易获得好的工作和职位，尽管他们可能具有很高的教育程度。导致这一现象的原因可能有两个：一是女性、黑人等群体与男性、白人等群体所能接触的工作和职位是相同的，但是在竞聘同一工作或职位时，女性和黑人受到歧视；二是男性、白人等优势群体一般能接触较好的工作和职位，而女性、黑人等弱势群体则不然，所以，不是女性、黑人在竞聘好职位时受到歧视，而是他们很难接触好的工作和职位。也就是说女性、黑人等群体与男性、白人等群体是在两个截然不同的劳动力市场中求职的，这就是所谓的“二元劳动力市场”。

上述男性、白人等优势群体所处的劳动力市场被称为“首要劳动力市场”（primary sector），在这一类劳动力市场中，工作的工资较高、福利待遇好、稳定、晋升机会多；女性、黑人等群体所处的劳动力市场一般被称为“次要劳动力市场”，这一劳动力市场中的工作工资低、福利差、不稳定、晋升机会少。[①] 这两类劳动力市场被分割开来，它们之间仿佛存在着一道无形的障碍，很少有人员的交流。[②]

二元劳动力市场具体如何影响个人的地位获得呢？主要表现在两个方面。一方面，二元劳动力市场阻碍了跨部门的地位获得。首要劳动力市场中的工作比较好，但是身处次要劳动力市场中的人却很难流动到首要劳动力市场中去。针对这一现象形成的原因，目前还缺乏系统的解释，这里主要介绍两种观点。第一种观点认为，首要劳动力市场往往由那些实力雄厚的大企业构成，它们对劳动力素质的要求比较高，只有那些教育程度较高、家庭背景较好的人才能获得该市场中的工作。而在次要劳动力市场工作的人一般教育程度比较低，家庭背景较差，不符合首要劳动力市场的要求，因而很难流动到首要劳动力市场中。第二种观点认为，首要劳动力市场与次要劳动力市场各有一套运行机制，例如首要劳动力市场通常强调工作的稳定，期望任职者能够在一份职业中展开其职业生涯。而次要劳动力市场则期望劳动力是流动的，以形成竞争，降低工资标准。那些在次要劳动力市场中工作的人，为了适应次要劳动力市场的运行规则，会逐渐形成与该市场

---

① PIORE M J. Notes for a theory of labor market stratification// EDWARDS R，GORDON . Labor market segmentation. Lexington：Heath，1975.

② GORDON D M. Theories of poverty and underemployment. Lexington：Heath，1972：50；HARRISON B，ANDREW S. The theory of dual or segmented labor markets. Journal of Economic Issues，1979 (13)；TOLBERT C M. Industrial segmentation and men's career mobility. American Sociological Review，1982 (4) .

相关的生活与工作方式，由此也就很难进入，也很难适应首要劳动力市场。

另一方面，首要与次要劳动力市场内部的职位获得过程也存在着很大的差异。例如，对美国的研究发现，根据所调查的样本，在首要劳动力市场中有8.5%的黑人向上流动到了更高的职业地位，次要劳动力市场中只有4.1%；对于白人来说，首要劳动力市场中有26.1%的人向上流动到了更好的职业地位，次要劳动力市场中的比例为13.9%。也就是说，无论是黑人还是白人，在首要劳动力市场中得到职业地位提升的比例几乎是次要劳动力市场的两倍。[①] 可见，首要劳动力市场中一般会有较多的职位晋升机会，因此任职者有很多机会提高自己的职业地位，然而次要劳动力市场中的职位晋升机会则相对较少。

（二）内部劳动力市场

除了首要与次要之分外，劳动力市场中还存在另一类分割。例如，许多公司通常会把高级别的职位空缺留给公司内部的员工。一个工厂中的普通工人可能是招聘进来的，但是车间主任、副厂长、厂长等管理职位一般都是由本厂中的老员工担任，而很少从外部招聘。有学者通过对美国企业的调查研究发现，当管理职位出现空缺时，仅有15%至20%的公司会选择从外部雇佣，而绝大部分企业倾向于从内部晋升，即使在外部候选人的能力显著高于内部候选人时仍是如此。[②]

这种分割一般被称为内部劳动力市场与外部劳动力市场的分割。在许多组织内部，通常会有一套完整的晋升制度安排，组织中的职位如同一个有许多层级的梯子，例如上面提到的普通工人、车间主任、副厂长、厂长等等，当某个职位出现空缺时，组织一般会选择从下一级职位中寻找合适的人选。组织内部的员工也许会通过竞争来谋求晋升的机会，以此来获取更高的职位，而组织外部的人则被排除在了职位竞争之外。也就是说，组织中的职位获得机会被局限在了企业内部的员工之中，而与外部的劳动力市场隔离。

关于内部劳动力市场形成的原因有许多不同的解释，这里列举三点。第一，就是第一节中谈及的信息不对称问题，企业对外部候选人不甚了解，因而如果用外部人来担任要职会面临较大的风险。相比之下，企业对内部员工则比较了解，从中择优任用比较保险。

第二，许多企业中都有一些专用的技能，这些专用的技能无法从学校或其他企业中获得，只能通过本企业的培训来掌握。比如，在许多生产工艺品的企业中，一些特殊的工艺品制作技术就很难从其他地方学到，这样一来，企业与员工

① POMER M. Labor market structure，intergenerational mobility，and discrimination：black male advancement out of low-paying occupations，1962—1973. American Sociological Review，1986（5）.

② AGRAWAL A，KNOEBER C R，TSOULOUHAS T. Are outsiders handicapped in CEO successions?. Journal of Corporate Finance，2006（3）；CHAN W. External recruitment versus internal promotion. Journal of Labor Economics，1996（4）；DOERINGER P B，PIORE M J. Internal labor markets and manpower analysis. Lexington：Heath，1971；拉齐尔．人事管理经济学．北京：三联书店，2000.

之间就形成了一种相互依赖的关系。[①] 一方面，因为外部人员不懂本企业的专有技术，所以企业只能依靠现有的内部员工来保证生产，增加利润；另一方面，雇员在某一企业中学到的专用技能，无法在其他企业中使用，因而会更倾向于在公司内部寻求职业生涯的发展。[②] 除此之外，企业从外部招聘意味着要对新员工进行培训，这样一来便要增加新的培训成本，所以企业一般会将职位获得的机会局限在企业内部，形成内部劳动力市场。

第三，职位晋升不仅是对高产出员工的奖励，同时也是对其他员工的一种激励。组织不可能通过监督每一位员工来保证他们尽心尽力地完成工作，但可以将职业晋升作为一种激励来促使员工们不断地为谋取更高的职业地位而提升自身的生产效率，将工作做到最好。[③] 最明显的例子就是大学教师，学校通常对于他们的科研成果不做硬性的要求，但是为了能快速获得副教授、教授、终身教授等职位，他们会尽全力将自己的科研工作做得更好。如果组织将空缺的高级职位给了外部应聘者，就会打击内部员工的士气，使他们为获取晋升而提高产出的动力大打折扣，从而不利于组织目标的实现。所以，组织为了保证对内部员工的激励，一般会选择将职位空缺留给内部员工，即使在外部候选人的生产能力高于内部候选人时也是如此。[④]

劳动力市场分割对地位获得的影响存在于许多国家和地区中[⑤]，然而在分割的标准上，各地区之间有很大的不同。有些强调由企业的资本密集程度、技能复杂程度所导致的分割，有些则强调由市场垄断地位所导致的分割。[⑥] 中国的劳动力市场分割则主要表现在户籍分割（城乡）、所有制分割（国有与非国有）和产业的分割等方面。[⑦] 尽管在分割标准上存在着较大的差异，但是劳动力市场分割作为一种结构因素对个人地位获得的影响是不容忽视的。

---

① WILLIAMSON O E，WACHTER M L，HARRIS J E. Understanding the employment relation：the analysis of idiosyncratic exchange. Bell Journal of Economics，1975（1）；WILLIAMSON O E，OUCHI W G. The markets and hierarchies program of research：origins，implications，and prospects//JOYCE W F. Perspective on organization design and behavior. New York：Wiley-Inter-science，1981.

② MASTERS J K，MILES G. Predicting the use of external labor arrangements：a test of the transaction costs perspective. The Academy of Management Journal，2002（2）.

③ CHAN W. External recruitment versus internal promotion. Journal of Labor Economics，1996（4）；CHAN W. External recruitment and intrafirm mobility. Economic Inquiry，2006.

④ 同③.

⑤ SAKAMOTO A，CHEN M D. Inequality and attainment in a dual labor market. American Sociological Review，1991（3）；POMER M. Labor market structure，intergenerational mobility，and discrimination：black male advancement out of low-paying occupations，1962—1973. American Sociological Review，1986（5）；MILLER R K. Labor market structure and career occupational status mobility：a theoretical model. Sociological Inequality，1982（2）；吴愈晓．劳动力市场分割、职业流动与城市劳动者经济地位获得的二元路径模式．中国社会科学，2011（1）.

⑥ BARON J N，BIELBY W T. Bringing the firms back in：stratification，segmentation，and the organization of work. American Sociological Review，1980（5）.

⑦ 蔡昉，都阳，王美艳．户籍制度与劳动力市场保护．经济研究，2001（12）；王甫勤．人力资本、劳动力市场分割与收入分配．社会，2010（1）；张展新．劳动力市场的产业分割与劳动人口流动．中国人口科学，2004（2）；赖德胜．论劳动力市场的制度性分割．经济科学，1996（6）.

二、工作组织与地位获得

除了劳动力市场之外，另一个对个人的地位获得具有显著影响的结构性因素就是工作组织。其实，上面介绍的内部劳动力市场现象就是在组织中发生的。在现实生活中，也可以看到许多组织影响个人地位获得的现象。比如，美国汽车制造企业相比其他类型的企业通常会有更多的职位晋升机会。再比如，一般而言，在规模比较大、成长速度比较快及有工会的企业中，员工会有更多的机会获得更高的职业地位。[①] 有学者甚至认为组织在连接总体的不平等结构与具体的地位获得过程方面发挥着核心作用。[②] 组织对个人地位获得的影响主要表现在两个方面：一是组织自身的某些特征会影响组织中资源与机会的分配，二是雇主在选拔人员上通常会有一些特殊的标准与程序。

（一）组织特征对地位获得的影响

为什么规模比较大的企业会有更多的晋升机会呢？主要有这样几个原因：首先，大企业比较复杂，更可能采用科层制的管理模式，从而形成职业阶梯，形成内部劳动力市场；其次，大企业招收的员工素质比较高，生产能力较强，因而会有更多的职位晋升机会；再次，大企业一般位于较发达的地区，所面临的市场竞争比较强，需要用更多的职业晋升机会来吸引高素质人才，击败竞争对手；最后，大企业雇用的员工人数众多，如果引发员工不满则很容易导致严重的劳资冲突，因此会通过给予更多的晋升机会来安抚员工。[③]

相比于规模，组织成长周期对于雇员地位晋升的影响要更为直接。组织处于成长期时会产生许多新的好职位，这些新增的职位无疑给组织中的员工提供了更多获得职业地位的机会。那么谁更可能获得这些新增的职位呢？有研究发现，组织成长所带来的新增职位一般会被女性等相对弱势的员工获得。因此有学者提出，组织成长会产生一种“溢出效应”（spillover），由于企业中的优势群体如男性等已经占据了非常好的职位，因此这些新增的职位便给了女性等弱势群体向上流动的机会，实现职业地位的提升。[④] 然而，另有一些人则提出了相反的观点。例如有研究发现，组织成长的过程更容易发生在那些由男性等优势群体所垄断的企业中，因而新增的职业地位获得机会也会被他们优先占据，不存在所谓的溢出效应。[⑤]

工会的存在也会影响组织内部员工的地位获得。例如，上文中所说的美国汽车制造企业，就是因为拥有强大的工会，才会给员工提供更多的晋升机会。工会

---

① BARON J N. Organizational perspectives on stratification. Annual Review of Sociology，1984.

② BARON J N，BIELBY W T. Bringing the firms back in：stratification，segmentation，and the organization of work. American Sociological Review，1980（5）.

③ 同②.

④ STEWMAN S，KONDA S L. Careers and organizational labor markets：demographic models of organizational behavior. American Journal of Sociology，1983（4）.

⑤ BIRCH D. Who creates jobs?. The Public Interest，1981.

本身作为旨在维护雇员权益而与雇主谈判的组织，其性质决定了它是帮助雇员获得更多晋升机会的重要力量。工会的存在可以极大地提升雇员的议价能力与集体行动的能力。为了避免怠工、罢工等集体行动的发生，企业往往不得不在诸如职位晋升等涉及员工利益的问题上做出让步，以缓解劳资冲突。也正因如此，许多研究也发现，有工会的企业更可能形成内部劳动力市场，从而使内部员工在职业地位晋升上免于与外部人员的竞争。①

除此之外，企业的技术理性、群体构成、外部环境等特征都会对员工的职业地位获得与流动产生显著的影响②，在此就不再赘述。

（二）雇主的人职匹配模式

在企业中，常常会出现这样的现象，女性员工在职位获得或提升上处于劣势，但当雇主是女性时，她们获得职位的概率就会大大提升。由什么样的人担任什么样的职位是由雇主决定的，因此雇主在人员选拔方面的标准和模式对个人的地位获得具有很重要的影响。许多研究发现，雇主在决定某一职位的任职者时，一般会在候选人中选择那些学历高、与自己在某些方面相似的人。③。

如何解释这一现象呢？前文中提到，由于存在信息不对称的问题，雇主无法对求职者的生产能力进行准确的评估，由此便增加了选错人的风险。为了规避这种风险，雇主往往会采取一些特殊的人员选聘策略，这里介绍三种：一是雇用那些看起来能力强的人，雇主通常会将受教育程度当成反映能力强弱的信号，因而学历高的人更可能获得职位；二是雇用那些和自己像的人，雇主常常会把职位分配给那些与自己有着相同的性别、社会背景甚至是家庭出身的候选人，因为同属一个社会群体的人之间更可能建立信任，也更容易沟通；三是不雇用那些通常被认为能力差的人，虽然雇主无法准确地知道候选人的生产能力，但是社会中有一些群体通常被认为生产能力较低，比如，很多情况下，人们会认为平均而言女性的生产能力要低于男性，因此，雇主一般不会选择女性来担任要职。④

第四节
历史文化、制度与地位获得

个人的地位获得不仅受制于个人自身的特征与劳动力市场等结构性的因素，

---

① KALLEBERG A L，BUREN M E V. Is bigger better? Explaining the relationship between organizational size and job rewards. American Sociological Review，1996（1）；PFEFFER J，COHEN Y. Determinants of internal labor markets in organizations. Administrative Science Quarterly，1984（4）.

② BARON J N. Organizational perspectives on stratification. Annual Review of Sociology，1984.

③ KANTER R M. Men and women of the corporation. New York：Basic，1977.

④ 同③.

同时也受到宏观的历史文化和制度的影响，一个重要的表现就是在不同的文化和制度下，个人地位获得与流动的过程和标准往往存在着较大的差异。

例如，英国和美国同为资本主义发达国家，工业化水平和市场经济发展程度均处于世界领先地位，且有着相似的自由、民主等价值观念与宗教信仰，然而两国在个人的地位获得模式上却有着很大的不同。在美国社会中，地位获得过程更强调竞争，就像是一场田径比赛，所有的人都在同一个跑道上竞争，胜利者获得较高的社会地位。与美国不同，英国的地位获得模式更像是一场俱乐部纳新活动，若想加入俱乐部，必须要有该俱乐部已有成员的推荐，在这样的模式下，精英地位的获得取决于社会中已有的精英阶层或精英机构的选拔，单靠个人的努力很难获得较高的社会地位。美国社会学家特纳（Ralph H. Turner）将美国的地位获得模式称为“竞争流动”模式（contest mobility），将英国的地位获得模式称为“举荐流动”模式（sponsored mobility）。就竞争流动模式来说，所有的人在最后的地位获得之前都处于相同的竞争环境中，高社会地位是最终胜利者的奖品。就举荐流动模式来说，一些有背景的孩子在其人生的早期就已经被选中，他们所接受的是高级的精英教育，日后也必定成为精英阶层的一员；相比之下，那些没有被选中的孩子，则很难在其后的人生阶段中获得较高的社会地位。①

为什么会出现这样的差别呢？这在很大程度上是由两国不同的历史传统与政治文化导致的。英国曾经长期处于封建君主制的统治下，虽然后来经历了民主化改革和工业革命，但是贵族阶层在英国却得以长期保留。在这样的背景下，精英文化在英国民众中已经深入人心，举荐流动模式已经成为一种根深蒂固的文化。相比之下，美国基本上是一个移民国家，没有经历过封建君主统治，不存在世袭的贵族阶层，因此非精英文化盛行，竞争流动模式更符合美国民众的公平观。

除了历史文化传统之外，政治与经济制度同样会对个人的地位获得有显著的影响。例如，有对苏联的研究发现，那些具有苏共党员身份的人更可能获得管理职位。一个最明显的例子就是在 1923 年到 1936 年间，具有党员身份的厂长比例由 29％上升到了 97％。在中国也同样存在这一现象，例如有研究利用 1996 年一个全国抽样调查的数据发现，党员成为国家干部的可能性要比非党员高出 5.3 倍，党员身份对获取较高的社会经济地位具有十分显著的正面影响。②

党员身份之所以对社会经济地位获得具有重要的作用，是因为在苏联和改革开放之前的中国，若想担任管理职位，需要有较高的思想政治觉悟，也就是所谓的“红”，因而诸如党员身份等政治因素会显著地影响个人的地位获得。

同样，在不同的经济制度下，个人的地位获得模式也会存在差异。以中国为

---

① TURNER R H. Sponsored and contest mobility and the school system. American Sociological Review，1960（6）.

② WALDER A G，LI B，TREIMAN D J. Politics and life chances in a state socialist regime：dual career paths into the urban Chinese elite，1949 to 1996. American Sociological Review，2000（2）；LIN N，BIAN Y J. Getting ahead in urban China. American Journal of Sociology，1991（3）.

例，上文提到，在改革开放之前，管理干部的任职强调政治因素，而诸如教育程度等能力方面的因素则不被看重。然而，改革开放以后，随着市场化改革的不断深入，市场逐渐在社会资源和生活机会的分配中起到决定性作用，能力原则不断强化。在这种背景下，过去政治因素起决定性作用的社会经济地位获得模式发生很大的变化。例如，有研究发现，改革开放后，大学对于管理职位的获得开始具有非常显著的影响。① 也就是说，在改革开放前，获得较高的社会地位需要"红"，在改革开放后则需要"又红又专"。

除此之外，随着市场经济体制的逐步确立，中国兴起了许多新型的组织，如私营企业、外资企业、混合所有制企业等等。这些新型企业的出现，给了人们更多获得较好的职业地位的机会。然而，在不同类型的企业中，个人职业地位的获得和提升可能存在着较大的差异。例如，尽管教育对职业地位获得和提升的作用越来越大，但是其影响强度却常常因工作组织类别而异。在非国有企业和国有企业中，教育对个人职业地位提升的重要性较高，而在公共部门中教育的重要性相对较低。②

为什么会出现这样复杂的现象呢？有学者指出，不同类型的组织与国家的关系不同，在市场化改革后卷入市场活动的程度也不同。非国有企业由于受国家的干预最小，并且最贴近市场交易，因而在职业地位的晋升上更强调能力原则。国有企业在一定程度上受国家的管制，但是由于面临着来自非国有企业在管理人才等方面的竞争，因而在职业地位的晋升上也非常看重生产能力。相比之下，诸如政府机构等公共部门，由于离国家权力较近而离市场竞争较远，因此比较看重政治因素，对能力原则的强调相对较弱。③

总而言之，小到微观的个人特征，大到宏观的政治经济制度都可能对个人的地位获得与提升产生重要的影响。地位获得作为社会分层的一个重要结果，详析其各种影响因素及作用机制，对于理解社会分层与社会不平等，进而探索促进社会公正与平等的有效路径具有十分重大的意义。

◎复习思考题

1. 在分析受教育程度对个人地位获得的影响时，人力资本理论、教育筛选理论和文凭主义理论三者之间有什么不同？

2. 试阐述弱关系假设的基本观点以及社会资源理论和结构洞理论是如何对其进行修正和发展的。

3. 工作组织对个人地位获得的影响主要表现在哪些方面？

4. 试用这一章所介绍的相关理论分析地位获得上的性别不平等现象。

---

① WALDER A G，LI B，TREIMAN D J. Politics and life chances in a state socialist regime：dual career paths into the urban Chinese elite，1949 to 1996. American Sociological Review，2000（2）.

② ZHAO W，ZHOU X G. Chinese Organizations in transition：changing promotion patterns in the reform era. Organization Science，2004（2）.

③ 同②.

◎推荐阅读文献

林南，张磊．社会资本：关于社会结构与行动的理论．上海：上海人民出版社，2005：第 2－11 章．

张文宏．中国城市的阶层结构与社会网络．上海：上海人民出版社，2006：第 2，3，5－7 章．

BARONJ N. Organizational perspectives on stratification. Annual Review of Sociology，1984.

BECKER G L. Human capital a theoretical and empirical analysis with special reference to education. New York：Columbia University，1964：Chapter 2，3，8.

BURTR S. Structural holes：the social structure of competition. Cambridge，MA：Harvard University Press，1992：Chapter 1－4.

DOERINGER P B，PIORE M J. Internal labor markets and manpower analysis. Lexington：Heath，1971：Chapter 2，3，5，7.

GRANOVETTER M. Getting a job. Cambridge，MA：Havard University Press，1974：Chapter 1－4，7，8.

第八章

教育与社会分层

【本章要点】

● 教育机会不平等包括教育起点、教育过程、教育结果三方面的机会不平等。家庭可以分别通过教育成就与教育选择两条路径影响子女的教育机会获得。

● 家庭文化资本与社会经济资本均有助于子女获得更高教育成就，家庭文化资本对子女教育成就的影响称为“文化再生产过程”，而家庭社会经济资本对于教育成就的影响则称为“资源转化过程”。

● 家庭及其子女在做教育选择的时候，会综合考虑上学成本、上学收益以及顺利毕业的可能性等几个方面，精英家庭会有更大优势。

● 现代化理论认为教育扩张能够降低教育机会不平等；结构主义强调社会结构不平等决定了教育机会不平等；制度主义则强调，社会政策或教育制度的改变可以改变教育机会不平等。

● 在改革开放之前的三十年里，中国的教育机会分配较为平等；随着改革开放的深入，社会分化和教育市场化进程加速，家庭文化资本和社会经济资源的效应逐渐显现。

【关键概念】

◇ 教育机会不平等 ◇ 教育扩张 ◇“最大化维持不平等假设”◇“有效维持不平等假设”

2017年6月1日凌晨，安徽省六安市，距离高考还有6天，毛坦厂中学的陪读家长们在毛坦厂镇南边的一座小庙里，争烧头炷香，祈祷孩子高考好运。原先在毛坦厂中学围墙里的柳树，被陪读家长视作“神树”。由于“神树”香火太旺，对古树造成了严重损害，当地政府在“神树”下设立岗亭值班，并接通自来水长流不断，迫使陪读家长无法在“神树”下燃纸烧香，家长们于是转移“阵地”，在镇里南边的一座小庙里烧香祈祷。①

或许很多人难以理解毛坦厂中学陪读家长们的行为，将之视为一种迷信，但类似的场景在高考前可能出现在全国各个地方。为了叙述方便，如果我们把社会阶层简单地区分为精英阶层和工农阶层两个阶层的话，那么，在任何一个现代社会，教育都是成为精英阶层、实现向上流动的一个重要渠道。而对于中国的孩子而言，为了获得最高教育文凭，高考就是一条艰辛而又难以避免的道路，特别是对于那些工农子弟或者其他家庭条件不好的孩子来说，高考甚至成为“寒门出贵子”的唯一渠道。正因为此，人们对于教育机会不平等总是非常关心，而高考也被视为可能是目前所有考试中最公平的一项。

在社会学看来，教育同时戴着两种不同面具，一种是帮助社会弱势群体的子女向上流动，另一种则是促进精英阶层的子女维持家庭原有的精英地位。因此，在现代社会中，相对于社会分层和不平等来说，教育是一柄双刃剑。正因为教育具有促进向上流动和社会平等的作用，人们才更加关注教育的不平等和分层。可以明确的是，教育的不平等，特别是教育机会不平等确实存在于各个社会。从本章开始，下面几章我们将着重分析几个既属于社会分层与社会不平等维度，又常常被作为社会分层与社会不平等形成机制的因素，包括教育、收入、婚姻匹配、性别、族群、生活方式和主观认识等。本章要分析的是教育分层和不平等是如何形成与变化的，在中国又是什么样的情况。

第一节 基本概念与类型

要分析教育机会不平等的形成与变迁，首先需要界定和测量教育机会不平等。教育机会不平等的概念可以分别从“平等”与“教育机会”两个概念来界定。首先，这里的“平等”是指一种“均等”状态。简单说，是指不同社会背景出身的成员，都有同等的教育机会。社会背景包括家庭背景、性别、族群、户籍、地区等等，其中家庭背景往往受到更多关注。例如，在这种均等观看来，如果农民阶层占全部人口的40%，那么他们的子女在大学生中的比例也应该是40%，如果达不到该比例，就是一种不均等状态。至于这种均等是否“公平”和“公正”，则是一个更为复杂的问题，因为有人会提出，大学录取的标准应该是考

① http：//picture. youth. cn/qtdb/201706/t20170601_9934098_1. htm.

试成绩，而不是家庭背景或种族、民族等。

其次，教育机会一般包括三个方面，即教育起点、教育过程与教育结果。[①]教育起点的机会均等意味着所有儿童都享有均等的入学机会，而且进入的学校应是差不多条件的。教育过程的机会均等是指儿童入学之后，在所有学习过程中获得相同待遇，以期产生相同的学习成果。如果在学校里区分重点班与普通班，并给重点班配备更好的教师资源，这种做法通常就被认为是不平等的。教育结果的机会均等是指学校教育产出结果的均等，即不同的学生在经过同样的学习之后，学业水平、继续升学的机会和毕业后的工作、收入等也应大致相同。当然，理论概念主要是给我们提供了分析教育不平等的工具，在现实中我们看不到这样平等的教育机会模式。

尽管教育机会不平等在理论上存在多种含义，但经验研究主要关注的是教育起点的机会不平等，即教育获得的机会不平等。那么如何测量教育获得的机会不平等呢？一种方式是测量不同阶层家庭子女平均受教育年限的差异；另一种则是考察不同阶层家庭子女在特定教育阶段的入学机会的差异，如高中入学机会或者大学入学机会。

根据这两个指标，我们可以简单比较以下八个国家的教育机会不平等状况，其中，中国和美国的数据来源于 CGSS2012 和 GSS2012 调查数据，其他国家的数据则来自 ESS2012 调查数据，我们选取的样本都是 18～60 岁被访者。结果可见图 8－1 和图 8－2。

图 8－1 和图 8－2 的图例都是被访者父亲的职业阶层，横坐标是国家，纵坐标分别是受教育年限和高等教育获得的百分比。从这两张图可以看到，在不同国家，不同阶层家庭子女的教育机会差异非常相似，工农子弟的受教育年限和上大学的机会都是最低的，而专业技术人员和管理者子女的受教育年限和上大学的机会基本都是最高的，办事人员与商业服务人员子女则介于二者之间。

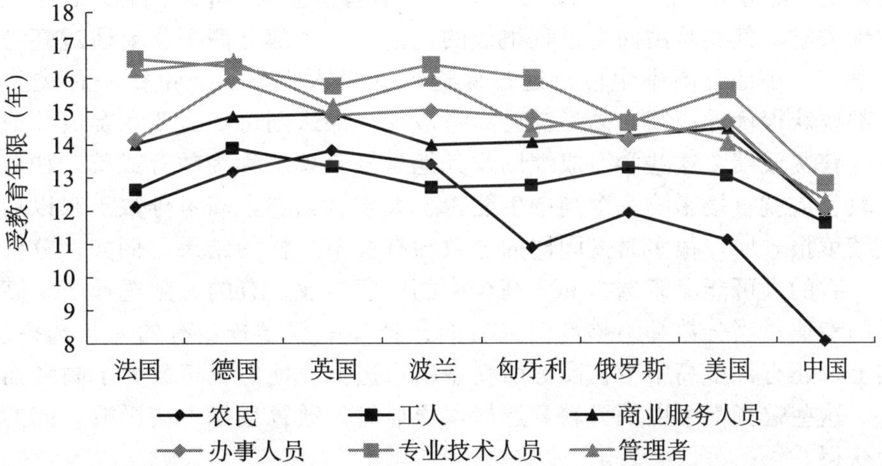

图 8－1　不同国家中家庭阶层背景与受教育年限的关系

① 科尔曼．教育机会均等的观念// 张人杰．国外教育社会学基本文选．上海：华东师范大学出版社，2009：146－158.

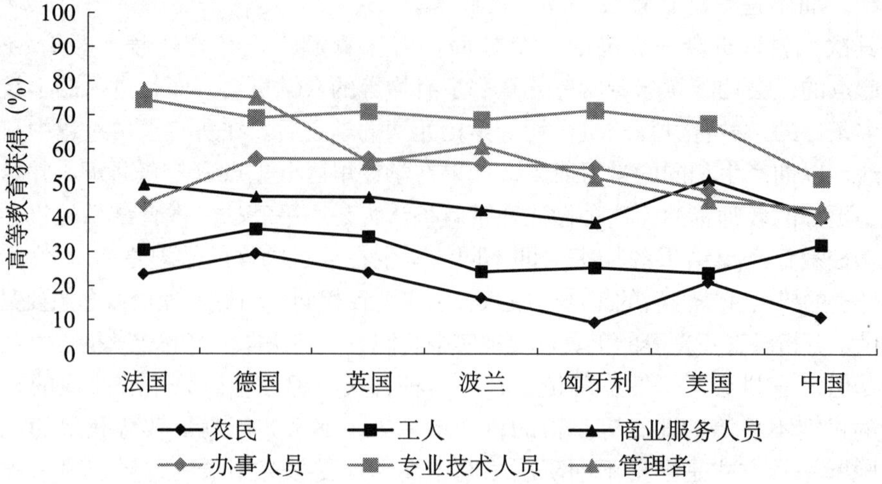

图 8-2 不同国家中家庭阶层背景与高等教育获得的关系

第二节 教育机会不平等的形成

教育机会的不平等是普遍存在的现象。那么，它是如何形成的呢？分析教育机会不平等的形成，可以以上大学为例，因为在绝大多数国家里，适龄人口上大学的只是一部分人，因此，可以更好地分析教育机会的不平等问题。在中国，从高中到大学，其实是由两个过程组成的。第一，大部分高中生要通过高考才能上大学，一小部分高中生可以通过保送方式进入大学。无论哪一种类型的学生，都要获得优异成绩，高考需要高考成绩，保送则可能需要竞赛成绩或者其他一些获奖成绩，这些学习成绩以及其他学校表现统称为教育成就，如此，高中的教育成就直接影响一个高中生能否上大学。第二，高考分数出来以后，还要继续填报志愿，很多时候同样的分数却有大不一样的结果，例如，分数都一样好，有的人可能愿意选择 985 高校中的冷门专业，有的人则选择 211 高校中的热门专业；当分数都不够高时，有的人选择一般学校，有的人却选择复读。事实上，还有许多高中生在高考前就做出了选择，他们直接放弃了高考而外出务工。这些选择都可以视为教育选择，很显然，教育选择也会影响人们的教育机会获得。

社会学家布东（Boudon）认为，家庭可以通过上述两个过程影响子女的教育机会，分别是家庭影响的首属效应（primary effects）与次属效应（secondary effects)。[①] 前者的影响链条可以表述为“家庭背景-教育成就-教育机会”；后者的影响链条可以表述为“家庭背景-教育选择-教育机会”。因此，这里的核心问题是，家庭是如何影响子女的教育成就以及教育选择的呢？

一、家庭背景与教育成就

先来看家庭背景是如何影响子女的教育成就，进而影响子女的教育机会的。

家庭资源可以分成两种：文化资本与社会经济资本。文化资本概念是由法国社会学家布尔迪厄提出的，实质上是指制度化的精英文化，包括精英阶层的言谈方式、仪态修养、行为习惯、人际交往等等[②]；在经验研究中，通常使用关于精英高雅文化的物品、知识与行为来衡量文化资本[③]。家庭文化资本对子女教育成就的影响称为“文化再生产过程”，而家庭社会经济资本对于教育成就的影响则称为“资源转化过程”，下面分别来讨论。

（一）文化再生产过程

文化再生产理论认为，精英阶层子女会从家庭中继承更多文化资本，而这些文化资本有助于他们在学校中获得更高的教育成就。[④] 文化资本的习得是一个长期积累的过程，由于精英阶层父母有钱有闲有能力，故而可以培养他们的子女获得更多文化资本。[⑤] 我们以弹钢琴为例，很多精英阶层的子女会弹钢琴，但只有少数工农子弟会弹钢琴。原因可能是精英阶层父母本身就会弹，可以直接教授子女；如果他们自己不会，也可以花钱送子女去培训班学习，甚至请老师来家里一对一教学；而且许多精英阶层母亲都是全职家庭主妇，因此有充裕时间来陪伴或者监督孩子学钢琴。

文化资本的传递还可以通过其他更隐蔽的方式，如亲子之间的日常互动沟通，精英阶层的孩子经过耳濡目染慢慢形成了精英阶层所习惯的话语、礼仪、行为等。有学者发现，不同阶层家庭会形成不同的互动与教养方式，美国中产阶层通常采取“协作培养”（concerted cultivation）的养育方式，注重对儿童语言能

---

① BOUDON R. Education, opportunity, and social inequality//Changing prospects in western society. New York: Wiley, 1974.

② BOURDIEU P. The forms of capital//RICHARDSON J. Handbook of theory and research for the sociology of education. New York: Greenwood Press, 1986: 241 - 258; LAMONT M, LAREAU A. Cultural capital: allusions, gaps and glissandos in recent theoretical developments. Sociological Theory, 1988, 6 (2): 153 - 168.

③ LAREAU A, WEININGER E B. Cultural capital in educational research: a critical assessment. Theory and Society, 2003, 32: 567 - 606.

④ 布尔迪厄．国家精英——名牌大学与群体精神．北京：商务印书馆，2004；布尔迪约，帕斯隆．再生产：一种教育系统理论的要点．北京：商务印书馆，2002.

⑤ BLASKO, ZSUZSA. Cultural reproduction or cultural mobility?. Review of Sociology, 2003, 9 (1): 5 - 26; JAEGER M M. Does cultural capital really affect academic achievement? New evidence from combined sibling and panel data. Sociology of Education, 2011, 84 (4): 281 - 298.

力、社交能力、自我解决问题能力的系统性培养，会给孩子报名大量兴趣班、辅导班，并会陪同孩子参加，在与孩子的交往中注意以理服人，强调理性沟通。与之相反，工人阶层更多采取“自然成长”（accomplishment of natural growth）的养育方式，孩子成长顺其自然，家长不会特意给孩子组织课外活动，而把大部分教育孩子的责任交给学校，在与孩子的交往中往往采取命令性的口吻甚至采用体罚方式。①

许多经验研究都发现，从家庭中习得的文化资本越多，学生的学业成绩越好，也越可能参与各种学生文化活动，成为学生“干部”。② 那么，习得的文化资本是如何帮助子女获得更高教育成就的呢？原因有很多，不同学者强调的因素也不一样。

首先，学校的教学内容是经过选择的，课程的设定、教材的编写、教学方式的培训，都不是中立的，而是一种权力与利益竞争的结果，最终反映的是社会精英阶层的意识形态。③ 阿普尔以美国教科书为例指出，虽然美国学校并不指定标准教科书，但事实上，各个学校使用的教科书的内容是相似的。他认为，美国教科书生产存在于商业性产业，出版商为了盈利将不得不选择生产社会精英阶层满意的教材。④ 正因为此，学校里的教学与考核内容都更符合精英阶层的生活经验，例如计算机课、英语课，对于很多工农子弟而言，这些都是上学以后才接触的，相比于那些早就接触甚至很熟练的精英子女，工农子弟自然在学习中会相对落后。

其次，文化资本有利于学生与老师更好地交流沟通，从而获得老师的注意与帮助。一方面，不同阶层的语言形式存在差异，例如，中产阶层的母亲在与孩子交谈的时候，经常使用较丰富的语汇、较多的形容词、较复杂的文法结构以及较长的句型。而学校中的教师所熟悉的也恰恰是这种语言，因此他们在与中产阶层子女沟通的时候会更为顺畅。另一方面，由于精英阶层父母通常都接受过良好教育，了解各个教育阶段的具体过程，故而他们的子女也会掌握更多学校内部的运行规则，而且精英阶层子女从小习惯了各种社交场合，培养了一种与陌生人交往的自信，当这些学生在学校中遇到麻烦时，他们敢于而且懂得如何恰当地向老师、学长或其他人寻求帮助。⑤

最后，上述内容都是从精英阶层角度来分析文化资本的作用的，但是，工人

---

① 拉鲁．不平等的童年．北京：北京大学出版社，2010.

② DUMAIS S A. Cultural capital, gender, and school success: the role of habitus. Sociology of Education, 2002, 75 (1): 44－68; GOLDRICK-RAB S, PFEFFER F T. Beyond access: explaining socioeconomic differences in college transfer. Sociology of Education, 2009, 82 (2): 101－125; ROKSA J, POTTER D. Parenting and academic achievement intergenerational transmission of educational advantage. Sociology of Education, 2011, 84 (4): 299－321.

③ 阿普尔．意识形态与课程．上海：华东师范大学出版社，2001：181.

④ 阿普尔．教科书的文化及商品属性//阿普尔，史密斯．教科书政治学．上海：华东师范大学出版社，2005：34－40.

⑤ LAREAU A. Cultural knowledge and social inequality. American Sociological Review, 2015, 80 (1): 1－27.

阶层也有文化，这种文化对子女学习有何影响呢？有研究发现，工人阶层文化具有嬉笑怒骂、反抗权威精神的特点，而这影响到他们的子女，使得这些孩子创造出一种反学校文化，也就是对学校规范与权威的抵抗，如穿奇装异服、抽烟、酗酒、打架等。① 社会学者把这种抵抗称为“文化抵制”，而文化抵制有助于阶层再生产，因为接受标准的学校规范预示着可以通过教育向上流动，而那些存有抵制行动的“家伙们”拒绝了这种可能，放弃了自己的选择权利，最终成为与父母一样的工人，巩固了自己现有的阶层地位。很多对我国农民工子女的观察也发现，他们存在一种类似的反学校文化：“这里绝大部分孩子并不关心读书，也不孜孜以求学业的进步；相反，他们拒绝学校所传递和教导的知识，以上网、看小说、嬉笑打闹为乐。”② 不同的是，农民工子女的自暴自弃并不是一种主动选择，而是在社会条件与制度的约束下看不到未来的被动选择，如果有条件，他们也愿意学习。③

（二）资源转化过程

除了文化再生产过程以外，家庭影响教育成就的另一个重要过程是资源转化过程，这一过程涉及家庭的经济资本与社会资本。家庭经济资本对儿童的学习条件与环境具有直接影响，例如最近愈演愈烈的课外辅导班。进入 21 世纪以后，我国中小学大力推行素质教育，给学生“减负”，催动了城市中小幼课外辅导机构的迅速发展。但是，不是每个家庭都能把孩子送进课外辅导班，这些班动辄几千元乃至上万元的费用，只有收入较高的城市中产阶层和精英阶层家庭才能负担，最终的结果是，中产阶层与精英阶层子女在学校放学以后或者周末继续学习，而工人阶层子女无所事事、自然成长，这就必然拉大了二者在学习成绩上的差距。④ 有研究表明，美国中学课外活动的花费越来越高，一位学生每年参加一项课外活动的费用平均为 400 美元，如果一家有两个孩子，每个孩子参加两项课外活动，就要花费 1 600 美元，对于收入排名全国前五分之一的家庭来说，这点费用不到家庭年收入的 2%，但对那些经济收入位居最后五分之一的父母来说，同样的一笔开支则要占去全年收入的 10%甚至更多。⑤

除了家庭经济资本外，家庭社会资本也有助于子女教育成就的获得。在美国社会学家科尔曼（Coleman）看来，家庭社会资本主要表现为两个方面。一是代际交流，也即父母是否积极参与孩子成长、辅导与监督孩子学习、经常同孩子沟通交流与讨论问题，这些行为都将影响孩子的学习。⑥ 最新的研究发现，亲子交

---

① 威利斯．学做工：工人阶级子弟为何继承父业．南京：译林出版社，2013：22.

② 周潇．反学校文化与阶级再生产：“小子”与“子弟”之比较．社会，2011（5）．

③ 熊易寒．低层、学校与阶级再生产．开放时代，2010（1）．

④ 庞圣民．市场转型、教育分流与中国城乡高等教育机会不平等（1977—2008）——兼论重点中学制度是否应该为城乡高等教育机会不平等买单．社会，2016（5）．

⑤ 帕特南．我们的孩子．北京：中国政法大学出版社，2017：204.

⑥ 赵延东，洪岩璧．社会资本与教育获得——网络资源与社会闭合的视角．社会学研究，2012（5）．

流甚至会影响婴幼儿的大脑发育，对于他们的认知能力、记忆能力、心理韧性、自控力、注意力等等产生影响。[①] 二是家长之间的交往、家长和学校的沟通情况。父母如果积极参加学校活动，并与老师、其他学生家长成为朋友的话，就会形成一种支持性社群，双方之间可以及时交流关于孩子学习和生活成长的各种知识和信息，从而可以监督、鼓励和促进学生更加努力和更有效地学习。例如，家长能从老师那儿经常获得孩子在学校的表现（上课是否认真、和同学关系是否良好等等），一旦发现问题，就能尽早干预，避免他们成为问题少年。[②]

二、家庭背景与教育选择

家庭背景不仅影响子女的教育成就，而且还会影响子女的教育选择，这可以视为一种社会排斥的过程，即精英阶层家庭利用各种资源优势，在升学和择校的过程中减少竞争强度，将部分竞争者排斥在竞争之外，甚至垄断教育机会。[③] 这也是通过两个具体的过程实现的，即直接排斥过程和隐性排斥过程。

（一）直接排斥

最直接的排斥方式主要存在于传统社会，就是在教育制度安排中直接为特定阶层——通常是精英阶层预留了位置。例如，我国唐代教育的最高学府国子学与太学，基本上就只招收官员的子孙。在现代社会，最常见的直接排斥，是利用家庭社会经济资源直接获得更好的教育机会。例如，在义务教育阶段，国内许多城市都实行划区入学，好的中小学所在的学区房房价居高不下，有钱的人就能通过购买学区房直接送子女进入好的中小学；到了高中，有钱的人可以通过缴纳择校费或赞助费入学。在全球化的背景下，出国留学又成为一种新的排斥形式，我国大约90%的出国留学人员都是自费留学[④]，因此家庭经济条件成为影响留学的最重要因素[⑤]，很多家庭条件优越而高考没考好的孩子在留学中介机构的帮助下，选择直接出国读大学。

（二）隐性排斥

与直接排斥不同的是，隐性排斥主要是指工农子弟在面对选择的时候主动放弃升学或者放弃好的学校，这是为什么呢？理性选择理论认为，对于一个家庭来

---

① 帕特南．我们的孩子．北京：中国政法大学出版社，2017：124.

② PERNA L W，TITUS M A. The relationship between parental involvement as social capital and college enrollment：an examination of racial /ethnic group differences. Journal of Higher Education，2005，76；PONG S L，HAO L，GARDNER E. The roles of parenting styles and social capital in the school performance of immigrant asian and hispanic adolescents. Social Science Quarterly，2005，86.

③ 李煜．制度变迁与教育不平等的产生机制——中国城市子女的教育获得（1966—2003）．中国社会科学，2006（4）.

④ 王辉耀，苗绿．中国留学发展报告（2014）．北京：社会科学文献出版社，2014：23.

⑤ 潘昆峰，蒋承．我国大学生留学选择的影响因素分析．中国高教研究，2015（3）.

说，是否让子女继续留在学校或者升学取决于以下三个方面的因素：升学所需要的成本，未来能够顺利毕业的概率以及顺利毕业能够带来的收益。综合而言，升学的相对成本越低，顺利毕业的概率越高，毕业带来的收益越高，那么家庭越可能让子女继续求学。①

不同阶层家庭在上述三个方面都存在差异。首先，精英家庭的收入更高，故而他们子女受教育的边际成本更低，例如，中国大多数大学一年的学费为 5 000 元，这对于年收入几十万的精英家庭来说根本不算什么，但对于年收入只有 2 万的农民家庭而言则是一笔较大的支出。其次，正如上文所说，精英阶层子女能够继承更多的文化资本，因此，他们的学习成绩通常更好，顺利拿到文凭以及升学的可能性更高。最后，升学带来的收益有很多，最重要的在于是否实现向上流动或维持父母的社会经济地位。所有家庭都不希望子女向下流动，但对于精英子女来说，为了最大限度地继承父母的阶层地位，他们必须尽可能地获得更高的教育文凭，与之相比，工农子弟则没有这么强的动机，因为他们上了高中以后可能就已经超越父母的社会经济地位了。这就意味着，在同一教育阶段（如高中），精英子女如果不升学，其面临的向下流动风险要高于工农子弟。基于上述因素的考虑，精英家庭更可能让子女继续学习或者进入更高层次学习，而工农家庭则会更早放弃。②

理性选择理论为不同阶层的教育选择提供了一个解释，而且也得到了很多经验研究的支持③，但也不是所有人都同意。一方面，很多人质疑上述三个因素是否真的影响子女的教育选择。④ 另一方面，也有学者认为，教育选择不是理性思考的结果，而是文化观念所决定的，也就是说，精英阶层子女具有更高的教育期望是因为受到“万般皆下品，唯有读书高”观念的影响，而工农子弟不愿读书则是受父母“读书无用论”的阶级文化影响。⑤

上面我们从“家庭背景-教育成就-教育机会”和“家庭背景-教育选择-教育机会”两条路径详细分析了家庭阶层背景影响教育机会的过程，这一过程的最终

① GOLDTHORPE J H. Class analysis and the reorientation of class theory: the case of persisting differentials in educational attainment. The British Journal of Sociology, 1996, 47 (3): 481 - 505.

② BREEN R, GOLDTHORPE J H. Explaining educational differentials towards a formal rational action theory. Rationality and Society, 1997, 9 (3): 275 - 305.

③ BECKER R. Educational expansion and persistent inequalities of education subjective expected utility theory to explain increasing participation rates in upper school in the federal republic of Germany. European Sociological Review, 2003, 19; HOLM A, JAEGER M M. Does relative risk aversion explain educational inequality? A dynamic choice approach research. Social Stratification and Mobility, 2008, 26.

④ BECKER R, HECKEN A E. Higher education or vocational training? An empirical test of the rational action model of educational choices suggested by Breen and Goldthorpe and Esser. Acta Sociologica, 2009, 52 (1): 25 - 45; GABAY-EGOZI L, SHAVIT Y, YAISH M. Curricular choice: a test of a rational choice model of education. European Sociological Review, 2010, 26 (4): 447 - 463; VAN H G, HOFSTEDE S. Cultural capital or relative risk aversion? Two mechanisms for educational inequality compared. The British Journal of Sociology, 2007, 58 (3): 391 - 415.

⑤ HATCHER R. Class differentiation in education: rational choices?. British Journal of Sociology of Education, 2006, 19 (1): 5 - 24.

结果就是教育机会不平等的形成。但是，这只是一种静态描述，而教育机会不平等显然不会一成不变。这种变化体现在两个方面：一是随着教育阶段的推移，从小学到初中，一直到大学，家庭背景的影响是否有变化？二是伴随现代化的发展，教育机会规模也在不断扩张，越来越多的人得以上学，教育机会不平等是否会减轻呢？这也是在讨论教育分层与不平等中人们特别关注的问题。

第三节 教育机会不平等的变化

一、教育阶段与教育机会不平等的变迁

教育机会不平等的一个特点是积累性，家庭背景的影响存在于每一个教育阶段，在小学，家庭背景会影响子女的教育成就与教育选择；到了大学，仍然会有影响。那么，在各教育阶段，精英子女所获得的优势有什么变化呢？精英子女是在小学阶段获得的优势更大，还是在大学阶段获得的优势更大？如果随着教育阶段的推移，家庭影响的强度会逐渐削弱，那么可能意味着学校教育具有促进社会流动的功能。

美国社会学家梅尔（Mare）在 1980 年发表了一篇很有影响力的论文，在这个研究中，他发现了一个有趣的结果：在孩子较早阶段的升学机会分配中（如小升初），基于家庭出身的不平等程度较高；而后续各阶段升学中（如高中升入大学）的不平等程度相对较低。[①] 此后在各个国家、各个同期群内部开展的比较研究结果也是惊人地一致，全部支持前述结论。我国也有类似发现，小升初阶段的不平等最为严重，随着教育阶段的上升，家庭背景的影响逐渐减弱，精英阶层子女的优势在减小。[②]

为什么会这样呢？梅尔认为这是差异选择的结果，即那些家庭背景处于劣势，往往也在成绩上处于劣势地位的孩子已经在早期被淘汰掉了，能够继续接受教育的都是筛选后的学生，他们在学习动机、能力、家庭背景上水平较高且差异较小，由于大家各方面都差不多，家庭背景的影响也就减弱了。[③] 另一种观点则从生命历程视角（life course perspective）来解释，他们认为，在教育早期阶段（如中小学），孩子在经济、社会、心理等各个方面都非常依赖于父母，因此父母

---

① MARE R D. Social, background and school continuation decisions. Journal of the American Statistical Association，1980，75（370）：295－305.

② 唐俊超．输在起跑线——再议中国社会的教育不平等（1978—2008）．社会学研究，2015（3）．

③ MARE R D. Change and stability in educational stratification. American Sociological Review，1981，46（1）：72－87.

对于他们的学业成绩与教育获得有着很强的影响。随着教育阶段的上升，孩子也在长大，个人逐渐能够独立解决学习与生活上的困难，此时父母除了提供物质资源之外，实际参与学习指导的机会逐渐减少，因此家庭影响会越来越弱，特别是进入大学以后，基本都是离家住校，此时家长即使想干预子女学习也鞭长莫及。[①]

二、教育扩张与教育机会不平等的变迁

从 20 世纪 80 年代开始，许多国家都掀起了一轮教育改革与扩张的浪潮，我们可以先来看一张图，图 8－3 的横坐标是被访者的年龄，以十年为一同期群。我们发现，在绝大多数国家（除了美国），越晚出生的同期群，平均受教育年限越高，说明在这段时间里，这些国家都出现了教育机会规模的扩张。西方发达国家的平均受教育年限都已达到 12 年以上，意味着大多数公民能够接受高等教育；虽然中国的教育发展起步较晚，但近几十年发展非常快，而且这个发展势头还在延续。那么，教育扩张对教育机会不平等有何影响呢？

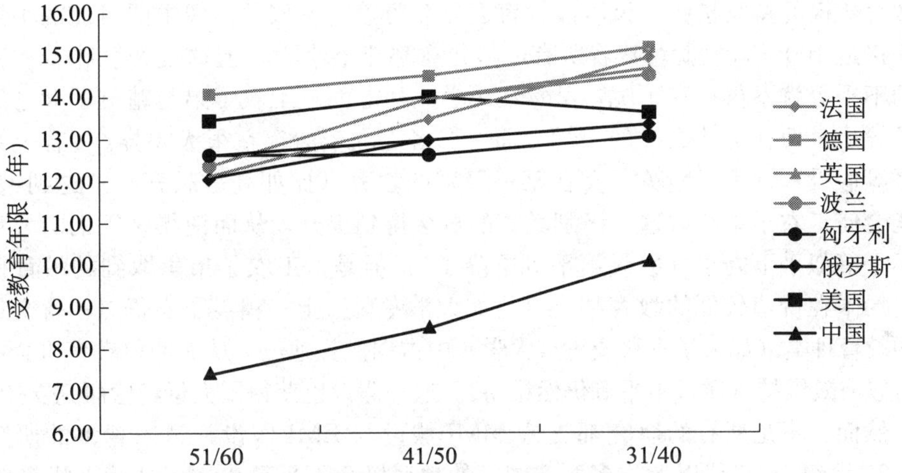

图 8－3　各国不同同期群平均受教育年限变化

在现代化理论看来，因为教育扩张是经济发展的结果，所以伴随教育扩张的则是经济技术理性的弥散。经济技术理性的最大特点就是追求经济效率最大化，为此，在选拔人才的时候，就应该选择那些有才能和勤奋努力的人，而不管他们的家庭背景是怎样的。毫无疑问，教育选拔也是人才选拔的一种，在选择谁能进一步升学时，越来越看重的是学生的个人能力和努力，而不是他们的家庭背景，因此，教育扩张所增加的教育机会将在不同阶层家庭中平等分配，从而促使教育机会分配的平等化。

现代化理论的预测遭到结构主义学者的反对，他们认为，教育扩张所带来的大量教育机会主要被精英阶层子女获得，因为他们的家庭占有更多社会资源（包

---

① LUCAS S R. Selective，Attrition in a newly hostile regime：the case of 1980 sophomores. Social Forces，1996，75（2）：511－533.

括文化、经济、社会等各方面资源），因此能够通过文化再生产、资源转化、理性选择等各种机制获得更多教育机会。这一观点的代表性理论即“最大化维持不平等假设”（maximally maintained inequality，简称 MMI 假设），该假设认为：“只有当精英阶层在特定教育阶段的教育需求达到饱和状态的时候，基于阶层出身的不平等才会下降，否则不平等将继续维持和扩大。”[①] 以高中为例，假如精英阶层子女只有 40%能进入高中，此时扩大高中规模，那么，增加的高中机会将主要被精英阶层子女获得；但是，当精英阶层子女中有 90%能上高中后，高中规模继续扩大，那么，增加的高中机会将主要被工农子弟获得。1993 年出版的《永恒的不平等》（*Persistent Inequality*）一书，比较分析了 13 个国家和地区的教育机会不平等变化情况，包括美国、联邦德国、荷兰、瑞典、英国、意大利、瑞士、中国台湾、日本、捷克斯洛伐克、匈牙利、波兰和以色列，比较研究发现，除了瑞典与荷兰以外，其他国家和地区的情况基本都符合 MMI 假设的预测。[②]

在 MMI 假设的基础上，有学者进一步提出了“有效维持不平等假设”（effectively maintained inequality，简称 EMI 假设）[③]。这一假设是指，随着某一阶段教育规模的持续扩张，该阶段教育迟早会覆盖所有孩子，像中国目前的小学入学率接近 100%，也就意味着所有适龄儿童都能上小学，但这是否意味着教育机会的不平等就不再存在了呢？虽然在小学入学方面，工农子弟与精英子女已经没有差异了，但在上什么样的小学方面，二者之间依然存在很大差异。“有效维持不平等假设”认为，精英子女在某一级别的教育（比如高等教育）中达到饱和，可能会使工农子弟获取这一级别教育的机会得到提升，从而使得该级别的教育机会不平等似乎下降了（数量不平等下降了），但是，工农子弟争取到的教育机会主要局限在价值较低的教育种类（比如大学专科）上，精英子女仍然在含金量更高的教育种类（如大学本科或重点大学）中占据优势地位，从而使得教育机会不平等得以有效维持（质量不平等仍然维持）。这一假设也获得了大量经验研究支持。[④]

然而，不是所有的研究都支持 MMI 假设与 EMI 假设，越来越多的研究发现，20 世纪 70 年代以后许多西方国家的教育机会不平等出现了持续下降趋势。[⑤]

---

① RAFTERY A E，HOUT M. Maximally maintained inequality：expansion，reform，and opportunity in Irish education，1921 - 75. Sociology of Education，1993，66（1）：41 - 62.

② SHAVIT Y，BLOSSFELD H P. Persistent inequality：changing educational attainment in thirteen countries. Social inequality series. Boulder：Westview Press，1993.

③ LUCAS S R. Effectively maintained inequality：education transitions，track mobility，and social background effects. American Journal of Sociology，2001，106（6）：1642 - 1690.

④ MARKS G N. Evaluating effectively maintained inequality：school and post-school transitions，socioeconomic background，academic ability and curricular placement. Social Science Research，2013，42：1635 - 1649；KATRŇÁK T，SIMONOVÁ N，FÓNADOVÁ L. From quantitative to qualitative differences：testing MMI and EMI in the Czech secondary school system in the first decade of the 21st century. Research in Social Stratification and Mobility，2016，46：157 - 171.

⑤ KUO H D，HAUSER R M. Trends in family effects on the education of black and white brothers. Sociology of Education，1995，68：136 - 160；SHAVIT Y，WESTERBEEK K. Educational stratification in Italy：reforms，expansion，and equality of opportunity. European Sociological Review，1998，14：33 - 47.

一项研究在综合比较了欧洲八个国家后发现，这些国家的教育机会不平等都在持续下降。当然，这些学者也不认为教育机会不平等的下降就是教育扩张引起的，他们强调社会福利政策的作用。二战以后，各国经济的快速发展、福利国家的建立以及家庭规模的缩小等都使得工农阶层的生活环境大大改善，与此同时，教育成本大大下降，使得工农阶层的教育期望也大幅上升，这些因素共同降低了家庭对其子女教育获得的影响。[①] 这种观点可以视为一种制度主义观点。制度主义还认为，除了社会福利政策以外，教育制度本身也会影响一个国家的教育机会不平等，其中一个重要的表现是教育系统的标准化程度。

所谓教育系统的标准化，就是一个国家各个地区的教学内容、学业考核方式、学校资源等方面是否一致。[②] 有的国家标准化程度很低，各个地方乃至各个学校的授课内容都不一样，如美国；有的国家则相对较高，如法国。[③] 一般而言，教育系统标准化程度越高，越能抑制家庭阶层背景在教育过程中的影响，从而促进教育平等[④]，这是因为在标准化考试下，考核内容通常来自课堂或教材，此时学生的努力程度会对考试成绩具有决定性影响，而家庭文化资本的作用则会被削弱。

综上所述，我们从现代化理论、结构主义与制度主义三个角度讨论了教育扩张与教育机会不平等的关系。现代化理论乐观地认为，教育扩张能够降低教育机会不平等，但结构主义与制度主义均认为二者没有显著关系。结构主义强调社会结构不平等决定了教育机会不平等，只要社会结构不改变，那么教育机会不平等就不会改变。制度主义则强调，社会政策或教育制度可以改变文化再生产、资源转化与理性选择等机制的作用，从而改变教育机会不平等。到目前为止，我们介绍的内容主要是以西方社会经验为基础的，下面则转向中国，来看看我国教育机会不平等的现状及其变迁。

第四节
当代中国的教育分层

中国文化一向重视教育，大多数家庭会倾尽全力投入子女的教育中，而且这

---

① BREEN R，LUIJKX R，MULLER W. Nonpersistent inequality in educational attainment：evidence from eight European countries. American Journal of Sociology，2009，114（5）：1475－1521.

② WERFHORST H G，MIJS J J B. Achievement inequality and the institutional structure of educational systems：a comparative perspective. Annual Review of Sociology，2010，36：407－428.

③ 柯克霍夫．从比较角度看学校到工作的过渡//哈里楠．教育社会学手册．上海：华东师范大学出版社，2004：596－626.

④ BYUN S Y，SCHOFER E，KIM K K. Revisiting the role of cultural capital in East Asian educational systems：the case of South Korea. Sociology of Education，2012，85（3）；XU J，HAMPDEN-THOMPSON G. Cultural reproduction，cultural mobility，cultural resources，or trivial effect? A comparative approach to cultural capital and educational performance. Comparative Education Review，2011，56（1）.

种文化观念不仅仅局限于本土，国外的华裔也认同之。正因为中国人十分看重教育，教育机会不平等的变化就格外引人注目。例如，2016 年，当国家试图调整江苏省高考录取名额时，就引起了当地家长的强烈反应。[①] 在国内社会分层与流动研究中，教育机会不平等是近年来发展最为迅速的一个领域，这些研究普遍承认教育机会不平等确实存在，国外所发现的那些影响机制在中国基本也适用。[②] 此节主要关注两个方面的内容：其一，伴随我国社会经济体制的重大变迁，教育机会不平等发生了什么样的变化？其二，中国教育系统内部已经明显区分出学术教育与职业教育、重点学校与非重点学校两条路径，这种教育分流对教育机会不平等有什么影响？

一、我国教育机会不平等的变迁

中国教育机会不平等的变迁，以 1978 年开始经济体制改革为界，可以分为两个问题：改革前，社会主义国家激进的“去分层化”政策能否抑制教育机会不平等？改革后，随着“去分层化”政策的取消，教育规模迅速扩张，这种教育规模扩张对教育机会不平等有何影响？

许多研究发现，社会主义国家出于意识形态上的考虑，往往会对教育机会的分配进行直接干预，它们不但采取低学费或免学费、普及基础教育等手段，而且使用配额的方式优先录取工农子弟，如在“文革”时期，家庭阶级出身有时候是学生能否上大学的决定性因素。这种激进的“去分层化”政策确实有效，在改革开放之前的三十年里，中国的教育机会分配极其平等，家庭背景与教育获得之间的关联微弱，并在“文革”时期达到顶点。[③] 有学者发现，教育机会不平等在“文革”后期开始有所恢复[④]，那么，这是否意味着以往被压抑的教育机会不平等会随着经济改革而迅速反弹呢？

图 8－4 给出了我国各级教育的入学率与升学率，从中可以看到，2015 年，

---

① http：//china. caixin. com/2016－05－14/100943617. html.

② 洪岩璧，赵延东．从资本到惯习：中国城市家庭教育模式的阶层分化．社会学研究，2014（4）；李锋亮，侯龙龙，文东茅．父母教育背景对子女在高校中学习与社会活动的影响．社会，2006（1）；李忠路．家庭背景、学业表现与研究生教育机会获得．社会，2016（3）；吴愈晓，黄超，黄苏雯．家庭、学校与文化的双重再生产：文化资本效应的异质性分析．社会发展研究，2017（3）；赵延东，洪岩璧．社会资本与教育获得——网络资源与社会闭合的视角．社会学研究，2012（5）；侯利明．地位下降回避还是学历下降回避——教育不平等生成机制再探讨（1978—2006）．社会学研究，2015（2）；王进，汪宁宁．教育选择：理性还是文化——基于广州市的实证调查．社会学研究，2013（3）．

③ DENG Z，TREIMAN D J. The impact of the cultural revolution on trends in educational attainment in the People's Republic of China. American Journal of Sociology，1997，103（2）：391－428；李春玲．社会政治变迁与教育机会不平等——家庭背景及制度因素对教育获得的影响（1940—2001）．中国社会科学，2003（3）．

④ 刘精明．“文革”事件对入学、升学模式的影响．社会学研究，1999（6）；ZHOU X G，LI R H. Children of the cultural revolution：the state and the life course in the People's Republic of China. American Sociological Review，1999，64（1）：12－36.

小学入学率与升学率分别达到 99.9%和 98.2%，这说明我国义务教育已经基本普及，因此，基础教育的机会不平等得到很大改善①，当然，这仅仅体现在“数量上的不平等”的改善上。如果考虑小学与初中的学校质量，那么精英阶层子女显然更有可能进入重点小学和初中。此外，与“文革”时期相比，高等教育的机会不平等在改革开放初期确实快速上升，从 1998 年开始，我国实行大学扩招政策，高中升学率迅速提高，高等教育的机会不平等出现了分化，大学专科教育的机会不平等在此时期出现了下降，但大学本科教育的机会不平等不仅未下降，反而有所上升。② 这可能意味着，精英阶层为了获得价值更高的本科教育，主动放弃了专科教育的竞争，从而使得工农阶层子女能够获得更多进入大专学校的机会。

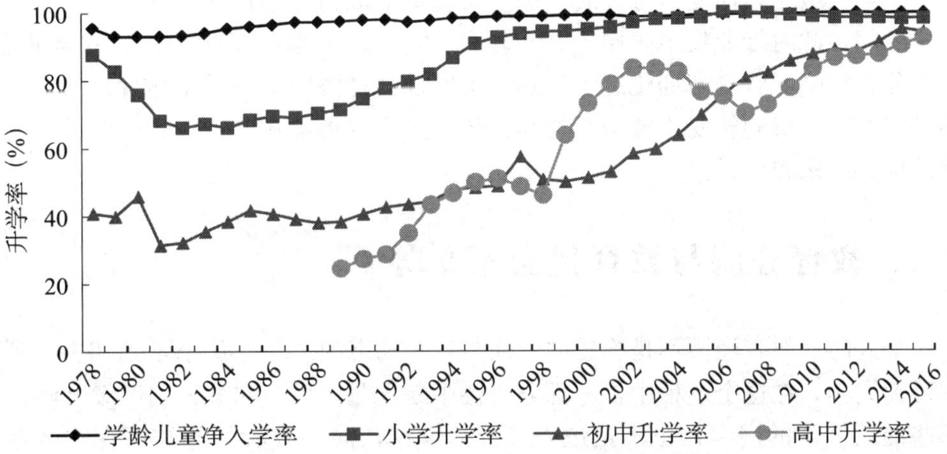

图 8-4　我国各级学校入学率与升学率的变化（1978—2016 年）

注：初中升高级中学包含升入技工学校；高中升学率为普通高校招生数（含电大普通班）与普通高中毕业生数之比。

资料来源：http：//data. stats. gov. cn/easyquery. htm? cn＝C01.

对于精英阶层还可以做进一步的分析。精英阶层包括管理者阶层与专业技术阶层，二者所拥有的社会资源是不一样的，前者掌握更多经济资源，后者拥有更多文化资本，那么不同精英阶层的优势变化是否一样呢？总的说来，文化资本内在于父母自身，别人很难予以剥夺，只要外在环境不是极端恶劣，父母总能通过言传身教把文化资本传递给子女，因此，文化再生产过程相对比较稳定，其所产生的不平等效应具有更强的持续性和稳定性。“文革”时期，尽管许多专业技术

① 刘精明．中国基础教育领域中的机会不平等及其变化．中国社会科学，2008（5）．

② 李春玲．高等教育扩张与教育机会不平等——高校扩招的平等化效应考查．社会学研究，2010（3）；李煜．制度变迁与教育不平等的产生机制——中国城市子女的教育获得（1966—2003）．中国社会科学，2006（4）；郝大海．中国城市教育分层研究（1949—2003）．中国社会科学，2007（6）；刘精明．高等教育扩展与入学机会差异：1978—2003. 社会，2006（3）；吴晓刚．1990—2000 年中国的经济转型、学校扩招和教育不平等．社会，2009（5）．

阶层父母受到冲击，但家庭内部的文化资本传承并没有中断，只不过当时教育选拔非常看重家庭阶级出身，导致很多专业技术阶层子女难以获得教育机会，一旦通过正式考试进行教育选拔，专业技术阶层子女就因为具有更多文化资本而率先在教育选拔中脱颖而出。①

与文化资本相反，家庭经济资本的多少与外在的劳动力市场、制度环境以及其他社会环境的变化有密切联系。当外部环境发生变化时，父母所拥有的经济资本就容易随之变化，进而影响子女的教育机会。至于是变得更平等还是不平等，取决于外在环境的具体变化情况。总的来看，随着经济改革的深化，我国居民收入与财富不平等日益扩大，管理阶层的经济资本优势扩大尤其明显，这进而有助于他们的子女获得更多更好的教育机会。②

一言以蔽之，恢复高考以后，家庭文化资本成为改革初期教育机会不平等的主要原因，此时专业技术阶层子女在教育获得上率先取得了优势；1992 年以后，社会分化加剧，教育市场化进程加速，家庭社会经济资本的效用显现，教育机会不平等的产生机制转变为资源转化与文化再生产双重模式并存，此时管理阶层子女的优势越来越明显。

二、教育分流与教育机会不平等

个人的受教育经历不是静态的，而是一个动态的过程，从小学到初中，到高中再到大学，在这个过程中，一部分人会中断学习，另一部分人则继续升学。而那些继续升学的同学，也不是进入相同的学校，同一阶段的学校还存在教育分化现象。我国教育系统的分化主要表现为两个维度。一是学术教育与职业教育的分轨，高中阶段分为普通高中和职业高中（包括技校与中专），大学阶段分为高等职业教育和普通高等教育。在大多数国家，学术教育轨道通常面向大学或更高的教育，目的是培养精英人才；而职业教育轨道则直接面向劳动力市场，目的是培养普通的技术人员或职员，因此学术教育通常被看作质量更高的教育。

教育系统分化的第二个维度体现为重点学校与普通学校的分化。新中国成立初期，教育事业的发展面临着公平与效率的矛盾：一方面要普及教育，提高整体国民素质，扩大所有人受教育的机会；另一方面如果把教育资源平均分配到每一个人，那么人均资源是非常少的，不足以培养国家为了实现现代化而急需的大量专业技术人才。为处理这一矛盾，逐渐形成了重点学校制度，即在照顾大部分人的基础教育需求的同时，集中稀缺教育资源培养国家需要的高级人才。20 世纪

① 郝大海．中国城市教育分层研究（1949—2003）．中国社会科学，2007（6）；刘精明．中国基础教育领域中的机会不平等及其变化．中国社会科学，2008（5）．

② 李煜．制度变迁与教育不平等的产生机制——中国城市子女的教育获得（1966—2003）．中国社会科学，2006（4）；吴晓刚．1990—2000 年中国的经济转型、学校扩招和教育不平等．社会，2009（5）．

90年代中期，虽然教育部门开始认识到重点学校制度对教育公平的负面影响，并明确取消义务教育阶段的重点学校制度，但重点学校仍“名亡实存”，或者以其他名义（如实验学校、示范学校、一级学校等）存在，形成了一种“没有重点学校的重点学校制度”。[①]

学术教育相对于职业教育，重点学校相对于普通学校，前者的资金设施、师资力量、学校环境等都要更加优越，学生一旦进入高质量的学校，就有更大机会进入更高一级的教育阶段。这一过程就形成了教育分流，即“依据学生的学业考试成绩和学术取向测试，将学生分门别类，使之进入不同的学校和课程轨道，并按照不同的要求和标准，采用不同的方法，教授不同的内容，使之成为不同规格和类型的人才”[②]。

教育分流意味着社会选拔，为学生从事不同职业和进入不同社会阶层奠定基础，故人们会在每级向上流动的过程中激烈竞争，不仅要向高一级教育阶段流动，而且要向质量高的学校流动。但是，教育分流到底加剧了教育机会不平等还是减弱了教育机会不平等，目前还存在争论。有研究者认为，重点学校，特别是县级重点中学，是来自农村或小城镇的学生进入精英大学的重要通道，从而为工农阶层的孩子提供了向上流动的机会。[③] 反对者则强调，重点学校集中了更多优质资源，而精英阶层子女更可能进入重点学校，从而享受这些资源带来的好处，因此重点学校制度无疑加剧了教育的城乡、地区和阶层差距。[④]

教育作为社会流动的重要一环，教育机会不平等一直受到高度关注，而且相关研究也汗牛充栋，本章仅仅对其中的一小部分做了简单勾勒。我们先介绍了教育机会不平等的基本概念与类型以及教育机会不平等的形成与变迁的相关理论，然后则详细回顾了中国的相关经验情况。尽管有学者发现，当前中国高等教育机会分配中起主导影响的是能力标准[⑤]，但我们始终希望把家庭出身的影响降到最低。从现有研究来看，教育发展与扩张无疑是满足更多人实现教育权利的一种有效手段，但这能否降低教育机会不平等则是值得商榷的。教育机会不平等与家庭资源差异密切关联，而且根植于现有的社会结构不平等之中。要想降低教育机会不平等，恐怕只有通过更有效的社会政策或教育制度，以降低社会结构的不平等程度或者压缩家庭资源的作用空间。

◎复习思考题

1. 文化再生产理论的基本内容是什么？

---

① 吴愈晓．教育分流体制与中国的教育分层（1978—2008）．社会学研究，2013（4）．

② 方长春，风笑天．家庭背景与教育分流：教育分流过程中的非学业性因素分析．社会，2005（4）．

③ 梁晨，张浩，李中清，等．无声的革命：北京大学、苏州大学学生社会来源研究（1949—2002）．北京：三联书店，2013．

④ 唐俊超．输在起跑线——再议中国社会的教育不平等（1978—2008）．社会学研究，2015（3）；吴愈晓．教育分流体制与中国的教育分层（1978—2008）．社会学研究，2013（4）；吴晓刚．中国当代的高等教育，精英形成与社会分层——来自“首都大学生成长追踪调查”的初步发现．社会，2016（3）．

⑤ 刘精明．能力与出身：高等教育入学机会分配的机制分析．中国社会科学，2014（8）．

2. 理性选择理论的基本假设是什么?
3. 教育机会不平等变迁的分析视角有哪些?基本观点是怎样的?
4. 我国教育机会不平等及其变迁有什么特点?

◎推荐阅读文献

拉鲁. 不平等的童年. 北京:北京大学出版社,2010.

威利斯. 学做工:工人阶级子弟为何继承父业. 南京:译林出版社,2013.

布尔迪约. 国家精英——名牌大学与群体精神. 北京:商务印书馆,2004.

梁晨,张浩,李中清,等. 无声的革命:北京大学、苏州大学学生社会来源研究(1949—2002). 北京:三联书店,2013.

帕特南. 我们的孩子. 北京:中国政法大学出版社,2017.

SHAVIT Y, BLOSSFELD H P. Persistent inequality: changing educational attainment in thirteen countries. Boulder: Westview Press, 1993.

第九章

收入与社会分层

【本章要点】

收入不平等主要指国民收入在居民内部的不均衡分配。收入不平等是一种结果不均等的表现。

- 收入不平等的测量主要有分组法和基尼系数法，其中基尼系数满足刻度稳定性和转移支付原则，且因直观性和简洁性等优点被世界各国和国际组织广泛采用。
- 导致收入不平等及其变化的原因是多方面的，阶级理论、经济与市场因素、制度因素是对收入不平等的几种主要理论解释。
- 库兹涅茨曲线认为工业化过程中收入分配的不平等程度与经济发展程度呈倒“U”型变化趋势。主要发达国家在二战后不平等程度下降，但20世纪70年代以后收入不平等程度又开始上升。
- 收入不平等对社会成员的消费行为、健康状况、社会态度以及整个社会的稳定性都有着重要影响。
- 中国的收入不平等程度在改革开放以后迅速上升并保持在相对较高的位置，中国的收入不平等主要表现为制度分割导致的户籍、城乡、地区以及行业不平等。

【关键概念】

◇收入不平等 ◇基尼系数 ◇初次分配 ◇库兹涅茨曲线

2016 年 7 月，美国男子职业篮球联盟（NBA）宣布将球队工资限制总额（工资帽）从 7 000 万美元上涨到超过 9 400 万美元[①]，这直接导致了 NBA 各种天价合同的产生，使得 NBA 成为全球平均工资最高的体育类联盟。2016—2017 赛季，有接近 30 名 NBA 球员的年薪超过了 2 000 万美元，这是绝大多数普通民众难以企及的高收入。从职业平均状况来看，2017 年，美国平均收入最高的职业是麻醉医师，年收入超过 26 万美元，而快餐店服务人员的平均年收入只有两万美元左右。[②] 最低收入职业与最高收入职业间的收入差距达到十几倍。

在中国，金融行业高管薪酬排行榜显示，2016 年中国金融行业年薪排名前三百的高管收入均在 180 万元以上，其中最高年薪超过了 1 500 万元。而同一年，人社部公布的北京城市月最低工资标准为 1 890 元，上海则为 2 190 元。在广大农村，还有着众多集中连片的贫困地区和超过四千万的贫困人口，这些人的年收入在 2 300 元以下。

由此可见，收入不平等广泛存在于不同国家和不同地区以及不同职业之中。

收入，一直是社会分层最为重要和直接的衡量指标。收入不平等不仅是社会分层出现的原因，也对社会分层的结果产生很大影响，即收入不平等可能进一步带来健康状况、教育机会等方面的不平等，从而进一步促成社会分层的再生产机制。那么，收入不平等如何测量？由什么原因导致？各国收入不平等的状况及其发展变化如何？收入不平等对于社会分层又有着哪些方面的影响？这些都是本章需要讨论的内容。

第一节 基本概念与测量

一、基本概念

社会成员在经济上的不平等主要包含两个方面，一是收入分配的不平等，二是财富分配的不平等。前者表示的是增量，后者表示的是存量。两者之间存在很强的关联，但并不完全相同。一般而言，一个社会财富不平等的程度要大于收入不平等的程度。本章所讨论的主要是收入分配的不平等问题，分析过程中也可能部分涉及社会财富的分配。在分析收入不平等之前，需要先了解几个收入概念。

国民收入（national income）是指物质生产部门的劳动者在一定时期内所创造的价值，是一国生产要素（包括土地、劳动、资本、企业家才能等）所有者在

---

① http：//www. nba. com/2016/news/07/02/nba-salary-cap-set/.

② https：//www. bls. gov/oes/current/oes _ nat. htm＃00 - 0000.

一定时期内提供生产要素所得的报酬，即工资、利息、租金和利润等的总和。根据生产要素所有者的类型，国民收入包括企业收入、政府收入与居民收入。如果居民收入占国民收入的比重过低，说明资本以及其他要素的回报偏高，资本所有者相对人力资本所有者更占优势，收入分配的公平性受到影响。

就居民收入而言，居民收入分为总收入与可支配收入，居民总收入是由工资性收入、经营性收入、财产性收入与转移性收入共同组成的。工资性收入，即劳动者的劳动报酬；经营性收入，即个人或家庭在从事生产经营活动时取得的收入；财产性收入，即家庭拥有的银行存款、有价证券和不动产等资产所获得的收入，包括利息、租金等；转移性收入，包括国家、单位、社会团体对居民家庭的各种转移支付和居民家庭间的收入转移，如离退休金、住房公积金、赠送收入等。总收入减去个人所得税和社会保障缴费，就形成了居民家庭的可支配收入。考虑到可支配收入才是家庭最终用于消费和积累的收入，因此在讨论居民收入分配的不平等时，一般讨论的是可支配收入不平等。

二、收入不平等的测量

如何测量收入不平等呢？经济学中，一项好的测量经济不平等的指标应满足两个原则：一是刻度稳定性，即每个人的收入都乘上一个常数，整体不平等的程度不变；二是转移支付原则，即从富人手中向穷人转移任意数量的收入，只要不改变两者的相对顺序，则不平等的程度将会下降。[①] 收入不平等至今已经发展出多种测量方式。我们可以将其大致归为两类，第一类是实证测度，第二类是规范测度，两者的区别在于是否明显地使用了社会福利的理论[②]。实证测度仅从收入不平等程度本身的测量出发，最简单的一个例子就是收入极值（最大值与最小值）的比较，其他如方差和基尼系数也属于此类。更复杂一点的是从信息论借鉴过来的“熵”测度如泰尔（Theil）指数。规范测度在福利经济学理论的基础上发展而来，考虑了社会福利与不平等分配带来的福利损失之间的关系，这类指标统称为阿特金森（Atkinson）指数。[③]

与相对复杂的各类指数相比，使用更多、最为常见的收入不平等测量方法是分组法以及基尼系数法。

（一）分组法

分组法按照收入高低把社会成员分成若干组，然后看各组收入占全体收入的比重，如收入最高的1%的人口总收入占全体居民总收入的比重。常见的分组方式有二分法、五分法和十分法。一般而言，最高组收入占全体收入的比重越高，

① 齐亚强．收入不平等与健康．北京：知识产权出版社，2012.

② 森．论经济不平等．北京：中国人民大学出版社，2015.

③ 王弟海，龚六堂．持续性不平等的原因及其动态演化综述．经济学（季刊），2008（2）.

则收入不平等的程度越严重。例如，一个国家收入最高的20%的群体收入占国民总收入的比重为50%，意味着该国五分之一的人占据了全国一半的收入。如果这一数值不断上升，那么我们可以初步判断该国的贫富分化在不断加剧。

(二) 基尼系数与洛伦兹曲线

另一个常见的不平等测度是基尼系数。考察基尼系数的一个方法是洛伦兹曲线①。

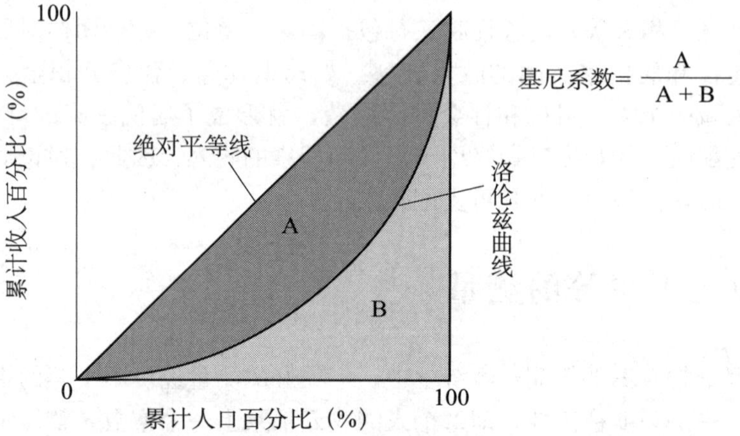

图 9-1 洛伦兹曲线

图 9-1 中，水平轴是按照收入从低到高排序形成的累计人口百分比，垂直轴是累计收入的百分比，即收入最低的 x%的社会成员的总收入占全体收入的百分比。如果收入完全平均，那么洛伦兹曲线就会是一条对角直线。但现实情况是收入越高的人占的收入比重越大，因此洛伦兹曲线会向下弯曲，位于对角线的下方，且越接近最高收入人群，该曲线的斜率也越大。

基尼系数则为图中绝对平等线与洛伦兹曲线形成的闭合区域面积与对角线下方三角区域总面积的比率。

基尼系数考虑到了每两个社会成员之间的收入差距，表达较为直观，且很好地满足了刻度稳定与转移支付原则，不受人口和经济规模的影响。但是这一系数仍有很多缺陷：基尼系数是一个相对数值，无法表示国家间绝对财富的差异，也无法显示社会结构变化对收入不平等的影响。例如孟加拉国和荷兰在2010年的基尼系数相等（均为0.31），但是两国的人均GDP却相差超过20倍。因此基尼系数相同的国家，其生活质量、绝对收入、发展机会、绝对贫困群体比例等情况都可能大不相同。尽管如此，作为衡量社会不平等的最重要指标，基尼系数仍然为世界各国政府以及国际组织所广泛采用。

---

① LORENZ M O. Methods of measuring the concentration of wealth. Publications of the American statistical association，1905，9（70）：209-219.

第二节
收入分层的理论解释

收入不平等在不同社会广泛存在，但不平等的程度存在较大差异。那么，是什么原因导致了收入的不平等？不平等程度的差异又由什么因素所决定呢？前者要回答的问题是，为什么人与人之间的收入有差异？后者要回答的问题是，为什么不同社会的收入不平等程度有差异。自现代社会科学诞生以来，不同领域的学者便对这两个问题投入了巨大的关注，并形成了极为丰富的理论成果。经济学家常常从个体差异、市场和经济的角度阐释收入不平等的原因，而社会学家更加关注结构差异和制度因素对于不同人群收入的影响。

一、收入差异的形成

（一）工作与收入差异

在现代社会，人们的收入主要来源于工作，所以收入获得与其工作获得有密切关系。第七章已经从人力资本、社会关系网络、劳动力市场结构等多个角度介绍了人们职业地位获得的影响因素，而这些因素显然也会影响到人们的收入。依据人力资本理论与社会资本理论，人们的人力资本与社会资本越高，收入也会相应地更高。而从劳动力市场分割理论来看，首要劳动力市场的平均收入要高于次要劳动力市场，与此同时，劳动力市场结构还会影响人力资本回报与社会资本回报的强度，例如，大量研究显示，首要劳动力市场中的人力资本回报要高于次要劳动力市场[①]，也就是说，相比于次要劳动力市场，首要劳动力市场更加重视高学历员工，因此高学历员工与低学历员工的收入差距要大于前者。

（二）阶级与收入差异

还有一部分社会学者认为人们的收入取决于阶级位置，如果说工作之间的收入差异是劳动与技术分工导致的，那么阶级之间的收入差异更多来源于社会关系的不平等。阶级分析的视角由马克思开创，并在提出后不断得到发展。正如第一章与第二章中关于阶级分析理论的介绍，马克思主义的阶级理论从社会关系的角度研究不平等问题，并根据资本主义市场经济中生产资料的占有情况，将人群分为资产阶级与无产阶级两大相互对立的阶级，而收入不平等只是社会关系不平等的一个结果。那么，收入不平等是如何通过生产资料的占有和阶级分化实现的？

---

① SAKAMOTO A，CHEN M C. Inequality and attainment in a dual labor market. American Sociological Review，1991，56（3）：295－308；吴愈晓．劳动力市场分割，职业流动与城市劳动者经济地位获得的二元路径模式．中国社会科学，2011：119－137.

马克思用剩余价值理论解释了这一过程。

剩余价值理论认为，资本家的资本可以分为两个部分：可变资本——用于购买工人劳动力的资本；不变资本——用于购买原料和机器设备的资本。工人的劳动时间亦可以分为两个部分，即必要劳动时间和剩余劳动时间。前者指劳动者为维持自己以及家庭生活所需要的劳动时间，后者则为超出上述范围的劳动时间。资本家付给工人的工资，仅够支付必要劳动时间的报酬，从而实现劳动力价值的再生产，剩余劳动时间中工人相当于无偿为资本家打工，资本家借此剥削工人的剩余价值并实现价值增值。为了更进一步剥削工人的剩余价值，赚取更多利润，资本家或强迫工人延长劳动时间、增加劳动强度，或通过改进生产技术来缩短必要劳动时间。前者称为“绝对剩余价值”，后者称为“相对剩余价值”。工人的工资一直被控制在仅能维持基本生活需要的水平，而资本家的财富却在不断增长，收入不平等因此不断扩大。①

韦伯的阶级理论同样认为阶级会导致收入不平等。韦伯强调了经济领域的权力即市场机会占有方面的差别，而这一差别通过社会封闭（social closure）的机制得以强化。② 在市场中占有优势地位的群体会通过对经济机会的垄断排斥较低阶级的群体，从而巩固和加强自身优势。如医生职业团体组成行业协会，通过提高获得医学执业资格的准入门槛，增加获取执照的成本，控制进入医生行业的群体规模，从而限制了医疗服务的供应，维持了医生群体的高收入。

不论是后续新马克思主义者赖特的“多元资产剥削”阶级结构框架，还是EGP阶级图式，都是对于马克思和韦伯阶级分析的进一步发展。这些阶级类别实际上都暗含了收入上的差距以及收入不平等形成的阶级逻辑（详见第二章）。

二、收入不平等的宏观影响因素

虽然在各个社会中，人们的收入获得都受到上述因素的影响，但是，我们依然发现，不同社会的收入不平等程度有明显不同，有的国家的收入基尼系数高达0.5以上，如南非；有的国家的收入基尼系数则不到0.3，如挪威与瑞典。那么，这些差异是由哪些宏观因素影响的呢？

（一）市场与经济因素

当代经济学家对收入不平等的解释主要集中在市场与经济发展方面。收入不平等虽然自古有之，但是现代社会的不平等表现出许多与以往截然不同的特点，这与现代市场制度以及经济发展模式有着密切的关联。其中经济增长、全球化、技术变革以及资本市场扩张被认为是几个影响不平等的主要因素。

---

① 马克思，恩格斯．马克思恩格斯全集：第44卷．北京：人民出版社，2003．

② 韦伯．经济与社会（下册）．北京：商务印书馆，1997．

1. 经济增长

对一个社会来说，经济增长问题涉及如何将蛋糕做大，而收入分配则涉及如何分割蛋糕。换言之，两者之间是公平与效率的关系。一种观点认为市场竞争必然会造成不平等，而不平等则会形成激励机制，从而促进生产效率的提高。这一观点将公平与效率视为相互对立的两方面，两者只能选其一，即收入不平等是经济发展的必然后果，且对经济增长起到推动作用，减小收入不平等会以降低激励、减少经济产出、牺牲经济增长为代价。有一种经济学理论被称为"涓滴经济学"(trickle-down economics)，它认为，就像水逐渐向下涓滴一样，给予上层群体更多的利益有助于做大蛋糕，增加全社会的效益，结果是每个人都能分到更多，这就是所谓的"涓滴效应"。因此，社会应该对收入不平等持容忍或支持的态度。

然而支持不平等的观点受到多方面的质疑。首先，收入不平等的发展会加剧社会矛盾，持续的贫困会使社会底层丧失提高效率的动力，因此效率与公平并非截然对立，公平的缺失同样会影响效率的提升。其次，经济增长是否一定会惠及底层民众仍然是一个疑问。一方面，底层民众的绝对收入也许没有下降，但相对收入的下降同样会使收入差距拉大，相对剥夺感加强；另一方面，财富的涓滴并非自然而然的结果，在一个扭曲的市场环境中，市场所提供的激励可能不是引向创造新财富，而是攫取他人的财富。① 例如2008年的经济危机中，尽管华尔街的银行业亏损严重，很多投资者血本无归，但是金融高管依然获得了高额奖金。

经济学家很早就注意到经济发展阶段与收入不平等的联系。1955年，美国经济学家库兹涅茨提出收入分配差距随经济发展水平的提高呈现先上升后下降的倒"U"型趋势，这一关系曲线被称为"库兹涅茨曲线"。② 例如，从农业社会向工业社会转变的过程中，由于工业财富的聚集和新兴部门的发展，收入不平等会急剧上升，而伴随工业化的推进、民主政治的扩张以及经济保护机构的增加，收入不平等将在工业化后期由峰值走向下降。③ 之后一系列的经验研究都支持了收入不平等与经济发展的倒"U"型关系。但近年来的研究则显示西方国家不平等的下降趋势发生了逆转，许多发达国家的收入不平等不仅没有随经济发展下降，反而出现显著上升。为了解释这一现象，学者将目光投向了其他可能导致不平等的因素。

2. 全球化

经济全球化的进程在二战以后显著加快，商品、服务、资本等在全球市场流通，世界经济日益连接成为一个整体。全球化不只是加强了不同国家与地区之间的交流，同样会带来不平等格局的变化。本教材第十五章将专门分析全球化过程中的社会不平等问题，这里仅想指出全球化对收入不平等的影响。

---

① 斯蒂格利茨．不平等的代价．北京：机械工业出版社，2013.

② KUZNETS S. Economic growth and income inequality. American Economic Review，1955，45(1)：1-28.

③ 德雷南．不平等的收入．北京：机械工业出版社，2017.

首先，由于全球化是基于原来就存在的国际上的不平等结构发展起来的，因此，发达国家与发展中国家间的贸易实质上是一种不平等的交换，这加剧了国与国之间的不平等，也加深了第三世界国家的贫困化。其次，对发达国家来说，全球化使得其国内劳动力面临与全球劳动力的竞争，使得这些国家的非技术工人的就业机会和收入受到一定影响，从而加大了技术工人与非技术工人的收入差距。2016 年美国总统大选中特朗普意外击败希拉里，部分原因就在于特朗普贸易保护主义的立场赢得了美国传统制造业衰落地区所谓“铁锈地带”选民的支持。

3. 技术变革

全球化对收入不平等的影响与技术变革是紧密联系在一起的。科技的发展推动了产业的变革和升级，技术进步和劳动生产率的提高使得各行业对于技术工人的需求大大增加，而一些程序化的工作则逐渐为机器取代。一般而言，一些行业的消失往往伴随着其他新兴行业的涌现，因此衰落行业的从业者可以流动到其他行业获得新的工作，而整个经济则会继续平稳发展。但是技术进步产生的新行业往往具有较高的门槛，需要与之前完全不同的劳动技能或是位于完全不同的地点，这些都使得那些不具备相应技能或没有机会接受培训掌握相应技能的群体在失业之后很难找到新的工作，从而陷入收入的最底层，甚至丧失了收入。我们可以看到很多随技术发展而消失的职业，如打字员、电话接线员、板车工人等。有些职业虽然并未消失，但规模可能会不断缩减，例如工厂流水线上的工人。随着全自动机器人的使用，这些工人可能面临失业，并且因为没有其他技能而难以找到合适的工作。

技术工人与非技术工人的工资不平等由于经济全球化而进一步加剧。国际贸易使发达国家越来越倾向于发展专业化的技术密集型产业，这进一步加大了对于技术工人的需求，而技术工人的增加又使得这些产业倾向于开发更多需要技术工人的技术，由此达成一种技术工人需求的正向循环。所以技术虽然是中性的，但是技术投入生产领域则会产生一种内生性的偏向，被称为“技术偏见型生产变革”（SBTC）。一些技术进步可能使技术工人的生产率大幅提升，而非技术工人却不再具有生产力，这一过程推动了技术的扩张和工资差距的扩大。①

4. 资本市场

资本市场的扩张以及金融服务业的发展同样可能导致收入不平等的加剧。2008 年全球金融危机爆发的一个重要原因在于：美国政府对高度流动的金融资本缺乏监管。一些学者认为，工人和小企业是这场危机的主要受害者，而危机的始作俑者金融机构反而可以通过购买企业贱卖的资产而从中渔利。② 托马斯·皮凯蒂在《21 世纪资本论》中指出，资本的收益率高于国内生产总值（GDP）的增长率，且资本-收入比率在不断上升，使得国民收入分配中资本持有者的比重

---

① 阿特金森．不平等，我们能做什么．北京：中信出版社，2016.

② 斯蒂格利茨．不平等的代价．北京：机械工业出版社，2013.

上升，而劳动者的收入比重却在下降。[①] 尽管整体上 20 世纪世界各国经济增长率保持了较高水平，使得经济增长率与资本收益率的差距缩小，但是 20 世纪 80 年代以后，随着金融全球化以及国家间资本竞争的加强，两者的差距将进一步拉大，从而加剧了财富集中的程度。

金融服务业的发展从更加具体的层面影响了不同群体的投资回报率。投资的技术性使得金融中介的地位愈发重要，凭借自身技术和地位优势，金融中介可以比个人获得更高的投资回报率。一方面，收入较低的个人只能有较少的财富用于投资；另一方面，由于金融中介需要收取一定的交易费用，个人财富只有积累到一定程度，通过金融中介进行投资才更加合算。因此，高收入群体通过金融中介获得更高的投资回报，低收入群体则无法投资或只能进行个人投资，获得很低的投资回报，收入差距由此不断扩大。

(二) 政治与社会制度因素

市场和经济因素在对不同国家的收入不平等进行解释时往往会面临很大困难，这是由于各国在政治与社会制度方面存在很大的差异。制度对收入不平等的影响主要通过寻租行为、收入再分配等方式实现。

1. 寻租

寻租（rent-seeking）指的是利用资源通过政治过程获得特权，从而构成对他人利益的损害大于租金获得者收益的行为。[②] 权力所有者可以利用权力设立能够获得非生产性经济利益的租金，这一行为称为设租或创租。设租是获得寻租收益的必要条件，例如政府对矿山开采的准入进行限制之后，才产生了官员向试图进入这一领域的采矿企业收取租金的空间。

寻租的形式多种多样，既可以是合法的——如在美国企业花钱游说政府进行补贴，或通过法律手段对竞争对手施加管制，以增加自身更多的市场份额；也可以是非法的——如向政府官员行贿进行利益交换。由于寻租本身并不产生财富，没有增加社会的总产出，因此寻租无疑会降低经济运行的效率，且寻租改变了国民收入的分配状况，自身财富的提高以其他人财富的减少为代价，这就加剧了全社会的收入不平等状况。

权力寻租往往表现为腐败行为。官员可以通过征求和收取“贿赂”或“租金”，运用他们手中的权力向行贿者输送利益。如政府官员将矿山或工厂等国有资产以低价贱卖给私人，购买者凭空获得巨额财富，再将部分财富输送给官员，这就造成了国有资产的流失以及社会收入差距的拉大。另一种寻租的方式则相反，商家以高于市场价的价格将产品卖给政府，同样可以获得超额利润，如通过

---

① 皮凯蒂．21 世纪资本论．北京：中信出版社，2014.

② KRUEGER A O. The political economy of the rent-seeking society. The American Economic Review, 1974, 64 (3): 291 - 303.

买通官员，以高价投标收获政府项目的订单并赚取大额收益。

通过垄断地位也可以获得租金，被称为垄断租金。在没有市场竞争的情况下，垄断者可以开出高于正常水平的价格，而购买者却别无选择。如美国 20 世纪初的石油巨头美孚，通过托拉斯的形式控制了全美大部分的石油开采、加工和销售业务，抬高产品价格，保障了企业的高额利润。虽然各国反垄断法的出台已经使这样的垄断巨头不大可能出现，但一些高科技公司同样能够利用专利法等制度设计，垄断高新技术，向发展中国家的公司收取高额专利费用，长期获取超额利润。如国际医药巨头依靠知识产权保护制度长期售卖高价药品，并限制其他国家开发仿制药以维持其价格，这实质上是一种收取垄断租金的行为。[①]

2. 收入再分配政策

收入再分配是在初次分配的基础上，通过一系列社会机制对国民收入进行再次调节的过程。这些社会机制包括税收、慈善、福利、公共服务以及货币政策等，而实施再分配行为的主体主要是政府。因此，政府的收入再分配政策在很大程度上影响了国民收入分配的最终结果，其中与收入不平等状况紧密相关的是税收制度和社会福利制度。

税收是政府收入的最主要来源，也是政府实施再分配的财政基础。税收对收入再分配的调节可以通过直接税加累进税率的方式实现。直接税是纳税人直接负担的税收，比如企业所得税、个人所得税、房产税、遗产税等。一般认为，发达国家的直接税在收入分配调节中起到了较好的作用。而在累进所得税制中，税率随着数额的增加而增加。例如我国的个人所得税实行超额累进税率，起征点为 5 000 元（2018 年），税率从 3%到 45%不等，因此高收入者要比低收入者负担更高的税率，从而起到调节收入不平等的作用。

社会福利制度的内容涵盖诸多方面，如养老保险、失业保险、对低收入者的保障制度以及其他为低收入者提供的公共服务等。社会福利制度作为社会安全网，对社会成员起到兜底的作用，使其不至于因疾病、失业等原因失去基本生活保障。

收入再分配政策是降低收入不平等的重要方式，相关政策的调整则可能对收入不平等状况产生影响。如 20 世纪 70 年代以后，由于经济“滞胀”等因素，英美等发达国家纷纷降低企业税率，同时降低社会福利开支，使得再分配政策调节收入的能力减弱，而不平等程度随之上升。

综上所述，收入不平等的成因来自诸多方面。它既受宏观经济发展状况的影响，也与个体人力资本状况相关；既可用阶级理论加以解释，也能从市场运行机制中找到端倪。阶级理论将阶级差别视为收入差异的根本原因，一些经济学家则将其诉诸全球化、技术进步与资本市场的扩张，其他学者则将目光投向权力垄断、制度分割以及不合理的教育制度。那么，在诸多因素的作用下，全球收入不平等经历了怎样的变化？这些变化又会对社会带来什么样的后果？

---

① 斯蒂格利茨．巨大的鸿沟．北京：机械工业出版社，2017.

第三节 收入分层的变化及其影响

收入不平等广泛存在于不同时期不同地域的人类社会中，绝对平等的情况难以出现，但是不平等的程度却会随时间和地点发生变化。在上一节介绍关于收入不平等成因的理论解释时，我们已经部分涉及了收入不平等的变化及其原因。这一节我们具体来看一下收入分层与不平等变化的基本情况及其对社会的影响。

一、收入不平等的历史变化

由于历史背景以及发展阶段的差异，收入不平等的变化在不同国家和地区有很大的差别。虽然人类历史上不平等问题始终存在，但收入不平等问题真正为人所关注是在工业化之后。有关工业化、城镇化与收入不平等的关系，最为著名的理论预测是库兹涅茨于 1955 年提出的库兹涅茨曲线。

学者的观察与库兹涅茨曲线的预测大体一致。18 世纪工业革命之后，西方社会收入以及财产差距拉大，社会矛盾激化，并引发了一系列的社会运动，在第二次世界大战结束时达到高潮。但是二战之后西方迎来了相当长时间的经济稳定增长，同时主要资本主义国家大力推行福利国家政策，完善社会保障制度，加强国民收入再分配力度，增加政府税收向低收入群体的转移支付，使得收入不平等的状况趋于稳定，甚至有所下降。然而，在新兴工业化国家如拉丁美洲的一些国家，收入不平等的状况则随着工业化的推进逐步恶化，贫富差距加大。这段时期从国家内部看，发达国家不平等程度下降，发展中国家不平等程度上升；从国家之间来看，发达国家与发展中国家之间的不平等差距拉大。[①] 图 9－2 就是世界银行发布的近年世界部分国家基尼指数的分布状况，人们几乎可以根据基尼指数的情况区分发达国家和发展中国家。

值得特别关注的是，20 世纪 70 年代以后，一些西方国家的不平等程度又开始上升（如图 9－3 所示）。美国是其中的典型代表，贫富差距加大，贫困率上升，最富有的 10%的群体收入占国民收入的份额从 1979 年的 35%增长到 2014 年的 47%（如图 9－4所示）。欧洲也出现了类似的情况。不论是收入还是财产维度，不平等并没有随发达国家的进一步发展而降低，库兹涅茨曲线受到挑战。这一转变的原因是多方面的。一方面，全球化与技术进步使得发达国家内部技术工人与非技术工人间的收入差距不断拉大，而资本的全球流动也增加了金融监管的难度。另一方面，20 世纪 70 年代发达国家出现“滞胀”现象，各国纷纷按照自

① 阿特金森．不平等，我们能做什么．北京：中信出版社，2016.

由主义的原则调整经济政策，降低富人群体的税收，削减社会福利开支，从而削弱了税收和社会保障对于收入不平等的平抑作用。

除此之外，人口结构的转型[①]、社会经济维度婚姻匹配度的提高[②]以及工会力量的削弱[③]也对这一时期收入差距的拉大有一定影响。

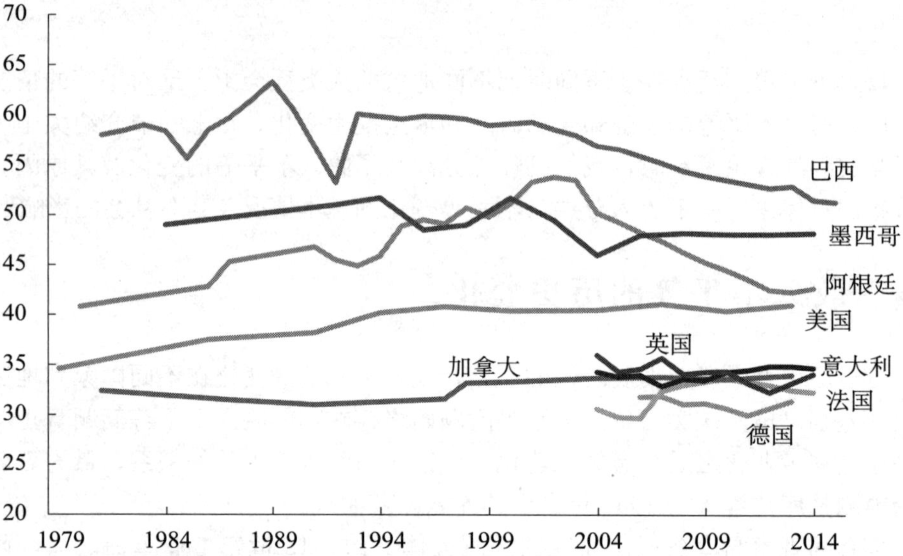

图 9-2 近几十年世界部分国家基尼指数变化

资料来源：世界银行。

将基尼指数的测量改换成分组法的测量，结果同样如此。

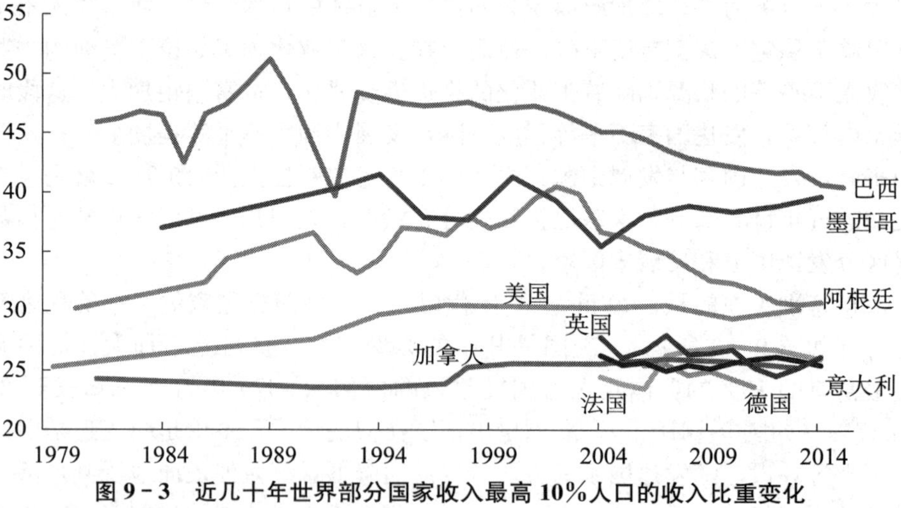

图 9-3 近几十年世界部分国家收入最高 10%人口的收入比重变化

资料来源：世界银行。

---

① BLANK R M. Changing inequality. Oakland，CA：University of California Press，2011.

② MEYER C S. Income distribution and family structure. Doctor Dissertation，Massachusetts Institute of Technology，1995.

③ 德雷南．不平等的收入．北京：机械工业出版社，2017.

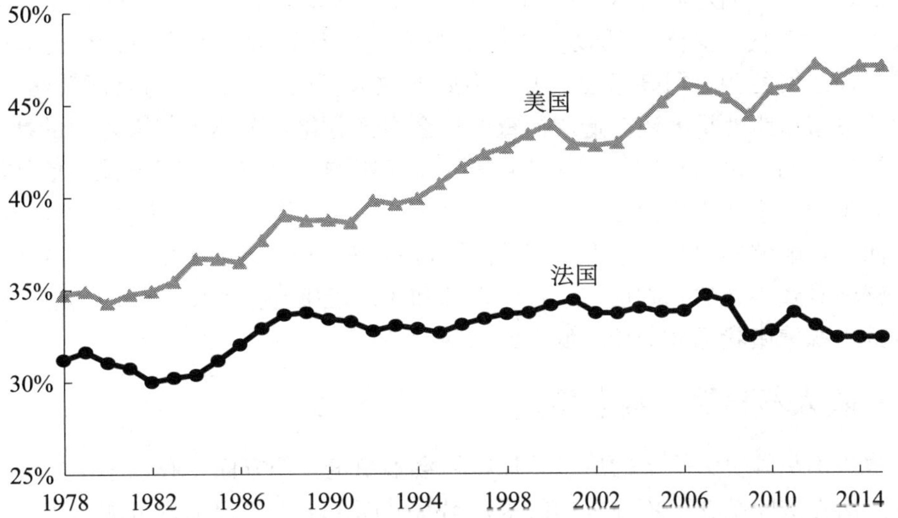

图 9-4 美国与法国最富有 10%群体收入占国民收入比重

资料来源：PIKETTY T，YANG L，ZUCMAN G. Capital accumulation，private property and rising inequality in China，1978—2015. National Bureau of Economic Research，2017.

二、收入分层与不平等的社会效应

收入不平等既是社会分层的后果和表现，同时也会产生一系列社会效应。在微观层面上，个人的收入多少与其生活方式与福利水平有密切关系，一个人收入越高，其消费水平越高、生活越舒适、健康状况越好，进而幸福感也越高。① 以消费为例，收入是消费的前提和基础，常用来衡量居民消费水平的指标是恩格尔系数，即食品消费支出占个人消费支出总额的比重。恩格尔系数越高，消费水平越低。低收入群体需要将更大比重的收入花费在衣食住行等生存型消费上，而花在教育培训等发展型消费以及旅游等享受型消费上的比重则较低。② 这意味着收入更低的人用于提升技能以获得更高收入的机会也更少。关于个人社会经济地位的社会影响，本书多章都有所涉及，这里不再重复。下面重点介绍宏观收入不平等水平的影响，也就是说，一个社会的收入不平等水平的上升，会给社会成员的生活福利与社会稳定带来什么影响。

(一) 收入不平等与生活福利

许多研究都发现，一个社会的收入不平等程度越高，当地居民的生活福利水

① 周晓虹．中国中产阶层调查．北京：社会科学文献出版社，2005：76-86；王甫勤．社会经济地位、生活方式与健康不平等．社会，2012：8；邢占军．我国居民收入与幸福感关系的研究．社会学研究，2011：196-219；刘军强，熊谋林，苏阳．经济增长时期的国民幸福感．中国社会科学，2012：82-102.

② 李春玲．中产阶级的消费水平和消费方式．广东社会科学，2011：210-218.

平越低，居民预期寿命更低，幸福感也更低。[①] 这是因为，首先，收入不平等的扩大意味着高收入群体与低收入群体的收入差距在扩大，那么在社会比较过程中，普通居民的相对剥夺感会上升，由此导致人们的心理压力与负面情绪上升。其次，贫富差距的扩大还会造成严重的社会两极分化，破坏人与人之间的社会关系，导致人们不再相互信任和互利互惠，从而影响社会整合，降低社会信任度和社会凝聚力，进而影响社会成员的健康水平与幸福感。最后，从政府角度来看，一般而言，能够容忍较高程度不平等的政府，对公共资源的投入与供给通常不足，这将导致当地的基础设施、社会保障和医疗健康等公共服务较为落后，因而民众的幸福健康状况处于持续低下的水平。[②]

（二）收入不平等与社会稳定

收入不平等更为严重的后果是加剧社会不稳定。一方面，收入不平等对经济发展的潜在威胁蕴含了不稳定的因素；另一方面，不平等的加剧可能会剥夺民众的社会公平感与社会信任，进而导致底层民众的反抗行为，引发强烈的社会冲突。

资本主义国家几次大的经济危机与收入不平等都有着一定的关联。1929 年的经济大萧条与 2008 年的金融危机都伴随着不平等的加剧。前者收入差距的拉大导致了生产的相对过剩，而后者的导火索则是低收入群体大量的不良信贷。贫富分化限制了社会消费，因为高收入人群的消费占收入的比例要低于低收入群体。[③] 日益增长的不平等引起的消费不足，可能会使经济面临周期性衰退的风险。

"不患寡而患不均"，当社会贫富分化严重时，不同社会阶层之间的社会距离会被拉大，社会认同感下降。同时，收入不平等带来的机会不均，会使民众的社会公平感下降，社会信任也会遭受打击。[④] 合作与信任对于社会的正常运转具有重要意义，而信任危机不仅会增加全社会的交易成本，降低经济运行效率，也会动摇社会成员对于公权力的信心。"塔西佗陷阱"描述的正是这样一种情况：当公权力失去公信力时，无论其说的是实话还是谎言，做的是好事还是坏事，都会被民众视为在撒谎作恶。

收入差距的拉大也会带来社会态度的分化，即不同阶层的社会态度出现割裂

---

① 周彬，齐亚强．收入不平等与个体健康——基于 2005 年中国综合社会调查的实证分析．社会，2012：130－150；李路路，石磊．经济增长与幸福感——解析伊斯特林悖论的形成机制．社会学研究，2017：95－120；SCHWARZE J，HÄRPFER M. Are people inequality averse，and do they prefer redistribution by the state? Evidence from German longitudinal data on life satisfaction. The Journal of Socio-Economics，2007，36（2）：233－249.

② 周彬，齐亚强．收入不平等与个体健康——基于 2005 年中国综合社会调查的实证分析．社会，2012：130－150；黄嘉文．收入不平等对中国居民幸福感的影响及其机制研究．社会，2016：123－145；威尔金森．不平等的痛苦：收入差距如何导致社会问题．北京：新华出版社，2010.

③ 斯蒂格利茨．不平等的代价．北京：机械工业出版社，2013.

④ 李骏，吴晓刚．收入不平等与公平分配：对转型时期中国城镇居民公平观的一项实证分析．中国社会科学，2012：114－128.

甚至完全相反的情况，这种趋势进一步发展则是社会态度的极化与社会价值观的碎片化。一些学者对美国社会的观察也表达出类似的担忧，他们指出 20 世纪七八十年代以来，美国社会的价值观念正在逐步走向分裂，大众的社会态度陷入空前的碎片化，甚至是两极化的状态，尤其是在政治议题领域。这与美国近几十年来收入不平等状况的恶化密切相关。①

收入差距拉大对社会态度的不利影响最终会指向民众不满情绪的积累，并转化为实际的反抗行动。严重收入分化会诱发大量反社会行为，滋生各种暴力犯罪。同时，相对剥夺感与社会阶层的固化，会使社会权威的公信力下降，政治运动频发。亨廷顿对 18 个国家的考察指出，收入不平等程度（基尼系数）与政治冲突之间呈现明显的正相关，经济上的不平等诱发了社会动员，而社会动员又进一步削弱了不平等的合法性，最终产生政治动乱。② 20 世纪七八十年代，拉美国家在贫富分化日益加重的背景下政局动荡，经济发展停滞，陷入“中等收入陷阱”，难以抽离。2011 年，美国在金融危机持续发酵、社会财富向金融行业集聚的情况下也爆发了大规模的占领华尔街运动。

因此，收入不平等对于社会的影响不仅局限于经济层面，更涉及健康、社会心理乃至社会稳定等诸多方面。也正是因为收入不平等可能导致的严重后果，这一问题始终为政府组织以及专家学者所关注。而提供相对公平的教育机会、改进税收制度、完善社会保障制度、促进就业和消除歧视等方式，则是缓解收入不平等可能的努力方向。

第四节 中国的收入分层

1949 年中华人民共和国成立以来，中国的收入不平等状况经历了不同于西方国家的变化过程。成立之初，中国通过社会主义三大改造，消除了生产资料的私人占有制度，包括农村的土地私有制，建立了生产资料公有制。在之后相当长的时期内，中国社会中尽管仍然存在着一定的收入差别，但还是被认为是世界上收入较为平等的国家之一。改革开放之后，随着社会主义市场经济体制的逐步建立，平均主义的意识形态逐渐为绩效主义所取代，以按劳分配为主体、多种分配方式并存的分配制度也逐渐确立，中国社会的收入不平等状况和收入分层秩序都发生了很大的变化。

---

① FIORINA M P，ABRAMS S J，POPE J C. Culture war? The myth of a polarized America. London：Longman Publishing Group，2006.

② 亨廷顿．变化社会中的政治秩序．上海：上海人民出版社，2008.

一、整体收入不平等的变化

我们来看看自改革开放之初的 1981 年到 2015 年中国基尼系数的变化情况（如图 9－5 所示）。

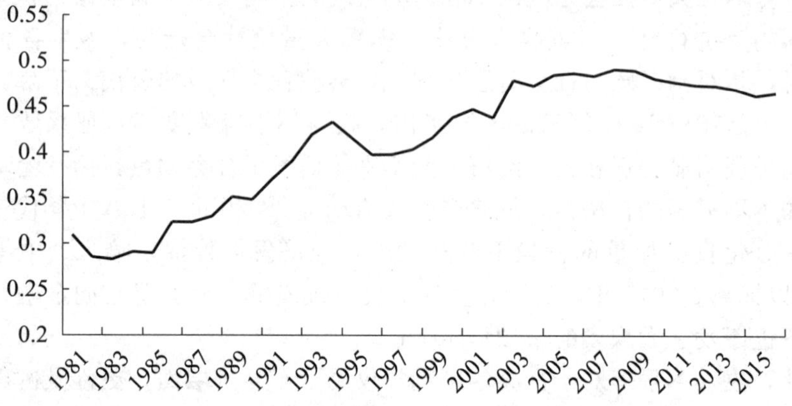

图 9－5 1981—2015 年中国基尼系数变化

资料来源：2002 年以前的数据来自 China's（uneven）progress against poverty（2007），2002 年以后的数据来自国家统计局。

上述数据显示，改革开放之初，中国社会整体的收入差距延续了传统社会主义的特点，处于相对较小的状态。根据世界银行以及研究者的估计，20 世纪 70 年代末到 80 年代初，中国居民收入的基尼系数在 0.3 左右。在此时期，尽管收入分配相对平均，但全国的状况是“共同贫困”，农村和城市都集体吃“大锅饭”，平均主义思想盛行，收入分配对于生产的激励效应无法发挥，因而生产效率难以提高。

改革开放之后，伴随经济体制的转型，中国的经济结构发生了重大变化，社会主义市场经济体制逐步建立。在“让一部分人先富起来，先富带动后富”口号的推动下，平均主义意识形态开始淡化，效率成为优先追求的方面。于是占有地域和政策优势的东部地区优先发展起来，拥有人力资本、社会资本或经商才干的人率先富裕起来，居民收入逐渐分化，收入差距开始拉大。在较短时间内，中国居民收入的基尼系数有了迅速的上升，这意味着中国居民的收入差距迅速拉大。这种收入差距拉大的趋势从图 9－5 中可以清楚地看出来。其中 2002 年以前是学者测算的结果①，2002 年及以后的数据来源于国家统计局。可以看到，20 世纪 80 年代中期以后，中国的收入不平等进入快速上升阶段。21 世纪以来，中国的基尼系数基本保持在 0.45 以上的高位，变化相对较小，2008 年以后则略有下降。

① RAVALLION M，CHEN S. China's（uneven）progress against poverty. Journal of Development Economics，2007，82（1）：1－42.

收入最高 10%群体的收入比重，同样是改革开放之后一路攀升，到 2007 年以后变化平缓，甚至有所下降（如图 9-6 所示）。

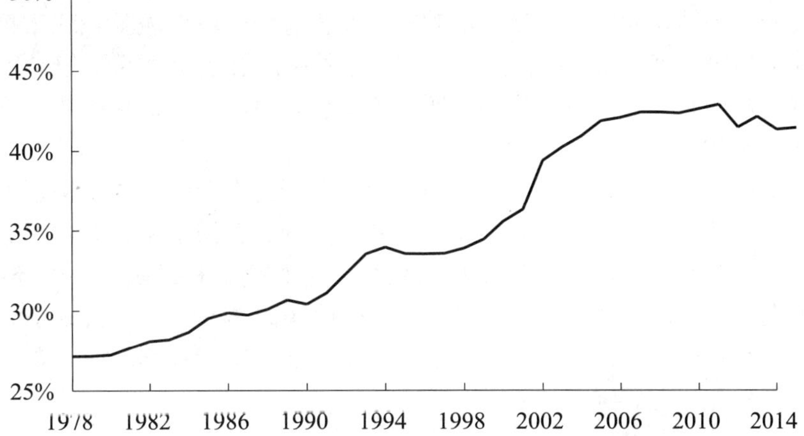

图 9-6 中国收入最高 10%群体的收入比重

资料来源：PIKETTY T，YANG L，ZUCMAN G. Capital accumulation，private property and rising inequality in China，1978—2015. National Bureau of Economic Research，2017.

二、制度分割与收入不平等

劳动力市场分割理论强调，制度性的分割会加剧旧有的不平等或是制造出新的不平等。中国社会的收入不平等同样会受到政策偏向的影响，并形成了制度分割的不平等格局。

(一) 户籍与收入不平等

户籍制度是城乡二元经济结构在改革时期的留存。改革开放之前，城乡之间处于相对分隔的状态，并通过户籍制度固定下来。改革开放之后，尤其是城市经济体制改革以后，城乡人口流动迅速增加，大量农村户籍人口进入城市务工，形成了数量庞大的农民工群体。这批人职业上从事非农工作，但在制度上仍然是农民身份。

城乡工人在收入上存在较大差距，这种差距主要源于两个方面，一是个人禀赋上的差别，二是制度身份不同造成的户籍歧视。大量研究表明，户籍制度以及由此形成的就业壁垒和行业分隔阻碍了城乡统一的劳动力竞争市场的形成，进而加剧了城乡劳动者的收入差距。① 在同等人力资本条件下，进入不同类型单位的机会差异影响到城市工人与农民工的收入差异，同时，附着在户籍制度上的福利性收入也进一步加剧了两者间的收入不平等。

① 姚先国，赖普清．中国劳资关系的城乡户籍差异．经济研究，2004 (7)：82-90；邢春冰．农民工与城镇职工的收入差距．管理世界，2008 (5)：55-64.

（二）所有制与收入不平等

改革开放以来，中国所有制结构由单一的公有制逐渐转变为以公有制为主体，多种所有制结构并存。计划经济时期，非公有制经济领域就业比重极低，此时的收入不平等主要体现在国有制企业与集体所有制企业之间。相对于集体企业，国有企业拥有更多的投资优势，职工工资也相对较高。这种优势一直持续到20世纪90年代中期。

随着市场化改革和非公有制经济的兴起，非国有企业的工资水平逐渐高于国有企业和公共部门。同时，国有企业和公共部门的教育回报率也要低于非国有企业。但国有企业和公共部门有着比其他组织更高的补贴和津贴，此外还有住房、医疗和养老等方面的福利未计算在内。[①] 国企改革过程中，“抓大放小”的改革策略使得国有企业数量减少，但是大型国有企业在一些特殊部门取得垄断地位并成为收入不平等的重要维度。

（三）行业与收入不平等

研究显示，从20世纪80年代后期开始，中国城市行业收入差异一直持续增长，并出现了潜在的两极分化趋势。[②] 最高收入行业与最低收入行业平均收入的倍数由改革初期的2倍左右扩大到2010年的4～5倍。中国行业收入差距的形成除了行业本身竞争性的差异之外，行政支持的行业垄断也是重要原因。相较而言，垄断行业的职工比非垄断行业的职工工资更高、福利更好，这种优势随着收入的上升而愈发明显。[③]

行业垄断带来的收入差异同样会随改革的进程发生变化。改革初期的20世纪80年代，平均工资最高的是采矿、建筑、交通、通信等行业。这些行业在计划经济时期在国民经济中占据极其重要的地位。而进入21世纪之后，行业收入排行发生了很大的变化。金融、房地产、电力、电信等行业的收入开始高于其他行业，而各行业在福利待遇方面的差异可能更大。

除了上文提到的收入不平等的维度之外，中国社会还广泛存在性别、地区等层面的收入不平等。相关的状况将在相应的章节中集中分析。在收入差距不断扩大并长期保持高位的情况下，中国政府也在加大扶贫力度、规范劳动力市场、统筹和完善城乡社会保障制度等方面进行了巨大的努力，并开始取得积极成效。

总而言之，收入不平等在不同时期、不同国家和地区广泛存在，并随着经济发展、制度改革、技术变动的状况而发生改变。收入不平等既是社会分层的后果，也对社会分层秩序有着多方面的影响。维护收入分配的相对公平，防止收入差距过大，同时也是促进社会稳定、推动经济平稳发展的重要手段。

---

① 王丰．分割与分层：改革时期中国城市的不平等．杭州：浙江人民出版社，2013.

② 王天夫，崔晓雄．行业是如何影响收入的．中国社会科学，2010（5）：165-180.

③ 傅娟．中国垄断行业的高收入及其原因：基于整个收入分布的经验研究．世界经济，2008（7）：67-77.

◎复习思考题

1. 什么是收入不平等？收入不平等与地位不平等有什么联系和区别？

2. 基尼系数测量收入不平等有何缺陷？如何弥补这些缺陷？

3. 阶级理论在分析当前的收入不平等时有什么优势和劣势？

4. 个体性因素对收入不平等的形塑怎样受到结构性因素的影响？

5. 收入不平等程度上升是否一定会导致社会不稳定？还可能受到哪些因素的影响？

6. 中国的收入不平等与发达国家相比有哪些不同？

7. 除了书中所述的原因之外，还有哪些因素导致了中国当前的收入不平等？

◎推荐阅读文献

森．论经济不平等．北京：中国人民大学出版社，2015：第1，2章．

斯蒂格利茨．不平等的代价．北京：机械工业出版社，2013.

阿特金森．不平等，我们能做什么．北京：中信出版社，2016.

皮凯蒂．21世纪资本论．北京：中信出版社，2014.

威尔金森．不平等的痛苦：收入差距如何导致社会问题．北京：新华出版社，2010.

王丰．分割与分层：改革时期中国城市的不平等．杭州：浙江人民出版社，2013.

SEN A. On economic inequality. Oxford：Oxford University Press，1973：Chapter 2.

第十章

婚姻匹配与社会分层

【本章要点】

● 婚姻匹配模式不但关系着微观的个人与家庭幸福，而且在很大程度上影响着全社会资源与财富的分配、社会分层体系的运转与社会结构的开放性。

● 关于婚姻匹配的理论，主要聚焦于解释某一种婚姻模式的形成原因及机制。其中，影响力较大的有婚姻偏好理论、第三方群体理论和婚姻市场理论。

● 婚姻匹配模式深刻影响着社会不平等结构的自我建构、复制与再生产。同类婚模式可能通过传递、复制旧的不平等结构，强化新的不平等结构等方式，降低社会结构的开放性，使得各阶层之间的社会流动越来越困难，社会结构越来越固化。

● 在婚姻模式变迁方面，主要有工业化逻辑、现代化逻辑、社会不平等逻辑和市场转型逻辑等几种分析范式。

● 随着时代的发展，中国的婚姻匹配模式出现了重要的转变，并形成了自身独有的特征。尽管传统的“门当户对”“包办婚姻”的婚姻观念已经被“恋爱自由”“婚姻自主”等新型观念取代，但是同类婚仍是当今中国社会中主流的婚姻模式。

【关键概念】

◇ 同类婚 ◇ 异类婚 ◇ 婚姻匹配 ◇ 婚姻偏好 ◇ 婚姻市场

2016年春节，微博上的一篇文章在网上掀起了轩然大波。文章讲述的是一个出身于上海小康家庭的女孩，不顾父母的反对，找了一个来自江西农村的男朋友。然而，当她随男朋友回家过年，看到其家里艰苦的条件后，便主动提出分手。这一看似私人的琐事，却意外地引发了全社会的大讨论。一部分人怒斥女子嫌贫爱富，过于物质主义，认为婚姻应该把爱情放在首位；而另一部分人却支持女子的做法，认为爱情是虚幻的，没有经济基础支持的婚姻是不会长久的，"门当户对"是婚姻幸福的必要条件。尽管文章最后被辟谣是虚构的，但文中所反映出的问题及其所引发的社会效应却值得我们深思。

中国青年报社会调查中心曾在2014年对79 446人进行一项有关择偶观的调查。结果显示，有59%的受访者认同门当户对的择偶观，有67.7%的受访者认为门当户对有利于以后的婚姻幸福。

上述现象不禁引人发问，我们社会中的婚配模式是怎样的？婚姻的缔结遵循什么规律？受哪些因素的影响？反过来，不同的婚配模式又会对我们的社会产生什么样的影响？本章拟从社会分层的视角，来讨论上述及其他与婚姻相关的问题。

第一节 基本概念、类型与形成机制

一、社会分层视角下的婚姻

社会分层视角下的婚姻研究，主要聚焦于婚姻匹配问题。所谓婚姻匹配，简单来说就是"谁与谁结婚"。这看似是一个随机的择偶过程，也就是说一个人找什么样的配偶是不确定的，不可预测的。然而现实却并非如此，例如，一个拥有博士学历的人与另一个博士结婚的可能性往往要大于他与一个仅拥有小学或初中学历的人结婚的可能性，尽管社会中的博士数量可能远远少于后者。再比如，一个知名影星可能选择与另一个明星或者富豪结婚，却不太可能嫁给（或娶）一个无业游民。许多研究发现，夫妻双方在社会地位上表现出很大的相似性，或拥有相似的受教育程度、收入水平、社会地位，或同属于某种职业、某个宗教团体，这种婚姻匹配模式被称为同类婚。[1] 根据具体的匹配要素的不同，我们可以进一步将同类婚划分为先赋型同类婚与自致型同类婚两种形式（如图10-1所示）。先赋型同类婚指的是夫妻在先赋因素上具有很强的相似性。在先赋型同类婚中，社会

---

① 李煜．婚姻的教育匹配：50年来的变迁．中国人口科学，2008（3）；KALMIJN M. Intermarriage and homogamy：causes，patterns，trends. Annual Review of Sociology，1998：24.

学主要研究和讨论的是夫妻双方各自的家庭背景，包括家庭的经济地位、阶层地位、父母的教育程度等等，因此，先赋型同类婚通俗来讲就是“门当户对”的婚姻。自致型同类婚是指夫妻在自致因素上具有较大的相似性，如个人的收入水平、职业地位等等，这种婚姻也就是我们常说的“般配”的婚姻。

与同类婚相反，异类婚指的是男女双方跨越阶层、社会等级、社会群体壁垒而结成的婚姻，简单来说就是跟与自己不同的人结婚。同样，根据匹配要素的性质，我们也可以将异类婚划分为两大部分。一类是跨类别异类婚，夫妻双方按照某一类别属性，被赋予不同的社会身份，例如不同种族、不同宗教派别之间的婚姻；一类是跨等级异类婚，夫妻双方被按照某一定序变量，区分为不同的社会等级，例如不同收入水平、不同教育程度群体之间的婚姻，因此，跨等级异类婚又被称为梯度婚姻。根据夫妻双方的社会等级差别，我们可以对跨等级异类婚进一步划分。丈夫的社会等级高于妻子的婚姻，称为男子向下婚或女子向上婚；反之，妻子的社会等级高于丈夫的婚姻，称为女子向下婚或男子向上婚（如图 10－1 所示）。

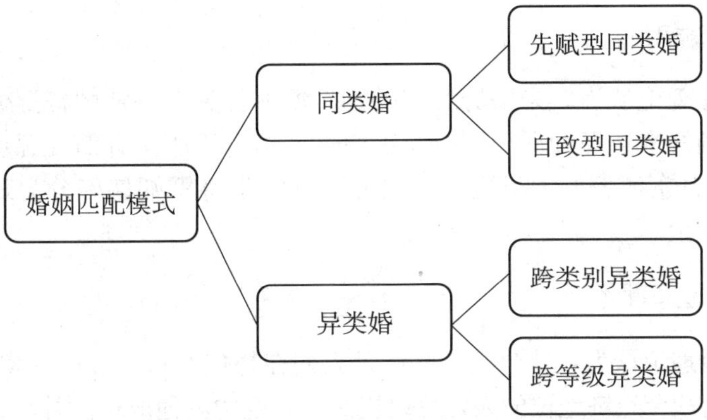

图 10－1　婚姻匹配模式分类

正如我们在前文中提到的那样，夫妻双方往往在许多社会特征上表现出很强的相似性，也就是说社会中的婚姻匹配模式是以同类婚为主的。举例来看，有研究发现，在中国有近 59%的夫妻拥有相同的教育水平，有近 50%的夫妻拥有相似的收入水平，有近 56%的夫妻拥有相同或相似的阶层地位，其中工人和农民的同类婚现象尤为突出。除此之外，在中国特殊的户籍制度下，夫妻双方在户口类型上通常也表现出极强的相似性。有研究发现，有近 92%的夫妻在初婚时拥有相同的户口类型。这一同类婚主导的婚姻匹配现象，在其他国家也十分普遍。例如，有研究表明，在美国有超过 55%的夫妻具有相同或相似的教育程度。[①] 在异类婚中，女子向上婚（或男子向下婚）要更为常见。以教育为例，关于中国的

① SCHWARTZ C R，MARE R D. Trends in educational assortative marriage from 1940 to 2003. Demography，2005 (4)；马磊．同类婚还是异质婚？——当前中国婚姻匹配模式的分析．人口与发展，2015 (3)．

调查显示，在近37%的夫妻中，丈夫的教育程度要高于妻子，仅次于夫妻教育同类婚的比例。[①]

婚姻匹配模式不仅关系着微观的个人与家庭幸福，而且在很大程度上影响着全社会资源与财富的分配、社会分层体系的运转与社会结构的开放性。试想，如果我们社会中的高收入男性只与高收入女性结婚，低收入男性只与低收入女性结婚，那么社会中的收入差距必然会进一步拉大。有研究甚至发现，夫妻在收入上的同类婚现象，可以解释全社会家庭收入不平等加剧的17%～51%。[②] 正因如此，社会分层研究将婚姻匹配及其变迁作为一个重要的分领域。

二、婚姻匹配的形成机制

既然婚姻匹配存在多种不同的类型，那么，是什么因素影响了婚姻匹配模式的形成？一般认为有三种最重要的因素决定了婚姻匹配的形成，即婚姻偏好、第三方群体和婚姻市场。

（一）婚姻偏好

婚姻偏好理论认为，未婚男女在婚姻市场上都具有一定的资源偏好，并根据他们的资源偏好来选择配偶。同时，也通过展示自己所具有的资源优势来竞争理想配偶。[③] 根据资源偏好的类型，我们可以进一步将婚姻偏好分为理性选择理论与文化资源理论。

1. 理性选择理论

理性选择理论认为，社会经济资源是人们在择偶时最关注的因素。一般而言，一个拥有较高社会经济地位的人，可以提高其家庭中其他成员的社会经济地位，也就是说个人所具有的社会经济资源是被所有家庭成员共享的。所以，婚姻市场上的男女往往倾向于寻找具有较高社会经济地位或经济潜力较大的婚配对象，以此来提升自身的收入和地位。比如，有些人认为，女性工作做得好不如嫁得好。

除了理性选择理论，另一从理性选择逻辑出发的资源交换理论在它的解释中加入了对男女性别分工的考虑，认为未婚男女的资源偏好是依女性在社会中的角色而变的。当婚姻基于工作收入与家务劳动分割时，男性与女性之间交换的是经济收入与家庭劳动资源。然而，随着女性更多地参与劳动力市场，其所具备的社会经济资源也开始对男性具有吸引力。例如，有研究发现，在20世纪60年代之

---

① 李煜．婚姻的教育匹配：50年来的变迁．中国人口科学，2008（3）．

② GONALONS-PONS P，SCHWARTZ C R. Trends in economic homogamy：changes in assortative mating or the division of labor in marriage. Demography，2017（2）；SCHWARTZ C R. Earnings inequality and the changing association between spouse's earnings. American Journal of Sociology，2010（5）．

③ KALMIJN M. Intermarriage and homogamy：causes，patterns，trends. Annual Review of Sociology，1998：24.

前，美国家庭中夫妻双方的经济收入呈现显著的负相关，在60年代后逐渐转为正相关，这正是男女家庭分工变化的结果。在20世纪60年代以前，美国男性的工资收入往往是整个家庭全部的经济来源，而女性在结婚后往往会选择做全职主妇，只有在丈夫的收入不足以支撑整个家庭的生活开支时，妻子才会去工作。20世纪60年代后，美国女性的劳动参与率越来越高，在家庭中也开始扮演养家糊口的角色。这样一来，正像之前女性倾向于选择高收入男性一样，男性在择偶时也会倾向于选择收入较高的女性作为配偶，以减轻自己养家的压力，两性在社会经济资源上的偏好逐渐趋同[①]。

2. 文化资源理论

社会经济资源固然重要，但在许多人看来，真正幸福的婚姻并不是金钱能买到的，其关键在于夫妻之间要有共同话题、共同语言、共同的兴趣爱好，这便是文化资源理论的基本观点。与理性选择理论不同，文化资源理论认为相似的文化资源才是婚配双方考虑的最重要的因素。相同的价值观、品味、文化知识为男女双方创造了共同的话题，增进了对彼此行为与观念的理解。所以，具有相似文化资源的男女更可能在婚姻中发展出共同的生活方式，由此产生较好的认同与感情。总之，在文化资源理论看来，文化相似性会引发个人吸引，这是婚姻匹配的一个先决条件。

那么在婚姻匹配中，究竟是金钱、职业、地位等经济资源重要还是共同的文化观念重要呢？有一些对美国婚姻匹配的研究尝试对二者进行比较，发现文化因素在男女双方的婚姻对象选择中要比经济因素有更显著的影响，但是经济因素的影响在过去的十几年中一直呈现上升的状态，大有超越文化因素的影响之势。[②]

资源偏好既然可以影响婚姻匹配模式，那么是通过什么方式发挥影响的呢？关于这一问题，目前有两种比较主流的观点。一种观点认为，资源偏好本身并不会直接转化为与某些社会特征相关的婚姻匹配模式，也就是说资源偏好与婚姻匹配模式之间不具有直接的因果关系。社会特征往往与某些资源相联系，而婚姻匹配模式只是个人资源偏好的副产品。比如，为什么教育程度相同或相近的人更容易结婚呢？并不是因为人们对某种教育程度有偏好，而是由于教育程度相同或相似的人更可能拥有相同的收入、职业、社会地位，以及共同的价值观念。也就是说，人们对于社会经济资源或文化资源的偏好最终导致了夫妻双方在教育水平上的相似性。[③] 另一种观点则认为，社会特征并非简单地与资源相关联，诸如教育、职业、种族等社会特征本身是个体社会身份的标签。从这一视角出发，择偶被看作一个筛选的过程。首先，人们逐渐发展出由朋友、熟人以及与其有某些相

---

① SCHWARTZ C R. Earnings inequality and the changing association between spouse's earnings. American Journal of Sociology，2010（5）.

② KALMIJN M. Assortative mating by culture and economic occupational status. American Journal of Sociology，1994（2）.

③ KALMIJN M. Status homogamy in the United States. American Journal of Sociology，1991（2）.

同或相似社会特征的潜在婚配对象所构成的社会网络；而后，在与其同质性网络内部的人员互动中，找到自己的配偶，由此导致同类婚的出现。我们仍以教育同类婚为例，大学生之所以更可能与大学生结婚，是因为他们在读大学时，形成了一个由大学生构成的社会网络，这个社会网络就成了他们的一个重要婚姻市场。相比之下，只拥有初中或高中学历的人，就不太可能拥有由大学生构成的网络，因此与大学生结婚的概率较小。

（二）第三方群体

第三方群体理论的基本观点是婚姻匹配不纯粹是婚姻双方个人选择的结果，而是受到男女各自所属的第三方群体的影响。该理论认为，一般而言，异类婚会对第三方群体内部的整合和同质性构成威胁，因而第三方群体通常会阻止其成员进行异类通婚，由此便使得同类婚成为社会中占主导地位的婚姻模式。举例来说，为什么天主教徒和新教徒不太可能结婚呢？除了信仰不合，一个重要的原因就是不同宗教信仰的人结婚，可能会使双方所属的宗教都面临信徒流失的风险。天主教徒和新教徒结婚后，夫妻中的一方可能会转信另一方的宗教，即使双方仍保持各自的宗教信仰不变，他们子女的信仰选择问题也会使双方的宗教面临潜在的信徒流失风险。

第三方群体主要通过两种机制作用于婚姻模式的形成：群体认同与群体制裁。群体认同感通常伴随其成员的整个成长过程。群体认同一般有两种形式，一是群体成员意识到他们拥有共同的社会历史，二是该群体成员形成不同于他人的心理感觉。个人群体认同感的强度取决于他们所嵌入的社会网络的同质性程度，网络的同质性越高，群体认同感越强。而群体认同感越强烈，人们就越可能接受同类婚的标准，从而选择与他们所属同一个群体的异性作为婚配对象。比如，在美国尽管跨种族的婚姻越来越多，但是就绝对数量来看依然很少，尤其是黑人与白人之间的通婚，其中一个重要的原因就是各种族的人在他们成长的过程中，形成了较为强烈的群体认同，因而更可能与同种族的人结婚。[①]

即使群体成员没有形成较强的群体认同，没有接受群体内婚的标准，第三方群体也可以通过群体制裁的方式来阻止异类婚。具有制裁功能的第三方群体主要有三类：家庭、教会和国家。家庭对于个人的惩罚一般以撤销经济与情感支持为手段，教会与国家的惩罚则一般通过执行教规或法律来实现。

（三）婚姻市场

婚姻市场理论也可以称为结构性理论。该理论的基本假设是婚姻模式不仅受到个体和群体层面因素的影响，而且受制于一系列结构性的安排。这里的结构主要包括：人口结构、地理结构和局部婚姻市场（local marriage market）。就人口

---

① FU X N，HEATON T B. Racial and educational homogamy：1980 to 2000. Sociological Perspectives，2008 (4).

结构而言，在一个异质性较高的群体中，同类婚的概率一般要低于同质性的群体。举个简单的例子，在大城市中，异类婚的概率要显著高于农村，一个重要的原因就是大城市中的人口构成更加多样复杂。在地理结构方面，聚集在同一地理区域的群体通常会有更多的同类婚，尤其在不同群体之间存在地理隔离时，会进一步降低异类婚的概率。比如，有研究发现，在前工业化社会，由于地理上的隔离，区域同类婚较多。现代交通和通信技术的发达，在很大程度上减弱了由地理结构限制所导致的同类婚。① 局部婚姻市场是指未婚者通常只在一个很小的、功能性的区域中寻找配偶，如社区、学校、工作场所、酒吧、俱乐部等等，这些局部婚姻市场经常是社会隔离的。在社会学研究中，最常讨论的三种局部婚姻市场是学校、社区和工作场所。其中，学校被认为是最具影响力的，因为学生之间通常具有年龄上的同质性、性别上的异质性和文化观念上的相似性。工作场所曾被认为是影响力最小的，因为许多工作存在着性别上的隔离，然而随着越来越多的女性进入劳动力市场，职位的性别隔离减少，工作场所对婚姻匹配的影响力得到了极大的提升。

第二节
婚姻匹配的效应

上文提到，婚姻匹配不仅关系到个人与家庭的生活质量，而且会影响整个社会分层体系的运转和社会结构的开放性。下面我们就从微观的个人婚姻质量与宏观的社会结构开放性两个方面来探讨婚姻匹配的效应。

一、婚姻匹配与个人幸福感

究竟什么样的婚姻是幸福的？这是大家普遍关心的话题。一般而言，大多数人倾向于认为门当户对的婚姻、夫妻志同道合的婚姻和高攀的婚姻是幸福的。根据上文介绍的婚姻匹配理论，门当户对的婚配双方更可能拥有相似的社会身份认同，更为重要的是门当户对的婚姻较少受到来自第三方群体尤其是家庭的阻碍，婚配对象更容易被自身所属的群体接受，双方各自所属的第三方群体之间也更可能相处融洽，因而有利于增进群体的团结与和睦，所以，门当户对的婚姻双方更可能拥有较高的婚姻满意度与幸福感。② 然而，这一结论也并不是绝对的，例如

---

① KALMIJN M. Assortative mating by culture and economic occupational status. American Journal of Sociology，1994（2）.

② 李后建．门当户对的婚姻会更幸福吗？——基于婚姻匹配结构与主观幸福感的实证研究．人口与发展，2013（2）.

也有经验研究发现，门当户对的婚姻并不一定能够提升婚姻幸福感、维持婚姻的稳定。①

志同道合的婚姻是说夫妻双方拥有共同的价值观、兴趣等等，也就是相似的文化资源。根据上文介绍的文化资源理论，拥有相同文化资源的夫妻，在生活中更可能建立起良好的认同与情感接触，更容易发展出共同的生活方式，减少婚姻当中的冲突，从而提升双方的婚姻满意度与幸福感。② 但是也有研究发现，婚配对象之间拥有共同的价值观、兴趣等虽然能够引发文化吸引，并有助于促成双方的婚姻，但是对婚后的生活质量影响不大。相比较而言，夫妻双方的性格是否相投，是决定婚姻满意度与幸福感的重要因素。③

高攀的婚姻也就是我们在上文中谈到的向上婚姻，分为男子向上婚与女子向上婚两种类型。在介绍理性选择理论时我们提到，个人所具有的经济与社会地位同时为所有家庭成员所共享，因此，高攀的婚姻有助于增加婚姻地位较低一方的社会经济资源，从而提升其社会地位，实现向上流动。而经济状况的改善与社会地位的提升，无疑可以增强高攀方的婚姻满意度与幸福感。但值得注意的是，高攀婚姻对婚姻满意度和幸福感的影响可能存在着性别差异。无论是在社会还是家庭中，男性都被期望承担更多的责任，占据更主导的地位，通常被赋予“养家糊口”的角色。而女性则更多的是一个从属的、依靠丈夫的角色。因此，在男子向上婚姻中，尽管妻子所拥有的较好的经济地位资源可以提升他自己的社会经济地位，但是由于违背了社会角色期待，可能会使得高攀的男性承担额外的心理压力，从而降低其幸福感。相反，女子在高攀婚姻中，既可以提升自己的收入与地位，也不会受到来自角色距离与角色紧张的压力，因而有助于婚姻满意度和幸福感的提升。这种性别角色差异会受到现代化水平的影响，例如在一些偏远地区，社会观念比较落后，性别角色规范对个人的影响较大，不同性别的高攀婚姻对婚姻满意度和幸福感的影响差异也更加明显。④

总之，究竟哪种婚姻匹配模式能提升婚姻满意度与幸福感，目前仍处于莫衷一是的状态。即使如此，婚姻匹配模式对个体生活质量的重要影响仍是不可置疑的。

---

① 陆益龙．“门当户对”的婚姻会更稳吗？——匹配结构与离婚风险的实证分析．人口研究，2009 (2)；王智波，李长洪．婚姻匹配结构与主观幸福感——来自中国大样本微观数据的实证研究．南方人口，2014 (4)．

② BLUM J S，MEHRABIAN A. Personality and temperament correlates of marital satisfaction. Journal of Personality，1999 (1)；EYSENCK H J，WAKEFIELD J A. Psychological factors as predictors of marital satisfaction. Advances in Behaviour Research and Therapy，1981 (4)；ROBINS R W，CASPI A，MOFFITT T E. Two personalities，one relationship：both partners' personality traits shape the quality of their relationship. Journal of Personality and Social Psychology，2000 (2)；RUSSELL R J，WELLS P A. Personality similarity and quality of marriage. Personality and Individual Differences，1991 (5)．

③ LUO S，KLOHNEN E C. Assortative mating and marital quality in newlyweds：a couple-centered approach. Journal of Personality and Social Psychology，2005 (2)．

④ 雷晓燕，许文建，赵耀辉．高攀的婚姻更令人满意吗？婚姻匹配模式及其长远影响．经济学（季刊），2015 (1)．

二、婚姻匹配与社会结构的开放性

婚姻匹配在宏观层面的社会效应主要体现在其对社会结构开放性的影响上。社会结构的开放是指社会各阶层之间的界限是模糊的、可渗透的，不同阶层的人可以在阶层间流动。我们在前文提到过，婚姻匹配本来应该是一个随机的过程，但是在现实的婚姻匹配中，人们通常只在自己的阶层内部或相似的阶层群体中选择配偶，也就是我们所说的阶层内婚制。阶层内婚制无疑在各阶层之间设置了婚姻壁垒，阻止了上下社会阶层之间的通婚，这样一来，至少会出现两种不平等的结果。一个是社会不平等加剧，社会结构更加定型化。优势阶层的人与优势阶层的人结婚，劣势阶层的人与劣势阶层的人结婚，势必会出现社会资源分配的马太效应，也就是上层的人占据的资源越来越多，下层的人拥有的资源越来越少。另个结果是不平等结构的代际传递。优势阶层通婚所生的子女，从出生时就拥有了父母为他们提供的优质资源（如高质量的教育），从而不仅有更多的机会去实现自身的成就，而且可以最终继承父母的社会经济地位与资源。因此，与劣势阶层通婚所生的子女相比，可以说他们不但赢在了起跑线，而且很有可能一直赢到终点。正因如此，许多社会学家将婚姻匹配视为维持既有社会结构，实现阶层代际传递和再生产的主要机制之一。婚姻配对程度也因此与代际社会流动性、阶层间社会交往程度一同构成衡量社会开放程度的三个主要指标。

在基本概念介绍中，我们将同类婚区分为先赋型同类婚与自致型同类婚两种形式。先赋型同类婚强调“门当户对”，也就是婚姻双方家庭背景的相似性，因而它可以从代际阶层再生产的角度来衡量社会的代际开放程度；自致型同类婚则强调婚姻当事人的“般配”，主要看男女双方在教育、职业等方面是否匹配，侧重于考察新一代的阶层建构过程及固化程度。①

有研究通过将不同强度的先赋型同类婚与自致型同类婚进行组合，区分了三种由同类婚所导致的社会结构固化效应：双重分割、复制与替换。如表 10 - 1 所示。

表 10 - 1　　不同配对类型强弱趋势组合下的不平等结构后果

		先赋性配对（门当户对）	自致性配对（般配）
结构固化	双重分割	强	强
	复制	强	弱
	替换	弱	强
结构弱化		弱	弱

资料来源：李煜．婚姻匹配的变迁：社会开放性的视角．社会学研究，2011（4）．

当先赋型同类婚与自致型同类婚都较强时，意味着上一代的阶层结构被完整

① KALMIJN M. Status homogamy in the United States. American Journal of Sociology，1991（2）；李煜．婚姻匹配的变迁：社会开放性的视角．社会学研究，2011（4）．

地传递到下一代，并在新一代的不平等分化中得到了强化。社会中的阶层结构按照先赋性和自致性两个维度分割，重叠了新旧两种不平等结构。举例来说，我们把全体社会成员划分为四个群体，第一个群体出身于精英家庭，同时自己也通过高等教育等途径成为精英；第二个群体出身于非精英家庭，但是自己通过后天的努力成为精英；第三个群体出身于精英家庭，但是自己在后天成就上不突出，成为非精英；最后一个群体出身于非精英家庭，自身也没能获得后天的成就，成为非精英。在这种情况下，双重分割就是指出身于精英家庭的精英之间通婚，出身于非精英家庭的非精英之间通婚。

当先赋型同类婚较强，而自致型同类婚较弱时，上一代的不平等结构被保留下来，而新一代的阶层固化不明显，此时只存在先赋性一重分割。对应上面的例子就是，出身于精英家庭的人之间相互通婚，不管婚配当事人是不是精英。所以这时的社会分层结构是由父代的社会地位决定的，与子代无关，完全是对旧分层格局的“复制”。

先赋型同类婚较弱而自致型婚姻较强就是说精英与精英结婚，非精英与非精英结婚，不管家庭背景如何。在这种情况下，原有的分层结构被打破，而新的分层结构被建构起来，并得到强化，新一代的不平等结构替换了上一代的不平等结构。

当先赋型同类婚与自致型同类婚都很弱时，婚姻匹配既不看家庭背景，也不看婚配当事人的社会地位，各群体之间的通婚是随机的，异类婚成为主导的婚姻匹配模式，社会结构由此弱化，社会开放性随之提升。

总之，婚姻匹配模式深刻影响着社会不平等结构的自我建构、复制与再生产。同类婚模式不仅不能削弱个体间的不平等程度，反而可能通过传递、复制旧的不平等结构，强化新的不平等结构等方式，降低社会结构的开放性，使得各阶层之间的社会流动越来越困难，社会结构越来越固化。只有当婚姻双方的社会地位随机匹配时，才能弱化社会的不平等程度，提升社会结构的开放性。从这个意义上说，婚配双方社会地位的匹配程度，不仅是衡量社会结构开放性的有效指标，而且是研究不平等结构再生产的一个重要环节。

第三节 婚姻匹配模式的变迁

随着经济社会的发展，婚姻匹配模式也不断地发生转变。为什么会出现变化呢？一个重要的原因就是社会环境与社会条件的改变，会使得婚姻匹配的机制发生变化。至于如何变化，目前仍然存在一些争论，但有四种比较主流的观点，分别为：工业化逻辑、现代化逻辑、社会不平等逻辑和市场转型逻辑。

一、工业化逻辑

婚姻是一种长期的社会亲密关系，所以未婚男女在择偶时，不仅要看对方当前的各项条件，还会考虑他所具备的经济潜力。但是潜力是看不见的，所以只能根据对方所具有的可见的特征来进行评估。工业化逻辑认为，在工业化的进程中，人们的择偶偏好是稳定不变的，变化的是象征婚配对象未来经济潜力的标志。在前工业化社会，父母的职业、经济资源和社会地位等，可以直接传递给子女，子承父业是地位获得的一个重要的方式。因而，家庭出身就成为一个人未来社会经济地位的重要象征，父贵则子必荣。除此之外，在传统社会的择偶实践中，婚配双方的家庭作为第三方群体对青年男女的婚姻具有十分重要的影响。强调“门当户对”的婚姻匹配模式、“包办婚姻”的婚姻制度安排使得家庭可以强有力地干涉后代的择偶行为。一言以蔽之，工业化之前，由于家庭对子女的择偶具有决定性影响，先赋型同类婚成为当时最主要的婚姻匹配方式。

然而，随着工业化的发展，社会生活的各方面都发生了重要的变革。首先，社会中的职业结构发生了变化，原有以家庭为单位的生产模式被打破，个人社会经济地位的获得不再依靠父代传递，而是更多靠自己后天的努力。所以在工业化社会中，一个人的教育程度越高、职业越好，意味着他在未来会有较高的社会经济地位。也就是说，教育、职业等自致因素取代了家庭出身等先赋因素，成为个人经济潜力的标志。其次，个人在经济地位上的独立，削弱了第三方群体尤其是父母在他们择偶行为上的影响。根据我们上文介绍的第三方群体理论，如果个人摆脱了对父母的经济依赖，那么他就基本不受来自家庭制裁的影响，所以当两代人在择偶上出现分歧时，个人更不可能屈服于父母的选择。

总之，在工业化理论看来，由于上述两方面的变化，以家庭出身为代表的先赋型同类婚在工业化进程中将逐渐减少，而以教育、职业、收入等因素为标志的自致型同类婚将不断增多。①

二、现代化逻辑

现代化逻辑与工业化逻辑如出一辙，但更为精细地分析了现代化进程中几大重要的社会变迁对婚姻匹配模式的影响，并得出了与工业化理论不同的判

① KALMIJN M. Assortative mating by culture and economic occupational status. American Journal of Sociology，1994 (2)；KERR C. The future of industrial societies convergence or continuing diversity?. Cambridge，MA：Harvard University Press，1983；TREIMAN D J. Industrialization and social stratification. Social Inquiry，1970；SCHWARTZ C R. Trends and variation in assortative mating：causes and consequences. Annual Review of Sociology，2013.

断。现代化理论着重分析了城市化、现代交通与通信技术、大众传媒、教育普及等因素对于婚姻匹配的影响。城市化与交通通信技术的发展，打破了人们社会交往的时空限制。如今，仅在一个大学中就汇集了来自五湖四海的同学，更不用说一个大都市。汽车、高铁、飞机等交通工具，可以让人们在短时间内到达世界的任何地方。手机、互联网的出现与发展，使我们可以随时与千万里之外的人取得联系。这些变化无疑显著增加了不同地区、不同社会群体之间的交往机会，极大地扩展了个人的择偶范围与择偶机会，而不再局限于某个区域或某个群体。

大众传媒的发展与教育的普及有助于提高全社会的文化共识，这就使得不同社会背景的人在文化上日趋一致，这样一来便减弱了由文化相似性所导致的内群体偏好。除此之外，全社会的文化趋同也降低了各第三方群体在文化上的差异性，也就是说不仅仅是个人，他们各自的父母、同辈群体等在文化上也越来越相似，从而减少了第三方群体在婚姻匹配上的阻碍。

最后，随着“爱情至上”“自由恋爱”“婚姻自主”等现代婚姻观念深入人心，基于浪漫爱情的结合将成为婚姻匹配的主要形态。尽管教育、收入等社会经济因素仍是择偶的重要标准，但情感因素已经成为婚姻的重要前提。

总之，现代化理论认为，由现代化进程所带来的社会变迁，一方面增加了不同教育水平、职业、阶层、种族等社会群体的交往机会，从而扩大了潜在的婚姻市场，另一方面促进了全社会的文化相似性，从而削弱了由文化差异所导致的异群体通婚障碍。所以，现代化的发展将同时削弱先赋型同类婚与自致型同类婚，而极大地提升异类婚的概率。①

三、社会不平等逻辑

在介绍婚姻匹配的效应时，我们提到婚姻匹配会影响社会结构的开放性。但反过来，社会结构的开放性与固化程度同时也会影响婚姻的匹配模式。当社会结构的开放性较高时，家庭背景对个人婚姻匹配的影响相对较弱且不可持续。然而，当社会结构的固化程度较高、开放性程度较低时，由于阶层壁垒的阻隔，同类婚将成为主导的婚姻模式（如印度的种姓制度）。

与工业化逻辑不同，社会不平等逻辑认为，尽管工业化与现代化的发展给社会各方面都带来了巨大的变化，但是社会不平等结构却得以保留。社会不平等的延续和加剧，对婚姻匹配产生了三方面的重要影响。一个是社会中既有的优势阶层会利用其在资源和机会获取方面的优势来维持甚至是进一步增强自身的阶层特权，并力图将这种资源优势与特权传递给下一代，而优势阶层之间的内部通婚无疑是一种有效的手段。第二个重要的影响是增加了向下婚的成本，正如我们在上

① ZIJDEMAN R L，MASS I. Assortative mating by occupational status during early industrialization. Research in Social Stratification and Mobility，2010（4）.

文中反复提到的，向上婚姻可以作为一种减少社会经济资源劣势的有效手段，而向下婚则会相对拉低个人的经济与社会地位，并对后代社会经济地位的获得造成不利的影响。在社会不平等加剧的情况下，获取优质经济与社会地位资源的难度越来越大，社会向上流动的机会越来越少，这就使得向下婚所面临的风险和成本变得更大。第三个影响就是家庭背景的影响回升。社会阶层的固化使得阶层地位的代际继承进一步变强，比如我们社会中的"富二代""官二代"现象。代际继承的加强使得家庭出身重新成为个人未来经济潜力的重要标志。所以，社会不平等逻辑认为，在现代社会中，先赋型同类婚与自致型同类婚是同时增强的。

另一种从社会不平等逻辑出发的观点考虑了阶层差异，认为不同社会阶层的固化程度是不同的，因此具有不同的婚姻匹配模式。该观点提出，工业化与现代化的发展会提高社会结构的开放性，促进社会流动，但是这种变化仅限于社会的中下层，而上层阶级则仍旧呈现出极强的固化状态。所以，中下层阶级中的婚姻匹配模式可能会出现工业化逻辑所提及的变化，而上层阶级则仍以阶层内婚制为主。所以，就整个社会而言，婚姻的匹配依旧是相对封闭的。[①]

四、市场转型逻辑

市场转型逻辑建立在对中国等市场转型国家中婚姻匹配模式变迁的现实观察的基础之上。许多研究发现，在市场转型的初期，市场化的发展使得以家庭背景为代表的先赋因素在婚姻匹配中的重要性不断下降，而以个人的教育程度、职业等为标志的自致因素的重要性快速上升，这一趋势与工业化理论相符合。然而，随着市场转型的进一步深入，社会贫富差距不断拉大，市场风险不断提高，社会经济生活中的不确定性提升。在这样一个高度不确定性的市场和高度分化的社会环境下，婚姻匹配模式也相应发生了变化，表现为家庭背景因素重新融入并渗透到个人的社会生活中，其在婚姻匹配中的重要性出现回升。所以，按照市场转型逻辑的观点，我们社会中的婚姻匹配的变化趋势是自致型同类婚不断增多，而先赋型同类婚呈 U 形变化，先减少，后增多。

尽管关于婚姻匹配模式如何变迁的问题仍无定论，但是诚如上文所言，婚姻匹配模式是社会结构开放性的重要指标，了解婚姻模式的变迁已成为社会科学研究者理解社会结构与社会变迁的重要窗口。[②]

---

① KALMIJN M. Intermarriage and homogamy：causes，patterns，trends. Annual Review of Sociology，1998：24.

② SMITS J，ULTEE W，LAMMERS J. Educational homogamy in 65 countries：an explanation of differences in openness using country-level explanatory variables. American Sociological Review，1998（2）；齐亚强，牛建林．新中国成立以来我国婚姻匹配模式的变迁．社会学研究，2012（1）．

第四节
中国的婚姻匹配研究

这一节我们将介绍有关中国婚姻匹配的研究，主要聚焦于中国情境下的婚姻匹配变迁与现状。

一、中国婚姻匹配的变迁

（一）传统社会：父母之命，媒妁之言

中国古代典籍《礼记》中讲："昏礼者，将合二姓之好，上以事宗庙，而下以继后世也，故君子重之。"这短短的一句话阐明了婚姻在中国古代社会中的意义。"将合二姓之好"是说婚姻密切了两个家族之间的关系，而不单单是夫妇二人；"上以事宗庙"是说婚姻保证了有人可以祭祀男方死去的祖先，在古代宗法社会中，祖先崇拜是头等大事，但只有男性嫡嗣才有资格进行祭奉，因此婚姻的目的就是产生这样的合法子嗣来延续香火；"而下以继后世也"是说婚姻实现了一个家族的传宗接代，保证了财产的家内继承。因此，传统社会中的婚姻的缔结并不是男女两人之间的私事，当事人的幸福在这里显得微不足道，必须要优先考虑满足家族的利益。

"父母之命，媒妁之言"是中国古代婚姻最主要的缔结方式。"父母之命"是说在中国传统的社会中，男女双方的婚姻是由父母决定的，当事人没有自由选择的权利，所以这种婚姻模式被称为"家族婚"。"媒妁之言"指的是当父母为子女选定结婚的对象后，便会请一位专职介绍婚姻的人到对方的家中说亲，这类专门从事说亲的人就是"媒人"。中国素有"男女无媒不成婚""女无媒不嫁""天上无云不下雨，地上无媒不成亲"的古语，由此可见媒人在传统婚姻缔结中发挥着至关重要的作用。但是媒人说亲的对象仅限于父母，只要父母同意，婚姻便缔结成功，当事人双方并没有自主决定权。

一言蔽之，中国传统的婚姻是由父母或家族包办的，以"门当户对"为原则。在婚姻匹配模式的分类中，属于纯粹的先赋型同类婚。

（二）新中国成立至"文革"时期：工业化与政治成分影响并存

新中国成立初期，婚姻匹配模式呈现出两大特点：一是传统包办婚姻被废止，婚姻自由的观念盛行；二是政治资源与身份对于婚姻匹配具有十分重要的影响。

新中国成立后，我国确立了加速工业化发展的战略，随着土地改革和社会主义改造的基本完成，社会经济逐渐在常年战乱后恢复，工业化水平迅速提升。工业化的发展削弱了家庭对子女择偶的约束力。尤其是在1950年，中国制定了新的婚姻

法，确立了自由恋爱和婚姻自主的原则，反对包办婚姻，禁止买卖婚姻、纳妾、童养媳和换亲等。新婚姻法的有力推行和实施，使得年轻人尤其是女性获得了前所未有的婚姻自主权①，中国人民的婚姻观、择偶观也由此发生了重要的变化②。

然而，上述变化并不意味着这一时期人们可以自由地选择配偶或完全摆脱了家庭的影响。直到如今，我们还可以从生活在那个时代的老一辈人或影视剧中听到或看到这样的事例，两个人因为家庭成分不同而无法结婚。这一现象便是当时特殊的历史与政治环境的产物。在社会主义计划经济体制下，个人和社会群体的生活机会不仅受到其职业的影响，还取决于其所在地区、工作单位的类型和级别，以及个人在政治分层体系中的地位。③ 在婚姻匹配上，有研究表明，尽管单位对择偶的直接干涉不多，但是制度化的影响力却不容忽视，主要体现在强化政治身份和出身的门当户对上，例如组织党团员、干部、军人、机要人员、“培养对象”不能与出身和成分有污点的异性交往结婚④。

除此之外，也有研究发现，尽管新中国成立初期的前三十年，国家的工业化水平得到了前所未有的发展，但是婚姻匹配模式并没有按照工业化理论所预言的那样变化。以教育为例，在新中国成立到改革开放这几十年中，教育同类婚不但没有增加，反而呈现出下降的趋势。出现这种现象，一方面是由于在这一时期，一个人的政治忠诚度、政治身份（比如是不是党员）而非教育程度，才是一个人未来社会经济地位的象征，因而其成为婚配双方在择偶时考虑的重要因素。⑤ 另一方面，教育在这一时期并没有获得在工业化社会中应有的合法性。尤其是在“文革”时期，“读书无用论”盛行，许多学校停课闹革命，大中学生毕业后纷纷上山下乡，大批知识分子被批为“右派”“反动学术权威”等等。因此，在这样的政治社会背景下，教育不但不能成为个人成就与未来社会地位的标志，反而可能起到相反的作用。⑥

（三）市场转型期：自致型同类婚为主与先赋型同类婚的回升

1978年开始市场化改革后，我国进一步确立了市场机制在经济发展中的重要作用，经济体制改革迅速向其他社会领域渗透，工业化水平进一步提高，现代化进程迅速推进。这一时期的社会分层格局主要发生了三大变化：一是随着市场

---

① MEIJER M J. Marriage law and policy in the Chinese People's Republic. Hong Kong：Hong Kong University Press，1971.

② 吴雪莹，陈如．当代人择偶重什么？——千例征婚启事的启示．妇女研究论丛，1997（1）；徐安琪．择偶标准：五十年变迁及其原因分析．社会学研究，2000（6）；孙秀艳．青年择偶标准的历史演变和现实思考．社会，2002（4）．

③ 边燕杰，李路路，李煜，等．结构壁垒、体制转型与地位资源含量．中国社会科学，2006（5）．

④ 李煜，徐安琪．择偶模式和性别偏好研究——西方理论和本土经验资料的解释．青年研究，2004（10）.

⑤ WANG Y，WONG S K. From reds to riches：contemporary changes of educational assortative mating in China. Research in Social Stratification and Mobility，2017.

⑥ SONG L J. The effect of the cultural revolution on educational homogamy in urban China. Social Forces，2009（1）.

原则的确立，人力资本在劳动力市场上的收入回报不断增长，各职业的社会经济地位结构开始与西方市场经济国家趋同；二是随着市场改革的不断深入，以收入为标志的经济不平等迅速扩大，贫富差距日益拉大，中国已由原来的“去分层化”社会转变为社会分化十分明显的国家之一；三是人们在获得自主性与独立性的同时，也逐渐失去了原有单位体制的保护，改革前的“铁饭碗”被打破，个人与家庭直接承受贫富差距扩大以及来自市场的风险。

上述转变使得中国的婚姻匹配模式呈现出独有的特征，既有符合工业化理论的变化，也有对工业化理论的偏离，遵循我们在前文中提及的市场转型逻辑。一方面，工业化与现代化的发展削弱了家庭对子女婚配的干预，提升了教育、职业等自致因素在婚姻匹配中的重要性；另一方面，由市场风险、收入差距扩大、社会结构固化所带来的不确定性不断增加，使得家庭背景因素的重要性在婚姻匹配中重新凸显。需要说明的是，家庭背景重要性的回升与中国传统社会意义上的“门当户对”及父母“包办婚姻”有着本质区别。在高度不确定的社会环境下，婚姻双方会更加慎重地考察婚配对象的社会经济地位，家庭背景此时成为对方经济实力的重要衡量标准。从这个意义上说，家庭背景因素重要性的回升是婚姻匹配的现代化转变在固化的社会结构中所出现的一种畸形的结果。①

二、中国婚姻匹配的现状

在经历了迅速的工业化、现代化与市场转型后，中国社会目前的婚姻匹配究竟是怎样的？研究者从婚姻观念与婚姻匹配的社群差异两方面分析了中国婚姻匹配的现状。

(一) 当代中国人的婚姻观念

在婚姻观念方面，许多研究发现，正像现代化理论所说的那样，中国人的婚姻观、择偶观已经随着时代发生了变化，婚姻自由已经成为当今中国人的主流婚姻观。有研究发现，有近67.52%的受访者认为婚姻应由本人决定，父母可以提出意见，但应仅作为婚姻当事人的参考。在经济较为发达的地区（如上海），这一比例甚至高达75.13%，婚姻自主的观念已经深入人心。② 在婚姻匹配标准方面，随着个人成就更多地与学历、职业、胆识等个人素质相联系，未婚男女在择偶过程中，越来越注重个人的情感、品质和能力。

---

① WANG Y，WONG S K. From reds to riches：contemporary changes of educational assortative mating in China. Research in Social Stratification and Mobility，2017；SONG L J. The effect of the cultural revolution on educational homogamy in urban China. Social Forces，2009 (1)；李煜．婚姻匹配的变迁：社会开放性的视角．社会学研究，2011 (4)；齐亚强，牛建林．新中国成立以来我国婚姻匹配模式的变迁．社会学研究，2012 (1)．

② 杨善华．家庭与婚姻//李培林．中国社会．北京：社会科学出版社，2011.

(二) 婚姻匹配的社群差异

尽管婚姻自由的观念已经成为主流，但是中国社会中的婚姻匹配仍在很大程度上存在着不同社会群体之间的隔离。以教育、城乡和职业群体为例，在教育层面，婚姻双方在教育上的匹配程度在20世纪80年代后迅速上升，并从20世纪90年代以来一直维持在一个较高的水平。不同教育群体之间存在着一定的婚姻壁垒，跨教育程度的配对越来越少，婚姻更多地集中在双方教育程度相同或相似的同类配对和传统的梯度匹配上，择偶模式发生了同质性的回潮。[①] 然而，在不同的教育群体中，同类婚的程度与变化趋势略有差异。具体而言，受高等教育者内部的同类婚程度较强且不断上升，而其他学历的同类婚程度稍弱，且呈下降的趋势。也就是说，教育程度较高的群体，比如拥有本科及以上学历的人，更倾向于选择具有同等学力的人结婚。而初高中及以下的群体在择偶上则较为随意，没有明显的同等教育婚配偏好。这体现了随着初等教育的普及，教育不平等开始集中体现在高等教育阶段的社会现象。[②]

在户籍方面，新中国成立初期，初婚夫妇户口类型的相关程度相对稳定。改革开放之后，市场经济的迅速发展，使得不同户口类型所附着的社会经济差异逐渐凸显，户口类型在婚姻匹配中的重要性不断上升。然而近些年来，伴随着户籍改革的推行，不同户口类型所隐含的社会经济差异呈现缩小的态势，户口类型在婚姻匹配中的重要性也逐渐下降，但目前仍维持在一个相对较高的水平。也有一些研究发现，尽管城乡之间的通婚障碍逐渐被打破，但是却存在着较大的性别差异，表现为那些具有较高的受教育程度或者拥有城市所认可的容貌和行为举止的女性，很可能找一个城市里的丈夫；相比之下，农村中的男性却很难找到一个城市里的妻子。[③]

在职业群体方面，总体来看，各职业群体之间以同类婚为主，且其强度随时间变化较小。具体而言，机关单位负责人、服务人员以及工人劳动者的同类婚现象在不同时期均较为稳定，没有发生太大的变化。相比之下，有两大职业群体的同类婚程度随时间发生了一些显著的改变。一个是专业技术人员，他们的同类婚程度呈现稳步上升的趋势，这可能是由于随着工业化、现代化的发展，知识和技术在社会分工中日益重要，专业技术职业对知识技能方面的要求比其他职业相对更高，从而导致了这一职业的社会边界较为突出，同类婚的可能性变大。另一个变化显著的群体是农业劳动者，他们的群体内部的同类婚强度随时间呈现降低的趋势。这表明，工业化与城镇化的发展以及人口流动的加快，削弱了农业劳动者的社会群体边界，从而导致了农业劳动者的同类婚强度不断下降。[④]

---

① 李煜．婚姻的教育匹配：50年来的变迁．中国人口科学，2008（3）；HAN H Y. Trends in educational assortative marriage in China from 1970 to 2000. Demographic Research，2010（24）．

② 齐亚强，牛建林．新中国成立以来我国婚姻匹配模式的变迁．社会学研究，2012（1）．

③ LUI L K. Hukou intermarriage in China：patterns and trends. Chinese Sociological Review，2017（2）．

④ 同②.

总之，随着时代的发展，中国的婚姻匹配模式出现了重要的转变，并形成了自身独有的特征。尽管传统“门当户对”“包办婚姻”的婚姻观念已经被“恋爱自由”“婚姻自主”等新型观念取代，但是同类婚仍是当今中国社会中主流的婚姻模式。此外，值得警惕的是，以家庭背景为标志的先赋性特征在婚姻匹配中的重要性回升，无疑会对社会资源的分配、社会阶层体系的运转与再生产产生重要的影响。改善婚姻市场中各社会阶层之间的流动性、增强婚配选择的开放性、促进社会资源合理流动和均衡化将是未来一段时间内我国在建设更加公平、合理的社会中努力的方向。

◎复习思考题

1. 什么是婚姻匹配？有哪些类型？
2. 理性选择理论与文化资源理论在解释婚姻匹配模式上有什么异同？
3. 试用婚姻匹配变迁的几种逻辑来分析自新中国成立以来婚姻匹配的变迁。
4. 试论述婚姻匹配与社会不平等之间的关系。

◎推荐阅读文献

李煜．婚姻匹配的变迁：社会开放性的视角．社会学研究，2011（4）．

齐亚强，牛建林．新中国成立以来我国婚姻匹配模式的变迁．社会学研究，2012（1）．

KALMIJN M. Status Homogamy in the United States. American Journal of Sociology，1991（2）．

KALMIJN M. Assortative mating by culture and economic occupational status. American Journal of Sociology，1994（2）．

KALMIJN M. Intermarriage and homogamy：causes，patterns，trends. Annual Review of Sociology，1998：24.

SCHWARTZ C R，MARE R D. Trends in educational assortative marriage from 1940 to 2003. Demography，2005（4）．

SCHWARTZ C R，MARE R D. Earnings inequality and the changing association between spouse's earnings. American Journal of Sociology，2010（5）．

SCHWARTZ C R，MARE R D. Trends and variation in assortative mating：causes and consequences. Annual Review of Sociology，2013.

SMITS J，ULTEE W，LAMMERS J. Educational homogamy in 65 countries：an explanation of differences in openness using country-level explanatory variables. American Sociological Review，1998（2）．

SONG L J. The effect of the cultural revolution on educational homogamy in urban China. Social Forces，2009（1）．

WANG Y，WONG S K. From reds to riches：contemporary changes of educational assortative mating in China. Research in Social Stratification and Mobility，2017.

第十一章

性别与社会分层

【本章要点】

● 虽然性别间的生物学差异确实会影响两性之间的行为与态度，但这不是性别分层与不平等的主要原因，歧视女性的社会制度与文化规范才是更根本的影响因素。

● 教育领域的性别不平等在很大程度上是家庭选择的结果，在现代化过程中，性别角色观念的平等化、经济增长、教育发展等将有助于教育机会性别不平等的降低。在中国，计划生育政策也是一个重要影响因素。

● 随着两性之间受教育水平差异越来越小，劳动力市场中的性别不平等主要是由性别歧视引起的，这包括“分配性歧视”“价值性歧视”“工作内歧视”。虽然西方工业化国家劳动力市场中的性别不平等在下降，但中国与之相反，这是因为经济体制转型在提高了人力资本回报的同时也加剧了雇主的性别歧视。

● 家庭中夫妻权力结构取决于夫妻双方掌握的多种资源要素，包括物质资源、规范资源、感情与依赖资源等，相对而言，现代社会中的男性依然具有更多优势，故而他们在家庭内部也掌握了更多权力。

【关键概念】

◇ 社会性别 ◇ 性别歧视 ◇ 家庭权力结构 ◇ 中国经济体制转型

2018年首日，华裔女学者罗茜茜实名举报了12年前作为她博士生副导师、时任北京航空航天大学博士生导师、“长江学者”陈小武，称陈小武曾对她以及另外6名女性学生进行性骚扰。

1月11日晚，北京航空航天大学通过官方微博通报了处理结果：已查明，陈小武存在对学生的性骚扰行为，经研究决定，撤销其研究生院常务副院长职务，取消其研究生导师资格，撤销其教师职务，取消其教师资格。

教育部1月14日表示，日前北京航空航天大学已经对涉事教师陈小武做出相应处理。根据“长江学者奖励计划”管理有关规定，教育部决定撤销陈小武的“长江学者”称号，停发并追回已发放的奖金，已责成学校解除与陈小武签订的“长江学者”特聘教授聘任合同。

近年来，在社会上屡屡爆出的性骚扰事件，激起很大反响。事实上，性骚扰事件之所以频频发生，其中一个重要原因在于性骚扰者与被骚扰者之间的权力不平等。考虑到性骚扰通常表现为男性对女性的骚扰，那么这种权力不平等往往也是性别不平等的折射。性骚扰只是性别不平等中一种较极端的表现形式，生活中还存在大量隐蔽的性别不平等，本章就将重点讨论性别分层与不平等的形成与变迁。

有人说，性别分层与不平等是“最漫长的革命”[①]，可见其在社会分层与不平等研究中的特殊地位。所谓性别分层或者说性别不平等，是指按照性别划分社会等级，并以此来分配社会的各种资源，结果往往就是男性能够获取的有价值资源远超女性[②]。与本书其他章节有所不同的是，性别分层与不平等是以性别作为自变量，以资源分配的不平等结果作为因变量，而这种结果表现在社会各个领域，在每个领域，性别分层与不平等的表现、形成与变迁既有相似的地方，同时也有特殊的地方。因此，本章将首先讨论性别不平等的共有基础，也即两性之间的生物学差异与社会-文化差异；接着结合性别不平等最引人注目的三个领域——教育、劳动力市场与家庭——展开讨论。

第一节
性别分层的基础：性与性别

性别可以区分为生理性别与社会性别。一般而言，“生理性别”指的是男性和女性在解剖学和生理学等方面的差异；而“社会性别”则是指男性与女性在心理、社会和文化等方面的差异。[③] 生理性别与社会性别构成了性别不平等的基础，

① 李银河．妇女：最漫长的革命．北京：中国妇女出版社，2007：8.

② 克博．社会分层与不平等：历史、比较、全球视角下的阶级冲突．上海：上海人民出版社，2012：326.

③ 吉登斯．社会学．北京：北京大学出版社，2009：372.

有所争论的是谁的影响更大，也就是说，男性与女性在社会资源占有上的差异主要是来源于二者的生物学特征差异，还是社会和文化建构出来的结果呢？

一、性与性别

一些学者非常强调性别之间的生物学基础，认为这种生物学差异是性别不平等的根源。最常见的解释就是女性因为生育而需要将更多精力用于家庭，故而花在工作上的时间就比男性要少。类似的研究甚至深入神经与基因层面，例如，有研究发现，大脑结构存在性别差异，女性的语言控制半球的细胞生长更快，而男性的空间知觉半球的细胞生长更快，因此许多学者认为女性在语言能力上强于男性，而男性在数学、物理等与空间相关的能力上更胜一筹。[①]

大多数学者反对上述观点。如果说生物学差异是性别不平等的根源，由于生物学差异是比较稳定的，那么不同时期不同社会的性别不平等就应该差不多，这显然与事实不一致。社会学界的主流观点认为，社会文化形塑了人们的社会性别角色，进而影响到男性与女性各自的社会行为、态度与资源占有。所谓性别角色，主要是指“社会针对具有不同生物性别的人所制定的、足以确定其身份与地位的一整套权利、义务的规范与行为、表现的模式”[②]。

性别角色是由社会文化所界定的，那么在不同社会文化的影响下，性别角色肯定会有差异；但由于很多社会都流行父权制（patriarchy），因而人们对男性与女性的期望和要求也有很多一致的地方。在父权制社会中，无论是公共领域还是私人领域，男性都在规范与控制女性的生活[③]，其中一个很重要的体现就是性别角色的界定。例如，“男主外，女主内”是父权制社会的主流性别分工，当男性不出去工作而做“家庭主夫”时，甚至还会被认为是“吃软饭”。同样的，当男性涂指甲油、做刺绣、在公共场合哭泣时，或者女性给男性送花、吸烟、文身时，通常会引起人们不友好的反应。[④] 一种更激进的观点认为，不仅社会行为与态度，人的身体本身也受到社会文化力量的形塑和改变，之所以有越来越多的女性要减肥或整容，很大程度上就是因为我们的社会认为瘦才是美，“网红脸”才是美。[⑤]

二、性别社会化与社会性别角色观念的变化

人们的社会性别角色不是与生俱来的，是由社会文化形塑的，具体来说，是

---

① 蒂奥．大众社会学．北京：人民邮电出版社，2012：272.
② 郑杭生．社会学概论新修．北京：中国人民大学出版社，2013：201.
③ 李银河．妇女：最漫长的革命．北京：中国妇女出版社，2007：44－45.
④ 威特．包罗万象的社会学．北京：人民邮电出版社，2014：250.
⑤ 吉登斯．社会学．北京：北京大学出版社，2009：374.

在家庭、学校、工作、大众传媒的影响下逐渐习得的，这一过程称为性别社会化。在婴幼儿时期，性别社会化的主导机制是区别对待模式，中国有句老话叫“男要穷养，女要富养”，也就是说，男孩长大后要挣钱养家，所以从小要锻炼他的能力、毅力；而女孩重在培养她的气质、性格，长大以后能有好归属。正是因为父母对男孩与女孩的期待不同，所以男孩、女孩从小就会被区别对待，可以说当父母知道婴儿的性别时，性别社会化就开始了，取名字、置办衣服、买玩具乃至儿童房的装修等都不一样。这种区别对待反过来也会影响男孩与女孩对自己的期待。

等孩子长大以后，他们对角色模式的认同便成为社会化过程中越来越重要的一种形式。[①] 最有影响力的角色示范当然是孩子的父母，但在现代社会，大众媒体尤其是电视所宣传的人物，其影响力也很重要。有研究发现，广告中的男子的面部表情和行为总表现出一种有能力的样子，暗示着控制，而女性出现时则常常像孩子一般顺从；男人专注于广告中的产品，女人则经常把注意力集中于男人[②]。

经过一系列社会化媒介的长期熏陶，人们会自然地形成不同的性别角色观念，当然，随着外在社会环境的变化，性别角色观念也会随之变化。[③] 现代化理论认为，现代化发展通常会引起生育率下降，从而使得女性有更多机会获得教育以及进入劳动力市场，进而减小两性间的权力不平等，并最终促使人们的性别角色观念现代化、平等化。[④] 然而，人们仍然可以看到，虽然西方工业化国家之间现代化程度相似，但性别角色观念却不相同。这些差异难以用现代化发展程度来解释，而更可能来源于各国特定的文化传统以及社会福利制度。例如，如果一个社会对工作中的女性给予充分照顾，建立更多幼儿园、托儿所等机构，那么女性对男性的依赖程度将大大下降，人们的性别角色观念将会趋于平等化。[⑤]

由于社会主义国家特殊的社会经济体制与意识形态，许多学者都对社会主义国家中的性别角色观念感兴趣。一项关于德意志民主共和国与德意志联邦共和国的比较研究显示，由于前者的计划经济体制以及社会主义意识形态的影响，人们

---

① 波普诺．社会学．北京：中国人民大学出版社，2007：403.

② 麦休尼斯．社会学．北京：中国人民大学出版社，2015：335.

③ BOLZENDAHL C ，MYERS D J. Feminist attitudes and support for gender equality：opinion change in women and men，1974—1998. Social Forces，2004，83（2）：759－789；刘爱玉，佟新．性别观念现状及其影响因素——基于第三期全国妇女地位调查．中国社会科学，2014（2）：116－129.

④ SHU X L，ZHU Y F. Uneven transitions：period-and cohort-related changes in gender attitudes in China，1995 － 2007. Social Science Research，2012，41（5）：1100－1115；BROOKS C，BOLZENDAHL C. The transformation of US gender role attitudes：cohort replacement，social-structural change，and ideological learning. Social Science Research，2004，33（1）：106－133.

⑤ DAVIS N J，ROBERT V R. Men's and women's consciousness of gender inequality：Austria，West Germany，Great Britain，and the United States. American Sociological Review，1991，56（1）：72－84；BAXTER J，KANE E W. Dependence and independence：a cross-national analysis of gender inequality and gender attitudes. Gender & Society，1995，9（2）：193－215.

更加支持女性外出工作[①]，这一差异即使在德国统一之后仍然很明显[②]。中国与美国的比较也有类似发现。中华人民共和国成立以后，妇女解放运动在很长一段时间内将自己的主要任务确定为鼓励家庭妇女参加社会主义建设[③]，为此国家创造了大量具有鲜明特色的妇女解放话语，如 20 世纪 50 年代初期的"妇女翻身""当家做主人"，"大跃进"时期的"走出家门"，"文革"时期的"时代不同了，男女都一样""妇女能顶半边天"。[④] 而传统的性别分工观念，如"男耕女织""男主外女主内"则被认为是落后、"封建"，甚至是"反革命"的。[⑤] 正因为如此，中国社会的性别分工平等意识始终强于美国[⑥]。

改革开放以后，一方面，国家试图延续改革开放前妇女解放运动的思路，努力动员妇女投入现代化建设之中，如"双学双比"活动、"巾帼建功"活动、"三八红旗手"评比活动；另一方面，以"绩效主义"为核心的市场化大潮席卷整个社会，这使得性别角色观念的变化更加模糊。有学者认为，随着国家的隐退与市场的扩张，性别角色观念具有回归传统的趋势，尤其是在性别分工观念上。[⑦] 但也有学者强调，虽然性别分工观念有所回潮，但在其他方面，性别角色观念还是趋向于平等化的。[⑧] 从图 11－1 可以看到，1990—2000 年之间，由于市场力量的扩张受到限制，性别角色的总体观念得分不断上升，但在 2000—2010 年，总体观念得分处于相对稳定状态，而性别社会分工得分却明显下降。

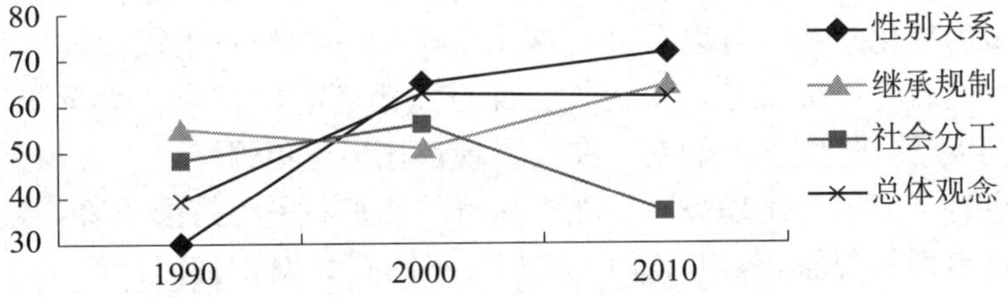

图 11－1　1990—2010 年性别角色观念的动态变动趋势分析（得分）

资料来源：杨菊华．近 20 年中国人性别观念的延续与变迁．山东社会科学，2017（11）．

上面讨论了性别不平等的两大基础：生物学差异与社会-文化差异。这些差异适用于一般的性别不平等，但如果要更系统地了解性别不平等，就要深入社会

① ADLER M A，BRAYFIELD A. East-West differences in attitudes about employment and family in Germany. The Sociological Quarterly，1996，37（2）：245－260.

② BAUERNSCHUSTER S，RAINER H. Political regimes and the family：how sex-role attitudes continue to differ in reunified Germany. Journal of Population Economics，2012，25（1）：5－27.

③ 李静之．中国妇女运动史上的三座里程碑．妇女研究论丛，1999（4）：27－32.

④ 金一虹．"铁姑娘"再思考：中国文化革命期间的社会性别与劳动．社会学研究，2006（1）．

⑤ 韩启澜．跨越性别分界："文革"时期的铁姑娘形象与知青//王政．百年中国女权思潮研究．上海：复旦大学出版社，2012：251－254.

⑥ 朱斌，李路路．独立与权利：中美女性主义运动与性别平等观念比较研究．社会，2015（5）．

⑦ 许琪．中国人性别观念的变迁趋势，来源和异质性——以"男主外，女主内"和"干得好不如嫁得好"两个指标为例．妇女研究论丛，2016（3）．

⑧ 杨菊华．近 20 年中国人性别观念的延续与变迁．山东社会科学，2017（11）．

各个领域，看看性别分层与不平等在这些领域的具体表现、形成过程与变化趋势。下面将重点从教育、劳动力市场与家庭三个方面进行讨论。

第二节 教育领域的性别分层

教育是当代社会中的重要过程，教育不仅影响到社会经济地位的获得，也会影响到婚育、生活方式、健康、幸福感等，因此，教育中的性别不平等的变化将对下文讨论的劳动力市场与家庭中性别不平等的变化产生重要影响。[①]

一、教育领域的性别分层及其变迁

性别在教育领域的不平等体现在很多方面，如学业成绩、受教育年限、高等教育获得乃至学习专业，学者们最常使用的指标还是受教育年限与入学率。图11-2汇总了西方33个工业化国家的调查数据，分析了这些国家男性与女性平均受教育年限的变化趋势，可以看到，从出生于20世纪60年代中期的世代开始，女性的平均受教育年限就超过了男性，而且差距还有所扩大。大量研究都发现，从幼儿园到大学，这些国家的女生在校表现都比男生更强。[②]

中国也有类似的变化趋势，即教育获得的性别不平等持续下降，甚至开始出现女性超过男性的现象。[③] 利用CGSS2015年调查数据，我们计算了不同世代的男性与女性在平均受教育年限（图11-3）与大学入学率（图11-4）上的差异。可以看到，与女性相比，男性平均受教育年限与大学入学率相对更高，不过二者的差距在逐渐缩小，对于85后而言，女性的大学入学率甚至高于男性。总体而言，随着时间变化，男性在教育机会获得上的优势逐渐缩小乃至逆转。当然，这不意味着女性在教育领域的所有方面都取得了绝对优势，研究发现，男大学生与女大学生的专业选择仍然存在明显差异：男生多集中在科学、技术、工程和数学（science，technology，engineering & mathematics，简称STEM）等领域，而女生多集中在人文社科等非STEM领域。[④]

---

① CHARLES M A. World of difference：international trends in women's economic status. Annual Review of Sociology，2011，37：355-371.

② BUCHMANN C，DIPRETE T A，MCDANIEL A. Gender inequalities in education. Annual Review of Sociology，2008，34：319-337.

③ 李春玲．高等教育扩张与教育机会不平等．社会学研究，2010（3）；叶华，吴晓刚．生育率下降与中国男女教育的平等化趋势．社会学研究，2011（1）．

④ 贺光烨．专业选择与初职获得的性别差异：基于“首都大学生成长追踪调查”的发现．社会，2018（1）．

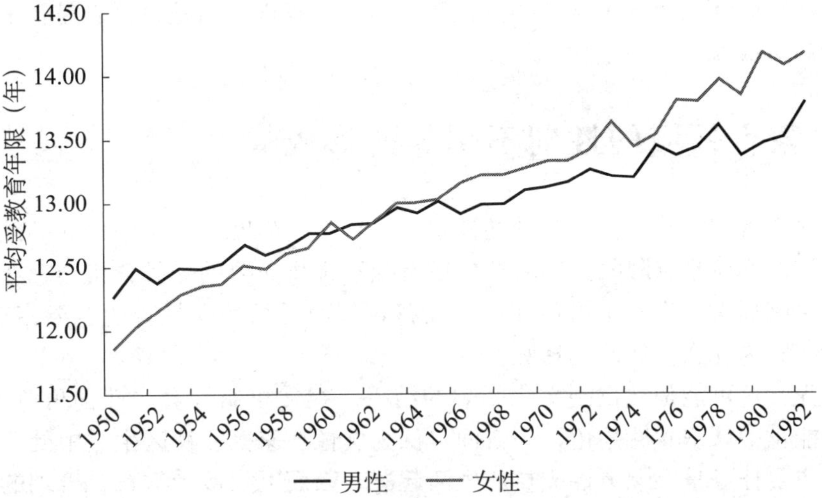

图 11-2 西方工业化国家不同世代男性与女性平均受教育年限的变化趋势

资料来源：HEK M V. Comparing the gender gap in educational attainment：the impact of emancipatory contexts in 33 cohorts across 33 countries. Educational Research and Evaluation，2016，22（5-6）：260-282.

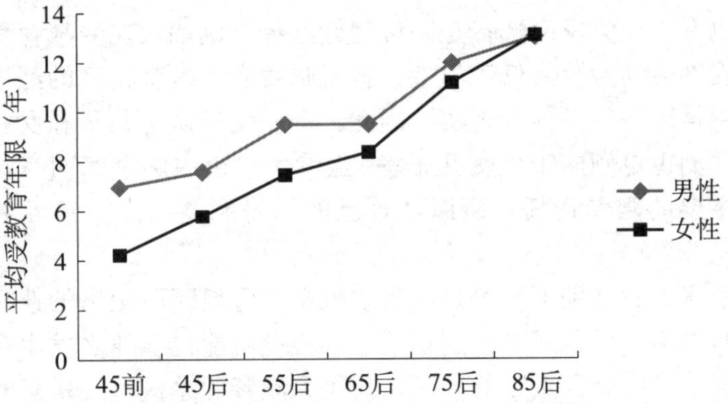

图 11-3 中国不同世代平均受教育年限的性别差异及其变化趋势

资料来源：根据 CGSS2015 年数据计算。

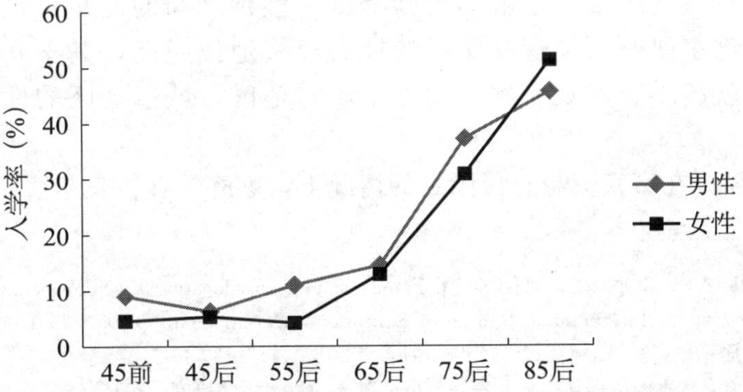

图 11-4 中国不同世代大学入学率的性别差异及其变化趋势

资料来源：根据 CGSS2015 年数据计算。

那么，为什么会发生这样的变化呢？为了回答这一问题，首先需要了解为什么男性教育成就曾经高于女性。

二、教育领域的性别不平等的形成

在研究者们看来，教育领域的性别不平等很大程度上是家庭选择的结果，由于家庭资源禀赋是有限的，不可能向所有孩子提供充分的受教育机会，在这种情况下，家庭通常会投资于男孩而放弃女孩，故而男孩的受教育机会要多于女孩。那么，家庭为什么会如此选择呢？

首先，这可能是父权制文化影响的结果。在父权制社会，性别角色刻板化，父母不能正确认识女性角色，一方面，认为女性在家庭和社区生活中处于附属的角色，主要任务是照顾男性成员的生活起居，因而无须接受教育，极端的说法便是“女子无才便是德”；另一方面，也可能认为女儿的能力不如儿子，从而减少对女儿教育投资的热情。[①] 父母的这种偏好在子女社会化过程中也会传递给子女，使得女孩对自己将来“女主内”的角色形成固定的认识，从而降低其自身的教育期望，自愿放弃求学机会。

其次，也有人认为家庭选择是一种理性选择，例如，在受教育程度相同的情况下，如果女性劳动力收入低于男性，就意味着女孩教育投资的经济回报要低于男孩，而这种情况往往是社会现实。因此，即使父母认为儿子和女儿具有相同的学习能力，他们也更倾向于投资儿子。[②] 当然，对于中国家庭而言，由于传统上儿子要承担主要的赡养责任，所以从自己的切身利益出发，父母更有动力投资儿子。

虽然说教育上的性别不平等是由家庭根据资源禀赋而做出的选择，但不同家庭的资源禀赋也不一样，那么性别不平等的程度可能也会随之发生变化。这里简单讨论两个影响家庭资源禀赋的因素，一是家庭资源总量，二是家庭子女数量与结构。

一方面，如果家庭的社会经济资源足够充裕，能够抚育多个子女，那么父母对女儿教育的歧视程度就会大为降低，性别之间的受教育机会差异也会大大缩小。许多研究都发现，父母的社会经济地位越高，其子女受教育机会的性别差异就越小。宏观上看，相对于农村地区，城市地区的性别不平等也更小。[③]

另一方面，在家庭资源总量固定的情况下，家庭子女数量越多，每个子女能

---

① HANNUM E，KONG P，ZHANG Y. Family sources of educational gender inequality in rural China：a critical assessment. International Journal of Educational Development，2009，29（5）：474－486；吴愈晓．中国城乡居民教育获得的性别差异研究．社会，2012（4）．

② 许琪．男女教育的平等化趋势及其在家庭间的异质性．青年研究，2015（5）．

③ 吴愈晓．中国城乡居民教育获得的性别差异研究．社会，2012（4）；许琪．男女教育的平等化趋势及其在家庭间的异质性．青年研究，2015（5）．

够分到的教育资源就越少，所以个人的受教育机会与兄弟姐妹数量呈反比。① 除了子女数量以外，子女的性别结构其实也会影响受教育机会，尤其是在父权制文化依然很强的社会，子女数量增加所带来的负面影响主要转嫁到了在家中处于弱势地位的女儿身上，也就是说，兄弟数量多不利于个人的受教育机会，但姐妹数量的影响则不一定。②

三、教育领域的性别不平等变迁的原因

如果说教育机会的性别不平等是家庭选择的结果，那么又是什么原因使得家庭选择发生了变化，从而使得性别不平等逐渐缩小并发生逆转了呢？从已有研究来看，现代化因素与社会政策对于家庭选择的转变产生了重要影响。

（一）现代化因素

现代化是一个综合性过程，为了实现现代化，社会经济结构都要随之发生变化。就教育性别不平等来说，有多个现代化因素与之密切相关。第一，父权制文化在现代化过程中逐渐式微，而男女平等的意识和观念则逐渐兴起，这种转变将促进社会各领域的性别平等，包括教育领域的性别平等。

第二，经济发展普遍提高了家庭收入，家庭资源的增加意味着能够承担更多子女的教育，那么性别不平等会得到抑制。但是，经济发展与性别不平等的关系可能不是线性的：在经济起飞初期，经济收入的限制以及重男轻女的倾向使得家庭更可能投资于男孩而非女孩的教育，性别不平等由此扩大；随着经济的进一步发展，家庭才能突破投资子女教育的资源瓶颈，在投资男孩的教育之余开始增加对女孩教育的投资，性别不平等开始缩小。③

第三，劳动力市场中性别不平等的缩小激励了家庭向女孩的教育投资。西方社会的研究表明，越来越多的女性参与劳动力市场，性别之间的工资收入也在逐步缩小，女性向上晋升的机会增多，这些都激励更多家庭投资女性教育。④ 但是，这种状况可能不适合中国社会，有研究表明，改革开放以来，中国的性别收入差距不仅未缩小，反而有所扩大。⑤

---

① LU Y，TREIMAN D J. The effect of sibship size on educational attainment in China：period variations. American Sociological Review，2008，73（5）：813－834.

② CHU C Y C，XIE Y，YU R R. Effects of sibship structure revisited：evidence from intrafamily resource transfer in Taiwan. Sociology of Education，2007，80（2）：91－113；郑磊．同胞性别结构、家庭内部资源分配与教育获得．社会学研究，2013（5）．

③ FORSYTHE N，KORZENIEWICZ R P，DURRANT V. Gender inequalities and economic growth：a longitudinal evaluation. Economic Development and Cultural Change，2000，48（3）：573－617.

④ GOLDIN C. The quiet revolution that transformed women's employment，education，and family. American Economic Review，2006，96（2）：1－21.

⑤ 李春玲，李实．市场竞争还是性别歧视——收入性别差异扩大趋势及其原因解释．社会学研究，2008（2）；李实，宋锦，刘小川．中国城镇职工性别工资差距的演变．管理世界，2014（3）．

第四，现代化推动了教育扩张，随着男性普遍接受义务教育与高等教育，增加的教育机会将被女性分享。在大学扩招的影响下，高等教育机会的性别不平等首先在社会经济地位高的家庭与城市地区下降，随后向社会经济地位较低的家庭和农村地区延伸。①

（二）社会政策

除了现代化以外，社会政策也是一个重要影响因素。已有研究显示，中国教育机会的性别平等化趋势受教育政策的影响很大，在强调教育公平的时期，性别差异缩小的速度较快；而在强调效率的时期，性别差异缩小的速度较慢甚至会扩大。② 改革开放以后，教育市场化政策的推行，使得教育费用中的很大一部分最终转嫁给了家庭，与以往相比，中国父母需要投入更多的经济资源才能供养子女上学，在这种情况下，处于弱势地位的女儿很有可能成为教育费用上升的牺牲品。③

除了教育政策本身以外，我国特殊的生育政策也会产生间接影响。由于计划生育政策的作用，中国仅用了 30 年时间就完成了欧洲国家超过 100 年时间才完成的人口转型，人口总和生育率迅速下降，独生子女家庭越来越多，正如上文所说，子女数量越少，父母在子女教育投资上就越宽裕，而对于独生子女家庭而言，父母也不需要采取重男轻女的教育投资策略，从而有利于缩小男女之间的教育机会差距。④

（三）学校过程

从上述讨论来看，我国教育机会的性别不平等的变化，与性别观念的平等化、经济增长、教育扩张以及生育政策的推行密切相关，但是这些宏观因素并不能完全解释性别不平等的逆转，因为就算家庭不再歧视女孩，但也不会歧视男孩。那么在家庭给予同样条件的情况下，女孩的优势是如何形成的呢？这恐怕需要从学校中的教育过程来寻找。一般而言，女孩的非认知能力（non-cognitive skills）要强于男孩，如自我控制能力更强、上课注意力集中、计划性强、更有毅力、有更强的组织与领导能力，这些非认知能力有助于提高女孩们的学习成绩，在现有应试教育体制下也更受老师们的欢迎。⑤ 正因为如此，一旦女孩获得了进入学校的机会，她们在课堂中的表现往往比男孩们更优秀。

---

① 张兆曙，陈奇．高校扩招与高等教育机会的性别平等化．社会学研究，2013（2）．

② HANNUM E，XIE Y. Inequality in China：1949—1985. Research in Social Stratification and Mobility，1994，13：73－98.

③ HANNUM E. Market transition，educational disparities，and family strategies in rural China：new evidence on gender stratification and development. Demography，2005，42（2）：275－299.

④ 叶华，吴晓刚．生育率下降与中国男女教育的平等化趋势．社会学研究，2011（1）．

⑤ BUCHMANN C，DIPRETE T A，MCDANIEL A. Gender inequalities in education. Annual Review of Sociology，2008，34：319－337；DIPRETE T A，JENINGS J L. Social and behavioral skills and the gender gap in early educational achievement. Social Science Research，2012，41（1）：1－15.

第三节
劳动力市场中的性别分层

随着教育机会的性别不平等逐渐缩小，人们越来越关注劳动力市场中的性别不平等，由于劳动力市场是人们获得收入、权力、声望的主要场所，因此，劳动力市场中的性别不平等情况在某种程度上决定了社会其他领域的性别不平等。

一、劳动力市场中的性别不平等

如何衡量劳动力市场中的性别不平等呢？研究中最常用的指标有三个：劳动参与率、劳动收入、权力分配。近四十年来，西方主要工业化国家中女性劳动力占所有劳动力的比重逐渐增加，这意味着男女之间的劳动参与率差距在逐渐缩小。图 11－5 根据美国人口普查数据分析了美国劳动力市场中女性收入占男性收入比重的变化趋势，可以看到，1960—2010 年这 50 年之间，女性占男性收入比重呈现缓慢上升趋势，这一结果说明美国社会的性别收入差距也在不断缩小。总的来说，从劳动参与率与劳动收入来看，西方工业化国家在劳动力市场中的性别不平等呈现逐渐缩小的趋势。

与西方工业化国家相比，中国劳动力市场中的性别不平等又是如何变化的呢？图 11－6 和图 11－7 分别分析了 1992—2009 年中国城镇劳动参与率与工资收入的性别差异变迁。从这两张图中可以看到，中国城镇女性的劳动参与率与工资收入均要低于男性，而且这种差距随着时间的推移而逐渐扩大。研究显示，我国城镇女性平均工资占男性平均工资的比率从 1995 年的 84％下降至 2002 年的 82％，2007 年又进一步下降为 74％。[①] 当然，劳动参与率与工资收入的变化趋势有所不同。对于劳动参与率而言，男性与女性的参与率在改革过程中都有所下降，而女性下降的速度快于男性；而对于工资收入而言，二者都在上升，但女性的上升速度慢于男性。这些结果意味着，中国劳动力市场中的性别不平等在逐渐扩大，这与西方工业化国家的变化趋势不一样。

除了劳动参与率与劳动收入以外，劳动力市场中的权力分配也是性别不平等的重要体现。在同一个工作组织中，男性通常占据更高的职位，拥有更多的组织资源，而女性通常是男性领导者的下属或副手，很少有女性能够晋升到总统、总

① 李实，宋锦，刘小川．中国城镇职工性别工资差距的演变．管理世界，2014（3）．

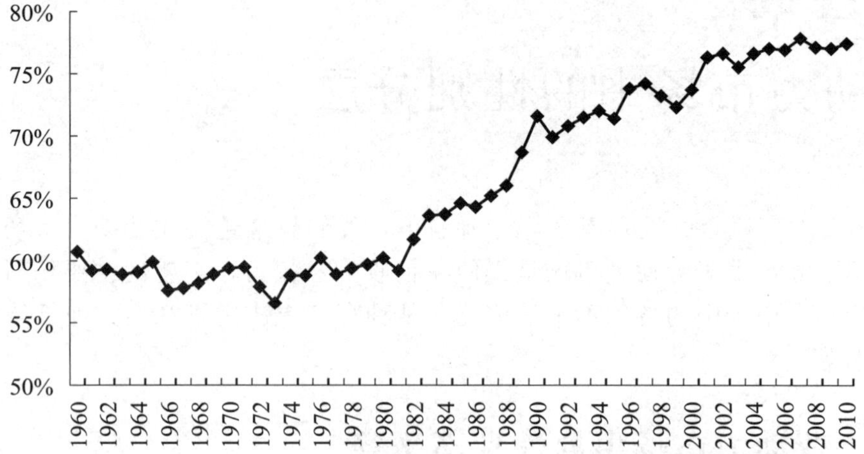

图 11-5 美国女性收入占男性收入比重的变化趋势

资料来源：PROCTOR B D. Income，poverty，and health insurance coverage in the United States：2010. Census Bureau，2016：60-256.

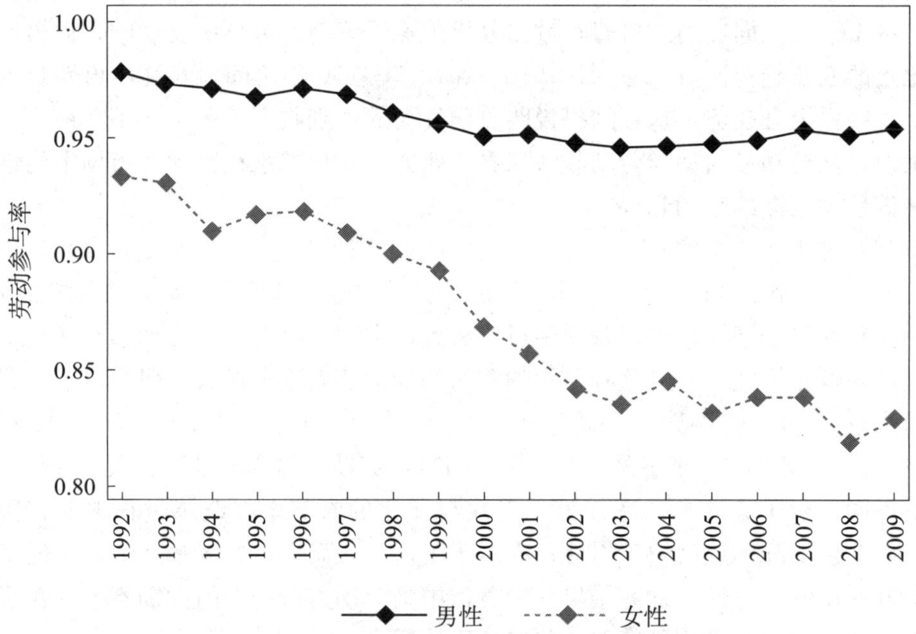

图 11-6 按性别分组的中国城镇劳动参与率变化趋势

资料来源：彭青青．中国市场化过程中城镇女性劳动参与率变化趋势，金融研究，2017（6）.

经理、校长等高级管理职位，这一现象被称为“玻璃天花板”现象①，即女性能够看到玻璃后面的景象，但是很难通过那层玻璃进入玻璃后面的位置。“玻璃天

① MORGAN L A. Glass-ceiling effect or cohort effect? A longitudinal study of the gender earnings gap for engineers，1982 to 1989. American Sociological Review，1998，63（4）：479-493.

花板”现象广泛分布在世界各国以及政治、经济和教育等各个领域中[①]，但是较难测量。

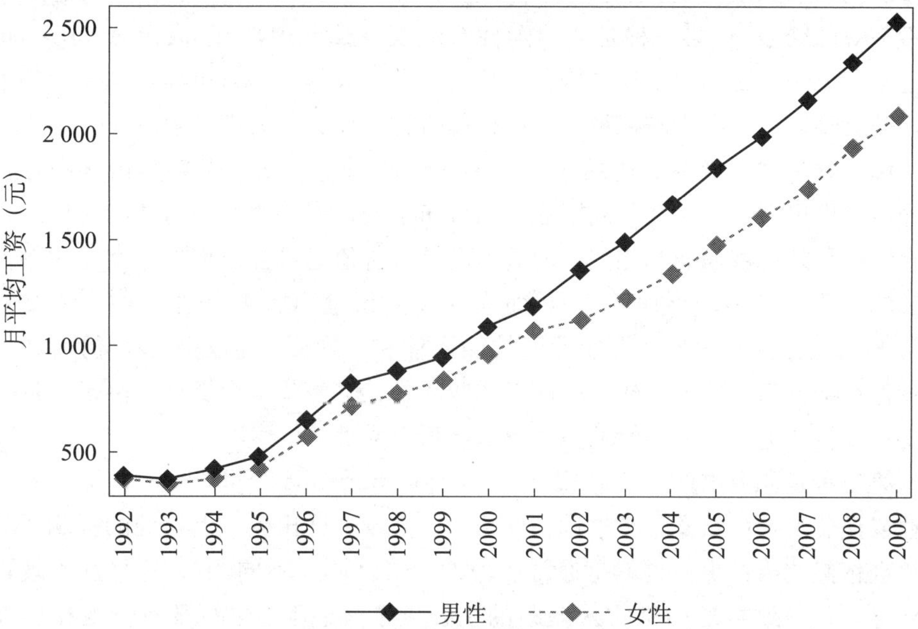

图 11－7　按性别分组的就业者工资水平的变化趋势

资料来源：彭青青．中国市场化过程中城镇女性劳动参与率变化趋势，金融研究，2017（6）．

上述分析提出了一个问题，即为什么西方工业化国家在劳动力市场中的性别不平等在逐渐缩小，而中国却在扩大呢？首先需要知道的是在劳动力市场中性别分层与不平等的形成机制，然后才能讨论何种因素影响了这种性别分层与不平等的变化。

二、劳动力市场中性别分层与不平等的形成

（一）人力资本还是性别歧视

为什么女性在劳动力市场中的表现不如男性呢？在人力资本理论看来，这是因为女性劳动力的人力资本积累不如男性劳动力，因为一个人的人力资本越多，生产效率越高，其工资收入自然就更高。然而，正如上文所说，在很长一段时期内，女性受教育水平都不如男性，而且女性常常会因为生育子女或家庭责任而中断工作，这也不利于她们工作资历或工作经验的积累，导致她们的就业机会和工

① BLAU F D，DEVARO J. New evidence on gender differences in promotion rates：an empirical analysis of a sample of new hires. Industrial Relations：A Journal of Economy and Society，2007，46（3）：511－550；卿石松．职位晋升中的性别歧视．管理世界，2011（11）．

资收入不如男性。①

另一些学者则认为，虽然性别之间确实存在人力资本差异，但性别歧视才是更重要的影响因素。② 劳动力市场中至少存在三种性别歧视，它们共同造成了性别不平等的结果。③ 第一种是“分配性”歧视（allocative discrimination）。正如第七章所说的，劳动力市场结构存在分割，分为首要劳动力市场与次要劳动力市场，而女性通常会因为歧视被分配或被排挤到次要劳动力市场中。④

第二种是“价值性”歧视（valuative discrimination）。劳动力市场中存在性别隔离，即男性与女性在不同职业上的分布不同，有些职业中男性的比例远远高于女性，另外一些职业则相反，而后者的社会价值通常会被低估。女性比例低于30%的职业被称为“男性职业”，而女性比例超过70%的职业被称为“女性职业”。⑤ 虽然男性职业与女性职业的技能要求和工作强度相差不多，但后者仍然被看作社会价值较低的工作，因而工作收入、社会声望也会更低；由于大量女性聚集在女性职业，故而女性的整体收入会低于男性。⑥

第三种是职业内的工资歧视（within-job wage discrimination），即在同一个职业或岗位上，虽然女性与男性一样努力，表现一样出色，但女性的报酬或者晋升机会依然比男性少，也就是通常所说的“男女同工不同酬”。这种性别歧视最为明显，是导致早期性别收入差距的主要因素⑦，但这样的显性歧视在逐渐削弱⑧。关于职务晋升的研究也发现，女性的晋升标准高于男性，使得女性的晋升概率显著低于男性⑨，由于职位晋升对工资水平及其增长的正向作用，职位晋升

---

① KUHN P. Sex discrimination in labor markets: the role of statistical evidence. The American Economic Review, 1987: 567-583.

② 王美艳．城市劳动力市场上的就业机会与工资差异——外来劳动力就业与报酬研究．中国社会科学，2005（5）；李实，马欣欣．中国城镇职工的性别工资差异与职业分割的经验分析．中国人口科学，2006（5）．

③ PETERSON T, MORGAN L A. Separate and unequal: occupation-establishment sex segregation and the gender wage gap. American Journal of Sociology, 1995, 101 (2): 329-365.

④ 邓峰，丁小浩．人力资本、劳动力市场分割与性别收入差距．社会学研究，2012（5）．

⑤ RESKIN B. Sex segregation in the workplace. Annual Review of Sociology, 1993, 19 (1): 241-270.

⑥ 吴愈晓，吴晓刚．城镇的职业性别隔离与收入阶层．社会学研究，2009（4）；卿石松，郑加梅．“同酬”还需“同工”：职位隔离对性别收入差距的作用．经济学（季刊），2013（2）．

⑦ 王美艳．城市劳动力市场上的就业机会与工资差异——外来劳动力就业与报酬研究．中国社会科学，2005（5）；李实，马欣欣．中国城镇职工的性别工资差异与职业分割的经验分析．中国人口科学，2006（5）．

⑧ 邓峰，丁小浩．人力资本、劳动力市场分割与性别收入差距．社会学研究，2012（5）．

⑨ BLAU F D, DEVARO J. New evidence on gender differences in promotion rates: an empirical analysis of a sample of new hires. Industrial Relations: A Journal of Economy and Society, 2007, 46 (3): 511-550; WINTER-EBMER R, ZWEIMÜLLER J. Unequal assignment and unequal promotion in job ladders. Journal of Labor Economics, 1997, 15 (1): 43-71.

上的性别差异是导致工资性别差距的重要因素①。

(二) 性别歧视的原因

那么，性别歧视从何而来呢？在经济学家看来，劳动力市场中的性别歧视不是真正的歧视，而是雇员与雇主理性选择的结果。从雇员的角度来看，与男性相比，女性需要承担更多家庭责任，因此她们在工作方面所做出的努力就相应减少，而且会经常离开劳动力市场，这种离开会损害她们的人力资本；为了减少间断性就业带来的“惩罚”，女性会主动选择对人力资本要求较低的劳动力市场。②而从雇主角度来看，当雇主无法评估求职者的能力和努力程度时，往往遵循统计学原则来雇人或安排岗位。从统计学原则看，女性劳动者往往比男性更容易退出工作，进而会增加雇佣及培训成本，因此雇主会倾向于将女性安排在一些对经验或技能依赖程度相对低的职位或岗位上。③

经济学的上述观点已被许多研究否定。④在大多数社会学家看来，性别歧视主要是由社会和文化因素造成的，我们所处的社会在观念、规范甚至是制度层面上对男女的性别角色存在不同的认知与定位，根深蒂固的性别角色观念会让雇主有意或无意地反对女性进入“男性化”职业，或者认为女性的能力和工作效率不如男性；而且，这些观念、规范与制度经过长期社会化，为男女两性自身所内化，从而形成了不同的职业期望，导致他（她）们选择了不同的劳动力市场。⑤由于性别歧视是社会文化造成的，因此在那些特别强调性别分工平等的社会，像我们国家改革前的计划经济时代，性别歧视会得到一定抑制。⑥

三、劳动力市场中性别分层与不平等的变迁

从上面的讨论来看，人力资本差异与性别歧视是造成劳动力市场中性别不平等的两大要素。在西方工业化国家中，性别不平等呈现缩小趋势，这主要与现代

① RANSOM M, OAXACA R L. Intrafirm mobility and sex differences in pay. ILR Review, 2005, 58 (2): 219-237.

② BECKER G S. Human capital, effort, and the sexual division of labor. Journal of Labor Economics, 1985, 3 (1): 33-58.

③ AIGNER D J, CAIN G G. Statistical theories of discrimination in labor markets. ILR Review, 1977, 30 (2): 175-187.

④ ENGLAND P. Wage appreciation and depreciation: a test of neoclassical economic explanations of occupational sex segregation. Social Forces, 1984, 62 (3): 726-749.

⑤ BIELBY W T, BARON J N. Men and women at work: sex segregation and statistical discrimination. American Journal of Sociology, 1986, 91 (4): 759-799; 李春玲．性别分层与劳动力市场．北京：中国社会科学出版社，2011：41-43.

⑥ 王天夫，赖扬恩，李博柏．城市性别收入差异及其演变：1995—2003. 社会学研究，2008 (2).

化的进程有关。[①] 首先，现代化推动了性别角色观念的改变，降低了父权制文化带来的性别歧视。[②] 其次，现代化加快了教育扩张的步伐，使得女性在教育获得上与男性的差异逐渐缩小，教育水平的提高进一步帮助女性找到更多好工作。[③] 最后，现代化推动了经济规模的持续扩大与经济结构的转型升级，经济规模的持续扩大增加了劳动力市场的就业机会，从而吸收了越来越多的女性劳动者，与此同时，伴随产业结构的升级，越来越多的女性能够参与到回报较高的非农产业特别是服务业中[④]，从而降低了劳动力市场中的性别不平等[⑤]。

中国的女性劳动者也受益于现代化，尤其体现在职业性别隔离上。已有研究发现，虽然经济改革初期，职业性别隔离水平有所上升，但从 20 世纪 90 年代开始则出现了持续的下降。[⑥] 尽管如此，中国劳动力市场上的性别不平等总体上依然处于上升趋势，这又是为什么呢？大多数学者认为，这是市场经济体制转型所带来的后果。一方面，向市场经济体制的转型有助于提高教育回报，而我们知道，在转型初期，男性的平均受教育水平要远高于女性，故而教育回报的提高无疑会扩大男女之间的就业机会和工资收入差异。另一方面，随着经济改革的推进，虽然男女受教育水平差距在逐渐缩小，但市场化的进程又会加深性别歧视的影响，这是因为市场化的推进使得“绩效主义”取代了“平等主义”成为社会主流意识形态，雇主可以凭借着效率优先的旗号压低女性的雇佣成本。[⑦] 总的来说，在改革初期，人力资本回报上升是劳动力市场中性别不平等扩大的主要原因，随着市场化的深入，性别歧视的加深又加剧了女性的不利地位。[⑧]

---

① RESKIN B. Sex segregation in the workplace. Annual Review of Sociology，1993，19（1）：241 - 270.

② BROOKS C，BOLZENDAHL C. The transformation of US gender role attitudes：cohort replacement，social - structural change，and ideological learning. Social Science Research，2004，33（1）：106 - 133.

③ MICHAEL H，DIPRETE T A. What we have learned：RC28's contributions to knowledge about social stratification. Research in Social Stratification and Mobility，2006（1）.

④ ROSENZWEIG M R，ZHANG J S. Economic growth，comparative advantage，and gender differences in schooling outcomes：evidence from the birthweight differences of Chinese twins. Journal of Development Economics，2013，104：245 - 260.

⑤ 贺光烨，吴晓刚．市场化、经济发展与中国城市中的性别收入不平等．社会学研究，2015（1）.

⑥ 吴愈晓，吴晓刚．1982—2000：我国非农职业的性别隔离研究．社会，2008（5）；李春玲．性别分层与劳动力市场．北京：中国社会科学出版社，2011：45 - 72；李汪洋，谢宇．中国职业性别隔离的趋势：1982—2010. 社会，2015（6）.

⑦ 王天夫，赖扬恩，李博柏．城市性别收入差异及其演变：1995—2003. 社会学研究，2008（2）；贺光烨，吴晓刚．市场化、经济发展与中国城市中的性别收入不平等．社会学研究，2015（1）.

⑧ HAUSER S M，XIE Y. Temporal and regional variation in earnings inequality：urban China in transition between 1988 and 1995. Social Science Research，2005，34（1）：44 - 79；李春玲，李实．市场竞争还是性别歧视——收入性别差异扩大趋势及其原因解释．社会学研究，2008（2）.

第四节 家庭中的性别不平等

大多数人从学校中走出并进入劳动力市场之后，很快就要进入婚姻关系，组建自己的家庭。对于女性而言，家庭可以帮助她们缓和劳动力市场的压力①，但家庭内部的不平等又可能会降低她们的婚姻满意度②。

一、家庭权力结构

家庭中的性别不平等主要体现在家庭权力结构（family power structure）关系上。所谓家庭权力结构，是指家庭内部成员之间相对权力的分布，在实际研究中通常考察的是夫妻间的相对权力大小③。学者们主要使用事务决策和家务分工两个指标分析中国社会中家庭权力结构及其变化情况。④

首先来看家务分工的性别差异和变化。一项研究利用1990年、2000年和2010年三次妇女地位调查数据，分析了我国家务分工的性别差异及其变化。⑤ 图11-8显示了分析结果：尽管在过去20年间，18～55岁在婚两性的家务劳动时间均呈下降趋势，但无论在哪个时间点，女性的家务劳动时间都远远超过男性，男性和女性的每天平均家务时间分别为94.91分钟和231.31分钟，女性的家务时间几乎是男性的2.5倍，而且，随着时间的推移，两性家务劳动时间的差距仅有微弱缩小，没有本质改变。

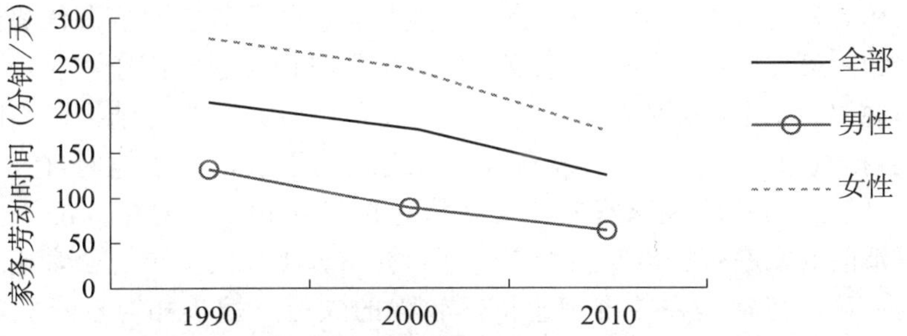

图11-8 1990—2010年两性家务劳动时间的变动趋势

---

① 吴愈晓，王鹏，黄超．家庭庇护，体制庇护与工作家庭冲突——中国城镇女性的就业状态与主观幸福感．社会学研究，2015（6）．

② 徐安琪．夫妻权力模式与女性家庭地位满意度研究．浙江学刊，2004（2）；朱斌，乔天宇．“妻管严”的婚姻生活幸福吗？——基于家庭权力关系与婚姻满意度的分析．青年研究，2015（5）．

③ HEER D M. The measurement and bases of family power：an overview. Marriage and Family Living，1963，25（2）．

④ 徐安琪．夫妻权力和妇女家庭地位的评价指标：反思与检讨．社会学研究，2005（4）．

⑤ 杨菊华．传续与策略：1990—2010年中国家务分工的性别差异．学术研究，2014（2）．

其次来看家庭事务决策的性别差异和变化。根据另一项研究，相比于1993年的调查，在2008年的调查中，丈夫掌握实权的比例未发生很大变化，而妻子掌握实权的比例有所下降，主要是转移到了夫妻共同掌握实权的部分中（如图11-9所示）。[①] 总体上来看，夫妻共同掌握实权的比例上升，夫妻权力关系在这十几年中并未出现向哪一方倾斜的变化。

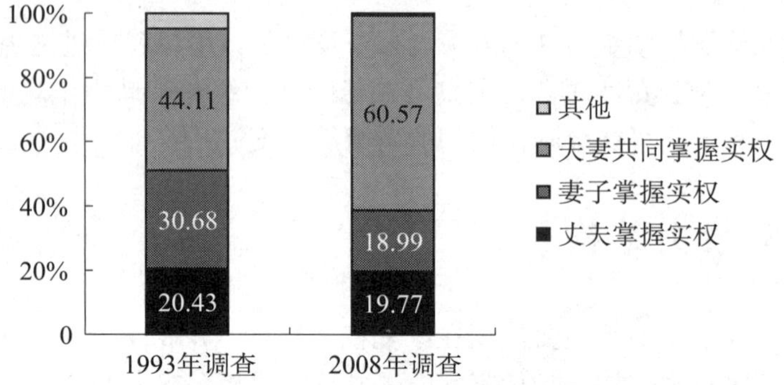

图11-9 1993—2008年两性掌握实权比例的变化趋势

从家务分工和实权掌握两个方面来看，家庭内仍然是丈夫掌握着更多权力，而且这种权力结构没有发生太大变化，相对稳定。那么，众所周知，当代中国社会发生了巨大的变革，但是为什么家庭权力结构却能保持相对稳定呢？这在一定程度上是因为家庭权力结构的特定形成机制。

二、家庭权力结构的形成与变化

谁能够在家里掌握更多权力呢？资源理论认为，丈夫和妻子的相对资源决定了他们的相对权力，配偶中具有教育、职业和金钱收入等主要资源优势的一方将拥有更多的决策权。由于男性在家庭外的社会经济地位通常高于女性，所以他们在家庭内的权力也会高于女性[②]，这一理论成为日后家庭权力结构研究的主导理论[③]。后续研究进一步指出，夫妻双方的权力结构不仅取决于他们自身的社会经济地位，可能还与其原生家庭的社会经济地位密切相关。对中国的一些研究发现，夫妻婚前的家庭资源以及婚姻支付（彩礼与嫁妆）的多少也会影响到家庭内夫妻权力关系，特别是在传统观念依然较强的农村，嫁妆相对于彩礼的水平越高，女性婚后在家庭中的相对权力越大。[④]

由于资源理论基本上将资源局限于物质上，因此受到了许多批判，研究者们在此基础上不断扩大资源的内涵，以至于将文化规范与感情需要也纳入进来，形

① 马春华，石金群，李银河，等．中国城市家庭变迁的趋势和最新发现．社会学研究，2011（2）．

② BLOOD R O，WOLFE D M．Husbands and wives. Glencoe：Free Press，1960.

③ MCDONALD G W. Family power：the assessment of a decade of theory and research，1970—1979. Journal of Marriage and the Family，1980，42（4）．

④ 韦艳，杨大为．婚姻支付对农村夫妻权力的影响：全国百村调查的发现．人口学刊，2015（5）．

成了新的解释视角。[①] 规范资源理论强调，夫妻之间的权力分配不但取决于物质资源，还取决于在特定文化与亚文化中普遍盛行的夫妻权力规范。例如，在中国这样一个具有父权制传统的社会，一般将男性视为“一家之主”，因此，即使男性的社会经济地位相对较低，家庭权力结构可能也是女性做家务和男性掌握决策权。也就是说，男性与女性已经被结构化为社会的上层与下层，家庭中的丈夫权力优势是社会分层的缩影。[②]

爱与需要理论认为，资源理论过于关注与传统社会分层地位相关的收入、声望、职业，却忽视了情感需求等非物质资源。基于社会交换理论，该理论认为，赋予婚姻关系以及对方提供的情感资源更高价值的一方将处于弱势权力地位，而付出较少感情的一方往往可以更自由、更有效地控制和利用自身拥有的资源，从而占据优势权力地位。[③] 也就是说，夫妻中爱得较深和更需要婚姻的一方，由于担心配偶变心，往往更易顺从对方而失去权力。一般情况下，女性往往将婚姻作为自己的归宿，婚后在经济和感情上更多地依附丈夫，更有可能放弃权力或接受配偶的支配。

综上所述，无论是物质资源、文化资源还是爱与需要资源，现代社会中的男性依然具有更多优势，故而他们在家庭内部也掌握了更多权力。这种家庭权力结构能保持稳定，可能与两个方向相反的变化有关：一方面，男性在劳动力市场中的优势更加明显，从而使得他们的物质资源优势更多；另一方面，在现代化过程中，父权制影响逐渐削弱，男性在择偶过程中越来越重视浪漫爱情与精神因素，而女性更加重视物质因素，这使得男性在感情方面越来越依赖女性，进而在家庭中让渡部分权力。[④]

从现有的研究来看，西方工业化国家中的性别分层与不平等有了较大改善，而在中国社会中，教育领域的性别不平等同样有所改善，但劳动力市场与家庭内部的性别不平等并没有明显缩小的趋势，甚至有所扩大。大多数研究者同意，虽然性别间的生物学差异确实会影响两性之间的行为与态度，但这不是性别分层与不平等的主要原因，歧视女性的社会制度与文化规范才是更根本的影响因素。在现代化过程中，性别角色观念的平等化、经济增长与结构升级、教育扩张等将有助于性别分层与不平等的降低，但与西方工业化国家有所不同的是，中国在经历现代化的同时经历着市场化过程，从计划经济体制向市场经济体制的转型，伴随

---

① 张丽梅．西方夫妻权力研究理论述评．妇女研究论丛，2008（3）．

② RANK M R. Determinants of conjugal influence in wives' employment decision making. Journal of Marriage and the Family，1982（3）．

③ SAFILIOS-ROTHSCHILD C. A macro-and micro-examination of family power and love：an exchange model. Journal of Marriage and the Family，1976，37（3）；徐安琪．亲密伴侣权力及其对性别平等感的影响机制//上海社会科学院家庭研究中心．中国家庭研究．上海：上海社会科学院出版社，2012.

④ 徐安琪．浪漫爱的追求：渐行渐远？．社会科学，2010（1）；LARSON J H. The marriage quiz：college students' beliefs in selected myths about marriage. Family Relations，1988：3－11；STONES C R. Love attitudes of white South African and British university students. The Journal of Social Psychology，1992，132（5）：609－613.

着从平等主义向绩效主义的转型。为了经济绩效最大化，女性尤其是那些远离国家中心的女性在此过程中有可能会受到更多的性别歧视，导致劳动力市场中的性别分层与不平等不断扩大。

◎复习思考题

1. 请简述生理性别与社会性别的概念差异。

2. 请论述教育领域中性别不平等持续下降的原因。

3. 请论述为什么中国劳动力市场中的性别不平等的变化趋势与西方工业化国家不同。

4. 请简述家庭内夫妻权力结构的形成机制。

◎推荐阅读文献

贺光烨，吴晓刚．市场化，经济发展与中国城市中的性别收入不平等．社会学研究，2015（1）．

李春玲，李实．市场竞争还是性别歧视——收入性别差异扩大趋势及其原因解释．社会学研究，2008（2）．

李汪洋，谢宇．中国职业性别隔离的趋势：1982—2010. 社会，2015（6）．

王天夫，赖扬恩，李博柏．城市性别收入差异及其演变：1995—2003. 社会学研究，2008（2）．

吴愈晓．中国城乡居民教育获得的性别差异研究．社会，2012（4）．

徐安琪．夫妻权力和妇女家庭地位的评价指标：反思与检讨．社会学研究，2005（4）．

叶华，吴晓刚．生育率下降与中国男女教育的平等化趋势．社会学研究，2011（1）．

BUCHMANN C，DIPRETE T A，MCDANIEL A. Gender inequalities in education. Annual Review of Sociology，2008（34）：319－337.

第十二章

族群与社会分层

【本章要点】

● 族群分层是指在一个多族群社会中，依据经济、权力、声望等资源与机会在族群间的不平等配置，从而产生出各个族群的次序等级安排，最终形成一种社会不平等的结构化体系。

● 在一个多族群社会中，当各个族群按照某种或某些特征标准形成分层的结构序列时，就认为构成了一个族群分层体系。社会学家通常把族群分层体系称为“多数-少数”或者“支配-从属”体系。

● 对于族群分层解释的主要理论视角包括族群中心主义、族群交往模式、劳动力市场分割及族群阶级观等。

● 族群分层的主要社会结果有：族群偏见与歧视、族群隔离与压迫、族群分工与对抗等。

● 中国社会的族群体系是“中华民族的多元一体格局”，在稳定中具有流动性与变动性特征。当前中国的各族群间仍存在结构性差异，需要在坚持民族平等基本原则的基础上，持续推进各族群的均衡性发展。

【关键概念】

◇ 族群分层 ◇ 支配族群 ◇ 从属族群 ◇ 族群偏见与歧视 ◇ 族群区隔 ◇ 中华民族的多元一体格局

2018年3月31日英国的《每日邮报》报道说，在前一天的周五，美国白宫晒出了总统特朗普与新一届白宫实习生的合影照，其引发热烈讨论的问题之一就是如何在照片中找到“非白肤色”，在照片上的91位实习生中，“非白人”仅有5人。照片体现美国社会的一个重要社会事实就是，在美国社会的精英群体中，白人依然占据着绝对的优势地位，尽管“非白人”在美国的比例更高。实际上，在北美社会中，不单是在政治领域，在劳动力市场领域里，白人也多集中于职业地位相对较高的就业领域，而其他外族裔群体则处于职业地位相对较低的就业位置。种族歧视或族群社会排斥的现象在经济高度发达的国家或地区一直不断，这是多族群社会呈现出来的重要社会问题，即在多族群社会中，会有某些族群处于社会结构中的支配或优势位置，而某些族群处于从属或劣势位置，于是就构成了族群分层的不平等体系。这不同于由经济财富决定的阶级分层体系，也不同于由多元社会维度决定的地位分层体系，而是根据族群依托的身体或文化特质进行的社会分层。

人类的身体与文化都具有多样性特征，而随着社会进入现代化进程，人口的流动或迁移成为普遍现象，于是单一族群的社会就会转变为多族群社会。现代社会往往被描述为由多个种族或文化群体组成的多族群（multiethnic）异质性社会。在多族群社会里，族群特征往往被视为社会分层的重要变量，族群分层也成为不能忽视的重要社会现象。那么，族群分层体系如何构成？是什么样的机制导致了族群分层或不平等？族群分层的社会结果又将如何？本章将主要针对这些内容进行阐述。

第一节 基本概念和类型

一、基本概念

（一）什么是族群

探讨族群与社会分层和社会不平等的关系问题，首先需要理解“族群”（ethnic group）概念本身。一般来讲，族群是具有自身文化特征的社会群体。社会学家梅尔文·杜敏对族群的定义是，一个在较大的文化和社会系统中，因其所展示的或被其他群体认定的组合特征（族群特质），而占有或被赋予某一特殊地位的社会群体。[①] 族群的特征一般包括：（1）共同的名称、语言、宗教、神话等独特的文化特征；（2）明确限定的成员资格；（3）所属的地域领地；（4）具有紧

① 麦格．族群社会学．北京：华夏出版社，2007：9.

密联结和团结感、归属感等的社群意识。

从族群的概念不难理解，族群是将群体进行分类的结果，且群体分类主要依托的是文化标识。于是，正如人类学研究根据身体（或体质）与文化两个维度区分人的类型一样，族群的分类也往往立足于这两个维度。例如，不同肤色的人：白人、黑人、黄种人等；不同地域的人：欧洲人、非洲人、亚洲人、美洲人等；不同民族的人：日耳曼人、犹太人、汉族人、朝鲜族人等；甚至出现的不同“亚文化群体”等都会被称为一个个族群，“某某一族”等话语经常出现于我们的日常生活当中，尽管有时并不能算是严格意义上的“族群”，但也表达了族群这一概念对于区分社会群体的重要意义。

与族群容易混淆的一个概念是“种族”（race）。种族作为一个生物学概念，更多具有的是在生物学上的基本意义，即不同于其他的人类群体类型，以特定遗传特征为基础对人类进行划分。种族概念同样具有很强的社会意义，主要包括：（1）将种族视为真实的和重要的人类分类方式；（2）用于理解“自我应验的预言”（self-fulfilling prophecy），即人们对情景的错误定义引发行动，这些行动反过来会使最初被错误定义的情景成为事实①；（3）当代表身体特征的种族与某种文化特征结合起来时，种族与族群就会变得一致。

可以认为，当族群被假定具有生物性基础时，往往就会被视为种族。而与种族概念关联的不平等主要出现在种族主义思想的行为模式上，即根据种族不同，自然地和不可避免地导致对各族群成员给予不同待遇。种族主义属于一种意识形态或信仰体系，其目的是证明族群或种族不平等的正当性并使之合理化。它认为，人类被自然分成的不同身体类型与他们的文化、人格和智力有着本质的联系，因此，以遗传为基础，有些群体天生就比其他群体优越。②

（二）族群分层体系

族群分层（ethnic stratification）是指在一个多族群社会中，依据经济、权力、声望等资源与机会在族群间的不平等配置，从而产生各个族群的次序等级安排，最终形成一种社会不平等的结构化体系。例如，从表 12-1 美国的数据可以看出，在经历了 30 余年的发展后，美国社会仍存在不同族群之间的收入不平等现象，而且不仅在收入方面，在职业分布、教育获得等方面，族群间的不平等状况依然十分明显。③

族群分层不同于以经济上的财富等指标形成的分层结构，其最终的分层结果体现在不同族群的差异性呈现上。例如，在 A 和 B 两个族群中，尽管 A 族群的一些成员在经济财富指标上高于 B 族群的很多成员，但在族群分层结构中，A 族群依然可能被视为受歧视或被排斥的“社会下层”。社会学家们曾提出族群之间

---

① MERTON R K. Social theory and social structure. New York：Free Press，1968.

② 麦格．族群社会学．北京：华夏出版社，2007：21-23.

③ 克博．社会分层与不平等：第七版．上海：上海人民出版社，2012：364-375.

“结构性差异”的重要概念，结构性差异表现在就业、教育、福利等诸多方面，由此来探讨不同族群之间由于其结构性差异所引起的社会不平等。

表 12-1　　美国不同族群的收入比情况（1972—2005）

年份	黑人-白人收入比（%）	拉美裔-白人收入比（%）
1972	57.5	74.4
1975	59.5	71.3
1980	56.6	71.7
1985	58.1	68.6
1990	58.4	69.8
1995	60.2	61.5
2000	66.3	72.8
2003	62.0	69.0
2005	61.0	71.0

资料来源：克博．社会分层与不平等：第七版．上海：上海人民出版社，2012：364.

族群分层体系存在于多族群社会之中。在一个多族群社会中，当各个族群按照某种或某些特征标准形成分层的结构序列时，就被认为构成了一个族群分层体系。于是，“族群分层体系”就被认为是与“阶级分层体系”“多元分层体系”等同等重要的社会分层概念。社会学家通常把族群分层体系称为“多数-少数”（majority-minority）或者“支配-从属”（dominant-subordinate）体系。[①]

1. 从属族群

从属族群也被称为“少数群体”或“劣势族群”，一般是指在多族群社会的族群分层体系中，等级地位次序较低（即资源与机会获得较少）的群体，往往是被支配的、处于从属地位的族群。从属族群在宏观层面表现为资源与机会的较少配置，在微观层面则是作为被“差别对待”的受偏见与被歧视的社会群体。正如沃斯所指出的那样：“这些少数群体，由于他们的身体或文化特征，从而区别于社会中的其他人，并且受到有差异且不公平的待遇，因此这些人认为自己受到了集体歧视。”[②]根据“受害者受谴责”法则，作为少数群体的族群容易被贴上族群标签，通常与支配族群的“社会界定”紧密地联系在一起，例如一些相对“弱势”的族群被界定为影响社会秩序的亚文化群体，其常常被认为会影响社会秩序因而被指责与排斥。

2. 支配族群

作为“多数群体”的支配族群（或称优势族群）是指在多族群社会的族群分层体系中，等级地位次序较高（即资源与机会获得较多）的群体，往往是处于支配地位的族群。在一个多族群社会中，支配族群拥有突出的权威，既会扮演弱者

① 麦格．族群社会学．北京：华夏出版社，2007：36.

② WIRTH L. The problem of minority groups // LINTON R. The science of man in the world crisis. New York：Columbia University Press，1945：347-372.

监护人的角色，又会充当秩序维护者的角色，并且控制着社会价值体系，同时又是社会酬劳的主要分配者。[①] 支配群体不仅拥有更大的经济和政治权力，其总体的规范和价值观（社会标准、文化预设、移民控制等）在整个社会也占据主流，而主流的规范与价值观往往排斥了“少数群体”的族群特质。例如美国的文化霸权要求所有群体都要讲英语、遵循基督教伦理、接受资本主义价值观等，一旦做不到这些，就很有可能遭到排斥（如表 12－2 所示）。[②] 当支配族群对从属族群的族群特质的排斥表现在经济的劳动市场领域、政治的权力领域或文化的教育领域时，支配族群便享有了大量或主要的资源与机会，从而成为社会结构中的上层群体。

整体而言，族群分层体系表征了从支配到从属的族群关系结构，是从族群角度体现的社会不平等形态。在多族群社会中，支配与从属仅是族群分层的两个相对端点，其间还存在诸多过渡形式，这样的族群分层体系并不是稳定的、恒定不变的，也会在诸多因素的影响下发生结构性的变动。

表 12－2　　美国社会的分配体系

分配体系			
政治阶级体系	财富阶级体系	职业阶级体系	族群阶级体系
精英	上层阶级	资本家	具有盎格鲁血统的美国人
官僚	中上层阶级	专业人员 管理人员 企业家	
选民	中产阶级	熟练工人 技师	其他欧洲裔美国人
不关心政治的平民	工人阶级	无技术工人	亚裔美国人
			西班牙裔美国人
	穷人		
	底层阶级		非洲裔美国人
		失业者	美国印第安人

资料来源：麦格．族群社会学．北京：华夏出版社，2007：34.

① SCHERMERHORN R A. Comparative ethnic relations：a framework for theory and research. New York：Random House，1970.

② 麦格．族群社会学．北京：华夏出版社，2007：40－41.

第二节
族群分层的主要理论解释

本节主要从族群分层的若干理论解释出发，回答族群分层现象是如何出现的、为什么在多族群社会存在不同族群的层级位置关系、促使族群分层体系产生及变动的主要影响因素又有哪些等问题。

一、族群中心主义

如同讨论其他分层体系时会讨论基本属性变量一样，在探讨族群分层体系时，首先需要关注的是由族群自身的体质或文化要素产生的族群分层。这种由身体和文化的差异导致的社会排斥及不平等，通常被视为族群中心主义的结果，即族群性成为族群分层的基本影响因素。例如，体质方面的肤色因素（从黑到白）会将人进行分类，进而在资源与机会配置上产生分层。在过去的南非社会，自20世纪中期开始形成了一种白人优越化的制度，肤色成为决定南非社会权力的核心标准，当时南非的种族主义统治秩序对白人是民主的，对黑人则是独裁的。① 再如文化方面的宗教因素（不同的神话信仰）也会导致群体分异，通过产生相互的文化排斥而形成族群的不平等。

在多族群社会中，由族群中心主义产生的社会分化有时会很明显：族群中心主义既能够使族群感受到优越感进而促使族群团结，又能够通过区分内外群体而产生族群之间的分离。族群之间的族群性特征差异越大，不同族群根据各自体质或文化特征进行差异化评价越容易，族群分层的结果就越明显。例如，即便是在走向现代化的北美社会，族群中心主义依然表现强烈，在体质和文化上接近北欧或西欧的白人，会被认为优于南欧或东欧的白人，而更被认为优于其他族裔（非洲裔、犹太裔、墨西哥裔、亚洲裔等），不同的族群在族群分层体系中的位置就会被清晰地划定出来。

二、族群交往模式

仅凭体质或文化的族群特质并不能直接产生社会分层与社会不平等，如果不同类别的族群在社会中没有相遇或不交往，或者说不生活在一起，那么不同族群之间产生的资源与机会的竞争就很弱，也就不会构建起族群关系。因此，族群间的交往也成为产生族群分层的重要因素。也就是说，依据先赋性的族群特质将族

① BERGHE V D. Race and racism：a comparative perspective. New York：Wiley，1978.

群进行分类后，族群之间的交往成为确立族群关系的重要条件。

李伯森认为族群分层的关键因素是最初的交往模式。① 在一个移民群体和土著居民都存在的多族群社会中，如果一开始移民群体在到来时就具有很强的支配性（例如实施殖民），而土著居民又是以从属的方式与移民群体建立关系的，那么外来的移民群体就会越来越处于支配性的优势地位，土著居民就逐渐处于族群分层体系的低端。如果一开始移民群体具有较强的从属性（例如寻求生计），而土著居民能够给移民群体提供生存的资源与机会，那么土著居民就容易在族群分层体系中持续保持优势地位。

论证交往模式能够产生族群分层的鲜明事例就是北美社会。最初的移民群体（白人群体）在来到北美大陆时，是以侵犯殖民的方式对土著的印第安人展开“支配”的，在最终“获胜”后便占据了族群的优势地位，成为族群分层体系中的支配群体。而后到来的移民群体是以从属群体的身份生存的，如犹太裔、华裔、墨西哥裔、非洲裔等族群，这些群体很难在北美社会的族群分层体系中获得优势地位。

最初交往模式造成的分层与不平等还会以“复制”的方式持续影响族群社会。学者们往往以“内部殖民理论”（internal colonialism）来解释欧美工业化国家的族群歧视、压迫或隔离政策②，也就是说，欧美工业化国家把在国外殖民地实行的族群政策挪用到对国内族群的治理上。如英美国家的白人群体，他们由于在海外殖民时，对一些被殖民族群采取压制、隔离或剥削的方式获得了大量的利益，因此，当白人群体掌握国家的政治权力后，也会在国内对非白人族群采取殖民主义政策，以此持续不断地榨取更多的利益，这种状况通常被理解为长期形成的殖民思想意识的影响结果。

三、分割的劳动力市场

族群之间的不平等关系会直接反映于分割的劳动力市场之中，即支配族群与从属族群会各自分布在劳动力市场的初级部门与次级部门，前者由于劳动收入高、劳动环境好、职业声望高等成为社会上层，而后者则由于收入低、环境差、高强度且易被污名化，因而被视为社会下层。不同族群在劳动力市场中的分割状态，除了前述的族群中心主义、族群交往模式因素外，还与族群的市场能力及权力强弱密切相关。

诺埃尔对族群分层的讨论中就指出，由不同族群对社会稀有资源的竞争力和不平等的权力分配产生的族群分层更需要关注。③ 在对资源的竞争方面，不同族群具备的市场能力并不相同，比如说掌握的知识、技能等存在很大差异，就会导

① LIEBERSON S. A societal theory of race relation. American Sociological Review，1961，26（6）：902－910.

② 马忠才．族群分层研究的理论视角．青海民族研究，2012（2）．

③ NOEL D L. A theory of the origin of ethnic stratification. Social Problems，1968，16（2）：157－172.

致不同族群对资源的占有及分配形成很大的差异。在包含外来移民的多族群社会中，不同移民族群流入的时间也会造成对资源竞争的市场能力差异化。例如，某一族群流入的时间早，便抢先占据了某一行业或职业的从业机会，甚至决定了族群今后的职业发展。

族群之间不平等的权力差异也是产生族群分层的重要因素。即便某一族群在先天特征上占优势或资源竞争的市场能力较优，然而一旦被另一或某些族群压制时，仍然可能在族群分层体系中处于“劣势”位置。而在族群关系变动中获得优势位置的族群，则会通过不平等的权力分配，更久维持新形成的族群分层体系，以保护自身的利益获得及族群优越感等。例如，在某些多族群社会中的犹太人，普遍被认为善于“算计”而具备很强的市场能力，但这并不能确保让该族群位于优势位置，反而在一定历史时期位于“被压制”的低层位置。

四、族群阶级观

马克思主义者认为，族群之间的不平等关系可以用资本主义的阶级结构来解释，即支配族群与从属族群的关系实质上是一种资产阶级与无产阶级的关系。[①]在资本主义社会中，某些族群作为工人阶级是被资本家剥削的，这与前述的族群交往模式中的“内部殖民”具有某种一致性，例如，在北美社会可以看到的亚洲裔工人、墨西哥裔工人及非洲裔工人等，这些族群无论在生产还是生活中都处于被剥削的弱势位置。

此外，在资本主义的阶级统治中，族群之间的敌视或对抗能够增进资产阶级的利益，并进一步维持其统治地位。例如，在美国的工人阶级中，不同族裔之间在劳动力市场中存在竞争关系，相互之间很难融合，为了不使工人群体团结起来反抗资产阶级的统治，资产阶级会乐见工人中族群的分裂，并时常通过制造分裂而导致工人阶级中的不同族群感受到“不同”的剥削，形成有差异的阶级意识。工人阶级会由于族群的分化而分裂，阶级结构由此重构，资产阶级的统治和剥削得以维持。[②]

第三节
族群分层的社会结果

在了解、解释族群分层机制的理论之后，需回答的问题是，族群分层会产生

---

① ABBOTT A，WALLACE C，TYLER M. An introduction to sociology：feminist perspectives. London：Routledge，1990：73.

② COX O C. Caste，class and race. New York：Monthly Review Press，1948.

怎样的社会结果？从前述分析可以得知，族群分层体系整体上表现为不同族群之间形成的结构性差异，具体指在职业、教育、收入等方面的资源与机会的不平等配置。在支配族群与从属族群间形成的社会不平等结果，可以概括为族群偏见与歧视、族群隔离与压迫、族群分工与对抗等不同方面。

一、族群偏见与歧视

族群分层在微观层面的重要影响结果，是在族群之间产生偏见与歧视的社会心理效应。例如作为“少数群体”的族群，往往被主流社会当作偏见和歧视的对象。

（一）族群偏见

偏见是针对某个族群或其个体成员的一种武断信念或感知，族群偏见则主要是针对族群的类型化的、顽固的和负面的态度[①]。族群偏见的产生与前述的影响族群分层的因素关联密切。例如，在一个种族中心主义强势的多族群社会，优势族群会根据自身的偏好而产生对其他族群的偏见。再如，在一个由迁移形成的多族群社会中，那些早期到来的族群会对新到来的族群产生偏见，尤其是当存在经济上的危险时，偏见就愈发凸显。一些对北美社会的研究表明，在劳动力市场中，由于工人阶层中的白人会与黑人形成就业上的竞争关系，因此他们往往会比阶层地位高的其他白人更对黑人形成偏见，他们也可以由此间接提升自身的阶层地位。[②]

社会学家通常采用社会距离（social distance）这一指标测量偏见的程度。族群间的社会距离是某个群体的成员在与外群体成员交往的过程中，该群体成员愿意接受或承认亲密情感或意向的程度，它往往被视为标明各族群被接受或遭拒斥程度的重要指标。美国社会心理学家鲍格达斯（Bogardus）1925年创立社会距离量表，用于测量人们对族群的态度。量表是单维的，量表自身结构中存在某种由强变弱或由弱变强的逻辑关系，每一个量表总分，都只有一种特定的回答组合与之对应。鲍格达斯量表由一组表示不同社会距离或社会交往程度的陈述组成。例如：

你愿意让黑人：[1] 生活在你的国家吗？□
[2] 生活在你的社区吗？□
[3] 住在你们的那条街吗？□
[4] 做你的邻居吗？□
[5] 同你的子女结婚吗？□

---

① 麦格．族群社会学．北京：华夏出版社，2007：59－60.

② SIMPSON G E，YINGER J M. Racial and cultural minorities. New York：Harper&Row，1972.

（二）族群歧视

如果说偏见是强化族群分层的态度因素，那么歧视则是行为因素。族群歧视指的是旨在拒绝给特定族群的成员提供平等获得社会报酬机会的行为，歧视的类型包括个体性歧视和制度性歧视（或称结构性歧视）。[①] 个体性歧视是个人或小群体采取的伤害或否定少数族群成员的行为，其针对少数群体成员采取的行为可能是蓄意的，且只在相对独立的环境中行动，通常是违背社会规范或准则的。例如，企业在招募员工时，个别企业源于族群偏见会对某一或某些族群成员拒绝录用。

在多族群社会，族群分层的重要结果是会产生制度性歧视。制度性歧视是被制度化的、合法化的歧视，存在于正当或习惯性拒绝给予特定群体的成员平等获得各种生活机遇的机会中，而且很可能是被主流社会期待和接受的。例如，在20世纪中期的北美社会中，白人与黑人之间通过一套习惯或法律体系将教育、住房、公共服务等隔离开来，这种分层体系强化了白人群体的支配地位。制度性歧视也有可能是无意识且很难察觉的，往往会形成"受害者受谴责"法则[②]。例如，一些外来族群成员往往从事一些劳动力市场中的较低端工作，且居住在城市中环境较差的地域，他们会被优势族群认为，是其族群自身特征导致了其处于劣势地位，即"之所以这样，是因为自身"。

二、族群隔离与压迫

族群分层对于族群关系在宏观层面的影响结果，可以从"接受-排斥"这两个维度来理解。[③] 如果族群之间能够相互接受，就会走向"同化"或"多元"的关系模式，而一旦族群之间不能够接受，就会走向排斥，从而产生族群的隔离与压迫，这往往是族群分层的严重社会后果。

（一）族群隔离

族群隔离主要表现为不同族群在居住地、社会服务、日常生活等方面相互隔离，如少数群体往往被置于生活条件较差的区域，进而影响其生活方式及社会流动等。例如，南非在20世纪中期实行种族隔离政策，当时作为支配族群的白人认为不同族群的特质与能力存在很大差异，需要分隔开来各自发展，于是黑人和白人便被分隔在了不同的生活区域，直到20世纪末种族隔离制度才被废除。尽管南非社会的种族隔离制度已经被废除很久，但在当今的一些南非大城市中，依然能够明显看到居住区隔现象：黑人生活于城市中心区，而白人

---

① 麦格．族群社会学．北京：华夏出版社，2007：69-72.

② RYAN W. Blaming the victim. New York：Vintage，1975.

③ 波谱诺．社会学：第十一版．北京：中国人民大学出版社，2016：339.

聚居于城郊。

在多族群社会中，不同族群的聚居就会产生居住隔离，如在北美社会中，白人区与黑人区、其他族裔区之间的居住隔离等。这体现在城市居住地图中，就是不同的族群鲜明地分布于不同的城市空间，且空间边界是清晰的。伴随着族群的流动与迁徙，那些外来的、位于从属地位的族群，往往会聚居在特定的生活区域，由此形成属于自身的社会空间，这往往被称为“移民飞地”或“族群飞地”。按照城市生态学的理论逻辑，族群飞地多数处于城市的边缘地带，这是外来族群适应城市生活的过渡区域，这些区域的生活环境和条件相对较差，廉价的地租、血缘或地缘因素等是族群聚居的重要原因。

按照功能论的解释，外来族群在低级与高级劳动力市场外形成的“族群聚集区”会形成一种聚居效应，它能增强族群的劳动经济价值，凸显经济圈的功能①，会进一步吸引族群成员持续进入。例如，在一些族群聚居区形成了特色鲜明的经济产业，尽管这些经济产业多是中低端行业。在外来族群聚居形成的飞地中，尽管一开始的经济产业是小规模的，但随着城市需求的不断增加、聚居规模的持续扩大，经济产业也会变得规模大且多样化，一些产业是服务于支配族群的，而另一些产业则是服务于从属族群或者自身族群的。正因为经济产业的发展，不少族群成员在族群飞地中可以生活得很好，飞地区域成为族群成员实现向上流动的主要空间，例如，在一些国家，规模较大的唐人街已经形成了具有一定水平、能够自我循环的经济体系。

（二）族群压迫

比族群隔离更为严重的排斥是族群压迫，主要表现为压榨、驱逐及消灭等不同形态。族群压榨可以用前述的“内部殖民主义”来说明，主要是支配族群对“被征服”的少数族群进行经济上的剥削，以持续获取经济上的利益。例如，当白人群体占领了美洲的印第安人土地后，开始实行奴隶制度，后来发展成为将“被征服”的非洲黑人转移到美洲大陆的奴隶贸易制度，并形成合法化的黑人奴隶制，黑人被定位成服务于白人的下等人。

族群驱逐主要是为了领地的占领及实现优势族群的统治。例如，自 15 世纪欧洲人来到美洲大陆之后，那些欧洲白人便开始对当地的土著居民展开了驱逐。受到族群中心主义的影响，欧洲白人把身体与文化表现上与自己不同的土著居民理解为野蛮与落后，为自身的族群压迫与统治构建合法性。族群驱逐表现为主流族群强迫少数群体离开生活的地区或某一社会，这一过程一般伴随着血腥的暴力过程。

族群消灭是最严重的族群压迫的结果，主要表现为通过战争等残酷的方式消灭从属族群，例如，二战时期法西斯主义的种族灭绝计划，德国法西斯主义对犹

① WILSON K L，PORTES A. Immigrant enclaves：an analysis of the labor market experiences of Cubans in Miami. American Journal of Sociology，1980，86（2）：295－319.

太人展开的屠杀，日本侵华战争时在南京犯下的屠杀罪行等。在提倡种族平等与和谐的今天，族群压榨、族群驱逐及族群消灭等都是反人类的罪行，族群间的相互理解与融合成为形成和平稳定秩序的发展趋势。

三、族群分工与对抗

(一) 族群分工

多族群社会中的族群分层会体现在劳动力市场之中。在分割的劳动力市场中，不同的族群常常会分布于不同的劳动力市场中，位于优势位置的支配族群在首要劳动力市场中占有优势，而处于劣势低位的被支配族群会集中于次要劳动力市场中。

随着全球化进程的持续推进，不同族群的劳动力在世界范围内不断流动，并进入全球的经济产业链条之中。由于劳动分工的不同，不同族群在经济产业链条上的位置不同，也会促使产生进一步的社会分化。在一个多族群社会中，处于劳动分工链条上不同位置的不同族群，获得的社会资源和机会也会不同，如教育资源机会的获得、政治权利的获得、医疗保障的获得等，而这些不同也会进一步加剧劳动力市场中的族群分化。

(二) 族群对抗

族群分层的重要结果之一就是位于从属地位的少数族群既不愿意被同化，也不会寻求多元自治，其更大的目标是实现自身族群的政治独立[①]。尤其是当从属族群的规模达到一定程度且对社会、经济、政治等权利诉求较强时，更容易发生对支配族群的对抗，造成多族群社会的动荡。

族群对抗很多时候是出于经济利益。例如，由于族群之间关系的原因，位于从属地位的少数族群往往处于劳动力市场的劣势位置。由于不同族群之间会形成劳动力价格的竞争，当彼此感受到竞争的威胁时，就会引发族群之间的对抗，或进一步表现为族群之间的冲突。[②]

在经济利益之外，族群对抗也会因为获取社会权利或免遭歧视而发生。前面已经提到，歧视是旨在拒绝给特定族群的成员提供平等获得社会报酬机会的行为，这会表现在社会保障权利、教育权利、社会参与权利等诸多方面上，一旦族群在相关方面的需求强烈却无法满足时，便会产生抗争行为。此外，在多族群社会中，一些族群代表着亚文化，为了不被主流文化群体歧视或排斥，其也会通过抗争来主张自身的权益。

---

① WIRTH L. The problem of minority groups // LINTON R. The science of man in the world crisis. New York：Columbia University Press，1945：347－372.

② COX O C. Caste，class and race. New York：Monthly Review Press，1948.

第四节 中国社会的族群

一、中国社会族群体系的基本状况

(一) 稳定社会结构中的多元一体

探讨中国社会的族群问题时，“民族”概念具有最重要的地位。中国有 56 个民族，自然就存在着 56 种族群的文化模式。西方社会讨论族群分层是放在移民流动的多族群社会中，而中国社会的族群结构是在漫长的社会历史发展过程中形成的，或者说需要在更广阔的时空维度下理解，这样的族群结构被费孝通先生称为“中华民族的多元一体格局”①。

与北美社会由明显的族群冲突造成的社会紧张不同，中国的少数民族群体是在遵从多元化的基础上包含于中华民族的文化体系之中的。新中国成立以后，国家在政治、经济、文化等诸多方面制定了一系列优惠政策来保障少数民族平等发展，在少数民族集中的地区实行民族区域自治，族群关系稳定和谐。

(二) 中国族群间的结构性差异

由于中国的民族种类众多，不同民族生活的地域社会经济发展条件并不相同，因此，中国的不同族群（民族）之间也会存在结构性差异。已有研究通过对中国人口普查数据的分析，描述了中国各族群之间在就业、教育及城市化水平等方面的结构性差异表现。② 例如，中国在改革开放以后，虽然各族群的教育水平得到显著提升，但各族群的发展程度并不等同，据 2000 年的统计，接受过大专及以上教育的汉族比例为 3.9%（全国平均水平为 3.8%），尽管朝鲜族(8.6%)、蒙古族（5.2%)、满族（4.8%)、回族（4.1%)、哈萨克族（4.1%）等的比例都超过了汉族，但仍然有很多少数民族的比例低于汉族和全国平均水平。③

中国各族群的差异也会体现在就业人口的职业结构方面，如表 12-3 所示，在单位负责人、专业人员和办事人员的职业比例上，虽然朝鲜族、蒙古族、满族、回族、哈萨克族等都超过了汉族，但从整体上看，少数民族主要从事的还是农业生产，且农业人员的比例多数高过汉族，这与很多少数民族所在的地域的特

① 费孝通．中华民族的多元一体格局．北京大学学报（哲学社会科学版），1989（4）．

② 马戎．中国各族群之间的结构性差异．社会科学战线，2003（4）；马戎．我国部分少数民族就业人口的职业结构变迁与跨地域流动——2010 年人口普查数据的初步分析．中南民族大学学报（人文社会科学版），2013（6）．

③ 马戎．民族平等与群体优惠政策．中南民族大学学报（人文社会科学版），2015（6）．

征及城市化水平不高有很密切的关联。

随着中国城市化及市场化进程的不断推进，中国各族群的发展所呈现出的不均衡特征，会面临在社会结构中的族群定位问题。因此，减弱或消除各族群发展过程中的结构性差异，仍将是中国社会今后发展需要重视的重要主题。

表 12-3　　中国部分族群就业人口的职业结构（2000 年）

	负责人	专业人员	办事人员	商业服务业	农业人员	生产运输	其他	总计
合计	1.67	5.70	3.10	9.18	64.46	15.83	0.07	100.0
汉族	1.72	5.80	3.19	9.52	63.09	16.61	0.07	100.0
蒙古族	2.22	8.29	3.66	6.77	70.75	8.26	0.05	100.0
回族	2.22	6.28	3.88	13.81	59.59	14.13	0.08	100.0
藏族	1.00	5.29	1.82	2.51	86.74	2.57	0.07	100.0
维吾尔族	0.84	5.36	1.94	5.49	80.35	5.89	0.13	100.0
苗族	0.54	2.67	1.14	2.91	86.84	5.86	0.05	100.0
彝族	0.58	2.52	1.09	2.23	90.54	3.02	0.01	100.0
壮族	0.62	3.91	1.63	5.05	79.96	8.71	0.13	100.0
布依族	0.63	2.80	1.25	2.57	87.77	4.95	0.03	100.0
朝鲜族	3.67	11.98	5.34	17.05	46.94	14.81	0.22	100.0
满族	2.12	6.84	3.24	8.63	65.86	13.28	0.04	100.0
侗族	0.79	3.88	1.50	3.97	81.61	8.20	0.05	100.0
瑶族	0.70	3.32	1.42	3.13	85.29	6.05	0.10	100.0
白族	1.07	5.18	2.18	5.44	79.25	6.85	0.03	100.0
土家族	0.81	3.96	1.76	4.83	80.09	8.51	0.03	100.0
哈尼族	0.50	2.30	0.90	2.60	90.51	3.18	0.01	100.0
哈萨克族	1.87	9.67	3.15	3.36	77.12	4.79	0.04	100.0
傣族	0.63	2.94	1.14	3.75	88.96	2.56	0.02	100.0

资料来源：马戎．中国各族群之间的结构性差异．社会科学战线，2003（4）．

（三）流动社会中的相互融合

在较长一段时期内，中国社会的流动性较低，各民族在居住上呈现“大杂居小聚居”的形态和结构，即各个少数民族分布在中国的各省份地区且和当地汉族相对区隔。随着社会的流动性越来越强，少数民族的族群成员也逐渐离开原住地而形成跨地域流动，于是，在当前一些城市中形成了具有族群特色的少数民族聚居区。这些聚居区会在当地影响资源与机会在社会成员之间的配置，当地的社会分层结构会因“族群性”特征而发生变动。

另外一个需要关注的族群流动现象是，在当前中国社会中，逐渐开始涌入了大量的来自境外的族群，这些来自中国境外的其他族群很多已经形成了聚居区，例如，在山东青岛、北京等地生活的大量韩国人，在广东地区生活的大量非洲裔群体等。他们聚居于中国的城市之中，在从事经济活动的同时，也在构建着新的族群间的社会关系。由于其不同于中华民族的其他族群，因此势必将对原有的族群关系产生影响，会导致新的适应与融合的问题。这一现象对于未来中国族群结构和关系的影响结果究竟如何，还需要持续探讨与关注。

二、中国社会的族群发展与未来

新中国成立以后，中国少数民族整体的地位得到提升，国家通过一系列民族优惠政策，推进了各民族平等发展。这些民族优惠政策包括区域自治、经济优惠、干部培养与任用、计划生育、高考加分、司法领域“两少一宽”、社会福利与保障领域特殊政策等，并且以法律形式固定下来。例如，为推进少数民族的教育发展，一些为自治区制定的政策给少数民族学生在高考时加 20 分至近百分；自治地方各级公务员的职位往往与“民族身份”挂钩，其中部分领导职位由《民族区域自治法》明确规定等。[①]

改革开放后的市场转型对中国各少数民族的发展产生了新的影响，在日益成熟的市场经济体制中，少数民族因其发展的历史、自然地理等先天的条件，在教育、就业、收入、晋升等方面劣势明显。例如，尽管一些少数民族的学生通过高考加分的民族优惠政策接受了高等教育，但在接受高等教育的过程中还是遇到了很多困难，影响了教育的质量，造成在劳动力市场中的竞争能力不足。因此，当前的中国民族差异问题受到政策和市场两方面的影响。[②] 为了弱化或消除由市场经济引发的民族差异问题，应该贯彻国家推进的民族优惠政策，以有力促进民族团结进步和共同发展。

整体来说，探讨中国社会的族群状况是十分重要的，由于中国是一个多民族国家，因而族群问题也常被认为是民族问题。我们既要维护中国社会民族和谐共处的状况，也要承认不同族群（民族）间的文化与认同差异，重视族群（民族）分化对于族群交往的影响，不能忽视由族群特质引发的族群差异现象。讨论中国的民族差异需要深入理解中国各个族群之间存在的结构性差异[③]，例如，除了社会经济因素以外，也要关注少数民族与汉族的文化差异（语言环境等）因素、民族间的教育不平等问题等。[④] 中华民族是多元一体的，中国社会的未来发展之路也将是在坚持民族平等的基础上增强中华民族认同、实现中华民族伟大复兴之路。

◎复习思考题

1. 什么是族群分层体系？它和其他领域的社会分层体系的主要区别是什么？
2. 如何理解族群交往模式与族群分层体系之间的联系？

---

① 马戎．民族平等与群体优惠政策．中南民族大学学报（人文社会科学版），2015（6）．

② 吴晓刚，宋曦．劳动力市场中的民族分层：对新疆维吾尔自治区的实证研究．开放时代，2014（4）．

③ 马戎．中国各族群之间的结构性差异．社会科学战线，2003（4）．

④ 洪岩璧．族群与教育不平等——我国西部少数民族教育获得的一项实证研究．社会，2010（2）．

3. 请你试举一例说明族群偏见现象。

4. 你了解曾经存在于南非和美国的种族隔离制度吗?

5. 如何理解费孝通先生提出的“中华民族的多元一体格局”?

◎推荐阅读文献

格伦斯基．社会分层：第二版．北京：华夏出版社，2006：第 6 篇．

麦格．族群社会学．北京：华夏出版社，2007.

克博．社会分层与不平等：第七版．上海：上海人民出版社，2012：第 11 章．

马戎．社会转型过程中的族群关系．北京：社会科学文献出版社，2016.

费孝通．中华民族的多元一体格局．北京大学学报（哲学社会科学版），1989（4）．

COX O C. Caste，class and race. New York：Monthly Review Press，1948.

WIRTH L. The problem of minority groups// LINTON R. The science of man in the world crisis. New York：Columbia University Press，1945.

SIMPSON G E，YINGER J M. Racial and cultural minorities. New York：Harper&Row，1972.

SCHERMERHORN R A. Comparative ethnic relations：a framework for theory and research. New York：Random House，1970.

第十三章

生活方式与社会分层

【本章要点】

● 在生活方式领域中，社会群体也被分为不同的层级和类型，根据生活方式的内部凝聚力与外部排斥力，生活方式分层的主要呈现为不同荣誉评价的社会等级、有闲阶级与劳役者、中产化与俗民化等。

● 生活方式分层的主要理论解释包括生活方式中的消费分层、品味与格调的阶层区隔、文化资本的阶层差异、作为阶级惯习的生活方式等。

● 生活方式分层的社会结果主要包括强化阶层地位、构建阶层认同、重塑阶层关系等不同层面。

● 随着中国社会的持续转型，对于生活方式分层的关注主要表现在城乡社会分割、追求消费与品味、健康生活方式与分层、居住方式与社会分层等方面。

【关键概念】

◇生活方式 ◇ 社会分层 ◇ 社会等级 ◇ 消费方式 ◇ 品味格调 ◇ 有闲阶级 ◇ 阶级惯习

生活方式为什么会与社会分层现象关联在一起？对此问题的回答，还需让我们回到日常生活之中。当有人问到：平时喜欢喝什么？作为答案的咖啡、茶、白水、碳酸饮料、红酒等是否会带给人不同的意义认知？或者自己在作答的时候，头脑中是否会思考自己行为背后的象征意义？尽管我们可能会说，讨论这样的日常性问题没有什么意义，但这已经通过一个“生活方式”的概念将回答者区分开来，并促使一种社会差异的形成，结果就是“我们不一样”。因此，类似平时穿什么衣服、用什么物品、如何消费等问题，就成为人们分析社会分层和社会不平等的重要方面。

前面一些章节指出，当衡量人们的社会经济地位的分层或不平等时，社会学家们通常依赖一些常规指标，包括经济上的收入、政治上的权力等，但不能忽视的是生活方式在社会分层中扮演的重要角色。社会成员在社会中所占据的位置以及对自己身份的认同越来越为其对生活方式的选择所形塑着——例如选择食物的偏好、穿衣的风格、出行的方式、浏览的媒介以及假日休闲的安排等等。随着现代社会逐渐向消费社会转型，一些经典的社会分层指标，比如收入、权力、受教育程度等，可能有时并不是那么能说明问题。简单设想一下，如果两个人的年收入都是十万元，前者是某企业的中层管理人员，主要收入来源是工资；后者原来是农民，因为拆迁获得了多套住房，主要收入来源是房租。尽管这两个人在收入上是相似的，我们是否可以将他们置于社会分层体系中的同一个位置呢？答案显然不能，因为现实中他们的生活方式是不一样的。

生活方式与社会分层至少从两个角度相联系：生活方式作为社会分层的结果以及作为社会分层的依据。例如，日常生活中，我们通常可以通过观察人们之间的互动方式或一些可识别的符号，来快速判断一个人的社会地位，这些可识别的符号可能是一个人的衣着打扮、谈吐方式、兴趣爱好和使用的物品等等，[①] 而它们都可以被视为生活方式的一个侧面的体现。要发现并揭示社会分层体系以怎样的形态和方式与生活方式相联系，需要对日常简单或繁杂的生活现象具有敏锐的洞察力。

第一节 生活方式分层概述

一、什么是生活方式

在回答生活方式与社会分层之间的关联时，首先要理解“什么是生活方式”。生活方式是社会学中的一个重要范畴及研究领域，也一直为学者们所关注。在马

① 波普诺．社会学：第十一版．北京：中国人民大学出版社，2007：268－269.

克思的著作中，生活方式被作为区分不同阶级的社会表象，是一个外延很广的概念，没有明确的定义，它有时甚至包括生产方式、生产活动在内的整个社会生活，涉及衣、食、住、行各个方面。在马克思的逻辑链条中，生产力决定生产关系，生产方式是生产力和生产关系的总和，生产方式决定生活方式。因此，在马克思对阶级的研究中，生活方式是被决定和被影响的，是阶级特征的外在表现。

与马克思相比，韦伯对生活方式做了另外的论述，生活方式的概念在韦伯的理论中有着更为独立的位置。韦伯对生活方式的讨论见于其对“地位”“身份”（也译为“等级”）的论述中，认为“地位”“身份”的荣誉一般首先表现为向社会成员要求的一种特殊的生活方式，“地位”“身份”的划分建立在典型习惯的生活方式上。[①] 韦伯（1922，1968）认为，出于对社会等级荣誉的需求和维护，不同的地位群体（status group）形成了包含内部凝聚力与外部排斥力的生活方式（style of life），体现在对饮食、服饰、艺术实践的权利等方面的不同的选择与优先级上。[②] 由于“地位”可以根据货物消费的原则来划分，因此，生活方式可以表现为消费方式。[③] 后来的很多学者都倾向于将生活方式转化为消费方式来研究，这也成为理解生活方式的核心内容。

生活方式源于阶级或地位，也源于个体选择。心理学家阿德勒（Adler，1927）将生活方式的概念应用于关于人体机能（human functioning）的论述[④]，将生活方式定义为个体为自己争取更优生活（superiority）的一种独特的行为和习惯模式。生活方式是以个人选择为基础的，而这些选择有赖于实现其个人潜能，个人潜能则受制于外在于个人的社会结构等因素。[⑤] 总体来说，生活方式可以概括为在一定社会结构中，社会成员在衣、食、住、行、工作、娱乐、交往等方面的呈现模式，包含了个体或群体的生活行为及习惯模式，社会结构和个人选择是生活方式的两个基本决定性因素。生活方式是一个社会与个体的主客观联结的概念，表达了社会成员的生活风格与生活行为。

二、生活方式分层的主要呈现

一般认为，是人们的所属阶级或社会经济地位决定了生活方式，以此显示了社会分层现象。但随着社会发展由生产型转向消费型，尤其是走向后现代社会，人们对生活方式的关注越来越明显，由生活方式区分出的群体差异逐渐被视为某种独特的社会分层特征。因此，凭借生活方式这一衡量标准，社会群体也被分为生活方式上的不同层级，如前述韦伯提到的生活方式上的内部凝聚力与外部排斥力

① 韦伯．经济与社会（下册）．北京：商务印书馆，1997：254.

② WEBER M. Economy and social. New York：Bedminster Press，1968（1）.

③ 同①260.

④ ADLER A. Understanding human nature. New York：Garden City，1927.

⑤ ABEL T，COCKERHAM W C. Lifestyle or lebensführung? Critical remarks on the mistranslation of Weber's“class，status，party”. The Sociological Quarterly，1993，34（3）：551－556.

"圈定"了不同社会群体，社会分层体系在生活方式上的维度也被重新建构起来。

（一）社会等级的荣誉评价

生活方式无论是作为社会分层的结果还是依据，都与社会等级紧密关联在一起，或者说生活方式成为社会等级的外在显现与认同标识，如根据生活方式的差异区分出"贵族"与"贱民"的不同等级群体。人们可以从不同的方面，按照不同的标准将自己置于不同的社会等级（hierarchy）中，在描述这个过程的结果时，通常会用到财富、权力等指标，但同等重要的是属于同一个等级的社会成员拥有相近的价值观、生活方式、兴趣或行为等。在日常生活中，人们区分彼此的社会等级时，往往会看与生活方式相关联的某些特质，以此判断"我们是一样的"抑或"我们不一样"。

在韦伯看来，社会等级（或地位群体）实质上成了在生活方式维持上的"荣誉"性社会评价，即生活方式区分了哪些是"荣誉"评价高的群体，哪些是"荣誉"评价低的群体。生活方式对于等级"荣誉"的决定性作用，使得"等级"成为某种独特生活方式的体现，也就是说，当人们一直维持了某一惯例式生活方式（如清晨时锻炼身体、上班时定期乘坐通勤车、晚间收看电视节目等），或持有与多数人不同的特殊性生活方式（如特殊的饮食方式、娱乐活动、学习方式等）时，都将因获得具体社会评价而被分为相似或不同的社会等级。[①]

（二）有闲阶级与劳役者

生活中可以看到这样两类不同的群体，一类是生活环境好、生活悠闲、不用付出过多的"苦力"便能获得高社会评价的群体；另一类则生活环境较差且需要辛苦忙碌的劳作，却获得较低的社会评价。前者通常被视为生活方式上的"有闲阶级"（leisure class），后者则被视为劳役者。凡勃伦在《有闲阶级论》中，对于这样的社会不平等差异便提出了这样一个问题：对于已经在金钱财富上处于优势地位的阶级，如何在生活中体现自己的优势并保持尊荣呢？[②] 为此，仅仅保有金钱财富显然是不够的，还必须提供相应的证明，"有闲"就是证明的一种。"有闲"指的并不是懒惰或清静无为，指的是非生产性地消耗时间。有闲阶级的特征在于：（1）认为生产工作是不值得做的，并对它抱有轻视的态度；（2）"有闲"可以证明个人的金钱力量能够使其安闲度日及衣食无忧；（3）有闲阶级的生活是不能全部为公众所看到的，为了保持荣誉，对于不能为人所窥见的部分，就得有所显示，使人信服他的生活的确是有闲的。

有闲阶级的生活特点在于，讲究礼仪、注重优雅，以此炫耀有闲阶级的地位，因此，这被称为生活方式上的"炫耀性有闲/明显有闲"（conspicuous leis-

---

① 韦伯．经济与社会（下册）．北京：商务印书馆，1997.

② 凡勃伦．有闲阶级论．北京：商务印书馆，1964；VEBLER T. The theory of the leisure class. New York：Penguin Book，1899.

ure)，或者说有闲阶级成了生活方式分层结构中的“炫耀者”。有闲阶级要维持自身的形象或收获更高的荣誉和声望，就需要与多数的劳役者关联在一起，发展出“代理性有闲”（vicarious leisure）。代理性有闲意味着将“有闲”作为一种职业或劳务，其内容是非生产的礼仪性劳动。例如，有闲阶级会雇用一批提供服务的劳役者，在家务等操作名目下，劳役者会通过辛苦的工作代理有闲，其主要任务是展现有闲阶级的地位与荣誉，由此劳役者就构成了有闲阶级的一种附属或派生物。有闲阶级会享受于有闲的生活方式，包括劳役者对其有闲的代理，这些都成为能够炫耀其社会经济地位的重要内容。

（三）中产化与俗民化

以生活方式区分阶层的重要体现就是对于“中产”的定位。生活中人们对于“中产”的认知往往来源于其产生的生活方式，例如，居住在环境好的住宅区、出行有私家车、出入高档商场购物等，即对“中产”的区分不仅是出于其拥有的财富或职业地位，更是出于其与“众”不同的生活方式，所谓的中产阶层的“小资情调”就是相对于世俗平民化的生活方式来说的。社会学家米尔斯在对美国的中产阶级进行分析时，就指出作为中产的职业白领依靠“消费前卫”来打造自身的阶层定位并与其他阶层区分开来。[①] 中产阶层的生活方式往往通过消费偏好与休闲消费体现出来，他们会经常出入影剧院、咖啡厅、高档餐厅及休闲会所等，这些消费场所在实现中产阶层消费偏好的同时，也将那些非中产的“俗民”（大众）排斥或隔离在外。

在发达的工业社会里，中产阶层群体在通过生活方式的区隔划定自身圈子的同时，非中产的平民则进入了大众化的“俗民”群体之中，使用或消费的是大众化的产品，具有的是简化的思考、碎片化的信息、为资本与商业所左右的文化、世俗化的行为选择等。例如，他们的生活方式往往被中产们定位为“俗”，参与街头娱乐活动、吃路边摊、看所谓“不入流”的书籍或影视、穿着廉价的服装等。而在大众文化流行的社会潮流中，以品味与格调为象征的中产阶层群体也在努力完成属于中产化的社会呈现，建构中产所属的社会认同。于是，中产化与俗民化通过生活方式的区隔同时发展，社会群体也就形成了不同的阶层划分。

第二节
生活方式分层的主要理论解释

前面我们了解了生活方式的基本概念以及在社会分层领域中的主要表现维

---

① 米尔斯．白领——美国的中产阶级．南京：南京大学出版社，2006.

度，在这一节中，我们将主要依据相关理论解释，对生活方式分层的内在发生逻辑做进一步的阐述，即回答依靠生活方式的内部凝聚力与外部排斥力产生的阶层划分究竟是通过怎样的方式或受到哪些核心因素的影响而实现的。

一、生活方式中的消费分层

与日常生活紧密相关的是，人们需要不断地为每一天或某个日子需要做什么而思考并产生行为，如每天上班要乘坐什么样的交通工具，是“拼命挤地铁公交”，还是舒舒服服地花钱“坐专车”？若想在日常生活中呈现“我们不一样”的阶层特征，“消费”是最直接的手段与方式。在社会学者看来，消费被视为带有特殊社会意义或符号象征的社会行为，如上等阶层会利用自身的优势将下等阶层驱逐出他们的消费等级[①]。由于消费一般被视为财富获取与积累的最终目的，因而它也就成为影响社会分层的最直接变量。消费不但是物质生活过程，而且也是文化、交往和社会生活的过程，有钱人更重视把钱投入能够象征他们高人一等的实物消费，这就如同凡勃伦所说的“炫耀性消费/明显消费”（conspicuous consumption）[②]。

在进入消费时代的社会中，消费什么、在哪儿消费以及如何消费的差异都体现出明显的社会阶层性特征。比如对饮食的消费就包含明确的等级差异，在美国社会，一个社会阶层的指示器就是食品的甜度，美国下层社会对甜食的消耗量惊人；相比之下，上层社会就克制许多，如在喝酒上，上层和中层人士愿意选择白葡萄酒，这意味着他们曾经年少潇洒，成熟之后已经足够老练并更加注重自己的言行。上层人士更愿意用电话订货，因为他们喜欢盛气凌人地颐指气使，并且炫耀自己知道不寻常的进口商品；下层人士通常去超市购买食品，只不过他们所去的超市的档次有所区别。[③]

消费作为生活方式分层的重要内容，具有相对的稳定性与变动性特征。一方面，消费行为在社会群体中长期沉淀下来后就成为一种习俗或习惯，成为不同群体的社会意识反映，即便社会条件发生很大变化，一些消费习俗依然会以比较稳定的方式维持下来，如过年过节的物品消费。一旦消费习俗稳定性转变为制度化，就能够强化持有不同阶层特征的“小圈子”内的群体认同，而区分出外群体。另一方面，消费行为或消费习俗又在变动之中。比如在20世纪，“雪白的墙，松软的床，油炸馒头蘸白糖”是一代人的生活理想，短短几十年之后，这种生活追求对很多人来说已经是不可理解的了。社会的变动也会创造出新的生活方式群体，形成“另类”的消费行为，如经常提到的“COSPLAY”“杀马特”“朋克”等青年“亚文化”群体，由于生活方式的不同往往被视为差异化

---

① 田丰．消费、生活方式和社会分层．黑龙江社会科学，2011（1）：88－97.

② 凡勃伦．有闲阶级论．北京：商务印书馆，1964.

③ 福塞尔．格调——社会等级与生活品味．北京：世界图书出版公司，2011.

的社会群体。

二、品味与格调的阶层区隔

有这样一句话："一个人的灵魂，看他抓手杖的姿势，便可以知晓。"[①] 在同一个社会中，由于共享相同的文化与相似的生活经验，人们会将一些群体评价为有"品味"的，而另一些则没有，因此，"是否有品味"或"品味的高低"就成为社会群体阶层化的重要维度。如文学家巴尔扎克就曾提出过一种富有品味或格调的生活方式，即风雅生活。风雅生活的本质是仪表风度，"过风雅生活，单靠变成阔人或者生下来就是阔人是不够的，还必须有风雅生活的意识"[②]，"财产可以聚敛，风雅却系天成"[③]。巴尔扎克认为不同的生活品味制造出来的三个阶级分别是劳动者、思想者和有闲者，与之对应的三种生活是劳碌生活、艺术家生活和风雅生活，由此，文化特权、有闲与时尚的意义在社会分层中得到了强调。不难理解，品味与格调是根植于个体自身的，外显于日常生活中的一系列具有社会阶层区隔性的表征。

当人们将生活方式集中于消费领域时，品味可以理解为"消费中的偏好和爱好"[④]。以生活方式中的居住方式为例，与居住直接关联的住宅，可以说基本定位了社会成员的生活方式及社会阶层特征。人们选择了什么样的住宅，既表现了其对居住的品味，也表达了其社会阶层所属。不同社会阶层通过选择住宅形成了居住分异或居住隔离，实际上也表达出不同生活品味的区隔，即不同生活方式的差异性。例如，北京的"东富西贵，南贫北贱"和"东城布帛菽粟，西城牛马柴炭，南城禽鱼花鸟，北城衣冠盗贼，中城珠玉锦绣"等民谚，就十分形象地展示出老北京的居住空间和社会阶层的对应关系。

福塞尔在《格调——社会等级与生活品味》一书中指出，一个人不自觉地呈现出来的各种特征及其在生活中所做的选择——格调和品味——构成了他（或她）在这个世界上的社会阶层定位。"消费选择、休闲方式和室内摆设是社会地位的陷阱，你喜欢喝什么饮料，看什么电视节目，抑或根本没有电视，读什么杂志……都会确凿地暴露出你的社会层次。"[⑤] 在休闲生活方面，现在当一个人使用"度周末"这一概念时，他（或她）就已经被划分到中下层的行列里了，因为"周末"意味着"现代企业的雇主有义务遵循习俗和传统，赐给他们那些领周薪的奴隶一些短暂的自由"。对于中上阶层或更高阶层来说，"休闲"是一个更贴切的概念，"休闲"意味着在另外一个地方体验另一种生活方式，而不是短暂的旅游或周末休息。在饰物摆设方面，中产阶层十分乐于让饰物摆设个人

---

① 巴尔扎克．人间喜剧：第二十四卷．北京：人民文学出版社，2009：24.

② 同①16.

③ 同①23.

④ 朱迪．品味与物质欲望——当代中产阶层的消费模式．北京：社会科学文献出版社，2013：49.

⑤ 福塞尔．格调——社会等级与生活品味．北京：世界图书出版公司，2011.

化——印有名字首字母的餐巾环、印有名字首字母花押字的帆布原木提袋、印有全名的汽车前座坐垫等，这些能让他们感到自己成了重要人物，从而产生“令人欣慰”且“与众不同”的感受。

三、文化资本的阶层差异

无论是消费方式还是品味格调，与阶层自身具备的文化资本有很大的关联，可以认为文化资本构成了不同阶层群体选择各自生活方式的知识基础。因此，文化资本的丰富与贫乏从根本上表征了不同阶层群体的生活方式差异。在此方面，布尔迪厄指出文化资本具有自己的、独立于收入或金钱之外的价值结构，品味等级的划分是文化与经济双重作用的结果。在《区隔：一种趣味判断的社会批判》（1984）一书中，布尔迪厄试图勾勒出不同品味的社会场域，包括合法的高雅文化实践，如参观博物馆、听音乐会、读书；还包括生活方式与消费方式偏好，如食物、饮酒、衣物、汽车、小说、报纸、杂志、假日、嗜好、运动、闲暇追求等。[①] 在相同的社会场域中，社会群体所有的资本构成与数量形成了阶级的或职业的结构图式，但当生活方式空间被置于其上时，文化资本的意义就更加凸显出来。比如说，那些具有巨额经济资本的人（如工业企业家、商业雇主等），以商务宴请、品牌汽车、拍卖会、高级别墅、商业走廊作为自己特殊的品味；那些拥有很多文化资本的人（如高等教育的教师、美术创作者等）却以艺术走廊、前卫派节目、外语使用、跳蚤市场等作为自己的品味；那些经济资本和文化资本都很少的人（如工人阶层等）则以一起打牌、喝普通酒、观看体育比赛、参加公共舞会等作为自己的品味。简而言之，文化资本的拥有者能够运用象征符号的逻辑在阶级之间和阶级成员之间创建生活方式上的区隔。

社会群体通过拥有文化资本的不同，能够形成文化上的区隔及分层状态，无论是功能论强调的文化重在满足日常生活的需求，还是象征论强调的文化通过符号体系表达生活意义，文化上的分层都最终表现为生活方式的特征差异。在对欧洲社会的文化讨论中，由于文化会被设定为精英文化（elite culture）与大众文化（popular culture）的二元结构体系，因此，根据所拥有的文化资本差异，人们也被划分在精英与大众的不同阶层群体之中。正如人类学家会将文化以大传统与小传统来概括一样，那些上层士绅、政治精英及知识分子等代表了大传统的精英文化，而那些农民、城市平民等代表了小传统的俗民文化。不同的文化群体拥有的知识体系不同，所呈现出的文化面貌也不同，这些都表现为生活方式的差异化。

---

① BOURDIEU P. Distinction：a social critique of the judgement of taste. Cambridge：Harvard University Press，1984.

四、作为阶级惯习的生活方式

生活方式上的分层会被视为阶级的惯习，即不同阶级的生活实践模式所呈现出的内在差异性，这可以视作生活方式关联分层的微观解释。对布尔迪厄来说，惯习（habitus，或译为“习性”）指无意识的品性、分类的图式以及理所当然的嗜好，它是衡量个体在生活方式选择及实践方面品味高低的有效证据。[①] 阶级惯习使群体认识到地位间的差别是在分类的实践感知基础上做出的策略选择，而生活方式是惯习的系统产物，通过惯习的实践感领悟群体关系，进而转换为社会认可的符号系统，如认识到哪些选择是“高贵的”，哪些又是“粗俗的”。[②]

由于不同阶级的成员都有不同的惯习，因而源于阶级惯习的品味和生活方式也就得到了差异化的体现。例如，生活方式的新观念需要依靠新型小资产者的惯习来理解，新型小资产者往往是典型的文化与教育方面的投资者，重点考虑的是消费文化影像与信息的生产与传播，这就是在扩张自己所特有的惯习和生活方式并使之合法化。布尔迪厄将新型小资产阶级称为“新型”知识分子，新型小资产阶级敬重对知识与艺术的追求，认同并迷恋于知识分子与艺术家的生活方式，对艺术家的生活风格抱有兴趣，是新型生活方式普及化过程中最好的接受者与传播者。新型小资产阶级作为新文化商品与新文化品味的创造者，从不同文化、文明和传统中吸取过来的风格，将带有格调的生活以审美的形式呈现出来；同时其也担任了大众的引导者，将最新的生活风格传递到广大民众之中，从而指导着人们的生活方式。

第三节
生活方式分层的社会结果

在对一些理论解释进行解读之后，我们还需回答的问题是，生活方式分层会产生怎样的社会结果？一般认为，生活方式分层产生于社会分层体系当中，不同社会阶层群体会有属于自身的生活方式，反过来看，通过不同的外显的生活方式特征，可以对个体所属的社会阶层做出判断。结合前文的阐述，以生活方式分层的社会结果主要包括强化阶层地位、构建阶层认同等不同层面。

---

① BOURDIEU P. Distinction：a social critique of the judgement of taste. Cambridge：Harvard University Press，1984.

② 格伦斯基．社会分层：第 2 版．北京：华夏出版社，2006：437.－440.

一、强化阶层地位

在测量人们的社会阶层地位时，除了社会经济地位指标之外，文化资本、社会交往、居住方式、健康生活、社会态度及价值观等都是作为生活方式分层测量的重要变量，而这些变量在人们日常生活中的表现进一步强化了社会阶层地位。以“语言”这一日常生活中的“常用品”来看，语言是反映和构成生活方式的一个重要方面，兼具了个体选择的主观性和涂尔干所说的“社会事实”的特性。在所有的语言系统中，表达同一意思几乎总有随意、口头的说法与正式、文雅的表达，在《格调——社会等级与生活品味》中，福塞尔发现，一个人的社会等级地位越高，就越倾向于用有更多音节的词和更委婉的说法来表意。日本学者渡边雅男对日本社会的考察表明，通过一个人的敬语使用情况，可以对他的身份和社会等级做出大致的判断。[①] 在日本，在被偶像化和自我目的化的敬语的使用中形成了一种潮流，即“上等阶层的人，作为有教养的标志，就应该使用规范漂亮的敬语，以给使用者以保持人格品格的效果”[②]。

再比如居住方式对社会阶层地位的强化结果，美国芝加哥学派的代表学者伯吉斯（Burgess）提出过城市空间的“同心圆模型”，认为城市空间由五个自内向外的圈层式结构组成，分别是中心商业区、过渡区、低级住宅区、高级住宅区和通勤区。过渡区中房屋的租户是城市中的穷苦阶层，包括刚刚到来的移民和少数族裔等；低级住宅区中居住的主要是工人阶级，该区域的房屋多为双拼住宅；在高级住宅区中，高级公寓、独栋住宅等占据了大片区域，这里的居民属于社会中的上层阶级，有足够的财力享受悠闲的生活方式；住在通勤区的居民为了满足自己对于郊区生活方式和住宅所有权的渴望，愿意忍受上下班距离上的不便。[③] 再看中国的香港地区，居民的聚居方式大多是经济收入水平相同或相近的市民相邻而居，如在尖沙咀和深水埗地区，居民的居住环境有明显的差异：前者常见的住宅形式是现代化高层建筑中的公寓，沿河修有精致的公园和自行车道，常见晨练的居民，居住者大多为城市中产阶级；后者为低消费社区，通常楼层不高，房屋老旧，外墙有涂鸦，街道杂乱，居住者多为下层劳动者。

二、构建阶层认同

消费或品味等的生活方式往往与阶层认同联系在一起。各社会阶层有其固有的生活方式特征，直接表达了自己“是谁”的归属认知，如米尔斯笔下的“白领”，直接通过“消费前卫”来表达自身属于中产阶级的态度。尽管学者们普遍认为社会

---

① 渡边雅男．现代日本的阶层差别及其固定化．北京：中央编译出版社，1998.

② 同①137.

③ 夏建中．城市社会学．北京：中国人民大学出版社，2010：56－75.

经济地位指标是决定阶层认同的根本，但外显的生活方式特征往往是更为直观的阶层标志。无论实际的财富或职业地位如何，当一个人将自己包裹在 Versace、Hermes、Jaeger-La Coultre 和 Bvlgari 中示人时，他会很可能被认为是中上阶层人士，其本人也会满足于这样的阶层认同。正因为如此，如果消费倾向处理不当，则有可能落得一个“土豪”的头衔。从惯习的角度讲，尽管金钱的力量能改变一个人的外在，但想要伪装成某个阶层的成员通常是很困难的，因为就算在装束上装得像，那些印刻在个人身上的东西，或说惯习，也会将个人的阶层属性展露无遗。正如福塞尔所说，“光临贫民窟的上层社会人士往往成为贫民嘲笑的对象，因为他们说话的时候没有省掉‘g’的发音，而混进上流社会里的贫民，则因为对吃洋葱一窍不通而犯下大错”[①]。这些个人的行为标志是如此难以被转移和改变，以至于人们通常对基于此做出的对他人的社会等级的判断深信不疑。也正是因为如此，由此产生的地位误读也十分常见。一位号称黑山和马其顿王子的人，每天的生活就是参加各种正式活动，会见各种名流政要、宗教领袖，甚至给别人封爵，在这个全民“百度/谷歌一下，你就知道”的年代，各国名流信服于他淡定的贵族之气，竟然没有发现他是个假王子。[②]

现实生活中，人们往往难以知道彼此真实的财富多寡，却可以通过外显的生活方式去判断阶层地位。反而言之，也可以通过生活方式的行为模式构建对自身的阶层认同。如在语言资本的使用上，抛开族群的等级差异以及财富的多寡状况，人们会倾向于使用“高雅”的语言彰显自身的阶层地位，在全球化的影响下，人们也会倾向于使用英语或欧洲语系来表达对自身的阶层认同。其他方面如饮食、服装、出行、住房等同样如此，为了提升自身的阶层认同，出入高档餐厅、着装名牌、高消费出行等都能够使自身区隔于社会下层。

三、重塑阶层关系

由于生活方式能够通过消费或品味的行为模式来呈现，因而选择的生活方式不同，即便是具有同样收入或职业地位的群体，也可能形成不同的社会关系。反之，即便是收入或职业地位差异较大，但若选择了同样的生活方式，也可能形成相似的社会关系。例如在语言使用方面，在日本社会，不同类型语言（敬语、自谦语等）的使用表达了社会阶层结构的关系，人们通过语言使用对地位高于自己的人表示敬意，从而积极而有意识地承认在阶层方面的社会关系[③]，在对敬语的使用过程中，社会阶层关系的差异性以十分具象的方式被呈现了出来。因此，一旦个人的社会经济地位发生改变，就可以通过语言的使用，重新表达不同社会阶

① 福塞尔．格调——社会等级与生活品味．北京：世界图书出版公司，2011：251.

② http：//www.dailymail.co.uk/news/article-4610320/Prince-Montenegro-Stefan-Cernetic-conman-say-police.html.

③ 同①136.

层的社会关系。

人们对生活方式的不同选择，也体现出其对建构阶层关系的生活需求。例如在居住选择方面，尽管不同社会经济地位的人有不同的住宅选择倾向，不同的住宅也暗示了其中居民的社会地位等级，但社区居民的素质以及社区所代表的生活方式同样成为选择住宅的重要因素，人们喜欢与同一社会阶层的人相邻而居，可以增加安全感并有利于交流相处，进一步增进社会关系。为了稳固阶层关系，人们会努力保持特属的生活方式，如社会上层会经常出入于高档消费场所、参与“俱乐部”活动、保持健身等健康生活习惯等。为了改变阶层关系，社会中下层者也会努力尝试改变生活方式，如进入一些高消费场所或“俱乐部”、培养高级生活习惯等，进而拉近与社会上层之间的社会关系，提升自身的社会资本。

第四节 中国社会的生活方式分层讨论

中国社会在改革开放之后，随着工业化、市场化和现代化进程的不断推进，人们的生活水平实现了飞跃性的提高，经济生产之外的生活领域开始得到更多关注。在我国，生活方式研究的兴起差不多和社会学重建的历史一样长[①]，粗略地说已经走过了三十多年。国内学者们对生活方式分层的讨论也经历了如下发展阶段：由定性研究走向定量研究，由价值判断走向实证分析，由描述走向建构，逐渐贴近社会现实。在学科分类不断细化的今天，可以在消费社会学、城市社会学、住房（住宅）社会学等社会学分支中找到生活方式与社会分层研究的身影。

一、生活方式的城乡社会分割

“城市可以让生活更美好”，这样的话直接体现了城市与乡村存在不同的生活方式。当我们去理解为什么那么多农民要从乡村流向城市时，“过更好的生活”“实现向上流动”等自然会成为可以得到的答案。实际上，无论是“消费”抑或“品味”，在城乡之间都存在明显的生活差异。国内学者在20世纪80年代对中国社会有这样的观察，“多少年来，无论在人们的观念上，还是现实生活中，存在着这样两个不平等的社会等级——城市和农村，即市民和农民”，城市几乎具有

---

① 王雅林．生活方式的理论魅力与学科建构——生活方式研究的过去与未来20年．江苏社会科学，2003（3）：57-62.

一切社会经济方面的绝对优势——先进发达的交通运输和文化教育、条件优越的医疗卫生和社会福利、舒适方便的物质生活和丰富多彩的精神生活，而农村就是城市的反面。

城市和农村的等级差异也造就了市民和农民的等级差异，“站在‘金字塔’顶层的20％的市民们，时而远眺国外发达国家超现代化的城市生活而望洋兴叹，时而俯视底层的农民而悠然自得……80％的农民无可奈何地在有限的土地上自我膨胀，他们既嫉妒处在第一等级的市民，又羡慕城市生活：洋房、汽车、电影院、公园”[①]。从图13－1呈现的中国城乡消费分层的结构形态就可以看出，城市的市民消费等级要明显高于农村的农民，既体现出城市中的中产化，又体现出城市成为消费社会的主要生活空间。

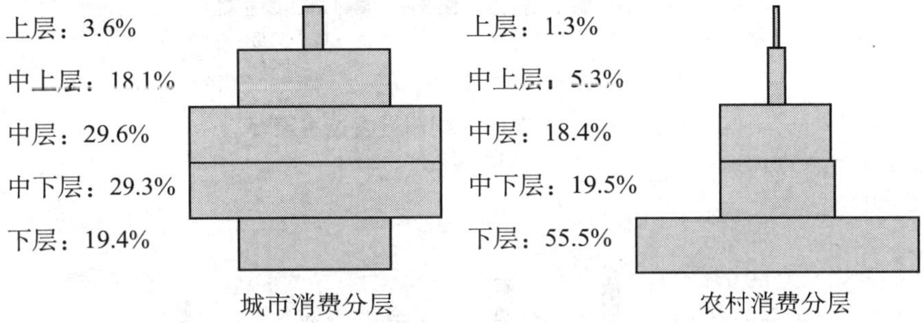

图13－1 消费分层的城乡比较

资料来源：李春玲．当代中国社会的消费分层．中山大学学报（社会科学版），2007（4）．

二、消费与品味的阶层分化

市场经济的发展引发了消费领域的活跃，物质产品与服务产品的极大丰富，使中国社会由生产型转向消费型，对消费品的选择与追求，成为人们标识自身阶层地位的重要内容，由此形成的消费惯习也进一步凸显了阶层分化。从图13－2至图13－5的CGSS调查数据分析可以看出，中国民众在生活方式的选择上呈现出阶层性差异，那些过节时总会聚餐、总会到有名气的店购物、出门总会坐出租车或私家车的群体会更倾向于认同自身为中层或上层，而且也会倾向于认可生活很安逸。尤其在讨论当前中国的中产阶层群体特征时，人们也更倾向于使用生活方式的标准去判断，而这其中，高消费与高品味也逐渐成为中产群体的代名词。

现如今，在通过实体商店进行消费以外，通过互联网信息技术的网络消费十分火爆，从如天猫、京东等的行业发展便能看出。在网络消费空间中，人们可以根据消费品的价位、品牌、质量保证、用户评价等分类选择，实际上是人们根据

---

① 李春林．城市和农村：两个社会等级．社会，1987（2）．

自身的阶层特征或阶层需求产生的生活方式选择，阶层分化既在虚拟空间呈现出来，也最终反映于现实生活。消费能够很好地区分各阶层之间的差异，消费生活方式可以被划为不同的类型[①]，消费分层与阶层意识之间存在一定程度上的对应关系[②]。需要注意的是，正因为消费呈现出阶层分化的特征，那些提供消费品的互联网商家会通过各种精算与推算的方法，向消费者推送或推荐相似、同类或关联密切的商品，因此，即便同是通过这些商家进行“网购”的消费者们，也由于获得的消费品信息不同而呈现出阶层分化的特征。

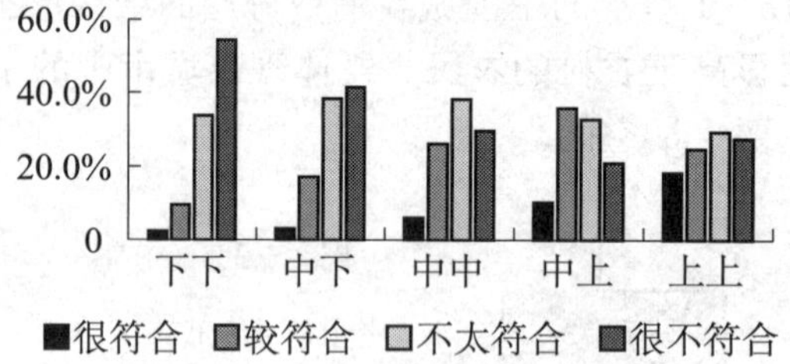

图 13-2　过节时总到附近餐馆去聚餐

资料来源：CGSS2013。

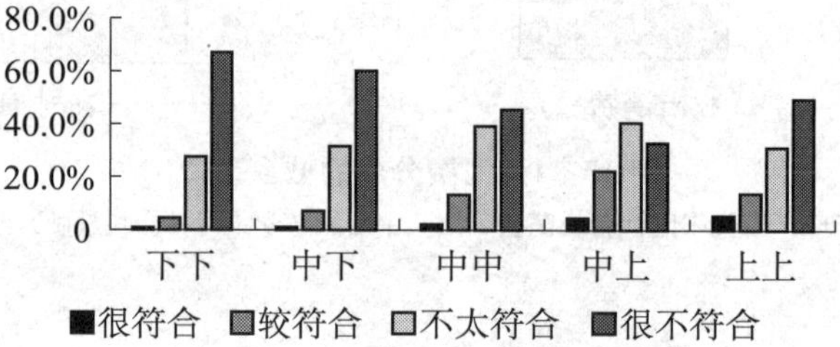

图 13-3　总是到有名气的店购物

资料来源：CGSS2013。

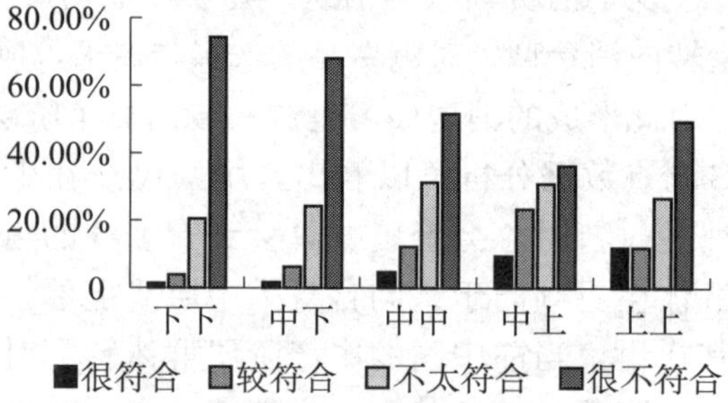

图 13-4　出门总是坐出租车或私家车

资料来源：CGSS2013。

---

① 何明升．关于消费生活的系统模型与实证分析：中国、日本两项研究的比较．社会学研究，1996（5）：113-119；李春玲．当代中国社会的消费分层．中山大学学报（社会科学版），2007（4）．

② 田丰．消费、生活方式和社会分层．黑龙江社会科学，2011（1）：88-97.

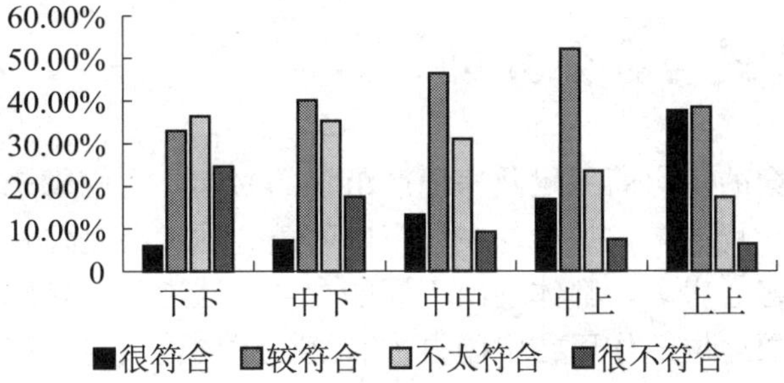

图 13－5　感觉生活很舒适安逸

资料来源：CGSS2013。

三、健康生活方式与分层

从 20 世纪末开始，关于“怎样的生活方式是健康的”这一主题逐渐为人们所关注，尤其是进入 21 世纪，随着中国中产阶层群体规模的不断发展壮大，追求健康生活方式的需求日趋强烈。人们关注“健康”的生活方式，主要表现在不同社会阶层群体是否与特定疾病、生活习惯、生活健康、主观健康之间存在紧密关系，即高阶层地位者应表现为健康的生活方式，而低阶层地位者表现为不良或不健康的生活方式，如知识分子、干部、技术人员、机关公务员、大学生、工人、农民工等会表现出不同的健康水平。将生活方式与社会阶层关联的研究已具有较强的社会学意味[①]，生活方式与健康水平作为社会分层或社会不平等的一部分，也自然成为学者所关注的重要研究方向。

一般认为，社会经济地位越高的人越倾向于拥有和维护健康生活方式，而健康生活方式又直接影响了人们的健康水平。[②] 随着生活方式逐渐多元化，人们的选择空间更大，不同社会阶层成员由于自身的生活方式选择不同，其面临的健康风险也是不同的。[③] 一旦人们具备了相似或相同的社会经济地位条件，便会传播或模仿健康的生活方式，由此也强化了自身的阶层地位，增强了主观阶层认同。对于中国社会来讲，在人们自身的社会经济地位因素之外，由户籍分割、城乡分割、区域分割等制度因素产生的健康不平等同样值得关注。如流动人口的健康问题已经是当前中国不能忽视的重要社会问题，尤其是其中的农民工群体，不仅多数处于社会中低层，更是被制度排斥在保障体系之外，由于难以选择健康的生活方式，因而也难以形成较高的阶层认同。

---

① 于浩．社会阶层与健康生活方式关系研究的回顾与前瞻．南京社会科学，2003（5）：68－72.

② 王甫勤．社会经济地位、生活方式与健康不平等．社会，2012，32（2）：125－143.

③ 王甫勤．地位束缚与生活方式转型——中国各社会阶层健康生活方式潜在类别研究．社会学研究，2017，32（6）：117－140.

四、居住方式与社会分层

随着中国社会的住房商品化及房地产市场的兴起，人们越来越关注住房或居住对社会分层的影响结果，是居住在城市中的黄金地带还是住在边缘区，是购买商品房还是租住普通房等，都体现出不同的社会阶层地位。实际上，住宅作为区分社会身份或阶层地位的作用在中国自古有之，中国古代对不同社会等级的住宅的高度、房屋的数量和装饰的使用等都有明确的规定，住宅作为社会阶层间区隔的象征，从成语"门当户对"中就可以知晓。由于社会不同群体的居住差异逐渐显化，社区形态由"单位型"向"阶层型"转变，因此，不同的居住空间也影响了人们的生活方式建构。居住空间选择便与社会成员的行为方式、态度认知等联系起来，不同的地域空间中产生的居住空间阶层化现象[①]或居住隔离现象[②]，既影响了人们的主观阶层认同[③]，也进一步产生"住房地位群体"，这些群体形塑了不同的生活方式，由此带来了社会成员之间的区隔[④]。

需要重点讨论的是中国中产阶层的兴起与住房市场的兴起紧密关联在一起。在中国中产阶层的生活方式选择中，住房或居住选择是非常重要的甚至是必要的内容，如所谓的"有房、有车、有资产"标准中，住房成为首要的阶层地位标识。居住方式作为重要的生活方式内容，在体现阶层地位之外，还关联了生活环境、社会交往等方面，不同的社会阶层也会通过居住方式的不同形成不同的阶层认同。[⑤] 例如中产小区中呈现出中产阶级生活方式的原型，中产居民选择社区时不只是经济上的考虑，还包括了价值选择：选择跟自己有共同生活方式和对秩序理解的社群一起居住。[⑥]

就生活方式本身而言，它是否存在一种统一的发展趋势？对于现代人来说是否存在一种"更好"或"更高级"的生活方式选择？比如绿色、低碳和环保等是否应该成为引导我们生活方式的关键概念？我们站在谁的角度来思考这个问题？生活方式与社会分层的联系会削弱或消失吗？在早期学者对社会的观察中，生活方式与社会分层有着十分明显的联系，典型的如消费分层、品味区隔与阶级惯习等。但在现代社会中，在工业化流水线式的大批量生产方式以及全球化的影响下，社会为我们提供了越来越大的选择空间，同时也提供了越来越相似的选择范

---

① 孙常敏．上海人口集聚与城市空间的重构．社会科学，1999（8）：49－53．

② 杨菊华，朱格．心仪而行离：流动人口与本地市民居住隔离研究．山东社会科学，2016（1）：78－89．

③ 张海东，杨城晨．住房与城市居民的阶层认同——基于北京、上海、广州的研究．社会学研究，2017，32（5）：39－63．

④ 李强．转型时期城市"住房地位群体"．江苏社会科学，2009（4）．

⑤ 刘精明，李路路．阶层化：居住空间、生活方式、社会交往与阶层认同——我国城镇社会阶层化问题的实证研究．社会学研究，2005（3）：52－81．

⑥ 吕大乐，刘硕．中产小区：阶级构成与道德秩序的建立．社会学研究，2010，25（6）：25－40，242．

围。另外，当谈及生活方式与社会分层时，很大程度上涉及的是关于文化的讨论。从个人角度来看，杂食性的品味、对个性的强调、对不同文化的包容力与对传统的背离等特点，都使得通过生活方式判断一个人在社会分层体系中的位置变得愈加困难；在更大的层面上，在要求平等和注重多元的价值观下，不平等与社会等级的存在被很好地掩盖了起来，而文化便是促成这种掩盖的有效手段。尽管在后现代理论视角下，社会生活看起来格外流动和支离破碎，但我们同时也不应忘记韦伯的警示：变化的或许不是社会，而是理解社会的人。正如不同时代有不同"感觉和品味"的自我呈现，但从本质来说，物品还是那些物品，变的只是人们对品味的理解。

◎ 复习思考题

1. 如何理解生活方式与社会分层之间的关系？请举身边的生活事例进行说明。
2. 如何理解"有闲阶级论"？生活方式的"炫耀性有闲"如何区隔了阶层？
3. 如何理解品味与格调的区隔表示了社会阶层的差异？
4. 如何理解阶级惯习、文化资本与生活方式分层之间的关系？
5. 如何理解中国社会的生活方式转型与社会分层？
6. 生活方式与社会分层关系的未来发展趋势如何？

◎ 推荐阅读文献

福塞尔．格调——社会等级与生活品味．北京：世界图书出版公司，2011.

凡勃伦．有闲阶级论．北京：商务印书馆，1964.

巴特．流行体系：符号学与服饰符码．上海：上海人民出版社，2000.

徐连明．差异化表征：当代中国时尚杂志"书写白领"研究．北京：社会科学文献出版社，2008.

朱迪．品味与物质欲望——当代中产阶层的消费模式．北京：社会科学文献出版社，2013.

BOURDIEU P. Distinction：a social critique of the judgement of taste. Cambridge：Harvard University Press，1984.

第十四章

主观社会分层

【本章要点】

● 主观分层与不平等研究涉及公众对于社会不平等结果、意义的感知与评判，其实质在于揭示客观社会变迁和社会分化在人们主观认识及价值观上的反映。

● 分配公平感有微观与宏观之分，前者主要是指人们对自身收入公平合理性的评价，而后者主要是衡量人们在多大程度上认为社会资源（收入、财富）在群体间的分配是公平合理的，也即社会分配结构与秩序的公平合理性。

● 当前民众感受到了较大的收入差距，而与此同时他们也能够接受和容忍较大的收入差距；经由推算，中国民众的收入分配公平指数较高，从国际上看也处于靠前位置。

● 社会群体之间的矛盾紧张程度是衡量群体关系及社会结构分化的重要指标。当前民众的冲突感较高，有不断提升的趋势，并且民众的“公平感”显著地影响着他们的“冲突感”。

● 当前民众的主观地位认同与客观位置之间存在不匹配的问题，典型地体现为“有阶层化差异而无阶层化意识”、地位认同不断向下偏移、中产认同明显不足等。

【关键概念】

◇ 主观社会分层 ◇ 分配公平感 ◇ 社会冲突感 ◇ 地位认同

在过去的几十年里，香港地区的收入不平等程度一直高于内地。从基尼系数来看，新千年之后内地处在0.45～0.49之间，而香港地区的基尼系数一直保持在0.5以上，2016年更是达到了0.54，创46年来的新高。有评论甚至指出，香港成了世界上收入最不平等的地方之一。然而，香港民众对于收入不平等的不满却并不像在内地那么明显，他们对收入不平等的容忍度更高，感受到的收入分配公正程度也更高[①]。据测算，在国际社会调查项目（International Social Survey Programme）所有成员国和地区中，在可以接受的收入不平等程度排行上，香港地区高居第二。

可见，收入差距究竟严重与否，在很大程度上取决于公众的价值性判断，而在这一社会不平等的合法化过程中，文化和制度发挥着重要作用。对香港地区而言，这种对收入不平等的高接受程度可能和殖民时期以来自由放任的资本主义制度有关。很长一段时间里，香港都被看成是机会的天堂，人们相信在这里只要个人努力工作就能出人头地，这种观念又不断被一些出身贫寒但最后成为成功商人和政客的个人传奇所强化。

进一步看，具体到一个社会内部的不同群体上，人们通常认为，弱势群体更容易对当前的社会不平等产生怨恨和不满，而那些具有较高社会地位的人更容易接受甚至赞成当前的不平等。其背后逻辑在于，前者是利益受损方，他们的经济状况和发展机会受到了剥夺和压迫，而后者则正好相反。然而，上述看法在很大程度上也是不正确的，很多的经验研究都表明，那些对当前不平等最为不满的，并不是最弱势的群体。

哈佛大学社会学系怀默霆（Martin Whyte）教授在他的2010年发表的中国研究著作中发现，在中国社会中，尽管农民处于社会的最底层，但他们对于当前不平等的态度却有着令人吃惊的、相对正面的评价；恰恰是城市居民，尤其是那些教育程度高的民众，表现出了最高程度的对于不平等的不满。他认为原因在于，市场化改革把处于最底层的农民从集体化年代的严格控制中解放出来，使得他们的生活相比过去变得更好；与之相比，尽管城市居民比农民生活水平提高更快，机会更多，但他们中的很多人见证或亲身体验了市场经济改革的风险，也看到了许多新出现的暴富阶层及他们奢侈的生活方式，因而他们对不平等有更多不满。[②]

以上两个事例表明，主观因素对于人们的不平等认知具有重要作用。在客观结构位置与后果性行为选择之间，主观感受是一个很重要的中介变量和中间环节。人们的行为实践很大程度上受到主观意识、观念和认知的影响，客观结构位置与主观感知共同对人们的行为实践施加作用。也正是在这个意义上，对于社会分层与社会不平等研究来说，除了要把握其客观性质，还要考察人们的主观

---

① WU X G. Income inequality and distributive justice：a comparative analysis of mainland China and Hong Kong. China Quarterly，2009（200）.

② 怀默霆. 中国民众如何看待当前的社会不平等. 社会学研究，2009（1）.

认知。

社会分层研究的主观维度是一个包含多层次、多取向的范畴，本章重点回应以下几个议题：第一个是分配公平感问题，即民众对于当前的社会不平等及背后的分配秩序持有何种认知态度和价值评判；第二个是社会冲突感，即民众感知到的群体间关系的紧张冲突程度如何；第三个是主观阶层地位认同的问题，尤其是如何理解民众主客观地位不相一致的社会现象。

第一节
主观社会分层概述

任何一个社会不仅具有特定的客观结构与发展形势，也有自身独特的社会心态、精神风气与情绪律动。正如不了解客观的结构分化和社会不平等背景就不能理解民众的社会情绪和社会心态一样，忽略主观倾向和心理要素及其在社会问题中的建构及推动作用，也不能完整理解社会现实。

一、主观维度：概念界定与分析意义

当前，以阶级阶层框架、基尼系数、职业地位测量、社会流动率为代表的社会不平等研究，是对社会结构分化状况、财富分配均等状况、社会开放与封闭状况、社会紧张程度的测量与评估，属于客观分层研究的范畴。这些客观指标对于把握、评估和预测社会分层与社会不平等状况有着显著的社会意义和政策价值，但它们也存在一些缺陷。其问题主要在于，这些指标就实质而言是反映客观资源和机会“均等”（平均、平等）分配状况的指标，并不涉及公众在社会不平等意义上的感知和判断，尤其是不能反映公众有关社会不平等问题的规范性、价值性评判。

与之相比，主观不平等研究涉及公众对于社会不平等结果、意义的感知与评判，其实质在于揭示客观社会变迁和社会分化在人们主观认识及价值观上的反映，例如，阶级意识、阶层地位认同、收入不平等感受与公平认知、上升流动预期与归因、社会冲突感等。相对于客观维度，主观维度研究本身既能贡献补充性、印证性信息，也可以产生比较性、差异化结论。其独特优势在于，不仅能够反映社会结构位置的“占据者”对于社会不平等“是什么”和“为什么”的理解与认知，还能够把握民众有关“社会结构如何分化才合理、社会资源如何分配才公平”的规范性、价值性判断。分层研究的主观维度可以直接获取民众真实、具体的感受和价值判断，并且能够在客观结构位置与社会选择、行为模式之间架起中间桥梁，从而可以更好地与一系列社会后果性议题相关联。

二、主客观分层维度的比较

主客观分层维度在实质研究取向上存在关键差异：客观维度反映客观的、结构化的不平等，而主观维度反映的是感知的、价值评判的不平等。除此之外，二者在指标属性、解释逻辑、与后果性变量的关联性等方面也存在着一些差异。①

第一，指标属性上，客观不平等维度更多依赖于名义的（nominalist）主张。也就是说，这些维度是分层和不平等结果（收入报酬、工作状况、生活机会）的一个方便的代理指标，并以此为中心来追寻统计的规律性。比如，处在某一特定阶级位置上的成员，能够有多大的概率拥有某一水平的经济收入，又有多大可能性呈现出某一生活方式倾向等等。与之相比，主观分层维度依赖于实在的（realist）主张，是客观分化和变迁形势在公众心态上的真实反映，探寻的是公众在分层结果、意义上的普遍共识。例如，民众在多大程度上认为当前的分配制度是公平合理的，他们是否在分配制度改革中提升了幸福感与获得感。

第二，解释逻辑上，分层的客观维度更多遵循“状况逻辑”和结构决定。即，那些居于相同结构位置、拥有类似资源和机会的成员，将面临相似的有关“生活机会”的可能性和约束，进而可能被预期以类似的方式展开选择和行动。②而主观维度则更重视感知、意识、选择、行动等要素，强调观念、意识在“结构位置与社会性后果”之间的中介桥梁作用，主张遵循“结构-意识-选择/行动”的解释逻辑或更为直接的“意识-行动”逻辑。

第三，与后果性变量的关联性上，客观结构位置与社会性后果之间存在很长的关联链条，存在很多中介环节，而主观维度与后果之间则存在更为直接的关联。有不少经验研究表明，主观分层维度在社会态度、生活消费、政治偏好乃至制度参与、集体行动等方面具有充分解释力，且具有比客观维度更强的预测力。

主观维度的不平等能更为直接、紧密地与各种社会性后果相关联，对于检视和反思包括分配制度在内的公共政策的公平合理性、回应不同利益群体的期待与诉求、协调各阶层利益、缓和社会矛盾冲突等具有启示意义。主观社会分层方面的议题很广泛，下面依次从分配公平感、社会冲突感、阶级意识与地位认同这几个关键问题入手，对其经验表征和理论解释展开论述。

---

① 秦广强．社会分层研究：客观与主观的双重维度．理论导刊，2016（9）．

② ROSE D，PEVALIN D J. A researcher's guide to the national statistics socio-economic classification. London：Sage，2003.

第二节 分配公平感

众所周知，平等与公平是现代社会所倡导的重要价值理念，也是基本的社会分配原则与制度实践，但从概念范畴上讲，二者既有类似之处，又有所不同。平等更多的是从社会性结果的角度来衡量的，比如有价值的资源、机会在社会成员之间是否得到均等的分配，社会成员是否享有同等社会地位并在社会各领域享有同等权益。而公平则聚焦于社会分配本身，即分配的过程、原则是否合理，是否与道德、正义相符。平等不意味着公平。改革开放之前，在分配领域中盛行的“平等主义”理念与制度实践是对效率与公平的双重损害。同样，公平也并不意味着平等。基于才干、教育、努力等个人获致性因素所导致的不平等，被人们认为是合理、公平的。总之，平等并非人们做出规范性价值评判的标准，公平与合理才是人们评判的最终依据。所以，社会分层研究不仅要描绘不平等分配的状况，也要分析这种不平等是否公平合理，人们是否认可和接受。

总体来讲，分配公平感有微观与宏观之分，前者主要是指民众如何看待自身收入所得是否公平合理，而后者主要是指人们对整个社会资源分配或不同群体的财富资源获得是否公平的评价①，也即社会分配结构与秩序的公平合理性。分配公平感既受到意识形态、政治信仰、文化价值观等因素的影响，也受社会成员自身地位、群体参照等因素的影响，形成过程和机制较为复杂。

一、微观分配公平感

微观分配公平感更多指向个体的收入公平问题，下面我们主要以中国社会为例，通过系统的社会调查资料，讨论收入公平感的现状及变化、群体差异、影响因素及其机制。

(一) 公平感状况及其群体差异

具有全国代表性的调查数据显示了中国社会民众当前的收入分配公平感状况及其历时性变化。多个年份的中国综合社会调查（CGSS）都涉及对这一问题的考察，其基本的题项设计是这样的：“考虑到您的能力和工作状况，您认为您目前的收入是否合理呢?”选项是顺序式的，从“非常合理”到“非常不合理”分

① 李煜，朱妍．微观公平感的形成机制：基于职业群体的双重比较理论．华中科技大学学报（社会科学版），2017（1）．

为四个等级以及“不适用/无法回答”。我们选取相隔十年的两个时间点(2005 年和 2015 年)的数据来说明这一问题，图 14－1 是基本的分析结果。

从中可以看出，在微观层面上，十年之间中国民众的收入公平感呈现出一个明显的变化趋势，那就是从 2005 年的以“收入不公平”的负面感知为主，转变为十年之后“收入公平”的正面评价为主。具体而言，2005 年认为自己收入“不合理”和“非常不合理”的比例之和超过了半数，而认为收入“合理”和“非常合理”的比例之和刚刚达到四成。到了 2015 年，这一状况出现反转，正面公平性评价大幅度提升，远远超过了不公平评价的比例。2015 年，对自身收入持公平合理评价的比例占到了接近六成，而认为不公平的比例缩减到三成，前者整整高出后者一倍。另外，从极端负面评价的比例来看，情况也有了很大改观，2005 年认为自身收入“非常不合理”的比例为 7.5%，而十年之后这一数字降低为 2.8%。可见，就总体而言，近年来民众的微观收入公平感和收入满意度有了显著提升。

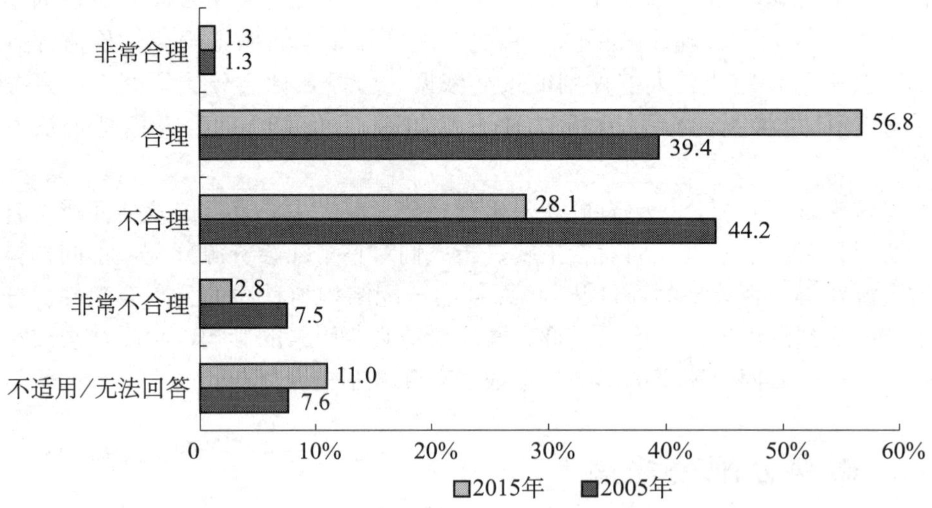

图 14－1 民众对于自身收入公平合理性的评价

从群体差异来看，图 14－2 显示了 2015 年各阶层成员认为自身收入公平合理的比例分布。数据结果显示，与怀默霆等人的发现一致，农民作为社会最底层群体，却展现出很高的收入公平性评价，收入公平感最低的反而是工人、专业技术人员等群体。可见，并非客观地位越低，成员越表现出更高的不满和怨恨。之所以如此，是因为民众微观公平感的形成不仅仅是客观结构决定的结果，同时也受到群体参照、相对获益/剥夺、社会文化观念等因素的影响和调节。

（二）分配公平感的形成机制

微观层面的分配公平感的影响因素较为多元，形成机制也比较复杂。归纳起

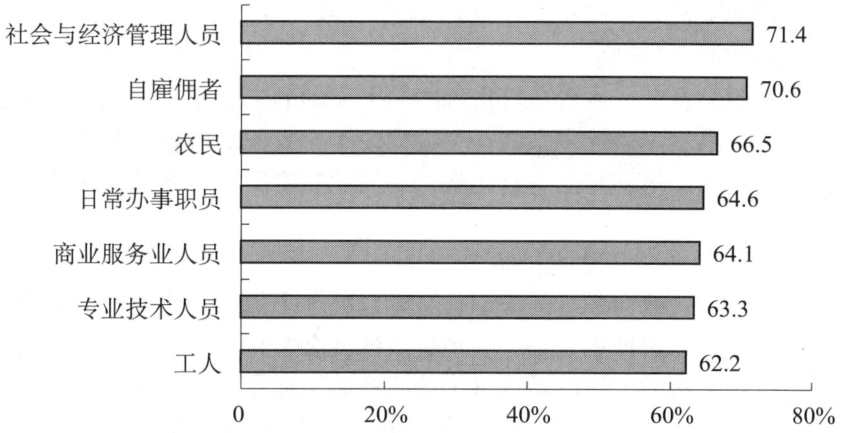

图 14－2　不同阶层群体认为自身收入公平合理的比例

注：计算时刨除了“不适用/无法回答”选项，并将“非常合理”和“合理”两个选项合并来表示“收入公平合理”。

资料来源：CGSS2015。

来，其背后的解释大致有以下几点。

1. 自利理论与“结构决定”

“自利理论”主张，人们的分配观念取决于他们的自我地位和自我利益。作为理性行动者，那些收入多、职业地位高的成员，也就是在社会分层体系中获益较多的群体，往往将自身的成功归因于自身的能力或道德优势，倾向于认为自身收入是公平的，现有分配秩序是合理的。[①] 国内外的很多经验研究支持这种基于结构位置的利己主义主张。

“自利理论”虽然能解释为什么高地位者具有比较高的收入公平感，但它无法解释为什么很多处于下层地位的群体也有较高公平感。很多研究包括前文数据结果都显示，阶层地位、教育程度、收入水平较低的人群（比如农民）并未体现出很高的不公平感，他们也倾向于认为自身收入公平合理。可见，基于客观位置的自利理论解释力和适用性有限。

2. 相对剥夺理论与“群体参照”

客观位置与公平感无法完全一一对应，使得一些研究者开始将视角转向群体比较和局部参照上。[②] 他们主张，公平感是群体参照和比较的结果，人们在社会比较中形成了对于自身状况公平与否的判断。当然，这种比较既有横向的群体比较，也有纵向的时期比较。例如，人们与其他成员尤其是身边的人进行比较时，若在地位和收入上处于劣势，往往会产生不公平感，即“相对剥夺感”；而与他

---

① ALVES W M，ROSSI P H. Who should get what? Fairness judgments of the distribution of earnings. American Journal of Sociology，1978（3）.

② KLUEGEL J R. Economic problems and socioeconomic beliefs and attitudes. Research in Social Stratification and Mobility，1988（7）.

人相比处于优势地位时，则会产生较高的公平感，即“相对满足感”。另外，人们也会将现在的境况与过去和未来进行比较，如果与五年前或十年前相比，社会经济地位出现明显提升，或者有着良好的向上流动的未来预期，那么，他们的公平感明显较高。当然，这种主张的一个缺陷在于，人们形成自身公平感所参照的群体对象到底是谁、与哪些人进行比较、如何比较等问题，当前还没有形成令各方一致认可的答案。①

3. 基本共识理论与“文化传统”

也有学者指出，社会成员的分配公平感取决于个体的自我期望与作为社会共识的评价是否一致。这种观点是将宏观层次的社会文化建构（作为社会共识的职业声望）与微观层次的个体能动性（个体主观阶层地位）结合起来对分配公平感进行的解释。具体而言，当自我感知的阶层地位低于社会评价的职业声望地位时，个体倾向于认为自己所得到的社会资源是不公平的；相反，主观阶层地位达到或高于职业声望的人，更倾向于认为自己的收入是公平的。② 比如，一个银行柜台职员的职业声望得分可能会比较高，而如果他认为自身工作时间紧张、任务繁重、压力很大，其自我阶层地位评价低于社会普遍认可的职业声望等级，那么，他就会有较强的分配不公平感；相反，如果一个收入较高、工作灵活性强的水管工有较高的自我阶层定位，而社会普遍认可的职业声望等级较低，那么这个水管工可能会有较高的分配公平感受。

二、宏观分配公平感

与微观层面上社会成员对自身收入公平合理性进行的评价相比，宏观分配公平感主要是衡量人们在多大程度上认为社会资源（收入、财富）在群体间的分配是公平合理的，也即社会分配结构与秩序的公平合理性问题。

从20世纪90年代起，国际上开始越来越多地关注收入分配和收入差距“公平”或“合理”的测量，著名的国际社会调查项目（ISSP）的跨国比较模块中就设置了有关收入不平等的态度认知的测量，其中有两个基本的问题能将分配“平等”和“公平”进行明确的区分。国内的中国综合社会调查（CGSS）也在多个年份的问卷中设置了这一问题模块，即要求被访者估计一系列职业的实得月收入，要求被访者评价这一系列职业的应得月收入。

采用“实际所得/应得”问题考察公众的收入公平认知具有显著优势：一是很多容易混淆的因素都可以在被访者的层面上得到控制，因为对特定职业的应得收入的看法是以被访者认为的他们的“实际收入”为基础的，也就是说，“实得”与“应得”相互参照，可以减少受访者的估计误差；二是这些问题被清楚地限定为特定职业群体收入上的差异，这样就能避免诸如家庭规模、收入来源、税率或

---

① 李煜，朱妍．微观公平感的形成机制：基于职业群体的双重比较理论．华中科技大学学报（社会科学版），2017（1）．

② 刘欣，胡安宁．中国公众的收入公平感：一种新制度主义社会学的解释．社会，2016（4）．

福利等复杂问题对受访者带来的干扰。[①]

(一) 感知与认可的收入不平等

“实得”与“应得”收入的区分能够实现对平等、公平两个概念的经验区分和操作化：第一，从受访者评估的职业群体间“实得”与“应得”收入的差值上，可以得出他们对于当前社会收入分配是否平等以及是否应该平等的判断；第二，从受访者评估的每个职业内部“实得”与“应得”的差值上，可以衡量他们对于当前收入分配是否公平的判断；第三，从受访者评估的各个职业“实得”收入的差距上，可以衡量出民众感知的收入分配不平等程度。比如，“实得”收入最高的职业群体的收入与最低收入职业群体之间的差距，是民众感受到的最大程度的收入差距；而从“应得”收入的差距上，可以得出民众能够接受或容忍的不平等程度。

结合2006年中国综合社会调查数据，可以计算被访者评估的特定职业的“实得”收入和“应得”收入的月均收入。表14-1数据显示，受访者估计中国农民的“实得”月收入是464元，农民工的“实得”月收入是856元。此外，高级政府官员（省级/部级）的估计“实得”月收入是7 792元，大企业的董事长、总经理是26 962元。收入最高的职业（大型企业董事长、总经理）的收入是最低（农民）的58倍，这是民众感受到的或者是他们能够想象的最大收入差距。“应得”收入之间的最大差距为27倍，反映了民众能够接受和认可的最大收入差距。从中也可以看出，当前民众感受到的收入差距较大，明显高于他们能够接受和认可的收入差距。

将每个职业的“实得”收入和“应得”收入相比较可以看出，人们认为：一方面，农民的“实得”收入少了43%，农民工的“实得”收入少了27%，工厂一般工人的“实得”收入少了24%；此外，大公司的经理以及政府高级官员分别多获得了24个百分点和39个百分点。这表明这两个职业的更高收入在中国被认为是不合理的，而这两个群体很大程度上都和公共权力、公共财产连在一起。

综合来看，民众普遍认为社会的下层和上层群体的财富分配份额有失公平与合理，前几种职业为利益受损方，后几种职业为利益获益方。中间职业（如工程师、行政办事人员、大学教授）的收入基本合理，在公众看来，他们的实际所得与应该获得基本持平。

---

① WU X G. Income inequality and distributive justice: a comparative analysis of mainland China and Hong Kong. China Quarterly, 2009 (200).

表 14-1　　民众感受到的各职业群体“实得”与“应得”月收入

职业群体	“实得”收入	“应得”收入	“实得”/“应得”
农民	464	808	0.57
农民工	856	1 174	0.73
工厂一般工人	994	1 311	0.76
行政办事人员	1 736	1 701	1.02
中学教师	1 597	1 788	0.89
工程师	3 417	3 588	0.95
私营企业主	8 278	7 596	1.09
个体户	4 598	4 361	1.05
市长/县长	6 679	4 561	1.46
大学教授	5 367	4 965	1.08
政府省部级官员	7 792	5 625	1.39
大型企业董事长、总经理	26 962	21 730	1.24
最高/最低（倍数）	58.1	26.9	—

资料来源：CGSS2006。

(二)“主观基尼系数”

用以评估收入不平等的多个职业涵盖了社会中从底层到上层的典型职业群体，如果以这些职业群体代表社会总体，就可以根据这些职业的收入差距来衡量整个社会的收入分配不平等程度。例如，可以计算出每位受访者所估计的各个职业“实得”收入的“基尼系数”，以描绘民众感知到的收入不平等程度，以“应得”收入的“基尼系数”表示民众认可或能够容忍的收入不平等程度。

有经验研究表明，利用CGSS2005数据进行测算，中国城镇居民感知的不平等基尼系数平均值为0.463，认可的不平等基尼系数值为0.401，民众所认可的不平等程度要低于他们所感知到的不平等程度。另外，从两个基尼系数密度曲线分布来看，二者形状十分相近，两个主观基尼系数的相关系数达到了0.8。也就是说，感受到更高收入差距的民众，往往也具有更高的对于收入差距的接受度和容忍度。①

中国民众的收入不平等认知处于什么样的水平，可以通过国际比较数据加以描述。图14-3展示了ISSP的各成员国和地区民众评估的实得收入基尼系数和应得收入基尼系数分布状况。② 在ISSP的40个成员国家和地区中，中国受访者估计的典型职业的应得收入基尼系数均值排在第8位，实得收入基尼系数均值排在20位。这一结果显示，中国民众感知到的收入不平等程度排在后面，并没有达到悬殊的水平，而分配不平等容忍度处于世界前列。这在很大程度上解

① 李骏，吴晓刚．收入不平等与公平分配：对转型时期中国城镇居民公平观的一项实证分析．中国社会科学，2012（3）．

② 李丁．中国民众收入分配认知的共识、分歧与变迁．（2014-02-01）［2017-08-10］．http：//nads.ruc.edu.cn/displaynews.php？id=2336.

释了中国社会收入差距不断拉大而社会总体保持稳定的问题：因为中国民众接受和认可的收入差距明显较高，民众对分配不平等现实保持了较高的容忍度和接受度。

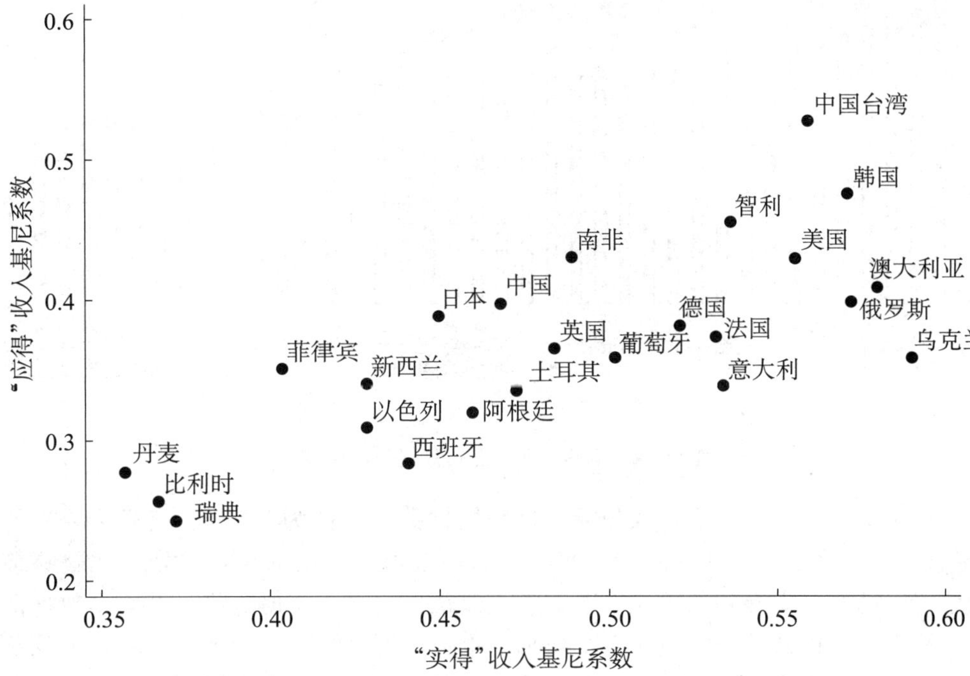

图 14－3　各国/地区民众评估的"实得"和"应得"收入基尼系数

(三) 收入分配的公平指数

进一步看，可以通过构建的一个收入分配公平指数来具体衡量中国民众的公平观念，另外也可进行跨区域比较，以观察中国民众的这种公平性认知处于什么样的水平。

该指数由加拿大学者奥斯伯格（Lars Osberg）等人提出，即以各职业群体的"实得"收入为自变量，"应得"收入为因变量构建回归模型，以斜率代表收入分配的公平性程度。[①] 当各职业群体都得到了人们认为他们应该得到的收入时，即"实得"收入与"应得"收入相等，则斜率为 1，这是一种收入分配完全公平的状况。当斜率小于 1，表明在受访者看来，有些实际收入高的职业不应拿到高收入，或者有些收入低的职业应该拿到更高收入。另外，斜率系数越接近于 0，则表明受访者更倾向于认可平均、平等分配的原则，希望不同职业群体获得大致相当的收入水平，而斜率系数远大于 1 时，则表明受访者更希望拉大不同职业群体的收入分配差距。

---

① OSBERG L，SMEEDING T. "Fair" inequality? Attitudes toward pay differentials：the United States in comparative perspective. American Sociological Review，2006（3）.

图 14－4 是根据 ISSP 数据计算出的各国和地区民众收入分配公平性指数得分。

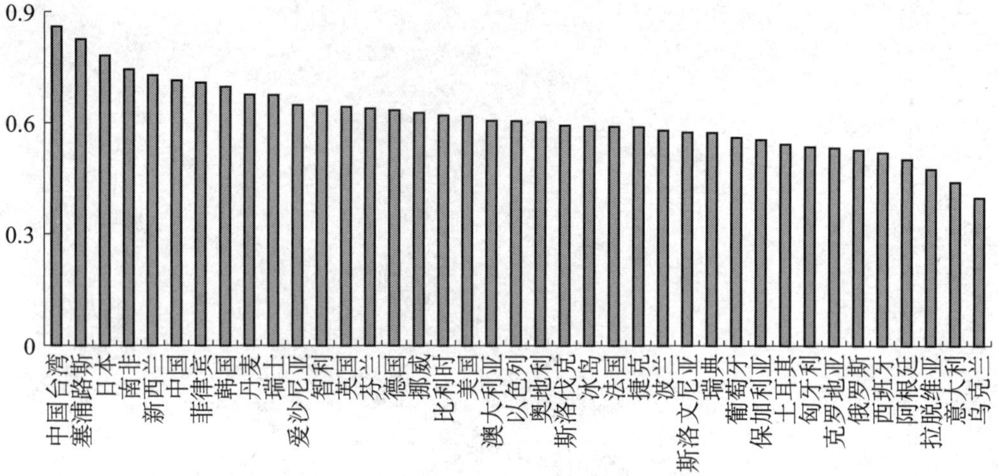

图 14－4　各国/地区收入分配公平性指数

结果显示，中国民众收入分配的公平性指数的均值为 0.715，离完全公平的指数“1”相距不远。从国际比较来看，这一数值排在第 6 位，也处于比较靠前的位置。结合前文提到的民众容忍的收入差距程度（“应得”收入基尼系数均值排在第 8 位）以及较高的收入分配公平性指数，可以知晓，近年来不断拉大的贫富差距并没有在民众中积聚起令人担忧的不满，因基尼系数高而将中国社会比喻成随时可能爆发的“社会火山”的说法有些危言耸听了①。

可见，分配不平等形势并未像仅仅依据基尼系数值做出的判断那般严峻和紧张。就实质而言，基尼系数是一个衡量社会财富分配均等（平均、平等）状况的客观指标，并不涉及公众感知和价值评判，正是后者最终决定了民众的心理倾向和行动选择。忽略主观维度而仅依靠客观指标来评估、预测社会性后果，往往会失之偏颇。

第三节
社会冲突感

社会群体之间矛盾紧张程度是衡量群体关系及社会结构分化的重要指标。随着我国经济与社会的深度转型，利益主体日益多元，阶层群体逐渐分化，因分配

---

① 李丁．中国民众收入分配认知的共识、分歧与变迁．(2014－02－01)［2017－08－10］．http：//nads. ruc. edu. cn/displaynews. php? id＝2336.

不公、利益调整不当引起的群体性矛盾与冲突事件频发，且有范围不断扩大、烈度不断提升的趋势。有学者指出，当代中国已进入“社会矛盾与冲突的凸显期或多发期”①。那么，民众对于群体间关系尤其是矛盾冲突关系的感受如何？冲突感知与其利益表达、集体行动之间是否存在某种内在关联？更为重要的是，民众的冲突感是否受到其公平感的影响？“不公平感”是否会招致更多“冲突感”？这些都是本节要讨论的话题。

可以根据中国综合社会调查（CGSS）的数据对上述问题做出回答。中国综合社会调查多个年份的问卷中均设置了让被访者评估当前各阶层群体间矛盾冲突严重程度的问题模块，这可以看作民众对于当前社会紧张形势的感受和判断。被评估的群体间关系包括以下几对：穷人与富人之间、工人阶级与白领阶层之间、干部与群众之间、管理人员与一般工作人员之间、工厂老板与工人之间、社会上层与社会下层之间。

一、冲突感状况

首先是冲突感的基本状况。

图 14-5 展示了 2008 年调查得出的结果。从中可以看出，在四对群体冲突关系中，穷人和富人阶层、上层和底层之间的冲突被认为较为严重，分别有 65.5%和 61.8%的被访者认为这两对群体间冲突严重甚至非常严重，远高于其他两对群体间冲突。就民众的普遍感受而言，社会上层和下层群体，尤其是基于财产分配的富人和穷人之间差距的拉大，已经引起了各界越来越多的不满，两者间的利益摩擦、冲突已达到了非常严重的程度。相比较而言，底层和中层、中层内各群体间的关系则没有那么紧张。

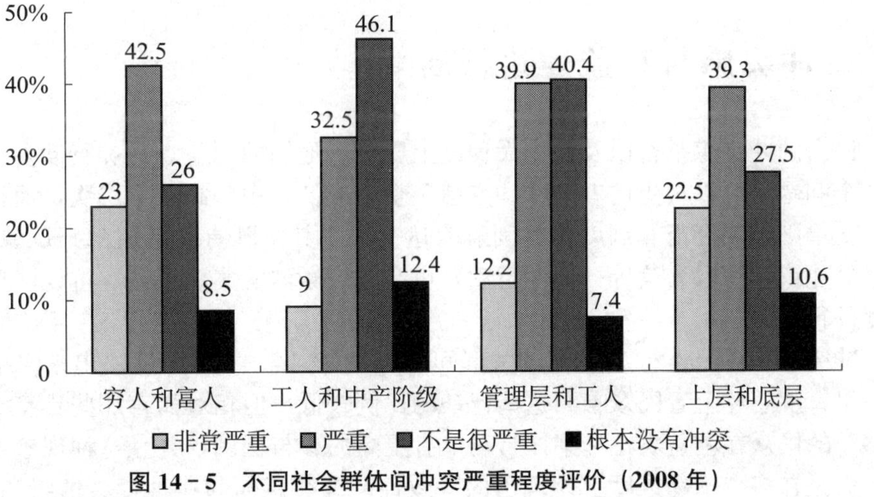

图 14-5　不同社会群体间冲突严重程度评价（2008 年）

① 李路路．社会结构阶层化和利益关系市场化——中国社会管理面临的新挑战．社会学研究，2012（2）．

其次是2006—2008—2010年间的纵向趋势。

将多次调查的结果汇集起来可以观察到民众冲突感的变化趋势。图14-6显示的是各年份民众认为群体间冲突达到严重水平（“非常严重”和“较为严重”相加）的比例。结果表明，在各维度上均呈现出冲突感提升的趋势，有的还出现了大幅上升的局面。这在一定程度上反映了社会现实中群体间利益对立、摩擦与矛盾不断升级的状况，构成了一个潜在的社会不安定因素。

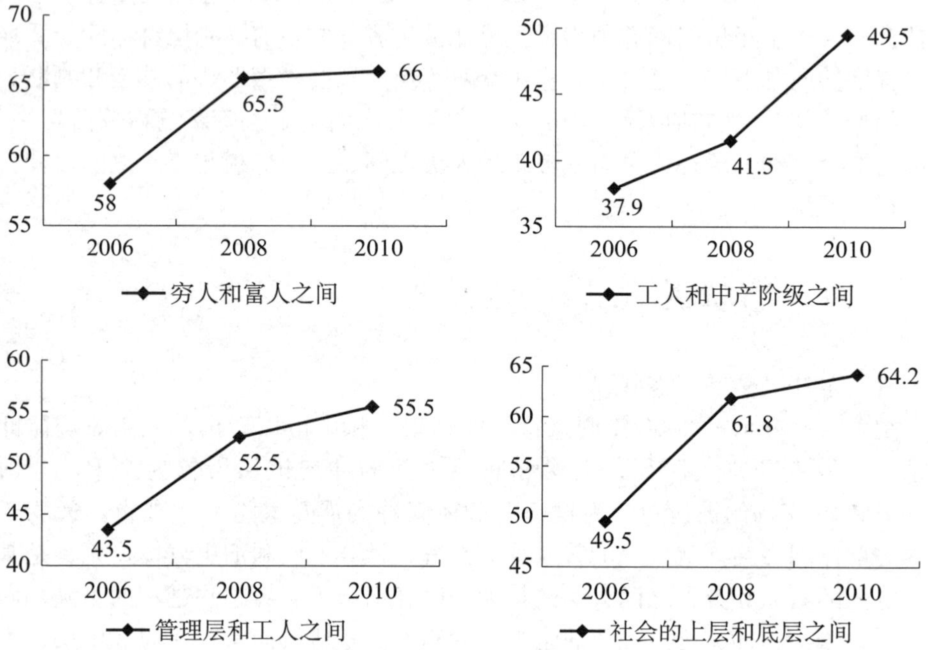

图14-6 各群体间冲突严重程度（非常严重和比较严重）及其趋势

二、冲突感与利益表达行动

民众的冲突感是否以及在多大程度上影响了他们的利益表达和行动参与？对于这个问题，可以将受访者的“冲突感”整合成低、中、高三个层次，而社会后果性变量则是制度与非制度化的利益表达行动。其中既有向基层部门反映问题、提意见建议、写联名信等一般性行动，也有较为激烈的集体上访、抗议、请愿等制度外行动等。

冲突感与后果性行动之间的关联可以通过表14-2数据反映出来。结果显示，尽管从总体上看民众参与这些行动的比例较低，但相对而言那些具有“高冲突感”的民众在利益表达和集体行动上有更高的参与比例，并且这种现象不是孤例，而是在多个问题维度上体现出的一致性。冲突感作为一种社会情绪和心态，会影响社会成员的行为选择与实践。

表 14-2　冲突感与利益表达行动

	冲突感（%）		
在过去一年中，您是否参加过以下活动？	低	中	高
向村委会、居委会、业委会提建议或意见	13.7	12.5	15.3
向新闻媒体反映有关小区的问题	0.7	0.9	2.1
向相关政府部门反映有关小区的问题	2.4	2.8	4.2
参加写联名信	0.5	0.7	1.1
参加集体上访	1.1	1.1	2.1
参加抗议或请愿	0.6	0.6	1.1

可见，冲突感等主观变量在客观结构位置与社会后果性变量之间确实扮演着中介效应的角色，是一系列社会后果的诱发条件和动力机制。作为衡量社会情绪与民众心态的重要指标，社会冲突感对于透视社会形势、检视社会政策得失、衡量社会政治和谐稳定等均具有参考价值。

三、分配不公是否会招致冲突

接下来的问题是，那些具有更高冲突感的人是否是那些收入不公平感更高的人？相关经验研究表明，成员的收入公平感与整体社会公平感对其冲突感均有显著影响，收入公平感越高，社会冲突感越低；社会公平感越高，社会冲突感得分同样越低。① 也就是说，在一个让成员能够感受到更多公平和合理的社会中，成员的不满情绪、冲突意识就会明显减弱；反之，当成员感受到严重不公、不合理时，将会催生一个矛盾丛生、怨怒弥漫、充斥着浓厚“火药味”的危险社会。

另外，公平感与冲突感之间的这种关系在不同阶层群体身上还呈现出差异性。在中下层群体中，公平感的提升能够显著降低其社会冲突意识，且该减幅要高于上层群体。也就是说，中下层群体成员对收入分配和整个社会的公平性有较高的敏感度，如果在资源分配和机会获得上赋予其更多的公平性与合理性，那么与上层群体成员相比，其社会冲突倾向将显著减弱。由此引申的政策与实践意义在于：维护社会的公平正义，尤其是维护中下层群体的权益和利益，保障他们获得公平参与社会竞争的机会以及在资源分配中获得合理的份额，将社会政策适当“向下”倾斜，对于消减社会冲突、增进社会和谐的大局将具有非常重要的战略意义。

---

① 李路路，唐丽娜，秦广强．患不均，更患不公——转型期的“公平感”与“冲突感”．中国人民大学学报，2012（4）．

第四节 阶层意识与地位认同

阶层地位认同是指社会成员基于自身社会经济地位，在同其他个体和群体进行社会比较之后，对社会阶层等级中的相对位置产生的归属感。主观阶层认同与客观阶层位置分属不同的层次和范畴。马克思主义认为，由“自在”阶级向“自为”阶级的转变过程中，阶级意识的唤醒与阶级认同的提升，是重要的中介要素。吉登斯也明确指出，只有当经济差异带来社会文化和身份差异，经济地位分化与社会声望分化相吻合时，阶级或阶层的结构化过程才得以完成。[①]从中可以看出，客观位置与主观阶层意识并非对应一致，而可能处于不同的阶段和层次。

一、阶层意识与地位认同状况

中国社会也呈现出客观结构位置与主观地位认同不完全一致的现象。早在20世纪90年代，卢汉龙在上海、广州等地的调查结果就显示，中国存在显著的社会结构分化和阶层化差异，但却没有形成明显的阶层化意识，且客观的收入、教育、职业等因素对民众的主观地位认同解释力较低。[②] 21世纪之初，王春光等人也指出，阶层的客观存在与主观建构既存在相互一致的可能，也存在不一致的可能，且这种不一致性要大于一致性，彼此之间存在着复杂而非对应的关系。[③]李培林等人也发现，客观分层指标与主观阶层认同之间存在一定联系，但关联强度不大。[④]

民众主观地位认同与客观位置之间不相匹配的问题体现在多个方面：第一，客观的阶层分化多元复杂，而主观的阶层意识分化不够明显；第二，中国民众认同中下层的比例偏高，且这种认同“下偏”状况有逐渐加剧的趋势，即民众地位认同“不断向下偏移”；第三，中产地位认同明显不足，有学者甚至指出社会中出现了中产阶级认同急剧流失和下层认同急剧增长的警示性讯号。[⑤]

---

① GIDDENS A. The class structure of advanced societies. Contemporary Sociology，1973（6）.

② 卢汉龙．城市居民社会地位认同研究//中国社会学年鉴 1992.7～1995.6. 北京：中国大百科全书出版社，1996.

③ 王春光，李炜．当代中国社会阶层的主观性建构和客观实在．江苏社会科学，2002（4）.

④ 李培林．社会冲突与阶级意识．北京：社会科学文献出版社，2005：19.

⑤ 冯仕政．中国社会转型期的阶级认同与社会稳定——基于中国综合调查的实证研究．黑龙江社会科学，2011（3）.

表 14－3 展示的是 1991—2015 年间不同研究者有关中国社会“主观地位认同”调查的结果，从中可以看出不同时间点中国民众的地位认同分布状况及其历时性变化趋势。

表 14－3　　不同时间点“主观地位认同”调查结果

	上层	中上层	中层	中下层	下层	不清楚	调查总体	样本量
卢汉龙（1991 年）	1%	7.6%	41%	25.4%	9.2%	15.7%	上海居民	1 001
刘欣（1996 年）	0.8%	7.2%	47.3%	31.2%	12.6%	—	武汉居民	740
“当代中国人民内部矛盾研究”（2002 年）	1.6%	10.4%	46.9%	26.5%	14.6%	—	中国城市居民	11 094
“社会和谐稳定全国抽样调查”（2006 年）	0.5%	5.4%	39.6%	29.1%	24.5%	—	中国城乡居民	7 061
“中国综合社会调查”（2015 年）	0.2%	3.9%	37.8%	31.5%	26.6%	—	中国城乡居民	10 139

中国社会不同时间点“主观地位认同”状况具有如下几个特征。

第一，“有阶层化差异而无阶层化意识”。

从客观阶层结构分化来看，以 2015 年中国社会状况综合调查（CSS）数据测算，“十大阶层”中各阶层群体的数量比例分别为：国家与社会管理者阶层（2.6%）、经理人员阶层（1.3%）、私营企业主阶层（2%）、专业技术人员阶层（8.2%）、办事人员阶层（9.1%）、个体工商户阶层（7.7%）、商业服务业员工阶层（12.7%）、产业工人阶层（21%）、农业劳动者阶层（34.9%）、无业失业半失业者阶层（0.5%）。

很明显，这是一个多元、分化且趋向现代型的社会阶层结构形态，但与客观阶层分化明显不同的是，主观阶层地位认同意识明显分化不足。从表 14－3 中可以看出，2015 年认同“上层”和“中上层”的比例明显偏低，二者加起来仅占 4.1%，而中下层和下层认同部分则聚集了庞大的规模，比例占到了接近六成，民众地位认同的差异性远远不及客观地位分化的多元性。

第二，地位认同不断向下偏移。

中国民众自认为处于社会低层的比例明显偏高，这是新世纪之后很多研究者的共识。从纵向历时性比较来看，民众的低层认同问题非但没有缓解，还有日益加深的趋势，即民众地位认同呈现出“不断向下偏移”的趋势。从表 3 的数据中可以看出，在 1991 年的调查结果中，民众选择“中下层”和“下层”的比例之和在 30%～40%，到了 2006 年，这一比例超过了半数，而在 2015 年这一数字达到了近六成。

第三，中产认同明显不足。

与民众地位认同向下偏移现象相对应的是，中层地位认同明显不足，或者可以说，许多民众的地位认同正在从“中层”流向“中下层”和“下层”。表 14－3 数据显示，中国民众的中层地位认同比例从 1996 年的近半数，下滑到 2015 年的不足四成，中间阶层认同比例不仅不高，还出现了急剧下滑的态势。

另外，从横向国际比较来看，据日本学者渡边雅男的分析，早在20世纪末，日本、韩国、印度、巴西等国的中产阶层认同比例已占到了55%左右，而美国、德国、法国等国的比例达到了60%，澳大利亚、新加坡等国的比例更高，达到了近75%。[①] 可见，中国民众的中层认同比例不仅明显低于发达资本主义国家，而且也低于像印度、巴西这样的发展中国家。

二、影响地位认同的因素

有关主观地位认同的影响因素和解释机制，学界形成了几种不同的观点，它们对中国经验现实的解释力也明显不同。先简要介绍几种解释思路，然后结合这些视角，对前文所述的中国民众地位认同的特征和趋势问题加以说明。

第一种常见的解释是"结构决定论"，认为客观地位在很大程度上决定和形塑了主观地位认同，主观地位认同就是其所处的客观社会结构位置的外在表现。

第二是地位认同的"个体化论"或"碎片论"，认为地位认同不再与社会阶层地位甚至是更大范畴的社会结构之间存在系统性关联，而是更多呈现出"个体化"的色彩，是个体自由选择的结果。伴随着社会流动的加快和个体主义意识的提升，主观阶层意识的碎片化趋势将更加凸显。

显然，无论是"结构决定论"还是"个体化论"，其理论论断与中国经验现实均不完全相符，中国民众的主观地位认同与客观结构之间既有一致之处，也有很大的不一致之处，两种解释均不能很好地回应这一问题。

第三种理论解释是"群体参照论"和"相对剥夺论"。该视角认为，要理解个体的主观感受，就必须理解个体所处的群体关系结构，其中最重要的就是"参照群体"。人们正是在与他人的比较中形成了自己的各种态度，塑造了自己的行为。[②] 早在21世纪初，就有学者指出，相对于人们所处的客观地位，人们生活机遇的变化，尤其是社会经济地位的相对变动，对其阶层地位认知有更大的解释力。[③] 另有研究明确指出，"处于相对剥夺地位的人更可能对自己所处的阶层形成更低的认同，而更不可能有中层以上的地位认同"[④]。

"相对剥夺论"对中国民众地位认同的经验现实具有较强解释力。正是因为社会急剧转型带来的群体结构关系变化和利益市场化，导致一些民众的地位认知"参照点"发生变化，从而产生利益相对受损和地位相对剥夺的体验，进而带来地位认同向下偏移的现象。

第四种理论解释也是指向"群体参照"的，但跟传统的群体参照和相对剥夺

---

① 渡边雅男．现代日本的阶层差别及其固定化．北京：中央编译出版社，1999：325.

② 默顿．社会理论和社会结构．南京：译林出版社，2006：396.

③ 刘欣．转型期中国大陆城市居民的阶层意识．社会学研究，2001（3）.

④ 中国社会科学院"当代中国人民内部矛盾研究"课题组．城市人口的阶层认同现状及影响因素．中国人口科学，2004（5）.

将关注点放在具体“参照点”上不同，它将重点放在社会地位认同整体“参照系”的改变上。该理论主张，地位层级的主要认同基础已由过去的单位类型和社会归属转变为对收入等市场机遇的占有。[①] 例如，以前对地位认同有重要影响的要素有单位类型、户籍类型、工作荣誉感和满意度，而当前这些因素的重要性日益衰减，与市场要素占有密切相关的收入、收入满意度、职业等因素的作用日益上升。以往群体参照有一个确定的共同体边界（单位类型和群体归属），而现在面对整体的社会收入分配和市场秩序，民众往往感觉到强烈的差距和无力，在收入问题上，总是有比自己多且多很多的人；并且，市场机遇参照系不像共同体归属那样稳定，而是常常发生变动，这种市场关系中的不平等性、不确定性会让民众形成更低而非更高的地位认同。

显然，对于中国的地位认同现实，参照系的解释比参照点的解释更具价值，因为参照系的变动比参照点的变动更为基础，影响范围也更广。在整体参照系转换的背景下，才能更好地理解地位认同不断向下偏移的原因。阶层认同作为一种社会意识，对于客观社会结构乃至更大意义上的社会体系运行具有重要作用：合适的、与客观阶层分化一致的地位认同，有利于群体整合与社会团结，而不合时宜的、与客观分化明显不相协调的地位认同，则会危害社会稳定与和谐。

近年来欧美很多国家已经开展了许多社会不平等主观维度的监测工作，为学术研究和政策制定提供了重要依据，而中国社会这方面的研究和实践则刚刚开始。加强对转型时期民众社会心态、社会情绪、社会景气等主观指标的监测和研究，将其作为对社会发展形势判断、分析和选择的依据，对于搞好社会治理与社会建设具有重要意义。

◎复习思考题

1. 为何要展开社会分层主观维度的分析？它有何独特意义和价值？
2. 关于微观收入公平感问题，有哪些理论解释？
3. 当前民众的社会冲突感受如何？它有哪些后果和影响？
4. 公平感和冲突感之间有何关联？
5. 当前我国民众的主观地位认同呈现出什么特征？如何理解这种特征？
6. 除了本章所讲，你是否还能列举出其他主观社会分层的分析维度？

◎推荐阅读文献

冯仕政．中国社会转型期的阶级认同与社会稳定．黑龙江社会科学，2011（3）．

高勇．地位层级认同为何下移兼论地位层级认同基础的转变．社会，2013（4）．

怀默霆．中国民众如何看待当前的社会不平等．社会学研究，2009（1）．

---

① 高勇．地位层级认同为何下移兼论地位层级认同基础的转变．社会，2013（4）．

李丁．中国民众收入分配认知的共识、分歧与变迁．(2014-02-01) [2017-08-10]．http://nads.ruc.edu.cn/displaynews.php?id=2336.

李汉林，魏钦恭．社会景气与社会信心．北京：中国社会科学出版社，2013.

李骏，吴晓刚．收入不平等与公平分配：对转型时期中国城镇居民公平观的一项实证分析．中国社会科学，2012 (3)．

李路路，唐丽娜，秦广强．患不均，更患不公——转型期的“公平感”与“冲突感”．中国人民大学学报，2012 (4)．

李培林，张翼，赵延东，等．社会冲突与阶级意识：当代中国社会矛盾研究．北京：社会科学文献出版社，2005.

秦广强．社会分层研究：客观与主观的双重维度．理论导刊，2016 (9)．

OSBERG L, SMEEDING T. "Fair" inequality? attitudes toward pay differentials: the United States in comparative perspective. American Sociological Review, 2006 (3).

WU X G. Income inequality and distributive justice: a comparative analysis of mainland China and Hong Kong. China Quarterly, 2009 (200).

第十五章

全球化与社会分层

【本章要点】

● 全球化是世界范围内社会关系和交易的空间组织变革的历史过程，它产生了跨大陆或区域间的流动以及活动、交往和权力实施的网络。

● 全球化的发展在经济、政治、文化、社会、生态等各个方面造成了宏观的全球不平等，世界上的各个国家和地区在许多方面都表现出巨大差距。对于全球不平等的成因与发展趋势，现代化理论、依附理论和世界体系理论从不同角度做出了论述。

● 全球化对一个国家或地区内部的社会结构也产生了重要冲击，形成微观的社会不平等。跨国资产阶级的兴起、中产阶级和工人阶级在规模和生活境遇上的变化以及跨国移民的发展与分化，都与全球化密不可分。

● 改革开放以来，中国抓住了全球化浪潮迅猛发展的历史机遇，深刻融入全球秩序中。全球化对中国的社会结构产生了重要影响，私营企业主、中产阶级、工人阶级和在华外国移民群体表现出许多新特点。

【关键概念】

◇ 全球化 ◇ 全球不平等 ◇ 跨国资产阶级 ◇ 中产阶级 ◇ 工人阶级 ◇ 跨国移民

当今世界，许多人的生活已经离不开互联网，它以一种便捷的方式把文字、图片、音频、视频等信息传递到世界各地，使人们能够迅速了解国内和国际信息，与外部世界建立联系。比如，在2010年和2014年的世界杯足球比赛期间，同时有数十亿的观众通过互联网观看赛事直播，并进行交流和评论。这种以互联网为代表的新兴通信技术的发展，增强了全世界人民之间的联系和互动，使全球变成了一个名副其实的“地球村”。但是，由于各国之间发展水平存在的巨大差异，世界各国的网络使用情况存在很大差距：排在前20%的荷兰、英国、日本、加拿大、韩国、美国、德国等，互联网用户占该国人口的比例高达80%～100%；而居于中间位置的国家，如互联网用户人数最多的中国，它们的互联网用户只占总人口的40%～60%，与那些居于前列的国家存在较大差距；与此同时，还有一些国家，如印度，它们的互联网用户还不到总人口的20%。

与上述互联网使用情况类似的现象在生活中随处可见，它们既展现了当今世界各国之间的紧密联系，同时又显示出各国之间在许多方面存在着巨大不平等。本章将从全球化的范围和视角探讨社会分层与社会不平等问题。

第一节 全球化与全球不平等

“全球化”是当代人在日常生活中耳熟能详的词语，它广泛出现在各种活动领域的讨论中。例如，当中国观众在电影院观看好莱坞大片《功夫熊猫》后，很可能谈起美国电影如何吸收和运用中国元素，这已是普遍现象。与此相关，中国电影的发展在很多方面借鉴和引进了美国的技术，中美在电影的前期拍摄、后期制作和发行上映等整个产业链都有密切联系，背后还经常活跃着跨国资本，这个简单的现象已涉及经济和文化方面的全球化。英国学者赫尔德（David Held）经过长期的跟踪和研究后提出，全球化是“一个（或者一组）体现了社会关系和交易的空间组织变革的过程——可以根据它的广度、强度、速度以及影响来加以衡量——产生了跨大陆或者区域间的流动、活动、交往以及权力实施的网络”。在这里，流动指物质产品、人口、标志、符号以及信息的跨空间和时间的运动，网络指独立能动者之间有规则的或者模式化的交往、活动的接点。①

关于全球化是从何时开始的，存在两种不同看法。一种观点认为，全球化很早就开始了，可以追溯到资本主义萌芽和发展的初期。② 另一种观点则认为，全

① 赫尔德．全球大变革：全球化时代的政治、经济与文化．北京：社会科学文献出版社，2001：22-23.

② 里斯本小组．竞争的极限．北京：中央编译出版社，2000：227.

球化是20世纪晚期才开始的。[①] 这两种不同观点后来被概括为对全球化的广义和狭义界定。[②] 由于20世纪80年代以来的科技进步和经济发展，全球出现了比以往任何时期都强烈的整体化、依存化和关联化等趋势，因此更多人倾向于从狭义的角度看待全球化。1992年，时任联合国秘书长加利（Boutros Boutros-Ghali）在当年的联合国日致辞时称，“第一个真正意义的全球化时代已经到来了”。

对于全球化的内容和表现，赫尔德从时空、组织、多样化、区域化、国家形态、民主治理等多个方面进行了概括，涉及经济、政治、文化、社会、生态等诸多方面。[③] 在这些不同面向上，全球范围的不同国家和地区表现出众多差异，这些差异在很多情况下表现为全球性的不平等，这些不平等是全球化在宏观层面上产生的效应。

全球化的一个最重要表现是经济全球化，这和经济活动作为人类活动的基础有关，它主要体现为生产、技术、金融、信息等在全球范围内流动，形成全球产业链和商业链，使世界上的各个国家和地区之间相互联系起来。其中，跨国公司发挥着重要作用，它们突破国家和地区的界限来生产商品或提供服务，面向全球市场追求利润。如通用、三菱、可口可乐和新兴的微软、苹果、三星等都是享誉世界的跨国公司。不过，经济全球化不意味着各个国家和地区在其中具有同等地位，相反，由于历史和现实因素的影响，它们在经济发展水平和财富总量上存在着很大差距，这是全球不平等的重要体现。国内生产总值（gross domestic product，GDP）和国民总收入（gross national income，GNI）等指标通常被用来衡量经济产出的结果。世界银行根据人均国民总收入（人均GNI）将世界上的各个国家和地区分为高收入、中高收入、中低收入和低收入四个等级。高收入国家和地区主要是率先实现工业化的国家，如最早开始工业化的英国和随后加入的西欧各国、美国、加拿大以及在19世纪末启动工业化进程的日本。中高收入和中低收入的国家和地区主要分布在东亚、东南亚、中东、北非、南美洲和东欧，许多国家在20世纪初开始工业化，在全球化浪潮中获得了较好的发展机遇。低收入国家和地区主要包括东非、西非与撒哈拉以南的非洲的大部分区域以及东南亚部分国家，它们主要是农业型国家，20世纪后期才开始工业化，在全球化中仍发展缓慢。其中，高收入国家和地区的人口约占世界总人口的16%，却占有全球年度经济产出的64%以上（如表15-1）。在国际贸易、国际投资和国际金融领域，高收入国家和地区也具有巨大优势。以国际投资为例，在2000年至2015年期间，美国、英国、日本的对外直接投资净流出占GDP比重的年均水平分别为2.15%、4.77%和1.67%，而印度、墨西哥的年均水平仅为0.62%和0.73%。[④]

---

① 吉登斯．现代性的后果．南京：译林出版社，2000.

② 文军．传承与创新：现代性、全球化与社会学理论的变革．上海：华东师范大学出版社，2004.

③ 赫尔德．全球大变革：全球化时代的政治、经济与文化．北京：社会科学文献出版社，2001：36-37.

④ 马艳，王宝珠，赵治成，等．全球化背景下国际不平等交融理论与实证研究．财经研究，2017（3）：20.

表 15-1　　世界不同国家和地区的经济规模比较

	人口（百万）	人口占世界比（%）	2015 年 GNI（亿美元）	2015 年 GNI 占世界比（%）	人均 GNI（美元）
低收入	638.30	8.69	395.20	0.51	619.00
中低收入	2 927.50	39.85	5 949.00	7.67	2 032.00
中高收入	2 593.90	35.31	21 426.20	27.63	8 260.00
高收入	1 187.10	16.16	49 777.30	64.19	41 932.00
世界	7 346.80	100.00	77 547.70	100.00	10 552.00

资料来源：世界银行，《世界发展指标 2017》。

经济全球化通过加强全世界之间的联系，使许多国家和地区从中受益，在一定程度上缩小了世界的相对不平等。有研究表明，20 世纪 70 年代以来，随着发展中国家的经济发展，尤其是中国和印度这两个发展中大国的经济增长，全球相对基尼系数从 1975 年的 0.74 下降到 2010 年的 0.63。但是，如果从全球绝对不平等（用绝对基尼系数衡量）角度来看，全球化不仅没有削弱国家和地区之间的不平等，反而显著加剧了这种不平等（见图 15-1）。这种不平等差距的扩大就好比，假设 1975 年时甲某每天的收入为 1 美元，乙某为 10 美元，随着经济增长，到 2010 年甲某每天的收入增加到 8 美元，乙某增加到 80 美元，甲乙两人收入的相对差距保持不变（乙某是甲某的 10 倍），但绝对差距却从 9 美元增加到 72 美元。

这种不平等在全球财富的个人分配层面也有体现。2000 年左右，全球最富有的 1%人口掌握着全球 32%的财富，而到 2010 年左右，这个数字增加到 46%。在 1988 年到 2008 年间的全球总收入中，有 44%流入仅占总人口 5%的富裕群体的口袋。① 一些学者断言，随着经济全球化程度的不断加深和国际分工的纵深发展，全球不平等程度在多因素的相互交织和相互影响中变得更深和更突出。

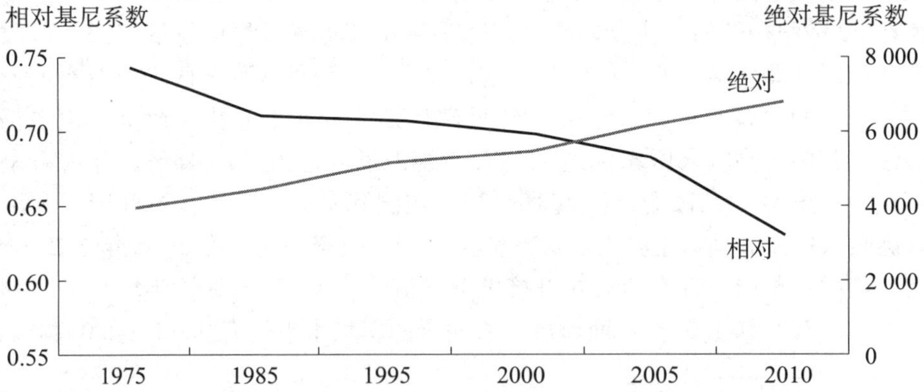

图 15-1　1975—2010 年国家和地区收入不平等情况

资料来源：联合国开发计划署（UNDP），《2016 年人类发展报告》。

① http：//hdr. undp. org/sites/default/files/hdr2016 _ cn _ overview _ web. pdf.

全球化的另一个重要表现是政治全球化，它主要体现为世界上各个国家和地区之间的政治交往和相互联系日益密切，政治权力和政治活动突破现代民族国家的界限，超出国家权力而日益增强，国内政治与国际政治的界限变得模糊。联合国是政治全球化的一个典型例子，它作为二战后建立起来的世界性国际组织，把各个民族国家和地区聚集起来并紧密结合在一起。另外，国际红十字会、绿色和平组织等国际非政府组织因处理许多关乎人类共同命运的事务而引起人们广泛关注，它们也在全球治理的秩序中发挥着重要作用。

随着政治全球化的发展，全球治理变得越来越重要。吉登斯认为，全球治理不是在全球层面建立一个政府，而是关注处理全球问题的规则框架以及保障规则框架需要的一系列机构。[①] 但是，问题在于，在现实的全球治理格局中，不同国家和地区拥有的权力完全不一样。例如，在拥有 193 个成员国且大多数决议的表决采用一国一票制的联合国，联合国安理会的五个常任理事国由于各种原因而拥有否决权，任何一项议案都需要它们全票通过才可能生效。另外，联合国正常运转的支出主要依赖少数几个捐助国资助，因此，联合国所有活动中的 55%必须用于这些捐助国预先指定的特定活动。类似的政治权力不平等现象在很多国际组织中都存在。如在国际货币基金组织（IMF）中，美国因出资比例较高而一直是唯一拥有否决权的国家，2016 年份额改革后美国仍占有约 17%的投票权，而五个金砖国家（巴西、中国、印度、俄罗斯和南非）一共才占有 14%的投票权。

文化全球化也是全球化的一个重要组成部分，它主要指在经济、政治等全球化的背景下，不同国家和地区的文化生活表现出一定的趋同性，关键的问题是，这种趋同性是以那些“强势的”国家和地区的文化为基础形成的，那些处于“弱势”地位的国家和地区，其民族或传统文化则逐渐消失。一个典型的例子是，麦当劳的标志几乎在全世界所有国家和地区都可以看到，美国的快餐文化已经渗透到全球的各个角落，影响着人们的消费观念和生活方式。瑞泽尔（George Ritzer）将此称为“社会的麦当劳化”。[②] 在这些现象背后隐含着的一个重要现实：发达国家在文化输出中拥有巨大优势。比如，世界上最大的电影输出国是美国，美国电影在各个时期都占据着国际票房总量的首位。同样，在所谓超越语言限制而“更易于全球化”的音乐上，美国和英国等发达国家的流行音乐也处于领先位置，2005 年至 2014 年，全球最畅销的音乐专辑都来自美国和英国。[③] 发达国家的这种优势也影响着它们在文化商品国际贸易中的竞争力（见表 15－2）。

---

① 吉登斯，萨顿．社会学：第七版．北京：北京大学出版社，2015：943.

② 里茨尔．社会的麦当劳化：对变化中的当代社会生活特征的研究．上海：上海译文出版社，1999.

③ 中国产业信息网．全球音乐行业市场发展现状分析．（2016－02－01）[2017－11－13]．http：//www.chyxx.com/industry/201602/389698.html.

表 15-2 世界主要国家文化商品国际竞争力比较

	国际市场占有率（%）		贸易竞争力指数		显示性比较优势指数	
	文化产品（2012 年）	文化服务（2008 年）	文化产品（2012 年）	文化服务（2008 年）	文化产品（2012 年）	文化服务（2008 年）
美国	7.99	7.35	－0.40	0.76	0.93	0.54
英国	4.87	2.28	－0.15	0.35	1.87	0.31
德国	6.10	19.50	0.04	0.12	0.78	3.00
韩国	1.22	0.99	－0.02	－0.55	0.41	0.43
巴西	0.19	3.42	－0.55	0.22	0.14	4.89
俄罗斯	0.34	3.78	－0.68	0.01	0.12	2.91
印度	5.50	2.60	0.49	－0.05	3.44	0.93
南非	0.08	0.05	－0.70	0.82	0.16	0.17
中国	31.91	1.42	0.83	0.09	2.80	0.37

资料来源："世界主要经济体文化产业发展现状研究"课题组．世界文化产品和服务贸易的现状与特点．调研世界，2014（11）．

与文化产品输出相伴随，发达国家的价值观和生活方式悄然向全世界输出[①]，这也引发有关"传媒帝国主义"和"文化帝国主义"的争论。尽管如此，有研究者还是强调，文化全球化并不等于文化西方化，各个国家和地区的文化会积极调适它们与外来文化的关系，而不是消极被动地改变自己的原来状况。这就是社会学家罗伯逊（Roland Robertson）所说的"全球在地化"（glocalization），它意味着全球化是和地方化混合在一起的。[②]

除了以上经济、政治和文化方面的突出表现，全球化的不平等还体现在与人们生活密切相关的许多方面，例如，环境领域。

在环境问题上，发达国家不仅处于优势地位，而且还在很大程度上对发展中国家进行剥夺和伤害。以全球变暖问题为例，占全球人口不足 4%的美国，2005 年之前碳排量总量长期占世界首位，达 20%以上。如果考虑人口规模，美、俄、日等发达国家和地区的人均碳排量明显高于中、印等发展中国家，发达国家的"奢侈排放"比发展中国家的"生存排放"更具破坏性。与造成环境污染的责任对应，发达国家本应承担更多责任来保护环境，现实却并非如此。根据 1997 年达成的《京都议定书》，多数欧洲国家承诺到 2012 年要比 1990 年平均减少 8%的碳排量，美国也承诺减少 7%。但美国并未履行这一协议，2001 年，美国宣布退出《京都议定书》。2017 年，美国再次宣布退出继承《京都议定书》使命的《巴黎协定》。不仅如此，发达国家为减少本国的环境污染，还直接把一些废弃物向发展中国家转移，导致更严重的环境破坏。中国就是废弃物国际贸易的受害者。2016 年，中国共进口 1 512 万吨废塑料、废炉渣、废纸张和废纺织品等"洋垃

① 周凯．西方国家如何通过文化产业传播核心价值观．红旗文稿，2016（1）．

② ROBERTSON R. Globalization：social theory and global culture. London：Sage，1992.

圾”，它们主要来自美国、英国、日本、荷兰等发达国家。①

人们都知道教育对于提升人的能力、削弱不平等具有重要作用，但是，教育的不平等不仅是一个国家或地区内部的现象，而且也是一个全球性的现象。发达国家和地区的人口所享受的教育资源总体远高于发展中国家和地区，二者之间存在着高度的不平等。一个突出表现是，发达国家和地区的教育投入比发展中国家和地区高出很多。2004 年，世界范围内各国政府用于教育投入的公共支出约占 GDP 的 4.4%，其中北美和西欧高达 5.6%，而中亚的教育投入比重仅为 2.8%左右。北美和西欧所拥有的人口只占全球人口的 8%，但却占有全球教育投入的 55.1%，其中，美国人口约占全球人口的 4%，但却享有占全球 28% 的教育投入（见表 15-3）。② 除了教育投入的巨大差异外，不同国家和地区的入学率也差别很大。在初等教育阶段，发达国家几乎所有学龄儿童都能入学，但在发展中国家还有很大一部分学龄儿童无法享受这一机会，这一比例在 2000 年为 17%，到 2015 年仍有 9%。在高等教育阶段这种差距更明显。2015 年，芬兰、美国、澳大利亚等发达国家的高等教育入学率大约为 90%，而中国和印度的高等教育入学率大约为 39%和 24%，其他一些发展中国家的高等教育入学率更低，非洲东南部的马拉维仅为 0.8%。③ 2016 年，全球还有大约 7.5 亿文盲，主要集中在发展中国家，尤其是撒哈拉以南的非洲、南亚、西亚和东亚地区，其中三分之二是女性。④

表 15-3　　2004 年世界各地区公共教育支出

区域	占 GDP 百分比（%）		购买力平价（10 亿美元）		占世界百分比（%）
	总数	小学水平	总数	小学水平	总数
阿拉伯国家	4.9	1.7	77.8	27.0	3.2
中欧与东欧	4.2	1.1	164.0	41.2	6.7
中亚	2.8	0.6	7.7	1.8	0.3
东亚与太平洋地区	2.8	1.0	441.7	149.8	17.9
拉美/加勒比地区	4.4	1.6	186.5	68.8	7.6
北美与西欧	5.6	1.5	1355.6	372.3	55.1
南亚与西亚	3.6	1.2	169.1	54.6	6.9
撒哈拉以南非洲	4.5	2.1	59.9	27.9	2.4
全世界	4.4	1.3	2462.2	741.1	100.0

资料来源：UNESCO Institute for Statistics（UIS），Global Education Digest 2007。

① 龙慧，伍银芳．图解：四类固体废物禁止进口，中国“洋垃圾”哪里来？．（2017-07-26）[2018-02-11]．http：//www.thepaper.cn/newsDetail_forward_1742180.

② UNESCO INSTITUTE FOR STATISTICS. Global education digest 2007.（2007-01-01）[2018-03-12]．http：//uis.unesco.org/sites/default/files/documents/global-education-digest-2007-comparing-education-statistics-across-the-world-en_0.pdf.

③ 联合国开发计划署．2016 年人类发展报告．（2016-03-21）[2018-03-13]．http：//www.docin.com/p-2042379516.html.

④ UNESCO INSTITUTE FOR STATISTICS. Literacy rates continue to rise from one generation to the next.（2017-01-01）[2018-02-10]．http：//uis.unesco.org/sites/default/files/documents/fs45-literacy-rates-continue-rise-generation-to-next-en-2017_0.pdf.

同样，尽管在全球化的背景下，各个国家和地区的人们在理论上能够共享医疗卫生技术的发展与应用，但实际上，生活在不同国家和地区的人们所能享受到的医疗卫生条件大不相同。发展中国家往往缺乏适当的卫生设施，这不仅导致人们感染传染性疾病的风险高，而且各类疾病患者的死亡率也更高。比如，世界上的艾滋病患者中有约 2/3 集中在撒哈拉沙漠以南地区的发展中国家，而大洋洲、西欧和中欧、北美等发达国家集中的地区分别仅有约 1%、2%和 4%。另外，全球每年死于非传染性疾病和癌症的大约分别有 3 800 万人和 820 万人，其中来自发展中国家的分别占 2 800 万和 560 万。[①] 医疗卫生水平的差异也直接影响了人们的健康预期寿命。2015 年，位于撒哈拉沙漠以南的非洲的 23 个国家，其平均预期寿命不到 60 岁，而发达国家和地区人口的平均预期寿命达 75 岁以上。一项对 9 个国家的研究表明，发达国家和发展中国家的预期寿命和健康预期寿命可以相差 10 年以上（见表 15－4）。

表 15－4　　不同国家预期寿命和健康预期寿命的差值

国家	相对差（%）	绝对差（年）
尼加拉瓜	14.8	11.1
卡塔尔	13.4	10.5
沙特阿拉伯	13.4	10.0
澳大利亚	13.2	10.9
美国	12.9	10.2
瑞典	12.6	10.4
西班牙	12.6	10.4
智利	12.5	10.1
芬兰	12.5	10.1

资料来源：联合国开发计划署（UNDP），《2016 年人类发展报告》。

联合国开发计划署制定的“人类发展指数”（human development index，HDI）为衡量全球化进程中不同国家和地区的差异提供了一个综合性指标。它把经济指标和非经济指标结合在一起，主要包含健康、教育和生活水平三个侧面，用出生时的预期寿命、平均受教育年限、预期受教育年限、人均 GNI 等具体变量加以测量。2015 年世界各国的 HDI 排名表明了差距是如此之大：位于前 3 位的国家分别是挪威（0.949）、澳大利亚（0.939）和瑞士（0.939），而排在最后 3 位的国家分别是乍得（0.396）、尼日尔（0.353）和中非共和国（0.352）。

① 联合国开发计划署．2016 年人类发展报告．（2016－03－21）［2018－08－13］．http://www.docin.com/p-2042379516.html.

第二节
全球不平等的理论解释

全球化从不同方面维持和扩大了不同国家和地区之间的不平等，那么这种不平等是如何产生的？采取什么样的方式或手段有可能抑制或者克服这种全球不平等？这是理论家们试图回答的问题。现有理论中影响较大的主要有现代化理论、依附理论和世界体系理论。

一、现代化理论

现代化理论兴起于20世纪60年代初，它秉持“传统”与“现代”的区分，主要通过与发达国家的比较来关注不发达国家发展受限的原因。这一理论认为，不发达国家之所以在经济、文化等方面全面落后于发达国家，是因为它们没有能够像发达国家那样，采用现代经济制度和先进技术并接纳与之匹配的文化价值观，这妨碍了它们的经济增长和社会发展。

曾担任美国总统肯尼迪经济顾问的罗斯托（Walt Rostow）是现代化理论家的一个重要代表。他认为，正是低收入国家的传统文化价值观和社会制度妨碍了它们的经济效率提升。比如，他提出，许多低收入国家的人们普遍缺乏坚定的工作伦理，他们宁愿很快把钱消费掉也不愿为未来投资做准备。同时，这些国家的文化经常把受苦受难看作生活的一种价值体系，人们一旦接受了这种生活命运，就很难通过努力工作来寻求个人命运的改变。再加上政府规定工资，限定价格，并试图从整体上干预经济，这些国家不可避免地陷入发展的困境。①

现代化理论家们认为，低收入国家要想实现发展，就必须放弃它们的传统方式，采纳发达国家普遍采取的现代经济制度、技术，强调储蓄与生产性投资的文化价值观，减少政府的约束和限制，让人们自由地做出经济决策。正是基于这种观点，罗斯托把经济发展的阶段描绘为传统阶段、准备起飞阶段、起飞阶段、走向成熟阶段和高消费阶段。由于特别强调自由市场在经济发展中的作用，这一理论也被称为市场导向理论，它对后来经济学中的新自由主义观点产生了重要影响。

二、依附理论

依附理论形成于20世纪60年代中期，代表人物主要是来自拉丁美洲和非洲的经济学家和社会学家。这一理论从不发达国家与发达国家的政治、经济关系来

① 罗斯托．经济增长的阶段．北京：中国社会科学出版社，2001.

分析二者之间的不平等，而不像现代化理论那样注重它们之间发展程度的差别。依附理论认为，西方世界的“发达”是以第三世界的“不发达”为代价的，发展中国家与发达国家之间形成了依附与被依附的关系。所谓“依附关系”是指发展中国家不具有相对独立的发展能力，只能依附于发达国家获得自身的发展。依附理论家们曾经使用过一个非常形象的比喻来形容这种依附关系：发展中国家就好像是发达国家的“卫星”，永远要围绕处于核心位置的发达国家旋转。

这种依附格局的形成与全球资本主义的发展与扩张密切相关，是发达国家对不发达国家的剥削和掠夺使后者陷入了贫困和落后的境地。根据著名的依附理论学者多斯桑托斯（T. DosSantos）的说法，这种剥削肇始于最初的殖民主义，强权国家出于自身利益的追求而对其他国家进行殖民，以此获取自身发展所需的原材料。比如，英国实现工业化需要的石油、铜、铁等原材料，大部分是从它的殖民地攫取的。到了二战以后，虽然殖民主义在全世界大部分地区宣告结束，但发达国家对不发达国家的剥削并没有停止，它们继续通过跨国公司，利用金融优势和技术优势赚取巨额利润。桑托斯将这些不同的依附关系称为殖民地-出口依附、金融-工业依附和技术-工业依附。①

面对不平等的依附关系，一些依附理论家认为，不发达国家只有把外资、本国资本和国家力量合理地结合起来，才有可能获得自身的发展，但也只是“依附式发展”。② 而另一些理论家则认为，不发达国家只有削弱或摆脱这种不平等的依附关系，走自力更生的道路，才能真正实现经济增长和社会发展。③

三、世界体系理论

对全球不平等进行解释的第三种主要理论，是美国社会学家沃勒斯坦（Immanuel Wallerstein）在20世纪70年代中期提出来的“世界体系理论”。④ 这一理论认为，在15世纪末16世纪初，随着资本主义的逐步发展，整个世界形成了一个以经济为实体、以世界性区域分工为基础的资本主义全球经济体系，这一过程与广义的全球化历程同步。不同国家和地区之所以存在巨大的不平等，主要是因为它们在世界体系中的地位不同。这些不同地位包括中心、半边缘和边缘三部分：中心国家向边缘和半边缘国家输出高附加值的制造业产品，它们在世界体系中攫取最大份额的利润，如英国、美国、日本和其他西欧各国；边缘国家向其他两类国家输送农业初级产品、工业原料和自然资源，如拉丁美洲和非洲的大部分发展中国家；半边缘国家既向中心国家输送边缘国家的初级产品，又向边缘国家

---

① 多斯桑托斯．帝国主义与依附．北京：社会科学文献出版社，2016.

② CARDSO F H，FALETTO E. Dependency and development in Latin America. Berkeley：University of California Press，1979.

③ FRANK A G. Capitalism and underdevelopment in Latin America：historical studies of Chile and Brazil. New York：Monthly Review Press，1969.

④ 沃勒斯坦．现代世界体系（四卷本）．北京：社会科学文献出版社，2013.

输出中心国家的制造业产品，如墨西哥、巴西以及东亚的新兴工业经济体。

世界体系理论认为，中心、半边缘和边缘三类国家相互依赖。中心国家在不平等的贸易中变得富裕，同时限制了边缘国家的经济发展；而半边缘国家在一定程度上受到中心国家的剥削，却也有能力剥削边缘国家。虽然个别国家在世界体系中的位置可以改变，但由“中心-半边缘-边缘”构成的世界体系结构却无法改变，全球不平等必然存在。

第三节 全球化与社会分层

全球化不仅在宏观层面产生了全球不平等，而且在相对微观的层面上，对于每一个国家和地区内部的人们也产生了重要影响。由于资本、技术信息和人员等在全球范围内实现了流动，受全球化的影响，一个国家或地区内部的社会结构，特别是社会分层与社会不平等结构会因此而受到很大冲击：有些群体可能因占据优势地位而在全球化过程中获利，而有些群体则因此而受到损害，一些全球化的社会分层效应受到了极大关注。

一、跨国资产阶级的兴起

在全球化进程中，传统的阶层结构会发生很大变化，其中最具影响力的变化当属跨国资产阶级的形成，其也被称为跨国资本家，主要面向全球市场，在全球范围内追求经济、政治等各方面的利益。英国社会学家斯克莱尔（Leslie Sklair）在他的全球体系理论中专门分析了跨国资产阶级。他指出，跨国资产阶级主要由四部分人组成，分别是跨国公司的董事长及各地的董事会成员、全球化的国家官员、受资本主义驱动的政客和专业人员、消费至上主义的名流精英（批发商和消费品宣传者）。他们作为经济精英、政治精英和文化精英，主要因跨国公司的生产、经营活动和国际组织的政治活动而壮大，或多或少控制着全球化进程，并在某些领域作为跨国统治阶级发挥作用，还通过消费主义文化和意识形态实现自身的再造。①

在生活中，人们很容易感受到跨国资产阶级的存在。比如，在经济领域，一大批具有世界影响力的跨国公司随着计算机、电信和互联网在全球的兴起而不断涌现，也相应产生了一大批拥有巨额财富的跨国资产阶级代表人物。其中广为人

① 斯克莱尔．全球化社会学的基础．社会学研究，1994（2）；斯克莱尔．跨国资本家阶层．南京：江苏人民出版社，2002.

知的是比尔·盖茨（Bill Gates），他在1975年和保罗·艾伦（Paul Allen）一起创办了微软公司，主要为计算机提供操作系统，这为他们赢得了大量财富，盖茨因此多年荣登世界首富的宝座。跨国资产阶级在全球化进程中获得巨额财富，构成各个国家和地区的精英上层阶级的主体。

跨国资产阶级的出现，进一步加剧了全球财富分配上的不平等。一项针对全球财富的调查发现，全球最富有的2%的人口拥有全球半数以上的家庭财富，最富有的10%的人口拥有85%的全球财富，而底层50%的人口拥有的财富仅为全球财富的1%。[①]

二、全球化中的中产阶级

早在20世纪50年代，美国社会学家米尔斯（Wright Mills）就已经指出，以管理人员和专业技术人员为主体的所谓“白领”阶层正在崛起，米尔斯将其称为“中产阶级”。[②] 在世界各国增强联系并逐渐融为一体的全球化进程中，中产阶级的构成和生活状况受到了重要影响。

一种比较普遍的观点是，全球化使中产阶级的人数在全球范围内稳步增长。在发达国家，全球化加速了贝尔（Daniel Bell）所说“后工业社会”的来临，服务性经济、知识经济和技术经济成为社会发展的主要动力，它导致传统的工人阶级和农民阶级人数大量减少，而白领阶层在人数和社会地位上明显上升。例如，美国的白领阶层占劳动力的比例在20世纪40年代大概为31%，到20世纪60年代上升到40.02%，而到20世纪90年代已达48.73%。[③] 另外，在发展中国家，全球化带来了资本、技术和信息等的流动，全球形成新的国际分工，原先集中在发达国家的大工厂生产方式转移到发展中国家，尤其是劳动密集型制造业纷纷向欧美以外的国家和地区转移，使一部分发展中国家成长为新兴工业国，形成外向型的出口经济，也催生了大量从事管理、技术研发和销售等工作的中产阶级。比如，在印度的班加罗尔，微软、甲骨文等信息产业领域的跨国公司纷纷建立研发中心和生产工厂，这不仅使得这里成为“印度硅谷”，也催生了大量的管理人员和软件工程师，他们成为印度新成长起来的中产阶级的重要力量。类似情形在中国北京的中关村、武汉的光谷也存在。

但是，另外一些研究也关注到，全球化在使一部分中产阶级人数稳步增长的同时，对另一部分中产阶级的生活产生了冲击。例如，随着全球市场的形成，欧美发达国家中劳动密集型的制造业（甚至一些技术密集型的产业）纷纷转移到其他国家和地区，导致欧美发达国家的制造业全面衰退，开始出现产业空心化现

---

① DAVIES J B, SANDSTROM S, SHORROCKS A, et al. Estimating the level and distribution of global household wealth. Research Paper, 2007 (77).

② 米尔斯．白领：美国中产阶级．南京：南京大学出版社，2016.

③ 周晓虹．全球化与中产阶级的形塑：理论与现实．天津社会科学，2007 (4)：66.

象，以致大量原来的白领工作岗位流失，一些文化程度或专业化程度不高的白领管理人员因此跌入或面临失业的境地。有研究发现，二战后，发达国家中产阶级人数暴涨的职业，如一般的管理人员、文职人员和销售人员，到 20 世纪末期不仅数量增长缓慢，而且在阶级结构中的相对地位开始下降。一些观察家因此称，当今全球化的世界是一个中产阶级衰落、工作两极分化、新的底层阶级正在形成的世界。① 不仅如此，全球化还使跨国流动变得日益频繁，由此产生了大量跨国移民，受其中那些低收入劳动力参与市场竞争的影响，一些发达国家的中产阶级家庭成员的生活境况受到前所未有的冲击，他们的年均工作时间在 20 世纪末期的近 20 年增加 10%以上，从 1979 年的 3 020 小时增长到 1997 年的 3 335 小时，但他们的收入增长却十分缓慢，远低于 1%。②

三、全球化与工人阶级

全球化加速了商品和资本的流动，增强了世界各国的经济联系，形成了全球性的生产体系，使得资本的积累方式和生产组织方式都发生了巨大变化。全球化不仅对于“中产阶级”产生了重要影响，而且对工人阶级的生存和发展也产生了重要影响。对此，不同的视角有不同的看法。

如上所述，一种观点认为，全球化带来的产业结构调整与经济发展使中产阶级数量不断增加，这也意味着工人阶级面临衰落甚至消亡。持这种观点的人援引数字说，20 世纪 60 年代时，发达国家从事蓝领工作的工人阶级大约占劳动力总数的 40%，到新世纪下降到 15%左右。需要指出的是，这些工人在物质资源保障和民主参与等方面都获得了与过去完全不同的优越地位，他们的收入和生活水平大幅提高，甚至一部分工人挣得比大多数底层白领还要多。有学者称：“目前在最为发达的社会中……工人阶级绝大多数已经被吸收转变为庞大的、几乎没有边界的中间阶级。”③

不过，另一种观点却认为，在全球化的影响下，工人阶级并没有衰落，更没有消亡，而是以一种新的方式存在并发展着。戈德索普（John Goldthorpe）指出，虽然富裕的蓝领工人在收入、生活消费等方面已经达到中产阶级的生活标准，但他们在工作状态、生活方式和政治态度等方面与中产阶级明显不同，他们主要从事重复、机械、枯燥无味的工作，很少对工作有直接的投入，也没有采取中产阶级的规范和价值观，因此，很难说富裕工人已经成长为中产阶级。④ 更多研究表明，蓝领工人生活水平的提高，只是工人阶级在全球化条件下诸多新特点的一个反映。法国学者杜朗对当代工人阶级的新情况、新特点和新问题进行了总

---

① 格伦斯基．社会分层：第 2 版．北京：华夏出版社，2005：730.

② 赫顿，吉登斯．在边缘：全球资本主义生活．北京：三联书店，2003：140.

③ DAVID M. After socialism. Political Studies，1993（41）：43－56.

④ GOLDTHORPE J H. The affluent worker in the class structure. Cambridge：Cambridge University Press，1969.

结和分析。他认为，世界范围内的工人阶级在总量上日益庞大，不仅包括发达国家的工人，而且许多发展中国家的农民也被卷入全球的产业转移和生产关系调整中，发生了身份的转变，出现了所谓“无产阶级化”过程。① 全球产业转移现象也引起了一些学者的特别关注，布洛维（Michael Burawoy）将它带来的结果称为工人阶级的“国际重组”，即产业工人阶级虽然在西欧和北美国家日渐沉寂，但在全球化的资本逻辑主导下，国际经济分工体系却使一个庞大的工人阶级在发展中国家和转型国家复兴，从而绘制出一幅前所未有的“全球性无产阶级化”的图景。②

以上两种观点对全球化条件下的工人阶级有着不同判断，但它们之间却存在一个共识，这就是工人阶级面临普遍的阶级意识危机。不仅同一个国家内部的工人阶级发生了明显分化，而且资本的全球流动加剧了不同国家的工人对有限工作机会的竞争，劳动力市场、生产过程、产业关系的多元化共同导致工人阶级对资本主义的反抗，其对替代性制度的理解很难统一也缺乏深刻性③，全球工人运动面临重大挑战④。

四、跨国移民及其分化

在全球化的浪潮中，资本、技术、商品等的流动催生了大量的人员流动，其中很大一部分人员是跨国移民。根据国际移民组织的报告，2012 年，有 2.14 亿人口居住在他们出生的国家之外，到 2050 年这个数字可能会增加一倍，达到 4.05 亿人。从社会不平等的角度看，跨国移民是提高了自己的社会经济地位，还是沦落到悲惨境地，这成为人们关注的热点问题之一。

一般的移民研究理论根据迁入国的移民政策区分了四种移民模式：一是古典模式，它采取一定的配额和数量控制，但在很大程度上鼓励外来移民，还承诺给予移民以公民权，如美国、加拿大和澳大利亚等国采取这种模式；二是殖民模式，主要被英国、法国等采用，它们倾向于接纳来自前殖民地国家的移民；三是客居工人模式，这在德国、瑞典等国家被广泛采用，它们为满足劳动力的需要而允许移民暂时进入，但不会赋予其公民权；四是非法模式。⑤ 不同的移民模式会导致移民在这些国家中获得不同的阶层位置。

在古典模式和殖民模式中，跨国移民更可能获得迁入地的公民身份，参与到正常的社会生活中，获得较好的工作机会，进而取得较好的收入和社会地位。例

---

① 黄姜．法国学者杜朗谈当代资本主义社会的工人阶级．国外理论动态，1997（36）．

② 布洛维．公共社会学．北京：社会科学文献出版社，2007.

③ 赫斯．全球化与工人阶级主体危机．国外理论动态，2011（5）；童晋．论全球化背景下的工人阶级意识．国外社会科学，2011（5）．

④ 余晓敏．经济全球化背景下的劳工运动：现象、问题与理论．社会学研究，2006（3）；杨柳夏，许斗斗．工人阶级消亡了吗？．福建论坛（人文社会科学版），2017（6）．

⑤ 吉登斯，萨顿．社会学：第七版．北京：北京大学出版社，2015：669.

如，20 世纪 80 年代以后，大批欧洲科学家进入美国，还有一些发展中国家的医生进入发达国家的卫生服务体系。由此，在作为迁入地的部分发达国家中，出现了一些以商贸技术人才等社会中间阶层为主的聚居区，其中既有获得公民身份的新移民，也有一些暂时无法获得长期居留权而短期居留或频繁往返于母国与居留地之间的群体。华人社会学家周敏等人将这些聚居区称为新型族裔聚居区。[①]

在客居工人模式和非法模式中，跨国移民更可能在迁入地面临不好的生活境遇，他们难以获得正常的公民权或者合法身份，也难以获得较好的工作机会，更可能从事比较低端的职业，从而陷入贫困的境地，沦为社会的底层。比如，在德国的土耳其人、在法国的阿尔及利亚人，他们原本是为了寻求更好的生活机会而来，却常常从事一些工资低、地位也低的职业，如餐饮服务、打扫卫生或照顾老人等，也承担一些不那么正式且缺乏管理的临时性工作，这使他们不仅没什么职业前途，而且可能会面临更多的剥削和生活风险。那些非法移民甚至连临时性的工作也难以获得，更容易沦落为社会的底层。正是因为这种因素的存在，在许多国家，人们谈起底层阶级时，常常把它与外来族群联系在一起。

第四节
全球化对中国社会结构变革的影响

全球化对中国的发展有着重要影响，尤其是改革开放以来，中国抓住了全球化浪潮迅猛发展这一重要历史机遇，参与并融入世界经济和贸易体系中，经济得以快速发展，人均 GDP 从 1978 年的 385 元提高到 2015 年的 49 992 元[②]，而且自 2010 年起成为全球第二大经济体。伴随中国经济在全球化过程中的崛起，中国社会发生了两个重大转变：一是从单一公有制的计划经济体制转变为以公有制为主体、多种经济成分并存的社会主义市场经济体制；二是从农民占人口绝大多数的农业社会逐步转向工业化和现代化的社会。由此，中国的社会结构也发生了深刻转变，原来由工人阶级、农民阶级和知识分子构成的相对简单的社会阶层结构，变得越来越多样化、复杂化。李培林把当前中国的社会阶层结构特征简要概括为：农民大规模减少，工人队伍空前壮大，专业技术人员成为中产阶层主力，私营企业主大量兴起并广受关注，新社会阶层和社会群体不断产生。[③] 其中，私营企业主、中产阶层和工人阶层等深受全球化的影响。

---

① 周敏，林闽钢．族裔资本与美国华人移民社区的转型．社会学研究，2004（3）；马特尔．社会学视角下的全球化．沈阳：辽宁人民出版社，2014.

② 中华人民共和国国家统计局．中国统计年鉴 2016. 北京：中国统计出版社，2016.

③ 李培林．改革开放近 40 年来我国阶级阶层结构的变动、问题和对策．中共中央党校学报，2017（6）.

一、全球化与私营企业主

中国在参与经济全球化的过程中，国际资本不断涌入，外商投资企业逐渐兴起，它们的发展拓展了中国的市场经济环境，发挥着新竞争源泉的作用，迫使中国企业参与市场竞争，极大地刺激了中国的经济活力和发展。受此影响，不仅中国的国有企业越来越多地参与到全球市场竞争中，而且中国的私营企业也得到较快发展。截至 2015 年底，中国共有私营企业 1 908 万户，占企业总数的 87.3%，私营企业主（投资人）达 3 560 万；注册资本（金）90.55 万亿元，占全国实有企业注册资本（金）的 53.8%。

总体来看，中国的私营企业中大多数还属于中小企业，如 2015 年私营企业的户均资本规模为 475 万元。但是，也有一些私营企业在全球化的浪潮中不断发展壮大，提高了市场竞争力，逐渐成长为规模大并具有世界影响力的跨国公司。例如，万达、阿里巴巴、腾讯、华为、京东等企业，如今不仅面向中国市场，而且还在海外开设了生产、销售和研发基地。这些企业的创始人、大股东和高级管理人员不仅获得了巨额财富，还拥有较高的社会地位，他们也可以归为斯克莱尔划分的“跨国企业家”。根据《福布斯》杂志的研究报告，2016 年，全球共有 1 810 位富豪净资产超过 10 亿美元，其中 251 位来自中国，中国富豪总数居世界第二。对于这些富豪群体，由于数据和资料获得存在较大难度，目前的研究还比较有限。不过，在陆学艺等人提出的中国十大阶层中已经涉及这些人，他们被归入“较大规模私营企业或高科技产业领域的私营企业、三资企业的中高层管理人员”，其作为“经理人员阶层”的一部分，处在整个社会结构的第二层。①

二、全球化与中产阶层的成长

在社会学家看来，中国中产阶层的成长和壮大是在全球化和社会转型这两个相互交织的历史进程中进行的。② 其中，全球化的影响主要在于，中国融入世界经济格局的过程促进了产业结构的调整，进而引起职业结构、劳动力市场和消费品市场的变动，这为中国中产阶层的发展提供了重要的条件和社会环境。

在中国的中产阶层中，一个重要的组成部分是受聘于外商及港澳台商投资企业的“白领”员工。这些企业是中国实行对外开放后随着外资的进入而兴起的，它们提供了大量的管理岗位和技术岗位，在这些岗位上的工作人员通常具有较高的教育水平和专业技术能力，他们也因此获得了较好的工作收入、职业声望和较高的生活水平。根据国家统计局公布的数据，2015 年末，外商、港澳台商投资

---

① 陆学艺．当代中国社会阶层研究报告．北京：社会科学文献出版社，2002.

② 周晓虹．全球化、社会转型与中产阶级的建构——以中国为对象的比较研究．江苏行政学院学报，2010 (1).

企业分别为 122 288 户和 115 168 户，就业人口分别为 1 446 万和 1 344 万人。在陆学艺等人提出的十大阶层中，这些人被归类为专业技术人员阶层，处于社会的第四层。由于该阶层主要随着市场经济的发展而在更加市场化的体制中兴起，因此也被称为“外生中产阶级”，与那些延续再分配体制特征的“内源性中产阶级”相比，代际延续性更弱，而政治意识较为激进，消费意识比较前卫。① 在 2015 年颁发的《中国共产党统一战线工作条例（试行）》中，“外资企业的管理人员和技术人员”构成了“新社会阶层”的主要部分。

三、“世界工厂”与中国工人

中国在参与经济全球化的过程中，廉价劳动力在参与国际生产分工中发挥了极强的比较优势，中国承接了大量由发达国家转移而来的劳动密集型产业，大量企业成为全球产业链和商品链上的终端车间，中国因此成为著名的“世界工厂”，身处“世界工厂”的中国工人群体引起了特别关注。

一种观点认为，中国工人是“世界工厂”的受益者，因为他们可以从中寻找到工作机会，并获得一定的收入，这对他们生活的改善和社会稳定都有积极作用。不过，另外一种观点却认为，身处“世界工厂”的中国工人面对国际资本时实际上处于被剥夺的地位，他们并没有享受经济增长的福利，而是承受着沉重的代价，这主要表现为：许多工人所在工厂的生产条件比较恶劣，自身的劳动权益无法得到保障，尤其是越来越多的女性劳动力权益受到损害。研究者认为，这样的结果与工人群体的来源和形成方式密切相关。他们发现，中国工人群体主要由两部分人组成。一是由流出农村而进入城市做工的“农民工”，他们直接面对比较典型的市场社会的劳资关系，如“严密控制的劳动过程、对工人生产行为的严格管理、血汗工资制度等等”，在市场的锻造之下，他们主要在生产领域中转变为工人阶层的一部分。② 这一群体在 2015 年达 2.82 亿人，约占全国工人队伍的 60%，是中国基础设施建设、生产流水线、日常服务业的主要支撑力量。二是由原国企工人转变而来的劳动力市场中的工人、因制度转轨而失业下岗的工人，他们受到全球化和市场转型的冲击，在退出生产领域以后，在社区生活中逐渐形成工人阶级的自主意识。③ 这一群体在 2015 年大约有 3 000 万人。

与庞大的工人数量不相称的是，工人群体与资本方之间的关系极度失衡，工人一方极弱，而资本一方超强，二者力量的悬殊使协商、谈判与对抗等无从进行；再加上中国工厂处于国际产业利益链的末端，只能获得低廉的代工费，从而出现跨国资本、本国代工企业联手损害工人利益的现实，工人难以享受到各项权

---

① 李路路，李升．“殊途异类”：当代中国城镇中产阶级的类型化分析．社会学研究，2007（6）．

② 沈原．社会转型与工人阶级的再形成．社会学研究，2006（2）：30.

③ 同②31.

利和相应的保障。[①] 例如，在一些出口导向型的代工工厂里，其劳动体制表现出高强度生产、低工资和低消费的特征，工厂对工人实行无处不在的规训和绝对服从的铁律，以致产生了多人连续自杀的悲剧。工人群体在整个社会结构中处于下层的地位，中国工人数量庞大但地位不高的矛盾现实，引起了众多的现实担忧与理论关切。[②]

四、全球化与在华外国移民群体

在参与全球化的过程中，中国社会出现了一个全新的现象：在传统上中国社会是一个向外移民的大国，在很多国家可以看到的"中国城"（Chinatown）已经成为中国海外移民的重要标志。但是，随着中国社会的对外开放和经济发展，中国开始成为国际移民输入的一个重要目的地。中国境内跨国移民的不断增加也开始对中国的社会结构产生影响。2010 年的第六次全国人口普查数据显示，在华居住 3 个月以上并接受普查的外国人有 593 832 人，其中有 62%聚集在北京、上海、广州等大城市。这些跨国移民中既有外国政府、国际组织的驻华工作人员和跨国公司高层管理人员及家属，也有来中国开设工厂或从事服装、皮革等商品贸易的经营人员，还有来中国留学的学生、在工厂做工的打工者。目前，在华的非洲各国人、日本人和韩国人等跨国移民群体受到较多关注，他们在北京、上海、广州、青岛等大城市还形成了一批聚居区，分别表现出主动融入和被动隔离[③]、避免融入和主动隔离[④]、浅层融入和深层隔离[⑤]的特点。

由于跨国移民主要基于工作、商贸、学习等原因来华，他们很少把移居中国作为目标，再加上中国坚持非移民国家的定位，只有极少数特殊人才有可能加入中国国籍，因此他们很少被纳入中国的社会分层体系。不过，随着全球化的深入，伴随中国经济和社会的持续发展，跨国移民群体的数量有可能会出现持续增长的局面，从而引发一些新的社会问题，如城市治安问题、社会隔离问题等。例如，在广州的非洲人群体中就出现了非法居留、非法入境和非法就业等问题，流入者层次不断下降。[⑥] 如何提高跨国移民的层次结构，引导他们融入当地社会，实现对跨国移民聚居区的社区服务和社会治理，成为中国在全球化的新形势下面临的新挑战。

---

① 郭于华，黄斌欢．世界工厂的"中国特色"：新时期工人状况的社会学鸟瞰．社会，2014（4）．

② 沈原．社会转型与工人阶级的再形成．社会学研究，2006（2）；沈原，闻翔．转型社会学视野下的劳工研究．中国工人，2014（5）．

③ 李志刚，薛德升．广州小北路黑人聚居区社会空间分析．地理学报，2008，63（2）；李志刚，杜枫．中国大城市的外国人"族裔经济区"研究：对广州"巧克力城"的实证．人文地理，2012，27（6）．

④ 刘云刚，谭宇文，周雯婷．广州日本移民的生活活动与生活空间．地理学报，2010，65（10）；周雯婷，刘云刚．上海古北地区日本人聚居区族裔经济的形成特征．地理研究，2015，34（11）．

⑤ 周大鸣．浅层融入与深度区隔——广州韩国人的文化适应．民族研究，2014（2）．

⑥ 梁玉成．在广州的非洲裔移民行为的因果机制——累积因果视野下的移民行为研究．社会学研究，2013（1）．

◎复习思考题

1. 什么是全球化?
2. 全球不平等有哪些主要表现?
3. 如何从理论上理解全球不平等?
4. 全球化时代的跨国资产阶级的主要构成有哪些?
5. 全球化对中产阶级有哪些主要影响?
6. 全球化对工人阶级有哪些主要影响?
7. 如何看待跨国移民及其社会分层现象?
8. 全球化对中国社会结构的主要影响体现在哪些方面?

◎推荐阅读文献

布洛维．公共社会学．北京：社会科学文献出版社，2007.

赫尔德．全球大变革：全球化时代的政治、经济与文化．北京：社会科学文献出版社，2001.

李春玲．断裂与碎片：当代中国社会阶层分化实证分析．北京：社会科学文献出版社，2005.

陆学艺．当代中国社会阶层研究报告．北京：社会科学文献出版社，2002.

米尔斯．白领：美国中产阶级．南京：南京大学出版社，2016.

斯克莱尔．跨国资本家阶层．南京：江苏人民出版社，2002.

沃勒斯坦．现代世界体系（四卷本）．北京：社会科学文献出版社，2013.

周晓虹．中国中产阶级调查．北京：社会科学文献出版社，2005.

GOLDTHORPE J H. The affluent worker in the class structure. Cambridge: Cambridge University Press，1969.

ROBERTSON R. Globalization: social theory and global culture. London: Sage，1992.

第十六章

互联网与社会分层

【本章要点】

● 数字鸿沟是互联网领域社会分层与不平等的具体表现，它是指不同国家或同一国家内不同地区、不同社会群体在接入和使用以互联网为代表的信息技术上的差距。

● 数字鸿沟的理论解释可以分为空间环境、结构再生产、网络外部性和后现代主义这四种类型。

● 数字鸿沟受现实社会分层与不平等结构影响，同时也将对区域发展、社会结构和个人生活产生深远的影响。

● 中国互联网的发展经历了由个人电脑时代到智能手机时代的变迁，目前在东西部地区之间、不同社会群体之间仍然存在明显的数字鸿沟。

【关键概念】

◇ 数字鸿沟 ◇ 结构再生产 ◇ 接入鸿沟 ◇ 使用鸿沟

2018年1月3日，当年春运第一天的火车票正式发售，“回家过年”又一次牵动了全国人民的心。根据中国铁路总公司数据，自1月3日至14日，互联网售票比例达到77.5%[①]，互联网已经成为人们“抢购”火车票最重要的渠道，为广大旅客出行带来了极大的便利。

与此同时，一段视频在网上广为流传，引发了社会热议。视频讲的是一位绿化工人跑了6趟火车站仍没买到票，急到跪下大哭，工作人员告诉他网上也可以买票，但他无奈地表示不会上网。实际上，近年来关于农民工春节“购票难、返乡难”的新闻已然层出不穷，与互联网购票的广泛应用形成了鲜明的对比。

上述现象不禁引人深思。现代信息技术的进步，尤其是互联网技术的迅速发展，究竟为谁带来了便利，又把谁抛在了身后？互联网的应用究竟是削弱了社会不平等还是强化了社会中原有的结构性不平等？互联网中的社会分层与不平等由什么因素导致，又会对社会造成什么影响？本章试从上述问题出发，探究互联网领域中的社会分层与不平等问题。

第一节 基本概念与基本类型

一、基本概念

社会分层视角下的互联网研究，主要聚焦于数字鸿沟（digital divide）问题。1995年起，美国国家远程通信和信息管理局（NTIA）陆续发布了四篇题为《在网络中落伍》（Falling through the net）的系列报告，认为年轻人、高学历者及高收入者等群体通过使用信息技术而逐渐获得更高的收入及更好的雇佣机会，而那些不会使用电脑的高年龄群体和因贫困无法获得信息工具（电脑）的群体则陷入较为困难的生活状态之中，从而出现了一种新的社会不平等，即“数字鸿沟”。

自此，关于计算机与网络的使用差异及其社会影响的议题逐渐受到国际社会的广泛关注，数字鸿沟概念也被用以泛指互联网领域中的社会分层与不平等现象。尽管如此，数字鸿沟仍是一个较为笼统的概念，不同时期、不同学者对其定义与划分差异颇大。

早期，学者们主要关注不同主体在互联网接入上的差距，因此从使用主体的角度定义数字鸿沟。如国际电信联盟（ITU）将数字鸿沟理解为“贫穷国家与富裕发达国家之间、城乡之间以及年轻一代和年老一代之间在获取信息和通信新技

---

① http://www.china-railway.com.cn/xwdt/jrtt/201801/t20180115_69789.html.

术（NICT）方面的不平等"[①]。如今也有学者延续此类定义，认为数字鸿沟是指"不同国家、地区、行业、企业、人群之间由于地域、种族、经济状况、教育状况、性别和身体状况等的不同，而导致他们在电话、计算机和互联网的使用上所呈现出的一种差异"[②]。

后来，随着计算机与互联网的普及，除互联网接入差距之外，研究者开始关注互联网使用的差距。如经济合作与发展组织（OECD）发表报告认为，数字鸿沟是指"个人、家庭、企业、不同社会经济发展水平的地区在享用信息技术的机会以及利用互联网从事各项活动的水平之间的差距"[③]。在此基础上，研究者以不同标准对数字鸿沟进行了划分，有学者将数字鸿沟分为三层，分别强调信息的可接入性、信息利用和信息意识[④]；有的学者将数字鸿沟分为两层，分别强调互联网的使用机会和使用目的[⑤]。实际上，无论是两层或三层，无论是信息利用或使用目的，都沿袭了阿特威尔（Attewell）关于接入（access）鸿沟与使用（use）鸿沟的划分[⑥]，前者强调使用互联网的机会，后者强调使用互联网的效率。

目前，研究者们对数字鸿沟的定义虽然表述有所不同，但基本都指的是不同主体在互联网接入与使用方面的差距。例如，将数字鸿沟理解为"不同社会群体之间在拥有和使用现代信息技术方面存在的差距"[⑦]；认为数字鸿沟指"世界上不同国家（地区）之间以及国内不同地区之间、城乡之间、行业之间、企业之间、人群之间，由于信息与通信技术的发展程度、应用水平不同而形成的互联网接入、普及以及使用的差距"[⑧] 等。

综上，我们将数字鸿沟定义为不同国家或同一国家内不同地区、不同社会群体在接入和使用以互联网为代表的信息技术上的差距。

二、基本类型

基于上文的定义，数字鸿沟可划分为接入鸿沟和使用鸿沟两种基本类型。接入鸿沟一般是指不同主体在互联网使用机会上的差距，反映的是人们能否使用互联网；使用鸿沟则是指不同主体在互联网使用能力、使用目的、使用收益等方面的差距，反映的是人们能否有效率地使用互联网。接入鸿沟与使用鸿沟正是目前互联网领域社会分层与不平等的具体表现。

---

① http：//www. itu. int/ITU-D/conferences/wtdc/2002/doc/otherlanguages/chinese/014v4c. doc.

② 黄奇．我国信息战略中的数字鸿沟问题研究．北京：北京交通大学出版社，2010：4.

③ http：//www. oecd. org/dataoecd/38/57/1888451. pdf.

④ 金文朝，金锺吉，张海东．数字鸿沟的批判性再检讨．学习与探索，2005：1.

⑤ 郝大海，王磊．地区差异还是社会结构性差异？——我国居民数字鸿沟现象的多层次模型分析．学术论坛，2014：12.

⑥ ATTEWELL P. Comment：the first and second digital divides. Sociology of Education，2001：3.

⑦ 张新红．聚焦"第四差别"——中欧数字鸿沟比较研究．北京：商务印书馆，2010：8.

⑧ 纪秋发．中国数字鸿沟——基于互联网接入、普及与使用的分析．北京：社会科学文献出版社，2010：46.

（一）接入鸿沟

近20年来，互联网技术经历了迅速的发展与普及。根据国际电信联盟数据，1997年世界互联网普及率仅为2%，而2017年已达到48%。然而，这种爆炸式增长却伴随着发展极不平衡的问题，国家间、区域间、群体间差距明显。

图16-1是1997—2017年间发达国家、发展中国家和全球平均互联网普及率变化情况，根据ITU数据绘制；图16-2是截至2017年6月30日世界各区域互联网普及率，根据Internet World Stats数据绘制。

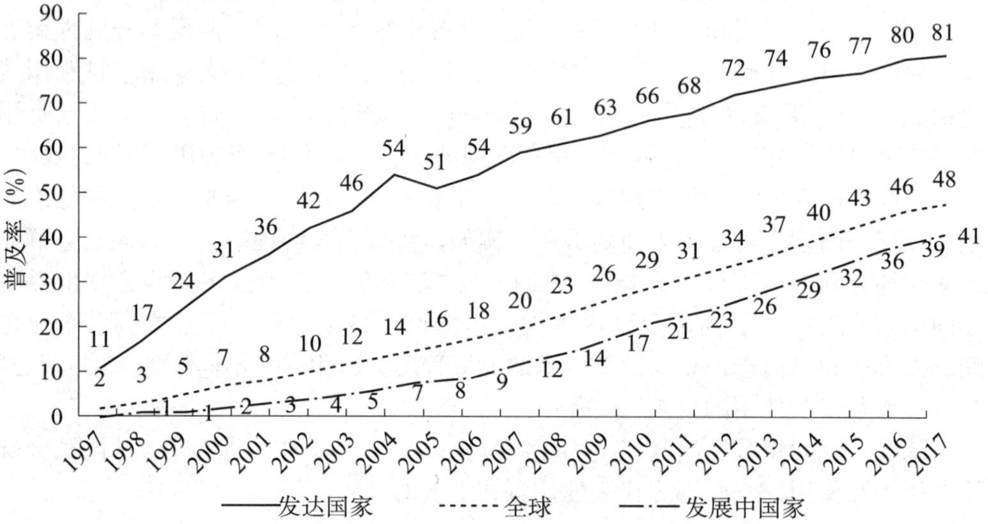

图16-1 1997—2017年互联网普及率

资料来源：http://www.itu.int/ITU-D/ict/statistics/ict/index.html；https://www.itu.int/en/ITU-D/Statistics/Documents/statistics/2017/ITU_Key_2005—2017_ICT_data.xls.

由图16-1可知，从各国发展水平来看，20年间，发达国家互联网普及率始终高于发展中国家。由图16-2可知，从区域来看，北美互联网普及率已达到88.1%，而非洲互联网普及率仅有31.2%。根据Internet World Stats数据，从国家来看，2017年世界互联网普及率前50名的国家平均普及率为84.4%，而剩余国家平均普及率仅为31.6%；其中，冰岛的互联网普及率达到96.5%，而埃塞俄比亚仅有1.3%。[①] 可见，尽管互联网普及率迅速上升，但国家间、区域间却存在着十分显著的接入鸿沟。

即使在同一国家内部，不同群体间也存在着不容忽视的接入鸿沟，不同性别、不同种族、不同年龄、不同受教育程度、不同经济收入者的互联网接入机会均存在明显差距。例如，有资料显示，在喀麦隆，男性的互联网普及率为37.3%，

---

① http://www.internetworldstats.com/top25.htm；http://www.internetworldstats.com/stats1.htm.

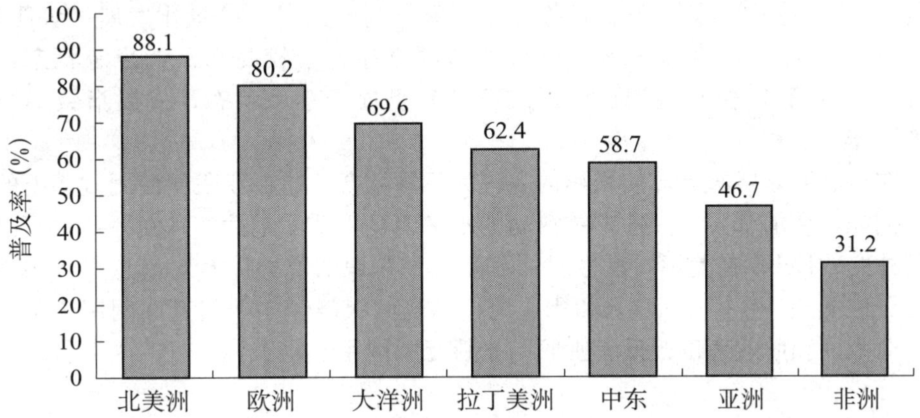

图 16-2　2017 年世界各区域互联网普及率

资料来源：http：//www. internetworldstats. com/stats. htm.

而女性仅为 29.7%。[①] 在美国，白人的互联网普及率为 90%，黑人的互联网普及率则为 86%；18～29 岁人口的互联网普及率为 99%，65 岁以上人口则仅有 67%。[②] 在加拿大，大学毕业者的互联网普及率为 93%，中学以下学历者则为 39%；家庭年收入高于 10 万美元者的互联网普及率为 95%，低于 2.5 万美元者则为 60%。[③]

（二）使用鸿沟

互联网领域的社会分层与不平等不仅表现为接入鸿沟，而且表现为使用鸿沟，也就是说，尽管同样接入了互联网，但不同主体在互联网使用效率上存在显著差距。

在地域层次上，使用鸿沟体现为不同国家信息化发展水平的差距。国际电联信息通信技术发展指数（IDI）是衡量各国信息化发展水平的重要指标，其 2017 年最新报告显示，全球 IDI 极差已达到 8.02（满分为 10.0），在排名最低的 44 个国家中有 37 个最不发达国家；欧洲的 IDI 平均分值世界最高（7.50 分），而非洲是 IDI 表现最差的区域（仅有 2.64 分）。[④]

中国互联网络信息中心于 2016 年发布了国家信息化发展评价指数[⑤]，该指数有效反映了各国信息产业与技术创新、信息化应用效益等多方面的情况。在观测

① BERTRAND T P G，SIMPLICE J M F. Digital divides in Sub-Saharan Africa：gender issues and evidence from Cameroon. African Review of Economics and Finance，2016，8 (2)：201-233.

② RAINIE L. Digital divides-feeding America. Pew Research Center，2017.

③ HAIGHT M，QUAN-HAASE A，CORBETT B A. Revisiting the digital divide in Canada：the impact of demographic factors on access to the Internet，level of online activity，and social networking site usage. Information，Communication & Society，2014，17 (4)：503-519.

④ https：//www. itu. int/en/ITU-D/Statistics/Pages/publications/mis2017. aspx.

⑤ 中国互联网络信息中心. 国家信息化发展评价报告.（2016-11-18）[2018-01-21]. http：//www. cnnic. cn/hlwfzyj/hlwxzbg/hlwtjbg/201611/t20161118_56109. htm.

到的88个国家中，美、英、日等发达国家分列前三名，信息化发展优势明显，瑞典（第4位）、芬兰（第6位）等北欧国家亦处于较高水平的稳定状态，但孟加拉国（第80位）、伊拉克（第85位）仍处于落后状态，发展指数不及美国的一半。

在社会群体层次上，使用鸿沟表现为不同社会群体在互联网使用效率上的差距。例如，在加拿大，女性在线活动的水平要显著低于男性，且女性要更倾向于使用社交软件[①]；在美国，女性对计算机技术知识的掌握以及对信息产业的兴趣远比男性低[②]；在中国，收入和职业地位越高的人越倾向于将互联网用于个人发展，而收入和职业地位较低者则倾向于将互联网用于娱乐[③]。

第二节 若干理论解释

本节主要从互联网领域中社会分层与不平等现象的若干理论解释出发，回答为什么互联网领域中存在社会分层与不平等现象，且保持甚至扩大了现实社会中的社会分层与不平等问题。

一、空间环境

本章第一节中已经谈到，发达国家和先进区域率先进入了信息化时代，并且在互联网空间中占据了主导地位，与发展中国家和落后区域之间拉开了明显的数字鸿沟。空间环境理论认为，前者在经济、技术、教育、开放性、城市化等众多基础设施方面存在明显优势，这些优势为互联网技术的兴起、引进与发展提供了良好的空间环境，使得其信息化发展水平远高于后者，从而产生了地域间的数字鸿沟。

经济发展水平是影响信息化发展的根本原因，数字鸿沟的实质正是经济鸿沟。大量研究证明，人均GDP对各类信息化发展指标具有很强的解释力。[④] 发展互联网信息技术需要投入大量资金以进行基础设施建设，因此经济发达的国家具

① HAIGHT M，QUAN-HAASE A，CORBETT B A. Revisiting the digital divide in Canada：the impact of demographic factors on access to the Internet，level of online activity，and social networking site usage. Information，Communication & Society，2014，17（4）：503－519.

② Tech-savvy：educating girls in the new computer age. New York：American Association of University Women，2000.

③ 郝大海，王磊．地区差异还是社会结构性差异？——我国居民数字鸿沟现象的多层次模型分析．学术论坛，2014：12.

④ 胡鞍钢，周绍杰．新的全球贫富差距：日益扩大的“数字鸿沟”．中国社会科学，2002：3.

有天然的资本优势，而经济落后的国家可能在信息技术基础设施建设上投入不足，导致信息化发展落后。甚至经济落后与信息技术投入不足可能形成恶性循环，产生“马太效应”，导致国家间的差距越来越大。[①]

传统信息技术水平是发展互联网的重要技术基础。许多研究表明，以互联网为代表的新型信息技术与电话、有线电视等传统信息技术之间具有相关性和互补性，传统信息技术为新型信息技术的发展和普及提供了基础平台。[②] 例如，拨号上网是接入互联网的重要方式，因此电话的普及为互联网的普及提供了重要基础。

教育成就水平、区域开放程度、城市化水平也是影响信息化发展的重要因素。教育成就水平较高的区域能够提供良好的人力资本，有利于互联网技术和知识经济的兴起与发展；开放程度较高的区域更容易获得外部资源与外部知识，也有更多使用互联网与外部交流沟通的需要，有利于互联网技术的引进与发展；城市化水平较高的区域拥有现代化的城市文化、密集的资本、较高的可支配收入以及大量的国际性企业机构，大大推动了互联网技术的投资、应用与创新。[③]

二、结构再生产

前面已经说过，高收入、高受教育程度和高职业地位者等优势群体在互联网技术的接入与使用上占据优势，与相对弱势群体比较，显示出明显的数字鸿沟。结构再生产理论认为，互联网领域中的社会分层与不平等现象，是现实社会不平等体系在互联网空间中内化和再生产的结果。现实社会的阶层地位影响了互联网资源的获取和使用，处于优势地位的群体凭借其资源优势更有机会使用互联网，并能够更有效率地使用互联网，从而将现实社会的阶层结构延伸到互联网空间中，实现了现实社会不平等的结构再生产。

收入不平等是造成数字鸿沟的经济根源。无论是购买个人电脑、智能手机等接入设备，还是支付上网费用等，都需要一定的经济基础。高收入群体具有更强的经济资本，因此更容易获取和使用先进的互联网技术。

教育差异是造成数字鸿沟的文化根源。互联网中含有海量信息，必须具有一定的教育基础才能有效获取、甄别、加工和利用信息，否则只会堕于无用甚至有害信息的陷阱之中。受教育程度高者拥有更强的文化资本，较好的理解能力和知识储备的优势使其具有更好的信息能力和互联网使用能力，从而更有效率地使用互联网。

职业地位是影响数字鸿沟的重要因素。互联网使用效率不仅与使用能力有

① 纪秋发．中国数字鸿沟——基于互联网接入、普及与使用的分析．北京：社会科学文献出版社，2010：46.

② 汪明峰．互联网使用与中国城市化——“数字鸿沟”的空间层面．社会学研究，2005：6.

③ 同②.

关，也与使用目的有关，将互联网用于学习、工作等个人发展上能够带来更高的经济效益。高职业地位者的工作往往具有更高的技术性、时代性和创新性，因此有更强的动力将互联网用于个人发展，主动增强信息能力，从而提高互联网使用效率。

三、网络外部性

除了互联网使用能力和使用目的外，互联网使用收益的差距，也是数字鸿沟特别是使用鸿沟的重要方面，发达国家、先进区域和优势阶层往往拥有更高的互联网使用收益。网络外部性是指互联网用户从网络中获得的价值或效用，将会随着用户、互补产品或服务的增加而得到提升。① 该视角解释了在地域层次和社群层次，互联网收益的差距为什么会保持甚至扩大现实社会分层与不平等状况。

在地域层次上，发达国家和先进区域拥有更好的空间环境，使其先一步兴起、引进和发展互联网，从而具有更高的互联网普及率和信息化发展水平，拥有更加成熟的互联网技术、相关产业和配套服务。因此，当地用户从互联网中享受到的福利更多，互联网使用收益更高，进而吸引更多的当地人使用互联网、投资互联网相关产业，形成良性循环，进一步促进互联网的传播和普及。

在社会群体层次上，处于社会优势地位的群体在互联网接入上处于优势，也拥有更强的互联网使用能力。同时，由于交往的社会区隔，优势群体更多地与优势群体交往。因此，在优势群体的社会关系网络中互联网用户更多，且其较强的互联网使用能力也使得他们能够更加充分地交流互动。所以，优势群体的互联网使用收益更高，进而吸引更多优势群体使用互联网，进一步促进互联网在优势群体中的传播和普及。

四、后现代主义

空间环境、结构再生产和网络外部性这三个视角均强调互联网领域保持甚至扩大了现实社会中的分层与不平等结构。但是，后现代主义则持一种相反的看法，提供了一种理解互联网领域社会分层与不平等现象的新思路。

第一，后现代主义视角认为，科学技术领域的结构性不平等将随着技术的发展逐渐消失。虽然最早的科技使用者是社会中的最上层，但随着技术的普及，中上层会逐渐受益，这样逐级推广下去，最终会实现科学技术在全社会的普遍适用。正如电话、有线电视等传统信息技术的普及过程一样，目前互联网领域的社会分层与不平等是技术普及过程中的正常现象，数字鸿沟的消弭或许只是时间问题。

第二，后现代主义视角否认互联网使用的阶层差异。该视角强调文化主义的重要性和个体自身的建构，认为当代社会阶级阶层存在的基础已经瓦解，以阶级

① 许丹红．互联网使用动机、网络密度与网民社会资本．青年研究，2016：6.

阶层为基础的认同也不再重要，个人具有“多元的且相互冲突的认同”。[①] 计算机和互联网为个人提供了更多的选择和崭新的文化消费模式，其使用与个性化的生活密切相关，与人们的社会经济地位没有太大关联，不仅如此，计算机和互联网的发展反而会消解传统的阶层化特征，加速传统阶层结构的瓦解。[②]

在一些研究者看来，互联网空间甚至为使用者提供了一种个人化的、脱离地方经验和社会背景的可能。有研究者指出：“网络空间为个体脱离对地方、社群与特定阶级、阶层甚至性别角色的依附提供了条件，使个体有机会通过对现代性的反思，脱离对集体的单向度认同而重构自我认同。换言之，网络空间塑造了一个更广阔的社会场域，从内涵上强化了个体意识，割断了个体与地方性社会背景的联系。”[③]

第三节
数字鸿沟的影响

随着互联网和信息技术浪潮席卷全球，个人生活与社会结构均发生着深刻的变化，卡斯特更是直言“信息社会”已然来临。在此背景下，互联网领域中的数字鸿沟，将对区域发展、社会结构和个人生活机会产生重大而深远的影响。

一、区域发展

在地域层次上，互联网信息技术已经成为区域发展的重要动能，数字鸿沟亦将成为扩大区域发展不平衡的新因素，甚至将落后区域排斥于时代浪潮之外，并破坏其文化特性。

(一) 区域发展新差距

科学技术是第一生产力。互联网信息技术作为尖端科技对各国经济社会的发展具有重要意义。早在2000年，信息产业对我国GDP增长率的贡献就超过了10%[④]；根据美国商务部数据，1995—1999年美国实际GDP增长的30%来自信息产业。

目前，以互联网为首的信息技术产业作为先进经济体产业结构中的重要环

---

① 李春玲．断裂与碎片——当代中国社会阶层分化实证分析．北京：社会科学文献出版社，2005.

② 李升．“数字鸿沟”：当代社会阶层分析的新视角．社会，2006：6.

③ 黄少华，翟本瑞．网络社会学：学科定位与议题．北京：中国社会科学出版社，2006：129.

④ 北京师范大学经济与资源管理研究所课题组．信息技术产业对国民经济影响程度的分析．经济研究，2001：12.

节，已广泛应用于政治、文化、军事和日常生活的方方面面，构成了国家综合国力和国际竞争力的重要内容，也成为推动区域发展的重要动能，各国均高度重视互联网信息技术的研发、应用和互联网产业的发展[①]。正因为如此，世界范围内的数字鸿沟，使得发达国家和先进区域又一次取得了先发优势，凭借互联网技术的红利率先推动了经济社会发展；同时，数字鸿沟也成为掣肘发展中国家和落后地区发展互联网产业、推动区域发展的重要因素，甚至成为区域发展的新差距，进一步拉大了区域发展不平衡。例如，以美国为首的主要发达国家凭借核心技术和整体产业优势，形成了对全球互联网的强大控制力，在互联网的管理运行、技术研发、信息输出和标准制定等方面构建起网络霸权，甚至组建了覆盖全球的互联网监控体系，不仅阻碍了发展中国家互联网信息产业的发展，而且危及发展中国家的网络信息安全，并将互联网作为推广其意识形态与价值观念的重要阵地。

（二）流动空间对地方空间的抽离

随着信息化、全球化和网络化进程的不断推进，流动空间已逐渐成为信息社会中占据支配性地位的空间形式，以其技术性的特点建立于全球城市网络之上，超越了单个地方的经验与历史背景。流动空间是卡斯特提出的概念，是指“通过流动而运作的共享时间之社会实践的物质组织”[②]。在卡斯特看来，时间与空间均不能脱离社会实践来理解，空间是共享时间之社会实践的物质支持，它把同一时间里并存的实践聚拢起来，正是这种同时性的物质结合，使得空间相对于社会有其意义。当前社会是围绕着流动建构起来的，嵌入支配性社会结构中的社会实践具有流动性的特征，那么社会的支配性过程的物质支持也应该支撑这种流动，即表现为流动空间的迅速发展。

流动空间第一个层次的物质支持即电子回路。空间接合发生在信息技术设施所导致的互动网络里，因此，建构网络的技术性基础设施像地理空间的边界一样，界定了流动空间的范围。也就是说，互联网普及与否构成了流动空间的边界。

流动空间与地方空间的关系在于：尽管地方空间是流动空间的基础，但流动空间是支配性的空间形式。信息社会的功能与权力都在流动空间中组织，其逻辑的结构性支配将根本改变地方的意义与动态，当今社会支配性的趋势是要“迈向网络化的、非历史的流动空间之前景”，流动空间“将其逻辑安放在分散的、区隔化的地方里，让这些地方之间的关联逐渐消失，越来越无法分享文化符码”[③]。

换言之，国家之间、区域之间的数字鸿沟将阻碍发展中国家和落后区域积极主动融入流动空间，而只能被动停留于地方空间，使得发展中国家和落后区域脱

---

① 美国克林顿政府于1993年提出了“国内信息高速公路计划”（NII）；日本2001年实施“在5年内使日本成为世界最先进的IT国家”的e-Japan战略；韩国和印度也分别提出了“e-Korea战略”和“电信港计划”等。

② 卡斯特．网络社会的崛起．北京：社会科学文献出版社，2001：505.

③ 同②524.

离新时代的发展趋势，并将沦为全球流动空间的附庸。流动空间与地方空间是两种截然不同的空间逻辑，地方空间的“形式、功能与意义均自我包容于物理临界性之界限内”①，根植于地方经验和历史环境之中；而流动空间以网络化逻辑展开，具有流动性和非历史的特点。流动空间的结构性支配将实现对地方空间的割裂与抽离，破坏地方空间的相互联系和历史文化，使其处于支离破碎的地方经验之中，并丧失自身的地方特色。

二、社会结构

在社会层次上，互联网领域中的数字鸿沟也将对现实社会阶层结构产生重要影响：它将进一步扩大现实社会不平等，成为促进阶层分化的新变量。

本章第二节中提到，结构再生产理论认为，互联网领域中的社会分层与不平等现象是现实社会分层结构再生产的结果，而随着现实社会分层结构延伸到互联网空间中，社会优势地位群体将凭借互联网接入和使用的优势，更快且更有成效地使用互联网，从而最大限度地获取互联网信息技术应用带来的利益，拉大原社会阶层间的社会、经济差距，固化现实社会的分层结构。

首先，社会优势地位群体与劣势地位群体之间存在明显的数字鸿沟，即现实社会阶层地位决定了互联网接入机会与使用效率的差异，从而形成了“信息富有者”与“信息贫乏者”。同时，信息作为一种新型资本，通过向经济资本、文化资本、社会资本等其他资本的转化，使得优势地位阶层获得了更好的职业、更高的收入、更多的知识储备和更完善的社会关系网络，从而强化了现有的阶层地位。② 美国社会学家迪马乔（DiMaggio）也发现，技术进步所带来的最大利益将会归于社会经济地位高的人，因为他们能够利用其掌握的资源，更快、更有成效地使用互联网，同时，这一趋势又会被更好的网络连接和更多的社会支持进一步强化。③

其次，优势地位阶层与劣势地位阶层之间的互联网信息资源差异将与其他资源差异产生叠加效应，强化不同阶层间的差距。按照资源强化理论，多种资源会叠加并放大彼此的影响，其他资源的缺失会使某种特定资源的作用变弱。④ 劣势地位阶层缺乏其他资源，所以从互联网信息资源中获益更少；而优势地位阶层将获益更多，因为他们在其他资源上的储备更多，资源的叠加效应会延续和扩大他们的优势。换言之，尽管优势地位阶层与劣势地位阶层拥有相同的互联网接入机会、互联网使用能力和互联网使用目的，优势地位阶层仍然能够依靠先天的资源

---

① 卡斯特．网络社会的崛起．北京：社会科学文献出版社，2001：524.

② 李升．“数字鸿沟”：当代社会阶层分析的新视角．社会，2006：6.

③ DIMAGGIO P, HARGITTAI E, NEUMAN W R, et al. Social implications of the Internet. Annual Review of Sociology, 2001: 27.

④ ROSS C E, MIROWSKY J. Sex differences in the effect of education on depression: resource multiplication or resource substitution? . Social Science & Medicine, 2006: 5.

禀赋优势，从互联网使用中获取更大的利益，从而拉大现有的阶层差距，固化现实社会阶层结构。

三、生活机会

在个人层次上，互联网信息技术已经深刻融入人类社会的方方面面，对人们的经济收入、社会资本和政治参与产生了重要影响，数字鸿沟进一步放大了人们在上述三个方面上的差距。

（一）经济收入

互联网对个人生活产生了重要影响，其中之一就是，它成为提升个人收入的重要资源，这种提升作用被称为互联网工资溢价效应。然而，不同社会群体之间的数字鸿沟，却使得互联网信息技术成为扩大收入差距的新变量。

所谓互联网工资溢价效应，即因计算机和互联网应用而为个人带来的额外增加的工资收入。1993年，美国一项探究计算机革命对工资结构影响的研究发现，使用计算机的工作者在他们的工作中可以获得10%～15%的工资溢价。① 在我国，也有学者发现互联网技术能够给使用者带来额外工资收入。②

关于互联网工资溢价效应的形成机制，即互联网为何能够增加个人工资收入，已有研究多从技术效应或资本效应来解释：前者强调技术进步与互联网技术应用带来的直接收益，而后者强调互联网对个人资本状况的增强带来的间接收益。

技术效应从技术进步和劳动力市场供需的角度来解释计算机与互联网应用对工资收入的提升作用。计算机与互联网的使用，可以把人们从传统劳动中解放出来，去从事更具创造性的、高效的工作，进而提高工作效率并使人们获得更高的工资收入；同时，计算机与互联网技术的普及无疑会增加劳动力市场上对掌握此技能者的需求，进而增加互联网使用者的工资收入。1996年，列维（Levy）和默南（Murnane）发现，使用接入网络的计算机可以增强个人完成大量任务的能力，提高劳动生产率，也能够使得管理者更好地管理员工；同时计算机化办公可以改变技术要求，增强对技术使用者的需求，从而提高使用者的收入。③

资本效应的基本逻辑是，计算机和互联网的使用能够降低信息获取成本，极大地提高人们获取信息的能力，使人们更方便地获取海量资源，增加人力资本积

---

① KRUEGER A B. How computers have changed the wage structure：evidence from microdata，1984—1989. Quarterly Journal of Economics，1993：1.

② 庄家炽，刘爱玉，孙超．网络空间性别不平等的再生产：互联网工资溢价效应的性别差异．社会，2016：5.

③ LEVY F，MURNANE R J. With what skills are computers a complement? . The American Economic Review，1996：2.

累，提升个人素质，从而增强自身在劳动力市场中的竞争力和获得更好工作的能力，进而获得更多的工资收入，间接实现工资增长。

尽管互联网技术能够有效提升使用者的工资收入，但不同社会群体的互联网接入与使用是存在差距的，即数字鸿沟，它将促使收入差距进一步拉大。一方面，接入鸿沟的存在意味着社会劣势群体的互联网使用机会更少；另一方面，使用鸿沟的存在意味着社会劣势群体的互联网使用效率更低，因此互联网工资溢价效应带来的收入红利将更多地归于社会优势群体。

因此，互联网领域中的社会分层与不平等现象，将成为产生收入差距的新变量，而数字鸿沟延续了现实社会分层与不平等结构，所以将扩大现实社会阶层间的收入差距，固化已有的收入分配格局。

（二）社会资本

互联网与人们的日常生活息息相关，尤其对人们的社会交往产生了重要的影响，对此学术界存在反向关系与正向关系的争议。持反向关系论者主张互联网技术具有“时间置换效应”（time displacement），认为互联网使用会替代面对面交流的时间，妨碍社会资本的形成，甚至影响个人的社会参与和心理健康。持正向关系论者主张互联网技术具有“社会补偿效应”（social compensation），认为互联网有利于打破交往的社会区隔和时空区隔，帮助个人维持和扩展社会资本[①]。

当前研究多支持正向关系的观点，认为互联网创造了全新的人际交往空间与缺场交往方式，呈现出面对面交往所不具有的新形态[②]，它打破了交往的社会区隔与时空区隔，既有利于维持强关系，又有利于扩展弱关系，从而能够有效增强社会关系网络的规模和异质性，增强使用者的社会资本。

第一，网络交往具有虚拟性，有利于打破交往的社会区隔。网络交往的特点之一是“身体不在场”的交往，这使得人们较少地担心惩戒性权力对自己的伤害，也免于羞涩，从而更加开放大胆。网络交往的这种虚拟性意味着网络交往排除了教育、收入、职业等社会特征，减少了社会群体的排他性，使个人可以进行自我塑造，展示或隐匿部分自我。

第二，网络交往具有时空压缩性，有利于打破交往的时空区隔。一方面，网络交往能够降低交往的时间成本、经济成本，极大地扩展了可能的交往范围，也有利于亲密关系的维持；另一方面，网络交往属于非即时性的弹性交往，更加适应碎片化的现代生活和人际关系。

尽管互联网为个人社会资本的增强带来了可能，但不同社会群体在网络交往的机会和能力上同样存在差距，而这种差距将影响互联网对社会资本的作用。美

---

① 本节的社会资本概念沿袭布尔迪厄、林南等人的观点，是指嵌入个体社会网络中的、行动者可以获取和动员的社会资源。

② 黄少华．论网络空间的人际交往．社会科学研究，2002：4.

国一项长期研究发现，在互联网使用初期，更高水平的网络使用跟家庭成员交流的减少、社会网络的缩小、孤独感和失落感的增加有关；但随着经验、能力的增加，家人、朋友逐渐加入网络，消极心理的影响越来越不显著，网络的影响也从消极变成积极了。[①] 有学者运用特殊的使用痕迹软件比较了经验丰富者和初学者的网络行为，发现网络使用的影响随着个人能力的不同而改变。跟经验丰富者相比，初学者们忙于漫无目的的浏览，更不容易寻找交往信息，且更容易有不好的感受。他们的消极反馈反映的不是互联网本身，而是因为能力不足难以迅速得到社会支持而产生的挫折和虚弱感。[②]

可见，现实社会中的劣势群体接触网络的机会更少、时间更晚，进行网络交往的能力更弱，因此更难享有网络交往带来的社会资本红利，从而将扩大社会优势群体与劣势群体之间的社会资本不平等。[③]

（三）政治参与

互联网不仅影响着人们的经济收入和社会资本，同样与人们的政治参与息息相关，大量研究发现，互联网已经成为推动政治参与、构建话语权力的重要途径。具体来说，一方面，互联网的便捷性和交互性降低了信息获取成本，改善了潜在参与者与参与过程的关系，同时互联网信息的高速流动与相对较弱的管控，也加速了政治参与尤其是网络抗争的扩散；另一方面，互联网作为沟通互动的新空间，其开放性、平等性及言论的多元性有利于促进政治讨论，增进情感认同，提高政治认知水平和政治效能感。

甚至有学者提出，随着网络社会的崛起，社会认同的新形式逐渐彰显，深刻冲击了传统的社会权力结构。[④] 互联网时代的社会认同不再是保守、被动地在社会中寻找自我归属，而是一种彰显着自我意识的、主动的建构性认同，积极地对社会提出自己的要求与评价。卡斯特说“新的权力存在于信息的符码中……这种权力的部位是人们的心灵”[⑤]，这种信息权力就是经过人民群众的社会认同表现出来的强大力量，使得权力运行出现了自下而上的崭新路径[⑥]。

尽管如此，数字鸿沟的存在意味着当前不同社会群体通过互联网接触政治信息的机会、进行政治参与的能力仍是存在差距的。相对社会优势群体，社会劣势群体仍然缺乏机会和能力在网络空间中发出自己的声音，这意味着社会舆论建构和集体认同形成的过程仍将由优势群体主导，话语权力不平等仍将扩大。

---

① KRAUT R. Internet paradox revisited. Journal of social issues，2002：1.

② NEUMAN W R，O'DONNELL S H，SCHNEIDER S M. The web's next wave：a field study of Internet diffusion and use patterns. Cambridge，Massachusetts：MIT Media Lab，1996.

③ 当然，也有研究者认为随着互联网越来越普及、社交软件的操作愈加简便，社会群体间的网络交往差异将越来越小，数字鸿沟对社会关系不平等的影响也越来越弱（边燕杰，雷鸣，2017）。

④ 刘少杰．网络化时代的社会结构变迁．学术月刊，2012：10.

⑤ 卡斯特．认同的力量．北京：社会科学文献出版社，2006：416.

⑥ 刘少杰．后现代西方社会学理论．北京：北京大学出版社，2014：346.

第四节
中国互联网的发展与社会分层

一、中国互联网领域中社会分层状况的变迁

尽管中国互联网领域仍存在明显的结构性不平等，但从发展历史来看，中国互联网用户规模已经实现了突飞猛进的增长，互联网普及率显著提高，尤其是智能手机的发展，更是开启了中国互联网发展的新时代，其相对个人电脑更加简单、便捷的特点，极大地推动了中国互联网的普及，使得接入鸿沟明显缩小。图 16-3 是 2002—2016 年中国互联网发展过程中接入鸿沟在各维度的变化情况，其中接入鸿沟总指数（ADI）为各维度接入鸿沟指数（P_i）综合而来，介于 0 和 1 之间，ADI 与 P_i 的值越大表示接入鸿沟越大，反之则越小。根据图 16-3，我们可从社会分层的角度将中国互联网的发展分为三个时期。

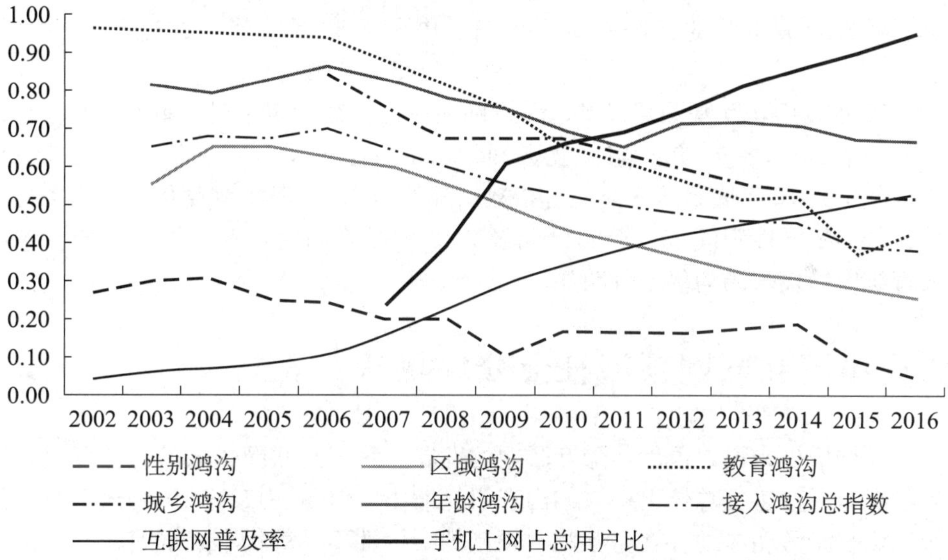

图 16-3　2002—2016 年中国互联网发展与接入鸿沟变化状况

资料来源：中国互联网络信息中心。

(一) 个人电脑时代：2007 年以前

中国互联网的发展与普及十分迅速，1997 年中国互联网用户仅有 62 万，而截至 2006 年底已达 1.37 亿，互联网普及率也由 2002 年的 4.6%增长至 10.5%。

然而在此阶段，互联网领域的社会分层与不平等现象十分严重，接入鸿沟总指数稳定保持在较高水平（0.7 左右）。除性别维度接入鸿沟较小外，在不同受

教育程度、不同年龄、东西部地区的人群之间均存在稳定且明显的接入鸿沟，甚至教育维度的接入鸿沟指数在这段时期始终保持在 0.94 以上，互联网使用机会严重不平等。

(二) 智能手机兴起：2007—2012 年

2007 年，苹果公司推出第一代 iPhone，诺基亚 N73 及其装配的 SymbianS60 系统开始风靡全国。自此，智能手机逐渐进入人们的生活，迅速成为重要的互联网接入设备。而随着个人电脑和智能手机的更新换代与价格降低，中国互联网经历了前所未有的迅速发展，至 2012 年底互联网普及率迅速增长为 42%。互联网领域的社会分层与不平等现象也经历了快速改善，表现为：接入鸿沟总指数持续降低，至 2012 年底，已由 2006 年底的 0.71 降低至 0.49；不同受教育程度和不同年龄的人群之间、城乡之间、东西部地区之间的接入鸿沟指数都经历了快速且明显的降低，其中教育维度的接入鸿沟指数已由 2006 年底的 0.94 降低至 0.56。

(三) 智能手机时代：2012 年以后

至 2012 年底，中国手机网民规模已达 4.2 亿，占总体网民的 74.5%，智能手机已经成为最主要的互联网接入设备，中国互联网发展正式进入智能手机时代。

2012 年以后，互联网普及率、手机网民占比持续稳定上升，截至 2017 年 12 月已分别达到 58.8%、97.5%；互联网领域的社会分层与不平等现象也进一步改善。截至 2016 年底，接入鸿沟总指数已降低至 0.4，其他维度接入鸿沟也逐步降低，其中不同性别间接入鸿沟已低至 0.05。尽管如此，年龄维度、城乡维度和教育维度的接入鸿沟仍十分明显。

二、中国互联网领域社会分层现状

从发展历史来说，虽然伴随互联网的发展，我国互联网领域的社会分层与不平等状况有所改善，总体上接入鸿沟有明显缩小，但是，接入鸿沟仍未消弭，而使用鸿沟仍十分明显地存在，互联网领域的结构性不平等仍十分牢固。

(一) 地域层次：东西部发展不平衡

首先来看看我国地域之间互联网发展的不平衡状况。

从地域的角度看，我国互联网领域的社会分层与不平等首先表现为东西部地区之间的数字鸿沟（如图 16-4 所示）。就接入鸿沟而言，东部地区的互联网普及情况要明显优于西部地区：东部地区的平均互联网普及率为 65.1%，其中北京的互联网普及率已经高达 77.8%，接近发达国家平均水平，而西部地区的平均互联网普及率仅有 48.1%，其中最低的云南省仅有 39.9%；东部地区的平均固定宽带家庭普及率也明显高于西部地区，其中浙江、江苏两省已分别高达

93.2%、90.9%，而内蒙古、云南等地分别仅为37.5%、37.8%；东部地区的平均移动宽带用户普及率也显著高于西部地区，前者为85.9%，而后者仅为66.4%。

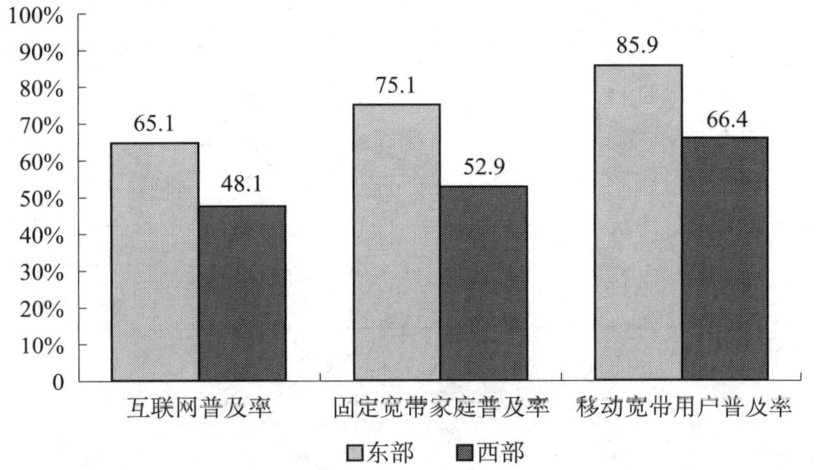

图16－4　2016年12月我国东西部地区互联网普及情况

资料来源：中国互联网络信息中心，2017年《中国互联网络发展状况统计报告》；宽带发展联盟，2017年《中国宽带普及状况报告》。

就使用鸿沟而言，东部地区的信息化发展水平远高于西部地区，前者在信息产业发展、核心技术创新和信息化应用效益等方面具有明显优势。中国互联网络信息中心发布的《国家信息化发展评价报告（2016）》对我国各省（市、区）信息化发展状况所进行的评估结果显示，北京、上海、江苏、浙江、广东等东部地区省市信息化发展已经达到较高水平，处于国内领先位置，而位于西部地区的新疆、西藏、青海、甘肃、云南等省份还处在较低水平，东西部地区信息化发展差距十分显著。

（二）群体层次：城乡、年龄维度的不平等

在社会群体层次上，现实社会中不同群体之间仍存在明显的数字鸿沟。就接入鸿沟而言，年轻人、城市居民和受教育程度高者等群体仍然具有更好的互联网使用机会。根据中国互联网络信息中心和国家统计局的相关数据计算得知，截至2016年底，40岁以下人口中互联网普及率已经达到77.4%，而40岁以上人口中互联网普及率仅为25.7%，约为前者的三分之一；城市居民中互联网普及率已经达到69.1%，而农村居民中互联网普及率仅为33.1%，约为前者的二分之一；大学及以上学历者互联网普及率已经达到90.5%，而高中及以下学历者互联网普及率则为52.8%。

就使用鸿沟而言，现实社会中的优势群体仍然比劣势群体具有更高的互联网使用效率。由图16－5可知，专业技术人员、经理、国家与社会管理者等职业地位较高的社会阶层将互联网用于个人发展的频率更高，而农业劳动者、产业工人

等较少将互联网用于个人发展。国内相关研究也发现，受教育年限与社会经济地位越高者越倾向于将互联网用于职业发展①；互联网对女性使用者工资收入的提升作用仅为男性的 90.6%②。

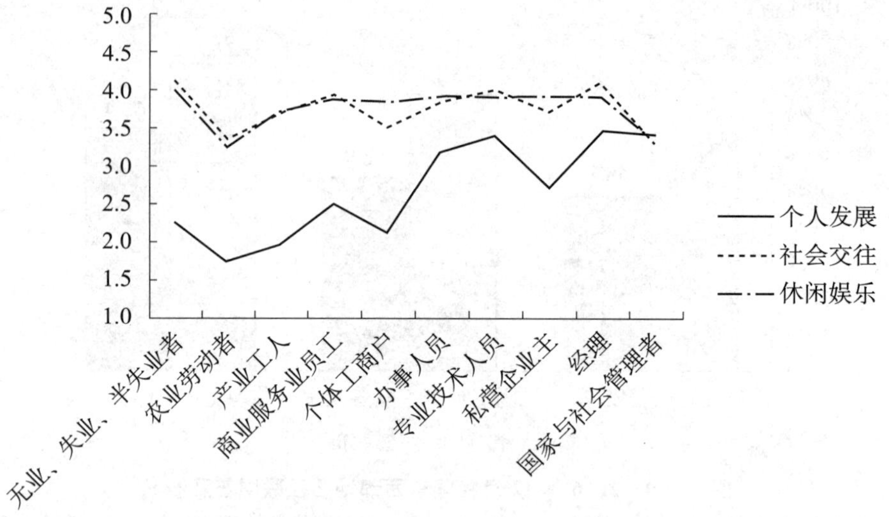

图 16－5　2014 年我国各阶层互联网使用行为频率

资料来源：2014 年北京大学“中国家庭追踪调查”（CFPS）。

总之，近二十年来我国互联网技术经历了迅速的发展与普及，互联网已经广泛融入社会生活的方方面面，为人民群众带来了极大的便利。但是，互联网带来的红利并不是被均匀享有的，互联网领域亦存在社会分层与不平等现象，即数字鸿沟。互联网领域的不平等结构与现实社会的不平等体系密切相关：数字鸿沟是现实社会不平等结构在互联网空间延续和再生产的结果，同时对区域发展、社会结构和个人生活产生了重要影响，进一步固化了现实社会分层与不平等结构。

◎复习思考题

1. 如何理解数字鸿沟概念？
2. 如何认识数字鸿沟与区域发展的关系？
3. 如何认识数字鸿沟与现实社会不平等的关系？
4. 如何认识数字鸿沟与话语权力的关系？

◎推荐阅读文献

胡鞍钢，周绍杰．新的全球贫富差距：日益扩大的“数字鸿沟”．中国社会

---

① 郝大海，王磊．地区差异还是社会结构性差异？——我国居民数字鸿沟现象的多层次模型分析．学术论坛，2014：12.

② 庄家炽，刘爱玉，孙超．网络空间性别不平等的再生产：互联网工资溢价效应的性别差异．社会，2016：5.

科学，2002：3.

汪明峰．互联网使用与中国城市化——“数字鸿沟”的空间层面．社会学研究，2005：6.

李升．“数字鸿沟”：当代社会阶层分析的新视角．社会，2006：6.

庄家炽，刘爱玉，孙超．网络空间性别不平等的再生产：互联网工资溢价效应的性别差异．社会，2016：5.

张新红，于凤霞，罗彼得．聚焦“第四差别”——中欧数字鸿沟比较研究．北京：商务印书馆，2010：第1－3章．

纪秋发．中国数字鸿沟——基于互联网接入、普及与使用的分析．北京：社会科学文献出版社，2010：第2，6章．

黄奇，袁勤俭，邵艳丽，等．我国信息战略中的数字鸿沟问题研究．北京：北京交通大学出版社，2010：第1，2，6章．

卡斯特．网络社会的崛起．北京：社会科学文献出版社，2001：第5－7章．

卡斯特．认同的力量．北京：社会科学文献出版社，2006：第1，2，6章．

DIMAGGIO P，HARGITTAI E，NEUMAN W R，et al. Social implications of the Internet. Annual review of sociology，2001：1.

附件一

部分国内外抽样调查数据简介

数据库	搜集者	公开数据	调查内容
国内截面数据			
中国综合社会调查(CGSS)	中国人民大学中国调查与数据中心(http://cgss.ruc.edu.cn/)	2003—2015	(1) 核心模块：固定不变，包括个人基本信息、教育、就业、迁移、婚姻与家庭、评价与认同。(2) 主题模块：5年重复一次，包括消费、宗教、健康、社区治理。(3) 扩展模块：用于跨国比较研究，包括社会不平等、社会网络与社会交往、环境、健康、家庭与性别角色等。
中国社会状况综合调查(CSS)	中国社会科学院社会学研究所(http://css.cssn.cn/)	2005—2015	(1) 基础模块：固定不变，包含了个人基本信息、劳动与就业、家庭结构、家庭经济状况等内容。(2) 更替模块：按一定周期重复调查，如社会阶层地位流动、社会保障、休闲消费、社会价值观等。(3) 热点模块：与时俱进，目前已进行了社会群体利益关系、民生问题、城镇化等主题的研究。
中国家庭收入调查(CHIP)	北京师范大学中国收入分配研究院(http://ciid.bnu.edu.cn/)	1989—2014	(1) 个人层次变量：个人基本信息、劳动与就业、健康、详细收入。(2) 家庭层次变量：家庭结构、家庭收入、财产与消费。
中国家庭金融调查(CHFS)	西南财经大学中国家庭金融调查与研究中心(http://chfs.swufe.edu.cn/)	2011—2015	住房资产与金融财富、负债与信贷约束、收入与消费、社会保障与保险、代际转移支付、人口特征与就业以及支付习惯等相关信息。

续前表

数据库	搜集者	公开数据	调查内容
国内追踪数据			
中国家庭追踪调查(CFPS)	北京大学中国社会科学调查中心(http：//www.isss.pku.edu.cn/cfps/)	2010—2016	(1) 个人问卷：基本信息、教育经历、劳动与就业、婚姻与生育、子女养育。(2) 家庭问卷：家庭成员基本信息、家庭生产、外出工作。(3) 社区问卷：基础设施、人口结构、经济、行政、社会、环境等。
中国教育追踪调查(CEPS)	中国人民大学中国调查与数据中心(http：//ceps.ruc.edu.cn/)	2013—2014	(1) 学生问卷：基本信息、户籍与流动、成长经历、身心健康、亲子互动、在校学习、课外活动、与老师/同学的关系、社会行为发展、教育期望。(2) 家长或监护人问卷：基本信息、生活习惯、亲子互动、家庭教育投入与环境、社区环境、教育理念与期望、家校互动信息。(3) 班主任及任课教师问卷：基本信息、教育理念、日常教学工作、工作压力与满意度。(4) 学校负责人问卷：基本信息、教育理念、学校的基本信息、教学设施、招生入学、在校师生情况以及日常教学管理。
中国劳动力动态调查(CLDS)	中山大学社会科学调查中心(http：//css.sysu.edu.cn/)	2012—2016	(1) 个人问卷：基本信息、教育经历、劳动与就业、社会参与、社会评价与观念、生育与健康。(2) 家庭问卷：基本情况、日常生活、家庭经济、家庭生产、家庭史。(3) 村委会/居委会问卷：人口、土地与经济、基层组织、环境、设施与社会。
中国健康与营养调查(CHNS)	北卡罗来纳大学和中国疾病预防控制中心(http：//www.cpc.unc.edu/projects.china/)	1989—2011	(1) 个人问卷：个人基本信息、劳动与就业、健康。(2) 家庭问卷：农业生产、家庭结构、家庭收入与消费、健康。(3) 社区问卷：村人数、村户数、是否实行医疗保险、医院情况、消费结构、学校情况、计划生育情况、食品价格。

续前表

数据库	搜集者	公开数据	调查内容
国外调查数据			
美国综合社会调查（GSS）	美国芝加哥大学（http：//gss. norc. org/）	1972—2016	美国社会变迁：文化、健康、家庭、劳动力、就业、消费、教育、心理、个性等。
国际社会调查项目（IS-SP）	国际社会调查合作组织（http：//www. issp. org/menu-top/home/）	1985—2015	宗教、工作组织、家庭与性别角色、社会不平等、社会网络、政府治理、国家认同、环境、健康。
欧洲社会调查（ESS）	欧洲社会调查委员会（http：//www. europeansocialsurvey. org/）	2002—2014	欧洲各国社会融合度、移民问题、就业水平和经济危机、社会财富不平等。
东亚联合社会调查（EASS）	CGSS、JGSS、KGSS、TSCS项目组（http：//www. eassda. org/modules/doc/in dex. php?doc=intro）	2006—2012	2006年调查主题为家庭问题，2008年调查主题为文化问题，2010年调查主题为健康问题，2012年调查主题为社会资本问题。
世界价值观调查（WVS）	世界价值观调查学会（http：//www. worldvaluessurvey. org/wvs. jsp）	1981—2014	社会价值观、社会规范、社会距离、工作问题、劳工组织、就业问题等。

附件二

社会分层与社会流动、社会不平等研究中的常用统计模型

模型名称	特征	常用范围
OLS 回归模型	因变量：连续变量	因变量为连续变量，如收入、受教育年限、社会经济地位指数（ISEI），典型如明瑟（Mincer）方程。
Logistic 回归模型	因变量：二分变量	因变量为某事件是否发生，如是否上大学、是否自雇、是否抽烟，典型如梅尔（Mare）升学模型。
多分类 Logistic 模型	因变量：多分类变量	因变量是多分类变量，如成为不同类型的精英、进入不同质量的学校、获得不同类型的职业。
序次 Logistic 模型	因变量：序次变量	因变量是序次变量，常用于主观评价变量的影响研究，如主观阶层地位、公平感、自评健康、幸福感、社会信任感等。
事件史模型	特殊因变量：事件发生＋发生时间	不仅考察事件是否发生，还要考察事件发生的时间，常用于分析工作流动、职业晋升、初婚、生育、入党等。
多层线性模型	特殊自变量：不同层次自变量	自变量包括多个层次变量，如个人层次、组织层次、区域层次，常用于分析学校环境的影响、工作组织的影响、不同地区的社会经济结构与制度的影响。
固定效应模型	特殊数据：追踪数据	一般应用于追踪数据，考察因时而变的自变量对因变量的影响，如结婚与否对收入的影响、生活方式的改变对健康的影响。
结构方程模型	特殊因果关系：因果路径	考察自变量如何通过中介变量影响因变量，通常使用结构方程模型，典型如布劳-邓肯地位获得模型。
倾向值分析	特殊因果关系：虚假因果	倾向值分析包括一系列统计模型，主要用于降低内生性问题，以增加因果关系的稳健性，如社会网络使用的真实影响、网络媒介使用的真实影响、某项社会干预的真实影响。
对数线性模型	特殊应用	一般应用于社会流动研究，如代际流动、婚姻匹配，典型如 E-G 核心流动模型。

图书在版编目（CIP）数据

社会分层与社会流动/李路路主编．—北京：中国人民大学出版社，2019.1（2025.8 重印）
新编 21 世纪社会学系列教材
ISBN 978-7-300-26453-0

Ⅰ.①社… Ⅱ.①李… Ⅲ.①社会阶层-高等学校-教材 ②社会流动-高等学校-教材
Ⅳ.①D013

中国版本图书馆 CIP 数据核字（2018）第 275185 号

新编 21 世纪社会学系列教材
社会分层与社会流动
主编　李路路
Shehui Fenceng yu Shehui Liudong

出版发行	中国人民大学出版社		
社　　址	北京中关村大街 31 号	**邮政编码**	100080
电　　话	010－62511242（总编室）		010－62511770（质管部）
	010－82501766（邮购部）		010－62514148（门市部）
	010－62511173（发行公司）		010－62515275（盗版举报）
网　　址	http://www.crup.com.cn		
经　　销	新华书店		
印　　刷	北京昌联印刷有限公司		
开　　本	787 mm×1092 mm　1/16	**版　　次**	2019 年 1 月第 1 版
印　　张	20.75	**印　　次**	2025 年 8 月第 5 次印刷
字　　数	418 000	**定　　价**	49.00 元

关联课程教材推荐

书号	书名	作者	定价	出书时间
978-7-300-12095-9	社会学概论新修（第五版）	郑杭生	69.00 元	
978-7-300-20265-5	社会学概论新修精编本（第二版）	郑杭生	35.00 元	
978-7-300-25621-4	社会研究方法（第五版）	风笑天	65.00 元	
978-7-300-26268-0	外国社会学史（第三版重排本）	贾春增	65.00 元	

配套教学资源支持

尊敬的老师：

衷心感谢您选择使用人大版教材！

相关的配套教学资源，请到人文分社网站（www.crup.com.cn）下载，或是直接与我们联系，我们将向您免费提供。

欢迎您随时反馈教材使用过程中的疑问、修订建议以及提供您个人制作的课件。您的课件一经采用，我们将署名并付费使用。

联系人信息：

地址：北京市海淀区中关村大街 31 号 206 室　龚洪训　　邮编：100080

电子邮件：gonghx@crup.com.cn　　电话：010-62515637　QQ：6130616

如有相关教材的选题计划，也欢迎您与我们联系，我们将竭诚为您服务！

选题联系人：	电子邮件：	电话：
潘宇	pany@crup.com.cn	010-62515634
盛杰	shengj@crup.com.cn	010-62513897

俯仰天地　心系人文

中国人民大学出版社网站　www.crup.com.cn

专业教师 QQ 群：

195761402（全国社会学教师 QQ 群）

欢迎您登录浏览人大社网站，了解图书信息，共享教学资源

期待您加入专业教师 QQ 群，开展学术讨论，交流教学心得